スペイン語
文法ハンドブック

Manual de la gramática española

上田博人

Kenkyusha

［校閲者］

Carlos García de la Santa
江藤一郎
福嶌教隆
斎藤文子
崎山　昭
高垣敏博
上田早苗

本書の出版に際しては、セルバンテス文化センター東京の援助を受けました。ここに記してご協力に深く謝意を表します。

Para la presente publicación hemos recibido el apoyo y la ayuda del Instituto Cervantes de Tokio; por ello quisiéramos expresar en estas líneas nuestro más profundo agradecimiento a su colaboración.

はじめに

「スペイン語はとても規則的で整然とした言語だ」とお話しすると、スペイン語を学んでいる多くの人に驚かれます。たくさんある動詞の活用形、名詞と冠詞・代名詞・形容詞の性・数の一致、冠詞の用法、2種類の be 動詞（ser と estar）、再帰動詞、2種類の過去形（線過去と点過去）、推量形（未来形）、そして難関の接続法…。どうして、このスペイン語がとても規則的で整然としていると言えるのか、ふしぎに思われるかもしれません。

しかし、スペイン語の歴史をたどると、複雑な言語のシステムがどんどん整理された結果、現在の合理的な仕組みに到達したことがわかります。そして、現在広大な地域で話されるスペイン語は比較的よく統一されている、という印象を受けます。どの国に行っても教科書で習ったスペイン語が役に立たないということはありません。**スペイン語はとても規則正しく整然とした言語**だと言えるでしょう。

ある日「スペイン語教育・学習法」の授業でスペイン語圏の 20 の国名を書く練習をしました。クラスのほとんどの人が 10 から 15 ぐらいの国名をランダムに並べましたが、20 か国を全部あげることができた人はいませんでした。そこで教室の黒板と各自のノートに略地図を描いて、そこに国名を書き込む練習をしました。その後で地図を思い浮かべながら国名を並べて書いてみると、今度は多くの人が 20 の国名を全部あげることができました。一般に学習はランダムに思いつくままにするよりも、**「地図」のような枠組み（フレーム）**を用いるほうが効果的です。

本書『スペイン語文法ハンドブック』は規則的で整然としたスペイン語の「地図」として役立つものです。わかりやすく整理された「地図」があれば迷わずに目的地に到着できます。できれば地図を見なくても頭の中でイメージできるとよいでしょう。そして最後は地図を意識せずにスペイン語の世界を自由に歩けるようになることが理想です。それまで、ぜひこの「地図」を活用してください。

大学のスペイン語の授業では、スペイン語の体系と構造の説明、練習、活動、文化の紹介、テスト、答え合わせ、そして息抜きの脱線など…、多くのことが行われています。そのため基本的なことを習得するだけでも授業の時間が不足していることは明らかです。このような現実の中で、授業ではスペイン語の個別的な知識を一つずつ全部しっかりと口頭で教授するよりも、**授業でしかできない活動や実践練習に時間を使うのが望ましい**と思います。そのとき参考書としての副教材があると便利です。「さらに詳しいことは『ハンドブック』の○○を読んでください」という指示を出すことができるからです。また、学習者は授業で説明されなかったことや説明されてもよく理解できなかったことを本書で補うことができます。

外国語の習得に成功するには、

(1) 外国語への<u>**興味**</u>
(2) 体系と構造の<u>**理解**</u>
(3) スキルの<u>**獲得**</u>

が必要です。(1) 言語をコミュニケーションの道具として見るだけではなく、外国語そのものに<u>**興味**</u>をもつと学習の効果が上がります。とくに学習の初期は、コミュニケーションがうまくいかないために興味を失ってしまいがちですが、外国語そのものに興味があればさらにアプローチを続けることができます。また、興味があることならばすぐに覚えてしまうことが多いと思います。

学習の過程においては、(2) スペイン語の整然とした体系・原則・構造・規則の基本的な仕組みを<u>**理解**</u>し納得したうえで、(3) 実践的なスキルを<u>**獲得**</u>することをお勧めします。たしかに、そうした仕組みを理解しなくても、たくさん練習して実例を丸暗記してしまえばどうにかなることがあります。しかし、そのような方法は、現地で数年間生活する機会に恵まれたり、日本で膨大な練習量をこなしたりしなければうまくいきません。逆に、実例を覚えないで仕組みだけを理解しているのでは、知識はあってもスキルが身についていません。

本書は興味をもってスペイン語の**基本的な仕組み**を理解してもらうために作成しました。そして、たくさんの**実践的な実例**を使って基本的なスキルも獲得できるようにしました。内外のスペイン語研究の知見と外国語教育法の分野で提案されている教育・学習法を取り入れて応用しました。とくに次の特徴があります。

□ スペイン語の**発音と文法**の基本的な項目をなるべく**小さな単位**にしてチェックできるようにしました。小さな項目をしっかりチェックしながら積み上げていきましょう。ひとつの項目における達成感が次の項目へのステップになります。

□ とくに**重要なことは太字**にしてあります。初級者ははじめにこの部分を仕上げてください。どこから始めてもかまいません。授業や会話教材の順番にしたがって進めてもよいでしょう。本文の太字部分は初級のレベルでかならず知っていなければならないことです。

□ **対訳式の例語や例文**を具体的にチェックすることによって、知識を確実にすることができます。例文には❑で示した**簡単な例文**（現在、線過去、点過去、現在完了、過去完了を使った単文と重文）と、□で示した比較的**複雑な例文**（推量、過去推量、接続法、再帰文、受動文、比較文、命令文、複文、挿入文、3行以上の長い文）があります。初級者は簡単な例文からはじめてください。**簡単な例文**のチェックをひと通り終えたら、**複雑な例文**に挑戦してください。ほとんどの例文は日常の話し言葉です。

□ 大項目と中項目のはじめに、▶印で各項目の**おおまかな展望・導入**を示しました。はじめにこれを見て、大項目と中項目をざっと見渡し、概観を得てから個別の項目をチェックしていきましょう。

□ 項目が個別の知識の羅列にならないように、☞で**相互に関連**させました。

□ なるべく専門用語を使わないで、**わかりやすく説明**しました。

□ 異なる括弧記号により、スペイン語の**《語形のつながり》**、**〈意味〉**、**「日本語対訳」**を意識できるようにしました。

□ 概念的に理解しやすく覚えやすい**合理的な配列**にしました。

□ 言葉だけでなく、図のイメージによっても**感覚的に理解**できるようにしました。

□ 何度でも**記憶の練習**ができるようにしました。

クラスの仲間と一緒にスペイン語の授業を受ける、という機会に恵まれている人は2人（または数人）で互いに項目を確認しあうと効果抜群です。はじめに項目について理解できたら、次に相手の人に「～について説明して、教えて！」と質問します。相手の説明がうまくできて納得したら、その人の『ハンドブック』のそれぞれのタイトルの前にある◇に✓印でチェックをつけてあげましょう。お互いに役割を交替して相互に教えてあげてください。このとき大事なことは、がんばって学ぶ、というよりも、**楽しんで教えてあげる**、ということに重点を移すことです。<u>自分が教えているときに実は同時にたくさんのことを学んでいるのです</u>。これを「**相互的教育・学習法**」と呼びましょう。私は授業中にも相互的教育・学習法を使っています。

一人で勉強している人は本書から「学ぶ」というより、本書を使って「**自分に教える**」というつもりで進めると効果があります。「…って何？」という問題を設定し、「それは…ということ」と自分に説明し、その説明に自分で納得できたら『ハンドブック』の◇にチェックをつけましょう。これも「相互的教育・学習法」の一種です。

説明のための例語や例文は次のような対訳式にしました。

□ Ejercicios de traducción	□ 対訳練習

《スペイン語→日本語》と《日本語→スペイン語》の**置き換え練習**をしてください。《スペイン語→日本語》のほうが《日本語→スペイン語》よりもやさしいので先にしてください。うまくできたら❑や□の欄に鉛筆で✓印を書き込んでください。次の練習でできなくなっていたら、✓印を消しゴムで消してください。複数回の練習ができる人は、❑や□の欄に「／」→「＼」→「―」→「｜」の順に書き込み、最後に✳の印になることを目指してください。この練習にも、ぜひ「相互的教育·学習法」を使ってください。

補足では少し高度な内容を扱います。参考は学習の参考のために用意しました。どちらも主として、学習者からよく聞かれる**質問に回答**したものです。時間があるときに読んでください。

本書を仕上げたら、ぜひ次のステップとして自作の『ハンドブック上級編』を作ってください。興味のある題材で、本物のスペイン語と日本語や英語の翻訳が手に入ったらそれがチャンスです。本書のような項目式ではなく、流れのある文章をどんどん読み進めて対訳の「チェック式」を作ることをお勧めします。また、スペイン語の先生ではない一般の人と、教科書や参考書の題材ではない、心が通じるふつうの会話をしてみましょう。このときスペイン語の世界が一気に広がります。

本書の原形はこれまでウェブに公開してきた『スペイン語ガイドブック』です。「印刷された参考書がほしい」というウェブ閲覧者の要望にお応えして『ガイドブック』を編集しなおし、追加・訂正をしました。学生からのレポートに書かれた多くの「質問」への「回答」も加えました。

本書には『研究社プエルタ新スペイン語辞典』の覚える価値があり、魅力のある用例をたくさん使っています。研究社と共著者Carlos Rubioさんから許可をいただきました。Carlos García de la Santaさん、江藤一郎さん、福嶌教隆さん、斎藤文子さん、崎山昭さん、高垣敏博さん、上田早苗さんには全体を通して校閲していただきました。研究社編集部の川田秀樹さんと鎌倉彩さんには企画の段階から最後の仕上げまで大変お世話になりました。本書の刊行にあたってはInstituto Cervantes de Tokio (2011) の援助を受けました。この方々に、そして、私にたくさん質問をして勉強の機会を与えてくれた学生たちや、応援をしていただいた同僚の先生方に感謝いたします。

2011年　著者

目次

1.4	音節と強勢	33
◇32	音節	34
	補足-1 開音節と閉音節	
	補足-2 音節の構造	
	補足-3 接頭辞と音節	
	参考 音節末の子音	
◇33	強勢の位置	36
	参考 強勢のパターン	
◇34	アクセント符号	38
	補足 アクセント符号の書き方	
◇35	強勢語と弱勢語	40
	補足 強勢語と弱勢語の2つの原則	
◇36	アクセント符号による品詞の区別	42
	補足-1 強勢の位置に変動がある語	
	参考 強勢と母音の長さ	
	補足-2 語頭の第二強勢	

1.5	語の連続とイントネーション	45
◇37	語の連続	45
◇38	強勢グループ	46
	補足 《弱勢語＋強勢語》	
◇39	強調とイントネーション	46
	補足-1 文末が上がらない疑問文	
	補足-2 イントネーションの地域差	

1.6	符号と字体	49
◇40	大文字（ABC）	49
◇41	小文字（abc）	49
◇42	ピリオド（．）	50
◇43	疑問符（¿…?）	50
◇44	感嘆符（¡…!）	51
	参考 逆さまの疑問符と感嘆符	
◇45	コンマ（，）	51
◇46	コロン（：）	53
◇47	セミコロン（；）	53
◇48	省略符（…）	53
◇49	ハイフン（-）	54
◇50	ダッシュ（—）	54
◇51	引用符（«…», "…", '…'）	55
◇52	丸括弧（…）と角括弧［…］	55
◇53	イタリック体（ABC, abc）	56
	補足 筆記体	

2. 名詞類

2.1	名詞の性	57
◇54	生物	57
	補足 macho「雄」と hembra「雌」	
◇55	無生物	58
	参考-1 無生物の文法的性の由来	
	参考-2 語尾が -o の女性名詞の由来	
◇56	-o 以外の語尾をもつ男性名詞	59
◇57	-a 以外の語尾をもつ女性名詞	59
◇58	語尾が -e の名詞	60
◇59	語尾が -a の男性名詞	61
	補足 ギリシャ語源の派生形容詞	
◇60	男女共通名詞	62
◇61	〈男女のペア〉になる名詞	62
	補足 女性形を作る接尾辞	
◇62	〈人〉を示す単一性名詞	64
◇63	女性の職業名	65
	補足-1 女性形が別の意味とぶつかる場合	
	補足-2 比喩的に〈人〉を指す普通名詞	
◇64	性の違いによって意味が変わる名詞	66
◇65	性が不定の名詞	66
◇66	外来語の性	67
◇67	地名の性	67
	補足 新語の性	
◇68	語尾が -o と -a で〈性〉の区別にならないペア	68

2.2	名詞の数	69
◇69	可算名詞と不可算名詞	69
◇70	単数と複数	69

◇71	複数形 … 70
◇72	複数形とアクセント符号 … 70
◇73	-s で終わる語の複数形 … 71
	参考　強勢と複数形
◇74	外来語の複数形 … 72
◇75	不可算名詞の複数形 … 73
◇76	〈男女のペア〉を示す複数形 … 73
◇77	複数形の性 … 74
◇78	無生物の〈対〉を表す名詞 … 74
◇79	複数形の地名 … 74
	補足　〈配分〉を示す「1つずつ」「それぞれ」という意味の単数
◇80	複数形で意味が異なる名詞 … 75
	補足-1　〈総称〉の《定冠詞＋単数名詞》
	補足-2　Buenos días. / Buenas tardes. / Buenas noches.

2.3　定冠詞 … 76
　　補足　冠詞と語順
- ◇81　定冠詞の形と位置 … 76
　　参考　定冠詞の語源と《el + [á] 女性名詞》の理由
- ◇82　定冠詞の意味 … 78
- ◇83　文脈による指示 … 78
- ◇84　場面による指示 … 79
　　補足　共通の理解を示す定冠詞、自分が個別に取りあげた不定冠詞
- ◇85　自明な指示 … 80
　　補足　定冠詞と〈言語名〉
- ◇86　《定冠詞＋数詞》 … 81
- ◇87　定冠詞による名詞化 … 82
- ◇88　定冠詞の代名詞化 … 83
- ◇89　《定冠詞＋名詞》の代名詞用法 … 83
- ◇90　《定冠詞＋固有名詞》 … 83
　　補足　《定冠詞＋名詞》の並列
　　参考　普通名詞に由来する固有名詞の定冠詞

- ◇91　中性定冠詞 lo … 86

2.4　不定冠詞 … 87
- ◇92　不定冠詞の形と位置 … 87
　　補足　unos / unas の使い方
- ◇93　不定冠詞の用法 … 88
　　補足-1　不定冠詞と数詞1
　　補足-2　不定冠詞と不可算名詞

2.5　無冠詞 … 90
- ◇94　《ser ＋無冠詞名詞》 … 90
- ◇95　動詞句内の無冠詞名詞 … 91
- ◇96　《前置詞＋無冠詞名詞》 … 91
　　補足-1　en casa de...
　　補足-2　Escuela *de* Medicina / Escuela *del* Vino
- ◇97　不可算名詞 … 92
- ◇98　列挙する無冠詞名詞 … 92
　　補足　成句やことわざの中の冠詞

2.6　強勢人称代名詞 … 93
- ◇99　主語人称代名詞の形 … 93
　　補足　vos
　　参考　vos が使用される地域
- ◇100　主語人称代名詞の用法 … 95
- ◇101　3人称主語代名詞 … 96
- ◇102　usted / ustedes … 96
　　補足　tú / vosotros と usted / ustedes
　　参考　usted の由来
- ◇103　人称代名詞の女性複数形 … 98
- ◇104　《前置詞＋強勢人称代名詞》 … 98
　　参考　conmigo と contigo
- ◇105　ello … 99

2.7　弱勢人称代名詞 … 99
- ◇106　1人称 / 2人称の弱勢人称代名詞 … 99
- ◇107　3人称の弱勢代名詞 … 100
　　補足-1　le / les 代用法の由来と原則
　　補足-2　中性は単数

5. 関係語

1. 文字と発音

Teclado español

▶この章では文字の読み方と、個々の音の発音の仕方などを扱います。英語と比べると、スペイン語の文字の発音の仕方はとても規則的で単純です。声を出しながら確認してください。英語と異なる文字や符号の使い方がありますから注意しましょう。

1.1 文字

▶スペイン語ではラテン文字のアルファベットを使います。

◇1 アルファベット

スペイン語はアルファベットの文字で書かれます。アルファベット文字と ch (che), ll (elle) の発音の中にスペイン語で使われる全部の音が含まれています。

	大文字	小文字	名称	発音表記	カナ表記
1	❑A	❑a	❑a	❑[á]	❑ア
2	❑B	❑b	❑be	❑[bé]	❑ベ
3	❑C	❑c	❑ce	❑[θé], [sé]	❑せ、セ
4	❑D	❑d	❑de	❑[dé]	❑デ
5	❑E	❑e	❑e	❑[é]	❑エ
6	❑F	❑f	❑efe	❑[éfe]	❑エフェ
7	❑G	❑g	❑ge	❑[xé], [hé]	❑へ、ヘ
8	❑H	❑h	❑hache	❑[átʃe]	❑アチェ
9	❑I	❑i	❑i	❑[í]	❑イ

10	❏J	❏j	❏jota	❏[xóta], [hó-]	❏ホタ、ほ-
11	❏K	❏k	❏ka	❏[ká]	❏カ
12	❏L	❏l	❏ele	❏[éle]	❏エレ
13	❏M	❏m	❏eme	❏[éme]	❏エメ
14	❏N	❏n	❏ene	❏[éne]	❏エネ
15	❏Ñ	❏ñ	❏eñe	❏[éñe]	❏エニェ
16	❏O	❏o	❏o	❏[ó]	❏オ
17	❏P	❏p	❏pe	❏[pé]	❏ペ
18	❏Q	❏q	❏cu	❏[kú]	❏ク
19	❏R	❏r	❏erre, ere	❏[ér̃e], [ére]	❏エれ͂、エれ
20	❏S	❏s	❏ese	❏[ése]	❏エセ
21	❏T	❏t	❏te	❏[té]	❏テ
22	❏U	❏u	❏u	❏[ú]	❏ウ
23	❏V	❏v	❏uve	❏[úƀe]	❏ウベ
24	❏W	❏w	❏doble uve (uve doble)	❏[dóƀle úƀe] ([úƀe đóƀle])	❏ドブレ ウベ (ウベ ドブレ)
25	❏X	❏x	❏equis	❏[ékis]	❏エキス
26	❏Y	❏y	❏ye (i griega)	❏[yé] ([í ǥriéǥa])	❏ジェ (イ グりエガ)
27	❏Z	❏z	❏zeta	❏[θéta], [sé-]	❏セタ、セ-

英語にない文字は Ñ, ñ です。アルファベットの中では N, n の後にきます。

補足-1 文字の読み方を使う場面

空港のゲート名やバスの路線名などで頻繁に使われるので、それぞれの文字の名称を記憶するべきです。英語式に発音すると理解されないので注意しましょう。また、スペイン人にとって日本人の名前はわかりにくいので、自分の名前をアルファベットで言えるようにしておきましょう。

❏el autobús de la línea G(ge). / 路線 G のバス
❏Mi nombre es Ito: i, te, o. / 私の名前は伊藤です。i, t, o です。

補足-2 Ñ, ñ の文字の位置

Ñ, ñ（エニェ）はスペイン語に特有の文字です。辞書では N の後にあります。語中の ñ も、たとえば pañal「おむつ」は panzudo「腹の出た」の後にあります。スペイン語入力ができるパソコンのキーボード配列では右の写真のように L の右に独自のキーが割り当てられています。

参考-1 スペイン語の母音と英語の母音

スペイン語の母音のアルファベットの読み方はローマ字の読み方と同じです。一方、英語の読み方は、もとはローマ字と同じ読み方をしていたのですが、その後発音が大きく変化しました。両言語を比較すると次のようになります。

文字	スペイン語	英語
❑ A, a	❑ [á ア]	❑ [éi]
❑ E, e	❑ [é エ]	❑ [í:]
❑ I, i	❑ [í イ]	❑ [ái]
❑ O, o	❑ [ó オ]	❑ [óu]
❑ U, u	❑ [ú ウ]	❑ [jú:]

この対応の仕方はほかの文字の読み方でも共通しています。

文字	スペイン語	英語
❑ B, b	❑ [bé ベ]	❑ [bí:]
❑ C, c	❑ [θé せ], [sé セ]	❑ [sí:]
❑ D, d	❑ [dé デ]	❑ [dí:]
❑ K, k	❑ [ká カ]	❑ [kéi]
❑ P, p	❑ [pé ペ]	❑ [pí:]
❑ Q, q	❑ [kú ク]	❑ [kjú:]
❑ T, t	❑ [té テ]	❑ [tí:]

スペイン語と英語の単語は共通の語源をもつことが多いので、この対応の仕方を知っておくと、スペイン語の単語を記憶するときに役立ちます。

スペイン語	英語
❑ papel [papél パペル] 紙	❑ paper [péipə] 紙
❑ Pedro [péđro ペドろ]〔人名〕ペドロ	❑ Peter [pí:tə]〔人名〕ピーター
❑ bilingüe [bilíŋgue ビリングエ] バイリンガル (の)	❑ bilingual [bailíŋgwəl] バイリンガル (の)
❑ cono [kóno コノ] 円錐	❑ cone [kóun] 円錐
❑ puro [púro プろ] 純粋な	❑ pure [pjúə] 純粋な

参考-2 スペイン語文字名の語末母音

スペイン語も英語もラテン語の文字名を継承しました。ラテン語では文字の表す閉鎖音の後に母音 e をつけ、B, C, D, G, P, T は BE, CE, DE, GE, PE, TE と呼ばれました。

F, L, M, N, R, S は母音 e を前につけて、EF, EL, EM, EN, ER, ES と呼ばれました。スペイン語ではこれらの文字名の語末に母音 e が加えられました。英語の文字名の語末は子音のままです。

H はラテン語では HA と呼ばれていましたが、俗ラテン語では ACH と呼ばれ、さらにスペイン語になると語尾に e がついて ache になりました。

Z はギリシャ語の ZETA がラテン語を通じてスペイン語にも伝わりました。英語では語末の母音 a を消失しています。

文字	スペイン語	英語
❏ F, f	❏ [éfe エフェ]	❏ [éf]
❏ H, h	❏ [átʃe アチェ]	❏ [éitʃ]
❏ L, l	❏ [éle エレ]	❏ [él]
❏ M, m	❏ [éme エメ]	❏ [ém]
❏ N, n	❏ [éne エネ]	❏ [én]
❏ S, s	❏ [ése エセ]	❏ [és]
❏ Z, z	❏ [θéta セタ], [séta セタ]	❏ [zéd], [zí:]

上のような事情から、一般にスペイン語の母音で終わる単語は英語の子音で終わる単語に対応することが多いです。

スペイン語	英語
❏ estudiante [estuđiánte エストゥディアンテ] 学生	❏ student 学生
❏ congreso [koŋgréso コングれソ] 会議	❏ congress 会議
❏ problema [proƀléma プろブレマ] 問題	❏ problem 問題

参考-3 スペイン語の歴史

スペイン語のほとんどの文字はラテン語の文字を継承したものです。必要に応じて 2 つの文字を組み合わせたり、新しい文字を作ったり、ほかの言語で作られた文字を導入したりして現在のアルファベットができました。

スペイン語のアルファベットが完成したのはつい最近のことです。さまざまな紆余曲折を経て 1927 年の王立アカデミーの決定によってスペイン語圏 20 か国の正書法（文字の使い方）が統一されました。

単語の発音の仕方がほぼ現在のようになったのは 16–17 世紀です。これ以降のスペイン語を「近代スペイン語」と呼びます。印刷された文献が読める時期です。この時期にスペイン語はラテンアメリカと太平洋地域に普及しました。

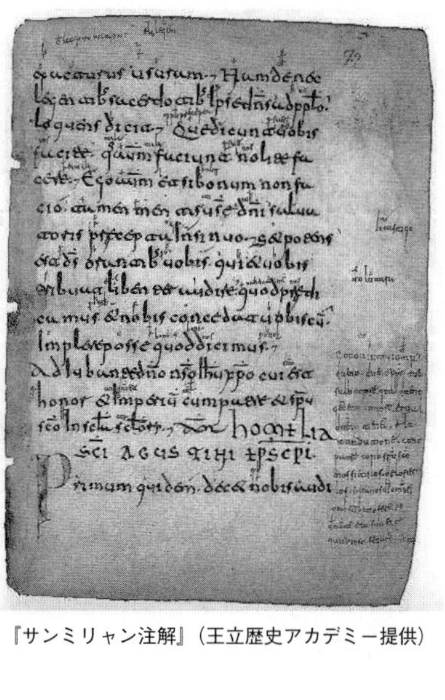

『サンミリャン注解』（王立歴史アカデミー提供）

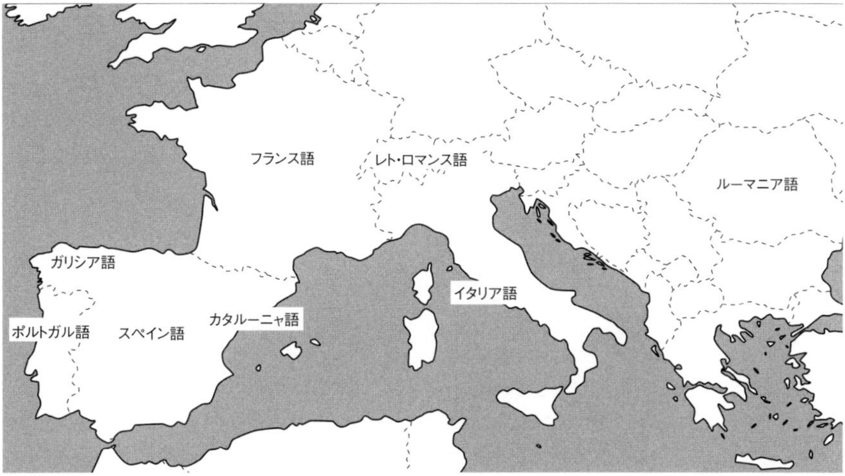

ロマンス諸語

10 世紀から 15 世紀の期間は「中世スペイン語」の時期にあたります。羊皮紙に書かれた手書きのスペイン語が読める時期です。最初のスペイン語文献は 10 世紀の『サンミリャン注解』(☞写真)です。ラテン語で書かれた講話の行間や欄外に当時のスペイン語で注が書き込まれています。

それ以前のスペイン語の状態はよくわかっていません。ラテン語やほかの言語と中世スペイン語を比較しながら、どのような発展があったのかを推定するよりほかに方法がありません。比較のためにはラテン語の話し言葉である「俗ラテン語」がとくに重要です。

ラテン語は紀元前 1 千年期に誕生し、その後ローマの勢力拡大とともにイタリア半島から南部ヨーロッパのほぼ全域に伝わりました。それが各地で分化し、現在のガリシア語、ポルトガル語、スペイン語、カタルーニャ語、フランス語、レト・ロマンス語、イタリア語、ルーマニア語などが生まれました。これらは「ロマンス諸語」と呼ばれます。

ラテン語、ギリシャ語、インドのサンスクリット語などを比較すると、それぞれの語の音韻が対応していることがわかります。そこで現在インドからヨーロッパにかけて広大な地域で話されている諸言語が 1 つの共通の起源から発した、と推定されます。この推定された言語は「印欧祖語」と呼ばれ、紀元前 3 千年期ごろのものとされています。

◇2 二重字

Ch, ch; Ll, ll; rr を「二重字」と呼びます。音節を区切るときはそれぞれ1つの子音として扱われます。☞ ◇32 音節

☐ co-che [kótʃe コチェ]	☐ 自動車
☐ ca-lle [káye カジェ]	☐ 通り
☐ to-rre [tór̃e トれ]	☐ タワー、塔

[補足] **伝統的な文字配列**

　伝統的なスペイン語の文字配列では、Ch, ch と Ll, ll は独立の文字として、それぞれ C, c と L, l の後ろに続けていました。古い辞書では C, c で始まる単語がすべて終わってから独立して新たに Ch, ch で始まる単語を配列してありました。たとえば chabola「小屋、バラック」は C のグループではなく、その直後の Ch のグループにありました。したがって chabola は curso「コース」よりも後になります。同様に語中でも hacha「斧」は hacienda「農園」よりも後になります。l と ll の関係も同じです。llama「炎」は L のグループではなく、luz「光」などの語が終わった後にはじまる Ll という独立したグループの中にありました。したがって calle「通り」は calzoncillo「(男性の) パンツ」よりも後になっていました。

　1994年にスペイン語アカデミー協会はこの Ch, ch と Ll, ll を英語などの言語と同じように、それぞれ C, c と L, l の中に配列することを決定しました。スペイン王立アカデミーもこれを推進しています。

◇3 発音表記とカタカナ表記

(1)「発音表記」は [l], [r] のように角括弧で囲んで示します。音声を細かく見ると多くの変種に分かれますが、本書ではその中で重要な音声だけを扱います。

[補足-1] **[ñ], [r̃], [r] という表記**

　Ñ, ñ の子音の音声表記は国際音声字母では [ɲ] を使いますが、本書では、それを [ñ] で表記します。わざわざ [ɲ] を使うよりも、せっかくスペイン語の文字 ñ があるのですから、これを利用することにしましょう。そうすれば [ɲ] を見るたびにその発音を思い出したり、考えたりする必要がありません。

　R, r の文字の名前は erre と言います。この子音(震え音)の音声表記は国際音声字母では [r] を使います。一方、hora の r の子音(弾き音)の音声表記は国際音声字母では [ɾ] を使います。これはあまり見かけない記号です。本書では rr と語頭の r の発音記号を [r̃] とし、hora のような語中の r の発音記号を [r] とします。このほうがずっとわかりやすいでしょう。

補足-2　[ƀ], [đ], [ǥ] という表記

後で詳しく見ますが、B, b; D, d; G, g; V, v には閉鎖音の [b], [d], [g] のほかに摩擦音の [ƀ], [đ], [ǥ] が使われます（☞1. 3 子音の発音）。この摩擦音の表記 [ƀ], [đ], [ǥ] はスペイン語文献学で伝統的に使われているもので、国際音声字母の [β], [ð], [ɣ] に対応します。[ƀ], [đ], [ǥ] のほうが [b], [d], [g] をベースにして読むことができてわかりやすいです。また正確には [ð] と [đ] は異なる音声です。したがって本書では [β], [ð], [ɣ] ではなくて [ƀ], [đ], [ǥ] を使います。

(2) 本書で使う「カタカナ表記」はおおよその読み方を示します。「アチェ」のようにゴシック体にした部分は強勢のある発音を示し、「エキス」のように下に点をつけた部分は子音だけの発音を示します。「サ」行と「さ」行、「ラ」行と「ら」行で表記する音の違いと詳しい発音の仕方や地域による違いについては後述します。☞◇9 C, c の発音；◇22 R, r の発音；◇29 Z, z の発音

補足-3　アルファベットの別の読み方

- ❑ b と v は発音が同じなので、b を be larga [bé lárǥa ベ ラるガ]「長い b」または be alta [bé álta ベ アルタ]「高い b」、v を ve chica [bé ʧíka ベ チカ]「小さな b」または ve baja [bé ƀáxa ベ バハ]「低い b」と呼んで区別することがあります。
- ❑ ch は ce hache [θé áʧe セ アチェ] とも呼びます。
- ❑ r は rr と区別するときに ere [ére エれ] と発音されることもあります。そのとき、rr を [er̃e エȓ] と発音します。rr は ere doble [ére đóƀle エれ ドブレ] とも呼びます。
- ❑ w は ve doble [bé đóƀle ベ ドブレ] や doble ve [dóƀle ƀé ドブレ ベ] とも呼びます。
- ❑ z は zeda [θéđa セダ], [séđa セダ] とも呼びます。

1.2　母音の発音

▶母音はたとえば [a]「ア」のように口を開けて発音する音です。舌や唇を接触させたり、強く摩擦を起こしたりしないで発音します。

◇4　単母音

[a], [e], [i], [o], [u] という５つの「単母音」があります。「単母音」とは連続しない母音のことです。
次の表のように、[i] と [u] は「閉母音」、そして [a], [e], [o] は「開母音」と分類されます。この分類は次の項目で扱う二重母音と三重母音を理解するときに必要になります。閉母音は口を比較的閉じて発音します。逆に開母音は口を開いて発音します。

	前母音	中母音	後母音
閉母音	❑ [i イ]		❑ [u ウ]
開母音	❑ [e エ]		❑ [o オ]
		❑ [a ア]	

また、単母音は前母音 ([i], [e])、中母音 ([a]) 、後母音 ([o], [u]) に分類されます。この分類は一部の子音文字の読み方に関係します。

単母音は音節の中心になります。☞ ◇32 音節 補足-2

(1) [a] は口を大きくあけて「ア」と発音します。

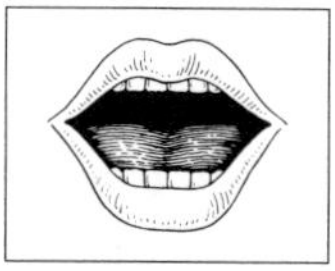

[a ア]

❑ Panamá [panamá パナマ]	❑ パナマ
❑ Casa Blanca [kása ƀláŋka カサブランカ]	❑ カサブランカ

(2) [e] は口を少し横に開いてはっきりと「エ」と発音します。英語の [ei] のように二重母音にしないように注意しましょう。

[e エ]

❑ leche [létʃe レチェ]	❑ 牛乳
❑ Palenque [paléŋke パレンケ]	❑ パレンケ(メキシコにあるマヤ文明の遺跡)

(3) [i] は口を横に開いてはっきりと「イ」と発音します。

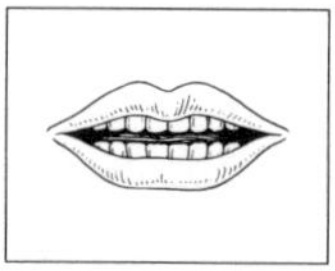

[i イ]

❑ China [tʃína チナ]	❑ 中国
❑ Haití [aití アイティ]	❑ ハイチ

(4) [o] は口を少し丸めて「オ」と発音します。英語の [ou] のように二重母音にしてはいけません。

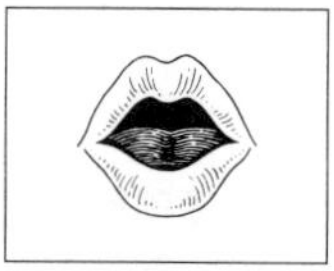

[o オ]

❑ moto [móto モト]	❑ オートバイ
❑ Colombia [kolómbia コロンビア]	❑ コロンビア

(5) [u] は唇を丸めて突き出し、舌を後ろに引いて「ウー」とはっきりと発音します。日本語の「ウ」はあいまいな母音なので、これにならないように注意しましょう。

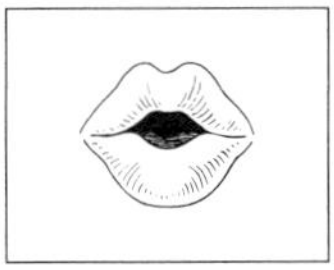

[u ウ]

❑ sur [súr スる]	❑ 南
❑ Perú [perú ぺる]	❑ ペルー

＊強勢のない母音もはっきりと発音します。たとえば、mapa [mápa] の ma も pa もしっかり発音します。pa の a は英語のようにあいまいな母音 [ə] にはなりません。

◇5 二重母音

母音が連続すると「二重母音」または「分立(ぶんりつ)母音」になります。二重母音は 1 音ごとに区切らないで 1 つの母音として扱います。
二重母音になるのは開母音 ([a], [e], [o]) と（強勢のない）閉母音 ([i], [u]) がつながるときと 2 つの閉母音がつながるときです。二重母音には次の組み合わせがあります。
開母音と閉母音がつながる二重母音に強勢があるときは開母音が強く発音されます。一方、閉母音が強く発音されると二重母音でなくなり、分立母音になります。☞◇7 分立母音

(1)《開母音＋閉母音》: [ai アイ], [au アウ], [ei エイ], [eu エウ], [oi オイ], [ou オウ]

	前母音	中母音	後母音
閉母音	[i イ]	⇧	[u ウ]
開母音	[e エ]		[o オ]
		[a ア]	

❑ au-di-to-rio [auđitório アウディトりオ]	❑ 講堂

[i] で終わる二重母音が語中にあるとき [i] は i の文字で書かれます。

❑ ai-re [áire アイれ]	❑ 空気
❑ pei-ne [péine ペイネ]	❑ 櫛(くし)

[i] で終わる二重母音が語尾にあるとき [i] は y の文字で書かれます。

❑ hay [ái アイ]	❑ ～がある
❑ ley [léi レイ]	❑ 法律

(2)《閉母音＋開母音》: [ia イア], [ie イエ], [io イオ], [ua ウア], [ue ウエ], [uo ウオ]

	前母音	中母音	後母音
閉母音	[i イ]	⇩	[u ウ]
開母音	[e エ]		[o オ]
		[a ア]	

❑ A-sia [ásia アシア]	❑ アジア
❑ dien-te [diénte ディエンテ]	❑ 歯
❑ bue-no [buéno ブエノ]	❑ よい
❑ Gua-te-ma-la [guatemála グアテマラ]	❑ グアテマラ

(3)《閉母音＋閉母音》: [iu イウ], [ui ウイ]

	前母音	中母音	後母音
閉母音	[i イ]	⇔	[u ウ]
開母音	[e エ]		[o オ]
		[a ア]	

❑ rui-do [r̃uíđo る̃イド]	❑ 騒音
❑ muy [múi ムイ]	❑ とても

iu, ui という母音連続に強勢があるとき、後の母音が強く発音されます。ただし muy [múi ムイ] は例外的に前の母音が強く発音されます。y という文字に強勢がつくことはありません。

◇6　三重母音

母音が 3 つ連続することがあります。それが《閉母音 ([i], [u]) ＋開母音 ([a], [e], [o]) ＋閉母音 ([i], [u])》のように組み合わさると「三重母音」になります。

	前母音	中母音	後母音
閉母音	[i イ]	⇩⇧	[u ウ]
開母音	[e エ]		[o オ]
		[a ア]	

❑ es-tu-diáis [estuđiáis エストゥディアイス]	❑ (君たちは) 勉強する
❑ Pa-ra-guay [paraguái パらグアイ]	❑ パラグアイ

三重母音は1音ごとに区切らないで1つの母音として扱います。三重母音に強勢があるときは開母音が強く発音されます。

＊ Paraguay のように [i] で終わる三重母音が語尾にあるとき、その [i] は y で書かれます。これに対して estudiáis のように語中にあるときは i で書かれます。☞◇5 二重母音 (1)

補足 **スペイン語と英語の二重母音・三重母音**

英語 *I* [ái], *boy* [bɔ́i], *cow* [káu] などの [i], [u] は [e] や [o] に近く、あいまいに発音されます。一方、スペイン語ではそれぞれ母音 [i], [u] の位置の近くで明確に発音されます。

	前母音	中母音	後母音
閉母音	[i イ]		[u ウ]
開母音	[e エ]		[o オ]
		[a ア]	

英語

	前母音	中母音	後母音
閉母音	[i イ]		[u ウ]
開母音	[e エ]		[o オ]
		[a ア]	

スペイン語

◇7 分立母音（ぶんりつ）

「分立母音」は独立した2つの母音として扱われ、2つの音節に分かれます。

(1)《開母音 ([a], [e], [o]) ＋開母音 ([a], [e], [o])》：開母音が2つ連続すると分立母音になります。

	前母音	中母音	後母音
閉母音	[i イ]		[u ウ]
開母音	[e エ]		[o オ]
		[a ア]	

❑ o-a-sis [oásis オアシス]	❑ オアシス
❑ ta-re-a [taréa タれア]	❑ 仕事

(2) 開母音 ([a], [e], [o]) と閉母音 ([i], [u]) の組み合わせで、閉母音に強勢（アクセント符号）があれば分立します。

(a)《開母音 ([a], [e], [o]) ＋強勢閉母音 ([í], [ú])》

	前母音	中母音	後母音
閉母音	**[í イ]**	⇧	**[ú ウ]**
開母音	[e エ]		[o オ]
		[a ア]	

❏ pa-ís [país パイス]	❏ 国
❏ o-í-do [oíđo オイド]	❏ 耳、聴覚

(b)《強勢閉母音 ([í], [ú]) ＋開母音 ([a], [e], [o])》

	前母音	中母音	後母音
閉母音	**[í イ]**	⇩	**[ú ウ]**
開母音	[e エ]		[o オ]
		[a ア]	

❏ tí-o [tío ティオ]	❏ おじ
❏ e-co-no-mí-a [ekonomía エコノミア]	❏ 経済

1.3 子音の発音

▶子音は唇や歯や舌を接触させたり、狭めたりして出される音です。子音の文字には ch のように発音が 1 つだけのものと、c や g のようにいくつか異なる発音をもつものがあります。スペイン語の子音は次のように分類されます。

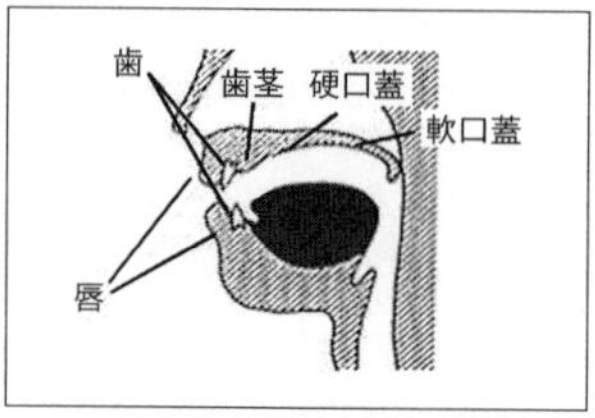

種類	唇音	歯音	歯茎音	硬口蓋音	軟口蓋音
閉鎖音	[p], [b]	[t], [d]		[tʃ]	[k], [g]
摩擦音	[f], [ƀ]	[θ], [đ], [ð]	[s], [z]	[ʃ], [ʒ]	[x], [ǥ]
鼻音	[m]	[n]		[ñ]	[ŋ]
流音		[l], [r], [r̃]		[ʎ]	

◇8 B, b の発音

文字 B, b は常に [b] の発音になります。詳しく見ると、[b] には唇を閉じる閉鎖音 [b] と、唇を少しだけ開く摩擦音 [ƀ] があります。

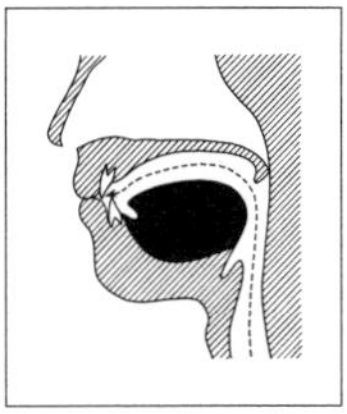
[b]

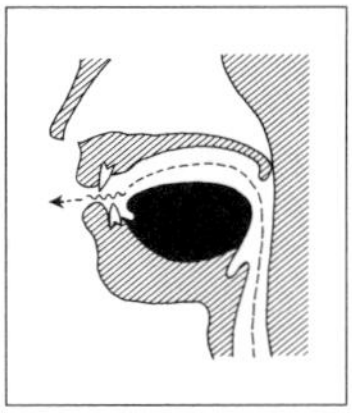
[ƀ]

発音のはじめと、語中の m の後では、日本語の「バ」行の子音と同じ唇を閉じた閉鎖音 [b] になります。語頭の b は前の単語が n で終わっているときにも閉鎖音 [b] になります。

❑ Bolivia [bolíƀia ボリビア]	❑ ボリビア
❑ Colombia [kolómbia コロンビア]	❑ コロンビア
❑ un banco[úm báŋko ウン バンコ]	❑ 銀行

それ以外は摩擦音 [ƀ] になります。

❑ Cuba [kúƀa クバ]	❑ キューバ
❑ las botas [las ƀótas ラス ボタス]	❑ 長靴

音節末や語末の b は弱い摩擦音で発音されます。

❑ subterráneo [su(ƀ)teřáneo ス (ブ) テ̃ラネオ]	❑ 地下の
❑ club [klú(ƀ) クルブ]	❑ クラブ

◇9 C, c の発音

文字 C, c には [θ] と [k] の発音があり、Ch, ch は [tʃ] と発音します。

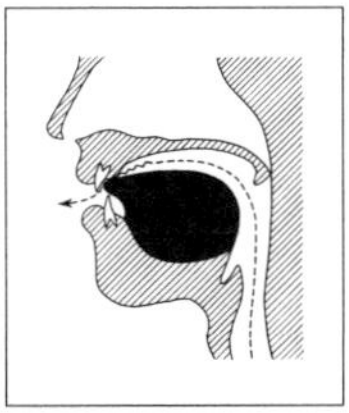
[θ]

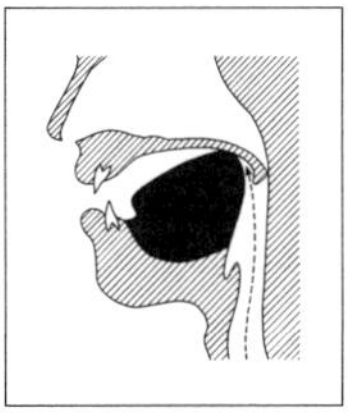
[k]

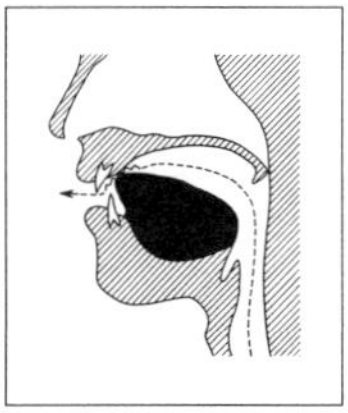
[s]

(1) c の後に e または i があるとき (ce, ci)、[θ] の発音になります。本書のカナ表記では「さ」行で示します。

[θ] は舌先を上の歯の下にあてて発音する摩擦音です。スペインの南部とラテンアメリカ諸国では [θ] ではなく、日本語の「サ」行の子音と同じ [s] で発音されます。これを本書のカナ表記ではカタカナの「サ」行で示します。

❑ Concepción [konθepθión; -sepsión コンせプしオン；-セプシオン]	❑ コンセプシオン（チリの都市）
❑ Francia [fránθia; -sia フらンしア；-シア]	❑ フランス

＊スペイン語の [θ] の発音は英語の th の発音（*think*）より摩擦がずっと強いです。

(2) そのほかはすべて日本語の「カ」行の子音と同じ [k] となります。

❑ Cataluña [katalúña カタルニャ]	❑ カタルニア（スペインの自治州）
❑ Ucrania [ukránia ウクらニア]	❑ ウクライナ

(3) Ch, ch [ʧ] は日本語の「チャ」「チュ」「チョ」の子音と同じ発音です。

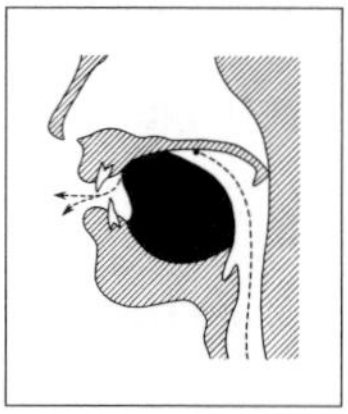
[ʧ]

❑ Chile [ʧíle チレ]	❑ チリ
❑ noche [nóʧe ノチェ]	❑ 夜

◇10　D, d の発音

文字 D, d は [d] の発音になります。詳しく見ると、[d] には舌先を上の歯の裏につける日本語の「ダ」「デ」「ド」の子音と同じ閉鎖音 [d] と、舌先を少し離して発音する摩擦音 [đ] があります。

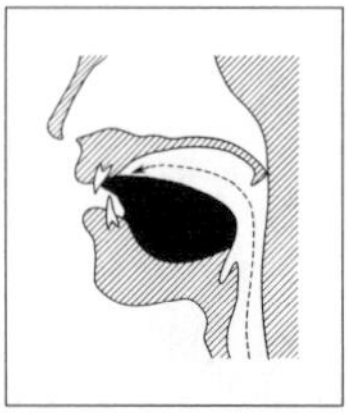
[d]

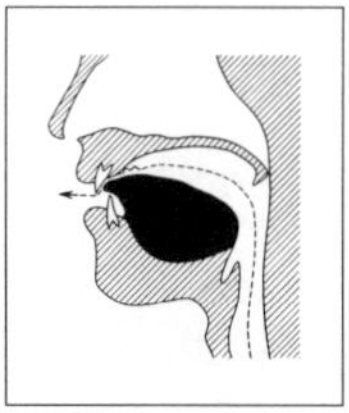
[đ]

D, d は発音のはじめと語中の l と n の後で閉鎖音 [d] となります。語頭の d は前の単語が l や n で終わっているときにも閉鎖音 [d] になります。

❑ Dinamarca [dinamárka ディナマるカ]	❑ デンマーク
❑ India [índia インディア]	❑ インド
❑ Ronaldo [r̃onáldo ろナルド]	❑ ロナルド（男性の名）
❑ un dedo [ún déđo ウンデド]	❑ 1本の指

そのほかの位置では摩擦音 [đ] となります。

❑ Canadá [kanađá カナダ]	❑ カナダ
❑ la dama [la đáma ラダマ]	❑ 婦人

音節末や語末の d は弱い摩擦音で発音されます。

❑ Madrid [mađrí(đ) マドり（ド）]	❑ マドリード

＊スペインでは語末の d が z [θ] のように発音されることがあります。このとき、たとえば Madrid は「マドりす」のように聞こえます。

＊多くの地域で -ado などの語尾の d が消えてしまうことがあります。たとえば cuidado「注意」が [kuiđáo クイダオ] と発音されます。

補足 **スペイン語の [đ] と英語の [ð]**

スペイン語の摩擦音 [đ] は英語の they の子音 [ð] と似ていますが、次のような違いがあります。スペイン語の摩擦音 [đ] は、舌先を上の歯の裏に近づけて発音し、摩擦が弱く、日本語の「ダ」行音のように聞こえます。一方、英語の摩擦音 [ð] は、舌先を上下の歯間にはさんで発音され、摩擦が強く、「ザ」行音のように聞こえます。

スペイン語でも英語のような歯間音の [ð] が発音されることがあります。それは Hazlo [áðlo アずロ]「それをしなさい」のように z [θ す] が次の有声子音に同化して有声化したときです（☞◇29 Z, z の発音）。これは有声化せずに [áθlo アすロ] と発音されることもよくあります。

◇11 F, f の発音

文字 F, f は、英語の *fit* の f のように、上の歯が下の唇に軽く触れて、息を強く通して発音する摩擦音 [f] です。

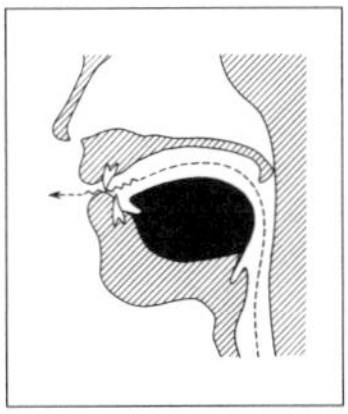

[f]

❑ Filipinas [filipínas フィリピナス]	❑ フィリピン
❑ fácil [fáθil ファしル]	❑ 簡単な

＊日本語の「フ」（例：「布団（ふとん）」）は唇を丸めて上下の唇の間から息が漏れるだけの音です。スペイン語や英語の [f] は、上の歯が下の唇に触れて発音するので、日本語の「フ」より強い摩擦音です。

◇12　G, g の発音

文字 G, g には [x] と [g] という２つのまったく異なる発音が対応します。[x] は舌の後ろの部分と軟口蓋を近づけて息を強く出す摩擦音です。[k] の位置と同じなので、これを少しゆるめて「クフー」というように続けて発音すると、この摩擦音が出ます。

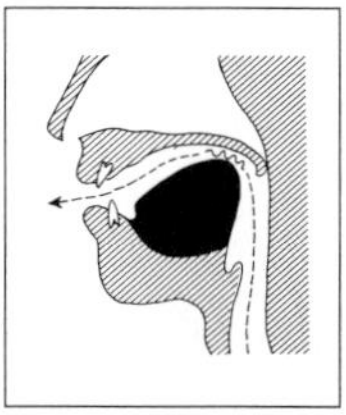

[x]

[x] は、ge, gi のように、g の次に e と i があるときに発音されます。これを本書のカナ表記では「ハ」行で示します。[x] は強い摩擦音で、スペインの中北部で発音されます。一方、日本語の「は」行の子音はもっとやわらかい気息音 [h] です。スペインの南部やラテンアメリカでは、このやわらかい気息音が使われているので、この地方のスペイン語を学びたい人は日本語の「は」行の音を使ってもよいでしょう。

❑ Argentina [arxentína; -hen- アるヘンティナ；-ヘン-]	❑ アルゼンチン
❑ Bélgica [bélxika; -hi- ベルヒカ；-ひ-]	❑ ベルギー

そのほかはすべて日本語の「ガ」行の子音と同じ [g] の発音になります。
詳しく見ると [g] には閉鎖音 [g] と摩擦音 [ǥ] という２つの音声があります。閉鎖音 [g] は日本語の閉鎖音「ガ」行の子音です。摩擦音 [ǥ] は [x] と同じ位置の有声音です。

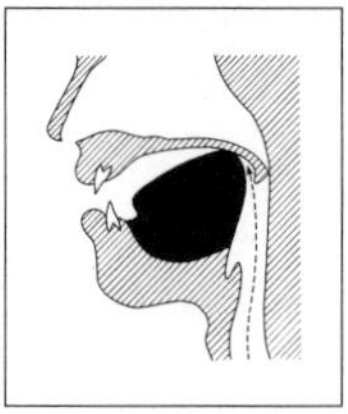

[g]

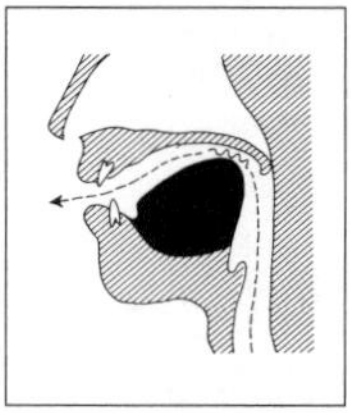

[ǥ]

発音のはじめと語中の n の後では閉鎖音 [g] になります。語頭の g は前の単語が n で終わっているときにも閉鎖音 [g] になります。

❑ Guatemala [guatemála グアテマラ]	❑ グアテマラ
❑ Hungría [uŋgría ウングリア]	❑ ハンガリー
❑ un gato [uŋgáto ウンガト]	❑ 1匹の猫

そのほかの位置では摩擦音 [ǥ] になります。

❑ Santiago [santiáǥo サンティアゴ]	❑ サンティアゴ（チリの首都）
❑ una gota [úna ǥóta ウナ ゴタ]	❑ 一滴

音節末や語末の g は弱い摩擦音で発音されます。

❑ zigzag [θi(ǥ)θá(ǥ) し(グ)さ(グ)]	❑ ジグザグ

＊ [g] は日本語の鼻濁音（鼻に抜けた「ガ」行の子音 [ŋ]）を使わないように注意しましょう。

gue, gui は [ge ゲ], [gi ギ] と発音します。güe, güi は [gue グエ], [gui グイ] と発音します。☞◇31 子音文字の規則

補 足 [b], [d], [g] の並行性

[b], [d], [g] にはそれぞれ閉鎖音と摩擦音の発音があり、その現れる条件もよく似ています。閉鎖音は発音のはじめと鼻音の後で現れます。[d] はそのほかに [l] の後でも現れます。摩擦音はその他の位置で現れます。また、音節の終わりの位置ではとても弱く発音されます。

このように、[b], [d], [g] の発音に並行性が見られるのは、その基本的な音が有声の閉鎖音である、という共通の特徴があるためです。その共通性に対して、別々の発音の仕方になるのではなく、一定の同じ発音の仕方が行われ、全体でスペイン語らしい特徴が生まれます。そこで、それぞれの閉鎖音、摩擦音、弱い摩擦音を一緒に練習するとよいでしょう。

参 考 C と G

古いラテン語の時代には C で [k]「ク」も [g]「グ」も表していました。それでは不便なので紀元前 3 世紀に C の文字に線を加えて G という文字を作り、これで [g] を表すことになりました。

その後、書きやすい小文字が使われるようになりました。中世スペイン語の時代になると ce, ci; ge, gi は [tse ツェ], [tsi ツィ]; [ʒe ジェ], [ʒi ジ] という音に代わりました。そこで [ke ケ], [ki キ]; [ge ゲ], [gi ギ] という発音を表記するための文字が必要になり、13 世紀に que, qui; gue, gui が使われるようになりました（☞写真）。

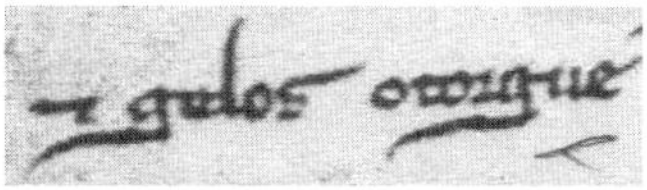

& gelos otorgue (y se los otorgue)

それ以前は gue, gui は [gue グエ], [gui グイ] を表していたのですが、それらが [ge ゲ], [gi ギ] を表すようになったので、今度は [gue グエ], [gui グイ] の発音を示す文字が必要になりました。そこで 1726 年スペ

イン王立アカデミーによって güe, güi という書き方が定められました。u の上の 2 つの点はスペイン語で diéresis「ディエれシス」と呼びます。

◇13　H, h の発音

文字 H, h は単独では（つまり Ch, ch でなければ）無音で、発音されません。

参考　**無音の H, h が書かれる理由**

H, h が発音されないのに書かれる理由は、ラテン語で H や F で書かれていた語に由来するスペイン語の単語を H, h で書く、という方針をスペイン王立アカデミーが立てたことによります。H, h は発音されないので不要なのではないか、という意見もあったのですが、この方針を堅持しています。ネイティブでもあまり本や新聞などを読まない人は、H, h を書き忘れたり、逆に必要でない語に H, h を書いたりします。文字を通して学習している外国人学生のほうが H, h のスペルについては正確なことがあります。

また H, h は、huevo「卵」, hielo「氷」のように、語頭の二重母音の前につけます。これは uevo, ielo のように書くと、中世スペイン語で u と v, i と j を区別しないで書いていたので、vevo, jelo と発音される恐れがあったためです。現代スペイン語ではそのような心配はないのですが、これも伝統的なつづりなので、そのまま尊重されています。日本人の姓で、たとえば植木さんや家永さんは発音だけでは Hueki, Hienaga のように書かれてしまうことがありますから、そのときは Sin hache「H をつけないで」と言ってください。

補足　**外来語の発音**

H, h はふつう発音されませんが、たとえば Hemingway の He は「へ」と発音されます。このように外国人の名前や外国の地名や外来語などで H, h を読むことがあります。このとき、その人が外国語の発音を知っているかどうかで違います。日本語の「は」行の H, h の発音についてはあまり知られていないので、たとえば橋本さんや平田さんは自分の名前を紹介するときにゆっくり発音して教えてあげるとよいでしょう。

◇14　J, j の発音

文字 J, j は常に摩擦音 [x] です。スペイン中北部では後舌面を軟口蓋に近づけて出す強い摩擦音ですが、スペイン南部やラテンアメリカでは弱い気息音 [h] で発音されます。

❑ Japón [xapón; ha- ハポン；は-]	❑ 日本

補足 je, ji と ge, gi

[xe; he へ ; ヘ], [xi; hi ヒ ; ひ] の音は Ge, ge; Gi, gi または Je, je; Ji, ji と書かれます。この区別は語源によるものです。G, g が使われるのはラテン語の G, g に由来するときで(例: sugerir「示唆する」, gigante「巨人」)、それ以外では J, j が使われます。

◇15 K, k の発音

文字 K, k は常に [k] という閉鎖音になります。

＊この文字は外来語や外国の地名にしか用いられません。

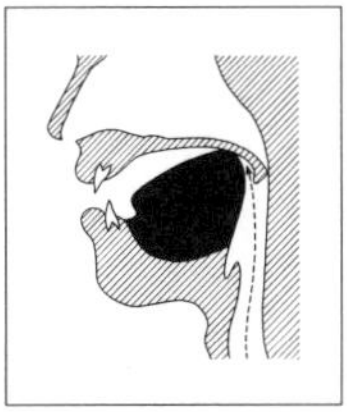

[k]

❏ kilogramo [kilográmo キログらモ]	❏ キログラム
❏ kilómetro [kilómetro キロメトろ]	❏ キロメートル
❏ Tokio [tókio トキオ]	❏ 東京

＊スペイン語には 子音 + y の連続がないので Tokyo の yo の部分は二重母音になり Tokio と書かれます。京都も Kioto と書かれます。もっとも、最近スペインで発行された地図帳などを見ると Tokyo, Kyoto という表記も使われています。

補足 qui, que, ca, co, cu と k

英語やドイツ語では K, k の文字はよく使われるのに、スペイン語ではほとんど使われません。[k]「ク」の音は、qui, que, ca, co, cu のように qu や c を使います。語末では c を使います。

ラテン語では C の文字を使って [k]「ク」の音を表していたので、K は例外的にしか使われていませんでした。中世スペイン語でも現代スペイン語でも同様に K, k はあまり使われていません。現代スペイン語のアルファベットに K, k の文字があるのは英語、ドイツ語、日本語など外国語に由来する語（外来語）を表記するためです。たとえば日本語の「着物」「空手」「カラオケ」はスペイン語で *kimono, kárate, karaoke* と書かれます。「着物」は *quimono* と書かれることがありますが、*kimono* と書くほうがふつうです。

◇16　L, l の発音

(1) 文字 L, l は舌先を歯茎につけた「ル」[l] という音になります。

＊英語の「暗い 'l'」(dark 'l', 例：*school, bell*) はスペイン語にはありません。英語の *call* は「コウ」のように聞こえますが、スペイン語の col「キャベツ」は「コル」のように聞こえます。

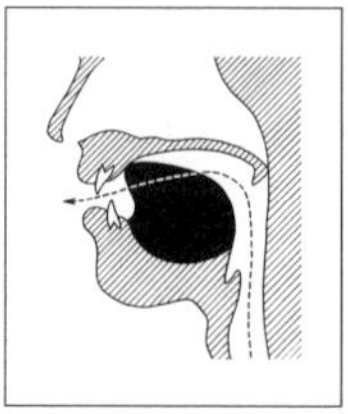

[l]

❑ Lima [líma リマ]	❑ リマ (ペルーの首都)

(2) Ll, ll の発音は「ジュ」[y] です。

❑ Sevilla [seƀíya セビジャ]	❑ セビリア

補足-1　[y] のバリアント (異音)

[y] の発音には各地にバリエーションがあります。たとえば elle [éye] には詳しく見ると次の 3 種類の発音があります。

(1) [éʎe エリェ]　(2) [éje エイェ]　(3) [éʒe エジェ]

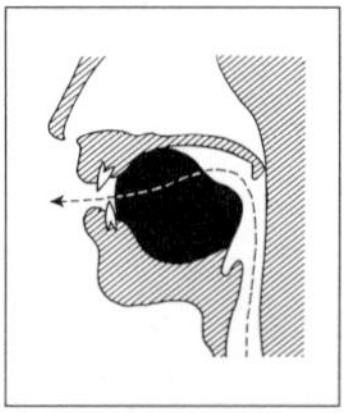

[ʎ]

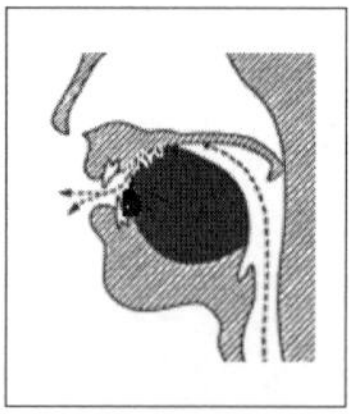

[j]

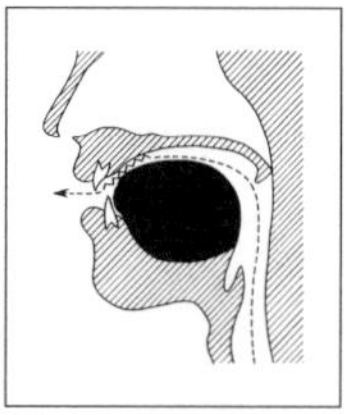

[ʒ]

(1) [éʎe エリェ] は舌の前の部分を上の硬口蓋にくっつけて側面から息を通過させる音です。これは中世からあった伝統的な発音で、現在でもスペインの北部や南米のペルーの一部などで使われています。この [ʎ] が使われる地域では ll [ʎ] と y [y] が発音として区別されます。これは中世以来の伝統的な発音なので、今でもたとえば Castilla「カスティーリャ」のようなカナ表記が使われています。(2) [éje エイェ] のほうが広い地域で聞かれる音で、これが強く発音されると (3) [éʒe エジェ] になります。どちらにしても舌先は下の歯の後ろに置いて、前舌部分を持ち上げるようにして発音します。[j] や [ʒ] を使う地域では、ll も y も同じように発音され、両者は発音として区別しません。本書ではこの地域の発音を中心にして説明します。

＊スペイン語の [ya] は日本人には「ヤ」または「ジャ」に聞こえますが、スペイン語圏の人々にはどちらも同じ音の種類と見なされます。日本語の「ジャ」は完全な摩擦音または破擦音で、舌先が上の歯茎の裏に近づき、接触することもあります。一方、スペイン語の [y] の発音では舌先は下の歯茎の裏について、前舌面が硬口蓋に近づきます。聞こえ方も微妙に違います。

補足-2 **アルゼンチンの摩擦音 [ʃ]「シュ」**

ll と y を [ʃ]「シュ」とする発音が、アルゼンチンのブエノスアイレスを中心にして、アルゼンチン全国、そしてウルグアイのモンテビデオに広がっています。たとえば、Yo me llamo ...「私は〜という名前です」は [ʃó me ʃámo ...]「ショメシャモ…」と発音されます。この音は (3) [éʒe エジェ] の摩擦音 [ʒ] が無声化された結果です。スペイン語にはほかに有声の摩擦音がないので、この摩擦音も無声化されたのだと思われます。

◇17 M, m の発音

文字 M, m の発音は日本語の「マ」行の子音 [m] と同じです。

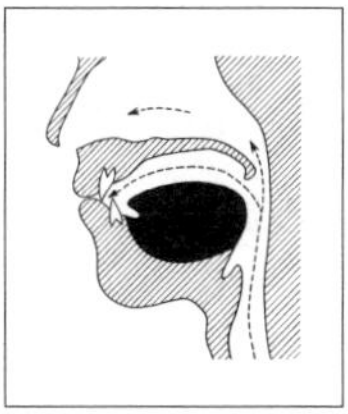

[m]

❑ Guatemala [guatemála グアテマラ]	❑ グアテマラ

p と b の前の鼻子音 [m] は m で書きます。p, b, v, m の前にある語の語末の n も同様に [m] で発音されます。

❑ campo [kámpo カンポ]	❑ 田舎
❑ un paso [úm páso ウン パソ]	❑ 一歩

◇18 N, n の発音

文字 N, n の発音は日本語の「ナ」行の子音と同じです。

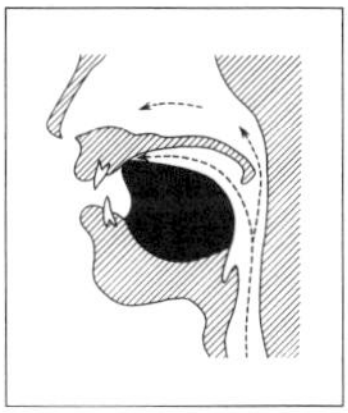

[n]

❑ Manila [maníla マニラ]	❑ マニラ

語中の n が m, v の前にくるときと、語末の n が p, b, v, m から始まる語の前にくるときは、唇音 [m] になります。語中の m の前の [m] は短くなったり、消えたりします。

❏ invierno [imbiérno インビエるノ]	❏ 冬
❏ inmigrante [i(m)migránte イ(ン)ミグらンテ]	❏ 移民

＊英語では m の前で m と書きますが（例：*immigrant, immediately*）、スペイン語では inmigrante, inmediatamente のように n と書くので注意しましょう。

◇19　Ñ, ñ の発音

文字 Ñ, ñ の発音は日本語の「ニャ、ニュ、ニョ」の子音と同じです。

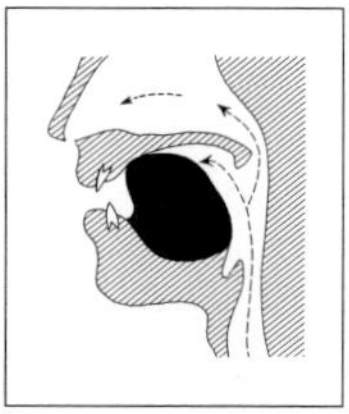

[ñ]

❏ España [espáña エスパニャ]	❏ スペイン

参考　Ch, ch / Ll, ll / Ñ, ñ

この 3 つの文字はそれぞれ [ʧ]「チュ」, [ʎ]「リュ」, [ñ]「ニュ」を示し、前舌面を硬口蓋に接触させて発音します。これらはラテン語になかった音なので、スペイン語ではその音を表す文字が新たに工夫して作られました。Ch, ch と Ll, ll は 2 つの文字の組み合わせで 1 つの音を示します。

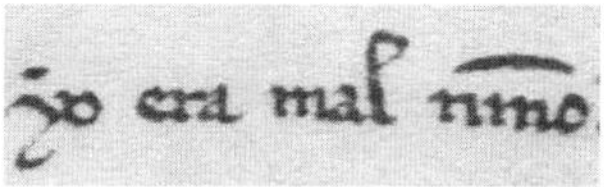

yo era mas ni<n>no

Ñ, ñ は N, n の上に波線（「ティルデ」tilde と呼びます）をつけます。中世スペイン語の初期には in, yn, ny, ng, gn, nn などさまざまな文字を使っていました。その中の nn の最初の n を省略し、省略したことを示すために、上に弧線（⌒）や波線（～）が書かれていました。たとえば ninno「子供」は nino や nino のようにして書かれました（☞写真）。このように省略の印であった波線が N, n についたものが Ñ, ñ になりました。

フランス語とイタリア語は [ñ]「ニュ」の音を gn で書き、ポルトガル語は nh で書きます。カタルニア語は ny という表記になりましたが、ガリシア語はスペイン語と同じように ñ を使います。ほかにも南米のケチュア語、アイマラ語、グアラニ語そしてフィリピンのタガログ語でもスペイン語の ñ を採用しました。

◇20 P, p の発音

文字 P, p の発音は日本語の「パ」行の子音と同じです。

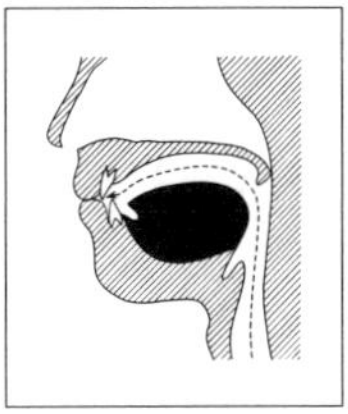

[p]

❑ Pepe [pépe ペペ]	❑ ペペ（男性の名）

ps- で始まる語の語頭の p は発音しません。

❑ psicología [sikoloxía; -hí- シコロヒア；-ひ-]	❑ 心理学

＊ septiembre「9 月」や séptimo「7 番目」などの語中の -pt- の p を省略して、setiembre, sétimo と書いたり発音したりすることがありますが、-pt- を書くほうがよいでしょう。そのほか aceptar「受け入れる」, concepto「概念」, corrupto「腐敗した」, óptimo「最良の」では -p- を省略してはいけません。

◇21 Qu, qu の発音

Qu, qu は次に e または i の母音をつけて、それぞれ、Que, que は [ke ケ]、Qui, qui は [ki キ] という発音になります。☞ ◇31 子音文字の規則

❑ Quique [kíke キケ]	❑ キケ（人名）

◇22 R, r の発音

文字 R, r の発音は、舌先が数回震(ふる)える「震え音」[r̃] になる場合（これらは「r̃」行によって示します）と、1 回だけ弾(はじ)かれる「弾き音」[r] になる場合があります（これらは「ら」行によって示します）。

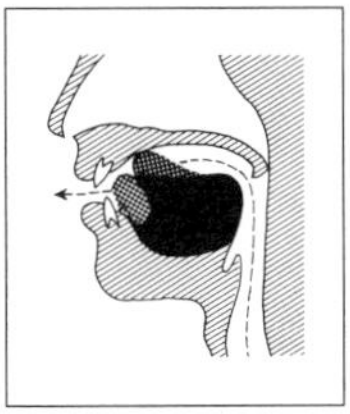

[r], [r̃]

語頭の R, r と語中の rr は震え音 [r̃] となります。一方、語中の r は弾き音 [r] です。

❑ Roma [r̃óma ろ̃マ]	❑ ローマ
❑ Marruecos [mar̃uékos マろ̃エコス]	❑ モロッコ
❑ Perú [perú ぺる]	❑ ペルー

＊英語の母音間の [r] は母音に近いものですが（例：*area*）、スペイン語では弾く音です。

語頭だけでなく語中で l, n, s の後にあるときも r は震え音になります。

❑ alrededor [alr̃eđeđór アルれ̃デドる]	❑ まわりに
❑ sonrisa [sonr̃ísa ソンり̃サ]	❑ 微笑
❑ Israel [isr̃aél イスら̃エル]	❑ イスラエル

補足-1 [l] と [r]

L, l と R, r は、どちらもカタカナで書けば「エレ」になるので、日本人には区別が困難です。[l] の発音では舌先を上の歯茎の裏にしっかりとつけて、舌の両側から息を通して「ルー」と発音します。[r] は舌先を軽く上の歯茎にぶつけて一瞬の間に「る」と言います。実験音声学の資料によれば、[l] の調音の長さの平均は 100 分の 6 秒であり、[r] の調音の長さの平均は 100 分の 2 秒です。このように [l] と [r] のそれぞれの長さはかなり異なります。r は語頭では常に震え音 [r̃] の発音になりますが、語中では次のように l と r の違いによって語が区別されます。

❑ hola [óla オラ]	❑ やあ《挨拶》
❑ hora [óra オら]	❑ 時間

補足-2 [r̃] の発音練習

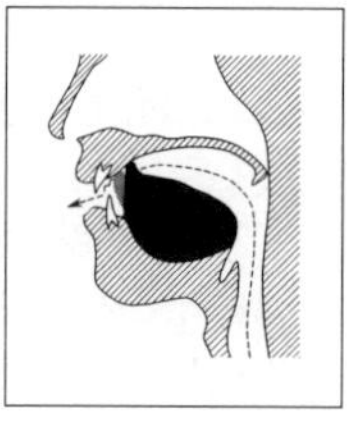

[r̃] は「るるる…」というように舌先を震わせる音です。舌は力を入れすぎないようにして、舌先が息の流れで自然にはためくように震えさせるとよいでしょう。この発音ができない人のために 3 つの練習方法を説明します。

(1) b や d をつけて brrr... とか drrr... と言いながら、一気に舌先を震わせます。

(2) 弾き音の r [r] を何度も繰り返して、r, r, r... [r r r るるる] と言いながら息を一気に強く出し、とぎれないように発音します。

(3) 上の図のように、舌先を上に巻き込んで（そり舌にして）、それを強制的に前に弾かせながら震わせます。

補足-3　音節末と語末の [r]

たとえば、tarde「午後」のような語で、音節が終わる位置の [r] が震え音 [r̃] になることがあります。また cantar のように語末でも震え音になることがあります。

◇23　S, s の発音

文字 S, s の発音は日本語の「サ」行の子音 [s] とほとんど同じです。

＊スペインの中北部では舌先を硬口蓋に向けて発音される強い摩擦音 [ṣ] となり「シュ」のように聞こえます。スペイン南部やラテンアメリカでは日本語の「サ」行の音と同じです。

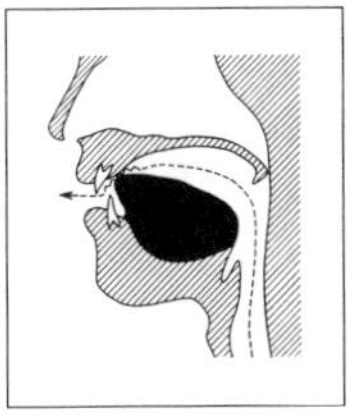

一般の [s]

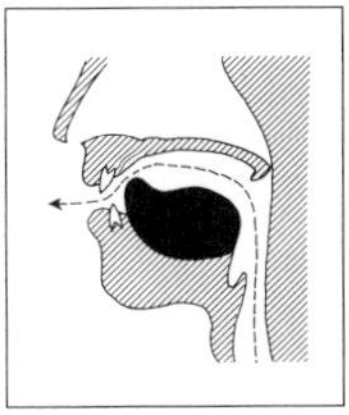

スペインの中北部の [ṣ]

❑ Suecia [suéθia; -sia スエしア；-シア]	❑ スウェーデン

有声子音の前では軽く有声化して [z ズ] のように発音されることもあります。

❑ mismo [mísmo; míz- ミスモ；ミズ-]	❑ 同じ

r の前では消えてしまうことがよくあります。

❑ Israel [i(s)r̃aél イ (ス) ら̃エル]	❑ イスラエル
❑ ¡Más rápido! [má(s) r̃ápiđo マ (ス) ら̃ピド]	❑ もっと速く！

補 足　音節末の [s] の気息音化・無音化

スペイン南部やラテンアメリカの広い範囲で、音節の末尾や語末の位置にある [s] が気息音 [h] となったり、消失したりします。たとえば pasta [páhta]「パスタ」, papeles [papéleh]「紙(複数)」となり、「パフタ」「パペレへ」のように聞こえます。この位置の [s] が消失すると、「パタ」「パペレ」のように聞こえます。

◇24　T, t の発音

文字 T, t の発音は日本語の「タ」「テ」「ト」の子音 [t] と同じです。

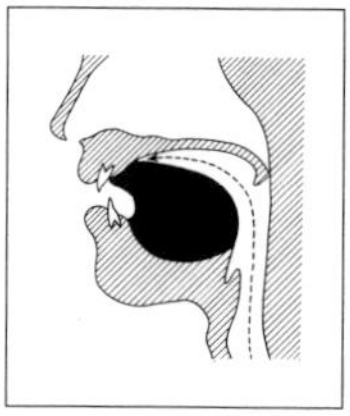

[t]

❑ Italia [itália イタリア]	❑ イタリア

補足　[p], [t], [k] の無気息音

P, p; T, t; K, k, Qu, qu と書かれる [p], [t], [k] は、それぞれ唇、歯、軟口蓋で発音される無声閉鎖音です。スペイン語の無声閉鎖音は、どれも英語のような気息音が入りません。気息音を入れるととても強く感じられます。これら3つの発音を一緒に意識して、なめらかな発音をするように心がけましょう。気息音は口の前に手のひらをあてて発音すると息があたるのでわかります。

◇25　V, v の発音

文字 V, v の発音は B, b の発音と同じです。語頭と n の後では閉鎖音 [b] になり、そのほかの位置では摩擦音 [ƀ] になります。

❑ Valencia [balénθia; -sia バレンしア；-シア]	❑ バレンシア
❑ Bolivia [bolíƀia ボリビア]	❑ ボリビア

参考　B, b と V, v

中世スペイン語では B, b を閉鎖音で発音し、V, v を摩擦音で発音して区別していました。現代スペイン語ではすべての有声の摩擦音をなくしたので、どちらも同じ発音です。そこで、たとえば Valencia をカタカナで書くときは「ヴァレンシア」ではなく「バレンシア」と書くことをお勧めします。

現代スペイン語ではまったく同じ発音なのに、なぜ同じ文字にしなかったのでしょうか。たしかに同じ文字にするという提案がかつて何度もあったのですが、スペイン王立アカデミーは今日までラテン語の書き方を尊重する、という方針を貫きました。その理由の1つとして英語、フランス語、イタリア語など [v ヴ] の音をもつヨーロッパの言語で使われている V, v を含む単語を、スペイン語でだけ B, b に変えてしまうことに抵抗があったようです。

B, b と V, v は発音が同じなので、ネイティブでも書くときに迷うことがあります。そこで B, b を be de burro「ロバの b」、be alta「高い b」、be grande「大きな b」、be de Barcelona「バルセロナの B」などと呼び、V, v を ve de vaca「ウシの v」、ve baja「低い v」、ve chiquita または ve pequeña「小さな v」、ve de Valencia「バレンシアの v」などと呼んで区別しています。ve は uve の別名です。

◇26　W, w の発音

文字 W, w の発音は [w] です。[w] の発音は [w]「ウ」になったり、それが強まって子音 [b]「ブ」になったりします。wa が「グア」[gua] のように聞こえることもあります。

❑ Washington [wásinton ウアシントン]	❑ ワシントン

＊ W, w は外来語にしか用いられません。Washington は英語なので、とくにスペイン語の中で使われるときも原則的にアクセント符号はつけません。

参考　外来語の W, w

スペイン語で W, w はほとんど使われません。わずかに歴史で習うイベリア半島にあった西ゴート王国の Wamba 王や Witiza 王の名前、そして英語やドイツ語からの借用語や地名などで使われるだけです。

W, w はラテン語になかった文字です。7 世紀に古英語で [w] の音を示すために u を重ねて uu と書き始めたものがドイツやフランスに伝わりました。そして 11 世紀にフランス（ノルマン）の写字生が uu をつなげて w という文字を作り、それがふたたびイギリスに伝わったということです。そのため W, w を英語で *double 'u'* と呼び、スペイン語で doble uve, uve doble と呼びます。U と V はもともと同じ文字だったので、ここで英語の u とスペイン語の v の違いはあまり重要ではありません。

現代スペイン語では英語やドイツ語などの人名・地名でも W, w が使われます。英語の *William* や *Washington* などでは英語の発音にしたがって [w]「ウ」で発音され、[wíliam ウイリアム], [ウアシントン] になります。ドイツ語の *Wagner* や *Westfalia* などではドイツ語の発音に近づけて（スペイン語では [v] を使わないので）[b]「ブ」で発音され、[bágner バグネル], [bes(t)fália ベス(ト)ファリア] になります。

人名・地名以外では完全にスペイン語化した単語として vagón「ワゴン車」, vals「ワルツ」, vatio「ワット」があります。これらはドイツ語式に [b] が使われています。váter「トイレ」は英語 *water-closet* からの借用語ですが、これにも [b] が使われています。地名の Kuwait「クウェート」はスペイン語で [kuƀái(t) クバイ(ト)] と発音されることが多いので「キューバ」Cuba [kúƀa クバ] と間違えられることがあるようです。

一方、最近のスペイン小説を読むと güisqui, gualqui-talqui, güeb などの外来語に出会います。これらは *whisky, walky-talky, web* がスペイン語化したものですが、w が [gu]「グ」の音になっています。

このように、外来語で W, w は [b]「ブ」になるときと [gu]「グ」になるときがあります。その理由として、先に述べた外来語の由来のほかに、W, w の発音そのものが、(1) 唇を丸めることと、(2) 口の奥の軟口蓋の部分で発音されることがあげられます(☞図)。(1) 唇の丸めを強調すれば [b]「ブ」になり、(2) 軟口蓋の発音を強調すれば [gu]「グ」の発音になります。また、外来語でなく本来のスペイン語でも、たとえば huevo「卵」の発音が [guéƀo グエボ] となるのを聞くことがあります。

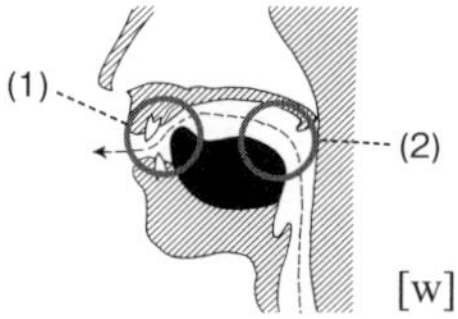

◇27 X, x の発音

文字 X, x は基本的に [ks] と発音されます。

❑ examen [eksámen エクサメン]	❑ 試験

c, t, p の前ではふつう [s] と発音されます。丁寧に発音されたときは [ks] となります。

☐ Extremadura [e(k)stremađúra エ(ク)ストれマドゥら]	☐ エストレマドゥーラ(スペインの自治州)

語頭の x は [s] と発音します。x で始まる語の数は限られています。

❑ xilófono [silófono シロフォノ]	❑ 木琴

補足 メキシコの地名の x

メキシコと、旧メキシコ領で現在の合衆国の地域には、スペイン語で x が [h] と発音される地名があります。

❑ México [méhiko]	❑ メキシコ
❑ Oaxaca [oaháka]	❑ オアハカ(メキシコ南部の州)
❑ Texas [téhas]	❑ テキサス

México「メキシコ」, mexicano「メキシコの;メキシコ人」などはスペインでは伝統的に Méjico, mejicano と書かれていましたが、最近の新聞などでは x が多く用いられています。また、Xochimilco [sotʃimílko]「ソチミルコ(メキシコシティー郊外にある観光地)」のように [s] で発音される地名もあります。

◇28　Y, y の発音

文字 Y, y は Ll, ll と同じ発音 [y] になります。

❑ Yucatán [yukatán ジュカタン]	❑ ユカタン（メキシコ南部の半島）

＊ Ll, ll を [ʎ リュ] で発音する地域であっても、Y, y は [ʎ リュ] ではなく [j イ] や [ʒ ジ] で発音されます。☞◇16 L, l の発音 補足-1

＊二重母音 [ai アイ], [ei エイ], [oi オイ] や [uai ウアイ], [uei ウエイ] などの三重母音が語末にあるとき、[i イ] は y で書かれます。☞◇5 二重母音；◇6 三重母音

参考　Y, y

Y はローマ人がギリシャ語のユプシロン（Υ）を書き表すために作った文字です。このため、文字名をスペイン語で i griega「ギリシャ語の I」と呼びます。

中世スペイン語ではギリシャ語源の単語の y のほかに、y を語頭や語末で i の代わりに使うことが多くありました。これは単語の区切りをわかりやすく示すための工夫です。

英語では *cycle, myth, rhythm* のように語間の母音 y がある単語は大部分がギリシャ語源ですが、スペイン語では y ではなく ciclo「サイクル」, mito「神話」, ritmo「リズム」のように i で書かれます。これは王立アカデミーが 1754 年にギリシャ語源の y を i にすることを決めたからです。また、1815 年には音節末の y を i で書くことを決めました（ayre > aire「空気」）。1880 年には語頭で母音を示す y を i で書くようにしました（yglesia > iglesia「教会」）。

ラテンアメリカでは語末の二重母音の y（rey「王」）と接続詞の y「そして」も i に代える、という動きがありましたが、最終的にはこれらの y は残されることになりました。Y, y は語頭や音節のはじめにも使われます（yo「私」, tuyo「君の」）。

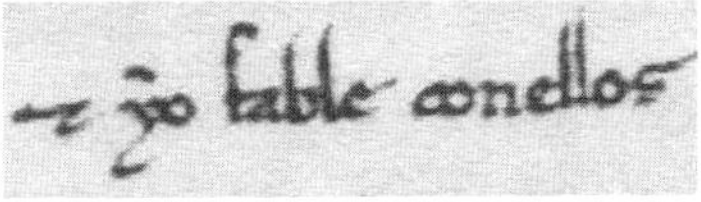

y yo fable [hable] con ellos

接続詞の y は中世や近代の古い文献では「7」のような形をした文字で書かれ、[e] や [i] と発音されていました（☞写真）。やがて Y, y がこの文字の形に似ていて、しかも Y, y の発音が [i] であったので、この文字で接続詞を書くようになったようです。

◇29　Z, z の発音

文字 Z, z の発音は [θ] です。これを本書のカナ表記では「さ」行で示します。

❑ Suiza [suíθa; -sa スイさ；- サ]	❑ スイス

＊スペインの南部やラテンアメリカでは日本語の「サ」行の子音と同じ [s] の発音です。

＊有声の [z ズ] の音にはなりません。Venezuela は日本語では「ベネズエラ」と言いますが、スペイン語式に読むと [ベネすエラ；-ス-] になります。

有声子音の前で [θ す], [s ス] が [ð ず], [z ズ] のように聞こえることもあります。
☞◇10 D, d の発音 補足

参考 **フランス語のセディーユ**

el Obispo de Palençia

フランス語の文字 Ç, ç の下にある記号を「セディーユ」と言います。これは中世スペイン語で用いられた記号 zedilla「セディージャ」「小さな 'z'」に由来します。語尾の -illa は〈小さなもの〉を示す縮小辞です。C, c には [ts ツ] と [k ク] の2種類の発音があったので、区別するために [ts ツ] のほうにこの印をつけました。写真の中世スペイン語文書で Palençia という地名の c にセディージャが見られます。現代スペイン語では Palencia と書かれ、[palénθia パレンシア] と発音します。

◇30 二重子音

p, t, c, b, d, g, f のいずれかと l または r が組み合わさると二重子音ができます。

p	t	c	+	l
b	d	g		r
f				

これらの二重子音は1つの子音として扱います。二重子音の間で音節を切ってはいけません。☞◇32 音節

(1) pl, pr

❑ tri-ple [tríple トりプレ]	❑ 三重の
❑ siem-pre [siémpre シエンプれ]	❑ いつも

(2) bl, br

❑ re-pú-bli-ca [r̄epúblika れ̃プブリカ]	❑ 共和国
❑ li-bro [líƀro リブろ]	❑ 本

(3) fl, fr

❑ a-flo-jar [afloxár アフロハる]	❑ 緩める

❑ Á-fri-ca [áfrika アフリカ]	❑ アフリカ

(4) cl, cr

❑ in-cluir [iŋkluír インクルイる]	❑ 含める
❑ es-cri-bir [eskriƀír エスクりビる]	❑ 書く

(5) gl, gr

❑ In-gla-te-rra [iŋglatér̃a イングラテら͂]	❑ イングランド
❑ ne-gro [néǥro ネグろ]	❑ 黒

(6) tr

❑ cua-tro [kuátro クアトろ]	❑ 4

(7) dr

❑ pa-dre [páđre パドれ]	❑ 父

＊ tl と dl は二重子音になりません。

補足-1 二重子音の構成

二重子音の最初の要素は [p], [t], [k]; [b], [d], [g]; [f] の発音です。最初の 6 つは閉鎖音で、次の配列になります。

	唇音	歯音	軟口蓋音
無声	[p]	[t]	[k]
有声	[b]	[d]	[g]

このように 6 つの発音はきれいな体系を作りますが、最後の [f] だけはこの体系に含まれません。なぜ f だけが特別なのでしょうか。

たとえば sufrir や influencia を inf-luencia, suf-rir のようにして音節を区切ると音節末に f という子音や nf という子音連続ができてしまいます。これらは原則的に語末には現れないので、とても不自然な感じがします。そこで音節末と語末が同じパターンになるようにするために、su-frir や in-fluencia のようにして音節を区切ります。

二重子音の第 2 の要素は [l] と [r] の発音です。2 つの発音はどちらも「流音」という性質をもっています。そこで、二重子音は基本的に《閉鎖音または [f] ＋流音》という構成になります。

しかし tl と dl は例外で、二重子音になりません。tl はとてもまれな連続です。atlas「地図集」、Atlántico「大西洋」ぐらいにしか使われません。また、dl は Hacedlo「(君たち) それをしなさい」のように《命令形＋代名詞》だけで使われる連続です。これは d が一般に語末に現れる子音であり、また実際にこの場合も Haced という語が認識されるので、Haced-lo のようにして音節を区切ります。

補足-2　メキシコの [tl]

メキシコの地名や固有物の名前に -tl- というつづりが存在します。メキシコ人はナワトル語起源の ixtle「リュウゼツラン (植物)」もスペイン語本来の atlas もそれぞれ、ix-tle, a-tlas のように tl- を連続して発音します。

◇31　子音文字の規則

次のように、子音文字と発音の関係が規則的にずれているところがあります。このとき前母音と中・後母音の区別が役立ちます。☞◇4 単母音

発音	次の母音					語末
	i	e	a	o	u	
❑ [θ], [s]	❑ ci (zi)	❑ ce (ze)	❑ za	❑ zo	❑ zu	❑ z
❑ [k]	❑ qui	❑ que	❑ ca	❑ co	❑ cu	❑ c
❑ [x], [h]	❑ gi (ji)	❑ ge (je)	❑ ja	❑ jo	❑ ju	❑ (j)
❑ [g]	❑ gui	❑ gue	❑ ga	❑ go	❑ gu	❑ (g)
❑ [gu]	❑ güi	❑ güe	❑ gua	❑ guo	—	—

たとえば、[θ] という発音には c と z の文字が対応します。c が書かれるのは次に i または e という前母音の文字があるときで (ci, ce)、それ以外は z で書かれます。語末でも z です。この規則 ([θ] = c ～ z) を知っておくと、名詞や形容詞の複数形や、動詞の活用形の練習をするときに暗記することが少なくなります。同じことが [k] = qu ～ c、[x] = g ～ j、[g] = gu ～ g、[gu] = gü ～ gu についても言えます。こうしたケースに出会ったときにもう一度この表を参照してください。

❑ lápiz [lápiθ; -pis ラピす；-ピス]	❑ 鉛筆 (単数)
❑ lápices [lápiθes; -ses ラピせス；-セス]	❑ 鉛筆 (複数)
❑ coger [coxér; -hér コへる；-へる]	❑ つかまえる (不定詞)
❑ cojo [cóxo; -ho コホ；-ほ]	❑ 私はつかまえる

なお、上の表の括弧の中の文字 (zi, ze; ji, je, 語末の j; 語末の g) にはこうした対応はありません。

(1) z で終わる語はかなりの数があります。名詞や形容詞が大多数ですが、それの複数形の語末はつづり字の規則にしたがって ces となります。

❏ juez [xuéθ; hués フエす；ふエス]	❏ 裁判官（単数）
❏ jueces [xuéθes; -ses フエせス；-セス]	❏ 裁判官（複数）
❏ pez [péθ; pés ぺす；ペス]	❏ 魚（単数）
❏ peces [péθes; -ses ぺせス；-セス]	❏ 魚（複数）

(2) c で終わる語は少数です。

❏ coñac [koñák コニャク]	❏ コニャック
❏ cómic [kómik コミク]	❏ コミック

(3) zi, ze という連続も少数ながら存在します。これらには上で示した c ～ z の交替はありません。

❏ zinc [θíŋk; síŋk しンク；シンク]	❏ 亜鉛

(4) ji, je という連続をもつ単語は多数あります。これらには上で示した g ～ j の交替はありません。

❏ ají [axí; -hí アヒ；-ひ]	❏ トウガラシ
❏ mujer [muxér; -hér ムへる；-へる]	❏ 女性

＊ j で終わる語として重要なのは reloj [r̃elóx; -lóh れ̃ロホ；-ロほ]「時計」だけです。

(5) g で終わる語はおもに外来語です。

❏ pudding [púđin プディン]	❏ プリン

(6) güi, güe は次のような語で使われます。

❏ lingüista [liŋguísta リングイスタ]	❏ 言語学者
❏ bilingüe [bilíŋgue ビリングエ]	❏ バイリンガル（の）

1.4 音節と強勢

▶母音と子音が組み合わさって「音節」ができます。音節は強勢があるものと強勢がないものがあります。

◇32　音節

音節の切り方は強勢の位置を知るために重要です。また長い単語が行の終わりにきたときには、途中の音節の切れ目で切り、ハイフンを入れます。音節の切り方を知るためには、次のように語中の子音に注目しなければなりません。

(1) 語中に 1 つの子音があるときは、その前に音節の切れ目があります。このとき、二重字（ch, ll, rr; ☞◇2 二重字）や、二重子音（pl, pr, bl, br, fl, fr, cl, cr, gl, gr, tr, dr; ☞◇30 二重子音）は 1 つの子音として扱います。

❑ ca-sa [kása カサ]	❑ 家
❑ ca-lle [káye カジェ]	❑ 通り
❑ a-rroz [ar̃óθ; -r̃ós アろす; -ろス]	❑ 米
❑ li-bro [líbro リブろ]	❑ 本
❑ si-glo [síglo シグロ]	❑ 世紀

(2) 語中に連続する 2 つの子音があるときは、その間に音節の切れ目ができます。このとき二重字や二重子音は 1 つの子音として扱います。

❑ Es-pa-ña [espáña エスパニャ]	❑ スペイン
❑ Fran-cia [fránθia; -sia フらンしア; -シア]	❑ フランス
❑ In-gla-te-rra [iŋglatér̃a イングラテら]	❑ イングランド、英国

(3) 語中に連続する 3 つの子音があるときは、最後の子音の前に音節の切れ目ができます。このとき二重字や二重子音は 1 つの子音として扱います。

❑ cons-tan-te [konstánte コンスタンテ]	❑ 一定の
❑ mons-truo [mónstruo モンストるオ]	❑ 怪物

(4) 分立母音（☞◇7 分立母音）は 2 つの音節に分けます。

❑ o-a-sis [oásis オアシス]	❑ オアシス
❑ pa-ís [país パイス]	❑ 国

一方、二重母音と三重母音は音節に切ってはいけません。

❑ Bo-li-via [bolíbia ボリビア]	❑ ボリビア
❑ Pa-ra-guay [paraguái パらグアイ]	❑ パラグアイ

補足-1 開音節と閉音節

母音で終わる音節を「開音節」と呼び、子音で終わる音節を「閉音節」と呼びます。スペイン語は開音節が多く、その点で日本語と似ています。

❑ 開音節：ca-sa「家」、pa-dre「父」
❑ 閉音節：can-tan「彼らは歌う」、már-mol「大理石」

閉音節で終わる語の後に母音が続くと、語末の子音は次の母音と一緒に発音されます。

❑ los Estados Unidos [lo-ses-tá-đo-su-ní-đos ロセスタドスニドス]「アメリカ合衆国」

補足-2 音節の構造

音節は「前部」「中心部」「後部」からなります。

❑ pl（前部）＋ a（中心部）＋ n（後部）「計画」

(1) 前部はゼロ、単子音、二重子音のいずれかです。

❑ e-co「こだま」、ma-pa「地図」、pla-ta「銀」

(2) 中心部は単母音または二重母音です。

❑ ca-sa「家」、pia-no「ピアノ」、po-e-ta「詩人」

(3) 後部は1つまたは2つの子音からなります。1つの子音ではふつう d, l, n, r, s, y, z という歯音または歯茎音となります。

❑ us-ted「あなた」、es-pa-ñol「スペイン語」、e-xa-men「試験」、can-tar「歌う」、qui-zás「たぶん」、vez「回」

後部にある2つの子音は ns が多いですが、この発音は [n] が落ちて [s] となる傾向があります。ほかに、bs, ds, ls, rs, x などがあります。x の発音も [ks] > [s] となる傾向があります。

❑ cons-truir「建設する」、abs-trac-to「抽象的な」、ads-cri-bir「任命する」、sols-ti-cio「冬至、夏至」、ex-tre-mo「極端な」

2子音の後部は語末には現れにくく、外来語に限られます。

❑ vals「ワルツ」、afrikaans「アフリカーンス語」、clímax「クライマックス」

補足-3 接頭辞と音節

des-, sub-, trans- のように、子音で終わる接頭辞＋母音で始まる語の連続について、王立アカデミーは次のように2つの分離法を認めています。

❑ des-agradable, de-sagradable「不快な」
❑ sub-estimar, su-bestimar「過小評価する」
❑ trans-atlántico, tran-satlántico「大西洋横断の」

参考 音節末の子音

スペイン語の音節末にある子音には d, l, n, r, s, z があります。その中で l, n, r, s, z は比較的しっかりと発音されています。salto [sálto サルト]「跳躍」, sol [sól ソル]「太陽」, Japón [xapón; ha- ハポン；は-]「日本」, señor [señór セニョる]「男性」, cortés [kortés コるテす]「礼儀正しい」, paz [páθ; pás パす；パス]「平和」

音節末の -d は非常に弱く発音され（☞ ◇10 D, d の発音）、ほとんど聞こえません。ほかにも c, g, j などもまれに音節末に見られますが、これらの子音も弱く発音されます。

usted [usté(đ) ウステ (ド)]「あなた」, coñac [koñák コニャ (ク)]「コニャック」, zigzag [θi(g)θá(g); si(g)sá(g) し (グ) さ (グ)；シ (グ) サ (グ)]「ジグザグ」, reloj [r̃elóx; -lóh れロ (ホ)；-ロ (ほ)]「時計」

音節末の子音は、次のように歯音または歯茎音に限られます。また、その中でも閉鎖音は弱化しやすく、[t] は出現頻度が非常に限られていて、[d] も聞こえにくくなったり、z [θ] に変化したりします。次に弱化しやすいのが摩擦音 s [s] と z [θ] です。鼻音と流音は比較的よく保たれていますが、地方によってはこれらも弱化しています。このように、スペイン語の全体的な傾向として音節末子音が弱化します。

種類	唇音	歯音	歯茎音	硬口蓋音	軟口蓋音
閉鎖音		[t], [d]			
摩擦音		[θ]	[s]		
鼻音		[n]			
流音		[l], [r]			

◇33 強勢の位置

強勢の位置は多くの場合規則的に決まります。不規則な強勢をもつ単語はアクセント符号をつけます。
「強勢」と「アクセント符号」の違いに注意しましょう。強勢は単語の中で強く発音される位置であり、アクセント符号は á, é, í, ó, ú のように母音の上に書かれた符号です。アクセント符号があればかならず強勢がありますが、強勢があるからといってかならずしもアクセント符号をつけるわけではありません。
強勢の位置は音節を単位とし、語末の文字で決まります。また、つづり字にアクセント符号がある語とそれがない語とで扱いが異なります。
二重母音に強勢があるときは、開母音に強勢を置きます。

(1) 母音または -n, -s で終わる語は後ろから 2 番目の音節の母音に強勢があります。

❑ ca-sa [kása カサ]	❑ 家
❑ ai-re [áire アイれ]	❑ 空気
❑ Co-re-a [koréa コれア]	❑ 韓国・北朝鮮
❑ Bo-li-via [bolíƀia ボリビア]	❑ ボリビア
❑ jo-ven [xóƀen; hó- ホベン；ほ-]	❑ 若者
❑ te-nis [ténis テニス]	❑ テニス

＊ Corea の語尾 -ea は母音が分立するので e に強勢があります。一方、Bolivia の語尾 -ia は二重母音なので 1 音節となり、強勢は li の音節にあります。

＊ joven や examen のように、後ろから 2 番目の音節に強勢があって -n で終わる語にアクセント符号をつけてしまうことが多いので注意しましょう。

(2) -n, -s 以外の子音で終わる語では最後の音節の母音に強勢があります。

❑ ciu-dad [θiuđá(đ) しウダ(ド)]	❑ 都市
❑ Bra-sil [brasíl ブらシル]	❑ ブラジル
❑ E-cua-dor [ekuađór エクアドる]	❑ エクアドル
❑ Je-rez [xeréθ; herés へれす；へれス]	❑ ヘレス（スペイン南部の都市）

＊ Pa-ra-guay [paraguái パらグアイ]「パラグアイ」のような語末の -y は強勢の位置を決めるときは子音として扱われます。

(3) 上の (1), (2) にあてはまらない場合は、強勢のある母音にアクセント符号をつけます。アクセント符号は á, é, í, ó, ú のようにかならず書かなければなりません。

❑ Pa-na-má [panamá パナマ]	❑ パナマ
❑ Ja-pón [xapón; ha- ハポン；は-]	❑ 日本
❑ a-diós [ađiós アディオス]	❑ さようなら
❑ Cá-diz [káđiθ; -đis カディす；-ディス]	❑ カディス（スペイン南部の都市）
❑ Mé-xi-co [méxiko; -hi- メヒコ；-ひ-]	❑ メキシコ

参考　**強勢のパターン**

上の (1) では「母音または -n, -s で終わる語は後ろから２番目の音節の母音に強勢があります」と説明しました。-n と -s については、動詞の活用形で -n や -s をよく使い、また名詞・形容詞の複数形では -s をよく使います。

❑ cantas, cantan「君は歌う、彼らは歌う」
❑ casas「家（複数）」

-n や -s をはずしても強勢の位置は変わりません。実は、上の (1) の規則は、「母音で終わる語、または母音に -n, -s が続いて終わる語は～」のように示すことができます。そのようにすると、強勢の位置を決めるとき、単純に -n と -s を無視すればよいことになります。つまり、母音で終わる語と同じようにして強勢の位置を決めればよいのです。
強勢の位置を中心にして語の語末の構成を見ると、次のようなパターンになります。

《強勢母音 + 子音 + (弱勢母音) + (n, s)》

(　) で示した部分はあったりなかったりします。次は「強勢母音 + 子音」に弱勢母音が加わり、さらに s が加わる様子を示しています。

❑ español「スペイン人（男性単数)」《強勢母音 + 子音》
❑ español + a「スペイン人（女性単数)」《強勢母音 + 子音 + 弱勢母音》
❑ español + a + s「スペイン人（女性複数)」《強勢母音 + 子音 + 弱勢母音 + s》

このように弱勢母音が加わり、さらに s が加わっても強勢の位置は変わりません。アクセント符号も必要ではありません。

◇34　アクセント符号

強勢の位置は音節を単位として語末の文字で規則的に決まりますが、その規則にしたがわない語には強勢のある母音にアクセント符号をつけなければなりません。次のような場合があります。

(1) 語末が母音や -n, -s で、強勢が最終音節にある語。

❑ sofá [sofá ソファ]	❑ ソファー
❑ estación [estaθión; -sión エスタしオン; -シオン]	❑ 駅
❑ japonés [xaponés; ha- ハポネス；は-]	❑ 日本人

複数形や女性形になるとアクセント符号が消える場合があります。

❑ estaciones [estaθiónes; -sió- エスタしオネス ; -シオ-]	❑ 駅（複数）
❑ japoneses [xaponéses; ha- ハポネセス ; は-]	❑ 日本人（複数）
❑ japonesa [xaponésa; ha- ハポネサ ; は-]	❑ 日本人（女性）

＊これは -es や -a がつくと強勢音節が後ろから 2 番目の音節になり、規則通りになるからです。☞ ◇33 強勢の位置

(2) 語末が -n, -s 以外の子音で、強勢が終わりから 2 番目の音節にある語。

❑ cárcel [kárθel; -sel カるせル ; -セル]	❑ 刑務所
❑ lápiz [lápiθ; -pis ラピす ; -ピス]	❑ 鉛筆

＊複数形になっても cárceles [kárθeles; -se- カるせレス ; -セ-], lápices [lápiθes; -ses ラピせス ; -セス] のようにアクセント符号は消えません。

(3) 強勢が終わりから 3 番目の音節にある語。

❑ límite [límite リミテ]	❑ 限界
❑ sábado [sáƀađo サバド]	❑ 土曜日

＊複数形になっても límites [límites リミテス], sábados [sáƀađos サバドス] のようにアクセント符号は消えません。

(4) i と u を含む分立母音に強勢がある語。

❑ país [país パイス]	❑ 国
❑ búho [búo ブオ]	❑ フクロウ

＊複数になっても países [países パイセス], búhos [búos ブオス] のようにアクセント符号は消えません。

(5) 単音節語は原則としてアクセント符号はつけません。

❑ yo [yó ジョ]	❑ 私
❑ paz [páθ; pás パす ; パス]	❑ 平和

次のような1音節の単語で二重母音や三重母音がある語もアクセント符号は不要です。ser と ir の点過去形（YO と ÉL）の fuí と fué、dar と ver の点過去（ÉL）の dió と vió は少し古いスペイン語でよく見かけますが、現在はアクセント符号をつけません。

❏ Hui. [uí ウイ]	❏ 私は逃げました。
❏ Riais. [r̃iáis り̃アイス]	❏ 君たちは笑います。
❏ guion [gión ギオン]	❏ シナリオ

＊ただし、同じつづりの語の品詞を区別するためにアクセント符号をつける語があります。
☞ ◇36 アクセント符号による品詞の区別

(6) 語が合成することによってアクセント符号が消えます。

❏ décimo [déθimo; -si- デしモ ; - シ -]	❏ 10番目
❏ decimoquinto [deθimokínto; -si- デしモキント ; -シ-]	❏ 15番目

ただしハイフンでつながった語はもとの語のアクセント符号が保持されます。

❏ análisis fonético-morfológico [análisis fonétiko morfolóxiko; -hi- アナリシス フォネティコ モるフォロヒコ ; - ひ -]	❏ 音声・形態分析

(7) 大文字の母音にもアクセント符号をつけます。

❏ el señor Álvarez [el señor álƀareθ; -res エル セニョる アルバれす ; - れス]	❏ アルバレスさん

補足 アクセント符号の書き方

パソコンなどの文字のアクセント符号は小さくて見えにくいことがありますが、手書きのときはしっかりと大きく書くように心がけましょう。とくに i の文字のアクセント符号はふつうの i と区別するために i の下の棒の部分と同じぐらいの長さにしてください。このとき i の上の点を書かないで、かわりにアクセント符号を書きます。

◇35 強勢語と弱勢語

強勢のある語「強勢語」と強勢がない語「弱勢語」があります。強勢語は独立して発音できますが、弱勢語は強勢語につなげて一緒に発音します。

(1) 名詞、強勢人称代名詞、指示語、不定語、形容詞、不定冠詞、所有形容詞の完全形、数詞、動詞、副詞、疑問詞、間投詞には強勢があります。次の例文の下線の語は強勢語です。

☐ España está en la parte sur del continente europeo.	☐ スペインはヨーロッパ大陸の南部にあります。
☐ Yo me fío de ti.	☐ 私は君を信じます。
☐ Vi un coche enfrente de tu casa.	☐ 私は君の家の前で1台の車を見ました。

敬称の don, doña; señor, señora, señorita; san, santa は弱勢語です。

☐ ¿Don Manuel está en casa?	☐ マヌエルさんはご在宅ですか？
☐ El señor Pérez no viene hoy.	☐ ペレスさんは今日は来ません。

señor, señora, señorita がふつうの名詞として使われるときは強勢があります。

☐ Un señor vino a visitarme.	☐ ある人が私を訪ねてきました。

《形容詞 + -mente》の副詞は形容詞にも -mente にも強勢があります。☞ ◇150 -mente の副詞

☐ Me han recibido amablemente [amáblemén̄te].	☐ 私は好意的に迎えられました。

(2) 定冠詞、所有形容詞の短縮形、弱勢人称代名詞、前置詞、接続詞、関係詞は弱勢語です。

☐ La quietud y el aire sano del pueblo le devolvieron la salud.	☐ 村の静けさときれいな空気で彼は健康を取り戻しました。

＊前置詞・接続詞の según「〜によって」「〜によれば」は強勢語です。☞ ◇270 según

＊接続詞の apenas には強勢があります。☞ ◇259 apenas

|補足| 強勢語と弱勢語の2つの原則

　強勢語は単語の内容・情報を伝えています。強勢によって伝えたい情報がマークされているのです。一方、弱勢語は情報を伝えるのではなく、文の中で強勢語に寄り添って強勢語がどのようなはたらきをするのかを示しています。これが「強勢・弱勢の第1原則」です。

　この原則を知っていれば強勢語と弱勢語のリストを丸暗記する必要がありません。名詞・形容詞・動詞・副詞はその意味を情報として伝えていますから強勢語です。定冠詞・前置詞・接続詞・関係詞はほかの語がどのようなはたらきをするのかを示しているので弱勢語です。

　強勢代名詞は情報を伝えますが、弱勢代名詞は動詞がとる目的語の人称・数・直接［間接］目的語の区別をするというはたらきを示します。たとえば次の例です。

❑ ¿A quién doy la tortilla? — ¡A mí! [× Me.] [× Me la das.] / オムレツはだれ？ — 私に！

上の質問の答えとして A mí. は情報をもっているので OK ですが、Me. は情報がないので使えません。Me la das. のように動詞をつけてもだめです。

「強勢・弱勢の第 2 原則」は独立・従属の関係です。2 つの強勢語が独立して情報をもっていればそれぞれに強勢がつきますが、一方が他方に従属したり 2 つが統合したりすると 1 つだけの強勢で統一されます。副詞の medio の例 medio dormida「なかば眠っている」では medio が dormida に従属しています。数詞の合成 dos mil や treinta y cinco を見ると全体が 1 つに統合している様子がわかります。これらは、それぞれ最後の語に強勢があります。

語尾に -mente のある副詞は形容詞が独立しているので形容詞にも強勢があります。むしろ -mente のほうが形容詞を副詞にする、というはたらきで形容詞を支えているので、弱勢になってもよいかもしれません。英語の副詞の語尾 -ly は弱勢です。しかし、a**ma**blemente のように後ろから 4 番目に強勢がある語はふつうではありませんから、やはり独立した 2 語のように a**ma**ble**men**te と発音します。

◇36　アクセント符号による品詞の区別

同じつづりの語の品詞を区別するためにアクセント符号をつけます。

(1) 関係詞と接続詞にはアクセント符号をつけませんが、疑問詞にはアクセント符号をつけます。

❑ que [ke ケ] ❑ qué [ké ケ]	❑ ～する…(関係詞)；～と(接続詞) ❑ 何(疑問詞)
❑ quien [kien キエン] ❑ quién [kién キエン]	❑ ～する…(人)(関係詞) ❑ だれ(疑問詞)
❑ donde [donde ドンデ] ❑ dónde [dónde ドンデ]	❑ ～する…(関係詞) ❑ どこで(疑問詞)
❑ como [komo コモ] ❑ cómo [kómo コモ]	❑ ～なので(接続詞) ❑ どのようにして(疑問詞)
❑ cuando [kuando クアンド] ❑ cuándo [kuándo クアンド]	❑ ～するとき(接続詞) ❑ いつ(疑問詞)
❑ cuanto [kuanto クアント] ❑ cuánto [kuánto クアント]	❑ ～するすべての…(関係詞) ❑ いくつの(疑問詞)
❑ el cual [el kuál エル クアル] ❑ cuál [kuál クアル]	❑ それは～(関係代名詞) ❑ どれ(疑問詞)

＊関係代名詞の el cual にはアクセント符号をつけませんが、強勢をつけて発音します。

(2) 次の語はアクセント符号によって個別に区別されます。

❑ aun [aun アウン] ❑ aún [aún アウン]	❑ ～でさえ（副詞） ❑ まだ～（副詞）
❑ de [de デ] ❑ dé [dé デ]	❑ ～の（前置詞） ❑ dar の接続法現在 YO / ÉL の活用形
❑ el [el エル] ❑ él [él エル]	❑ 定冠詞（男性単数） ❑ 彼（人称代名詞）
❑ mas [mas マス] ❑ más [más マス]	❑ しかし（接続詞） ❑ もっと（副詞）
❑ mi [mi ミ] ❑ mí [mí ミ]	❑ 私の（所有形容詞） ❑ 私（人称代名詞・前置詞補語）
❑ se [se セ] ❑ sé [sé セ]	❑ 間接目的語人称代名詞・再帰代名詞 ❑ saber の直説法現在 YO の活用形
❑ si [si シ] ❑ sí [sí シ]	❑ ～ならば（接続詞） ❑ はい（副詞）
❑ te [te テ] ❑ té [té テ]	❑ 君に、君を（人称代名詞） ❑ 茶
❑ tu [tu トゥ] ❑ tú [tú トゥ]	❑ 君の（所有形容詞） ❑ 君（人称代名詞）

la, las, lo にはそれぞれ定冠詞と目的語人称代名詞という品詞の違いがありますが、アクセント符号で区別せずに同じ形になります。

❑ Las notas, las he dejado en la mesa.	❑ 私はメモを机の上に残しました。
❑ Lo bueno de Juan es que lo hace todo bien.	❑ フアンのよいところは何でもうまくやることです。

間接目的語人称代名詞の se と再帰代名詞の se もアクセント符号による区別をしません。

□ Cuando se lo dije, se enfadó mucho.	□ 私が彼にそれを言ったら、彼はとても怒りました。

補足-1 強勢の位置に変動がある語

閉母音における強勢の有無によって、分立母音と二重母音の 2 種類の強勢の位置をもつ語があります。以下の例ではどちらも正しい形として認められています。

❑ amoníaco — amoniaco「アンモニア」

❑ cardíaco — cardiaco「心臓の」
❑ maníaco — maniaco「狂信的な」
❑ olimpíada — olimpiada「オリンピック」
❑ período — periodo「期間」
❑ policíaco — policiaco「警察の」

参考 強勢と母音の長さ

強勢は母音の長さに影響します。母音は強勢による長音化の程度により「長母音」と「短母音」に分かれます。

(1) 語末の強勢母音は長母音になります。ここでは [:] で示します。

❑ Perú [perú:]「ペルー」、Madrid [mađrí:(đ)]「マドリード」

＊ただし、語末が -l と -n のときは短母音となります。

❑ parasol [parasól]「パラソル」、pasión [pasión]「情熱」

(2) 語末から 2 番目の音節の強勢がある母音も長母音です。

❑ vida [bí:đa]「生活」

＊ただし、閉音節のときは短母音となります。

❑ parte [párte]「部分」

(3) 語末から 3 番目の音節の強勢がある母音は短母音です。

❑ México [méxiko; -hi-]「メキシコ」

補足-2 語頭の第二強勢

強勢語にはかならず 1 つの強勢がありますが、それとは別に比較的長い単語では語頭がやや強く発音されます。たとえば Argentina は ti に強勢があり、そこが強く発音されますが、Ar もやや強く発音されます。強勢の段階を一番強いものを 1 として数字で示すと [ar(2)-xen(3)-tí(1)-na(3)] となります。「アルヘンティーナ」という感じです。一方、「アルヘンティーナ」を日本語のアクセントパターンで読むと、1 拍目「ア」を低くし、「ル」から「ティ」までを全部高くし、「ティーナ」の長音部から下げるようにします。これを、1 を低い音、2 を高い音として数字で示すと [ア (1)- ル (2)- ヘ (2)- ン (2)- ティ (2)- イ (1)- ナ (1)] となりますから、スペイン語の発音とかなり違います。スペイン語を発音するときは最初の「ア」のところで 1 拍分少し強く置くようにして発音するとよいでしょう。これはかなり丁寧な発音ですが、このように心がけると、相手によく通じる発音になります。

1.5　語の連続とイントネーション

▶語と語はゴツゴツとつながるのではなく、流れるように連続します。個々の語がはっきりと区別される英語やドイツ語と比べると、スペイン語、フランス語、イタリア語などのロマンス系言語は語のつながりにスムーズな連続性が感じられます。

◇37　語の連続

(1) たとえば La Habana のように語末と語頭で同じ母音が続くと連続して発音されます。「ラ・アバナ」というより「ラバナ」と聞こえます。

| ☐ La Habana [labána ラバナ] | ☐ ハバナ（キューバの首都） |

＊異なる母音が隣どうしになっても、なめらかに続けて 1 語のように発音します。たとえば、la isla「島」は「ラ・イスラ」ではなくて「ライスラ」のようになります。

(2) 語尾の子音と同じ子音が続くときは、1 つの子音のように発音されます。

| ☐ los sábados [losábados ロサバドス] | ☐ 土曜日（複数） |

(3) 語末の子音と語頭の母音が隣合わせになると連続して発音されます。たとえば、Buenos Aires は「ブエノス・アイレス」というより「ブエノサイレス」と発音されます。

| ☐ Buenos Aires [buénosáires ブエノサイレス] | ☐ ブエノスアイレス |

(4) 語頭の b-, d-, g-, v- は前に鼻音があれば破裂音になり、鼻音以外の文字があれば摩擦音になります。

☐ un bolígrafo [úmbolígrafo ウンボリグラフォ]	☐ ボールペン
☐ la boda [labóđa ラボダ]	☐ 結婚式
☐ una gota [únagóta ウナゴタ]	☐ 一滴
☐ la vida [labíđa ラビダ]	☐ 人生、生活

d- は前に鼻音 [n] と側面音 [l] があれば破裂音になり、それ以外の文字があれば摩擦音になります。

| ☐ una duda [únađúđa ウナドゥダ] | ☐ 1 つの疑い |

❑ el día de salida [eldíađesalíđa エルディアデサリダ]	❑ 出発の日

(5) 語末の -s と -z は有声子音の前で、有声化して [z], [ð] になることがあります。

❑ los días [lozđías ロズディアス]	❑ 日々
❑ un pez grande [úmpéðgránde; -péz- ウンペずグらンデ；-ペズ-]	❑ 大きな魚

(6) 語末の s は r の前で消えることがよくあります。

❑ los ricos [lor̃íkos ロらコス]	❑ 金持ちたち

◇38　強勢グループ

弱勢語は強勢語につけて連続して発音します。

❑ Te acompaño / hasta la estación.	❑ 君と一緒に駅まで行こう。

＊多くの場合、弱勢語は強勢語の前にあります。上の文では、te, hasta, la が弱勢語で acompaño と estación が強勢語なので、Te acompaño と hasta la estación がそれぞれ 1 つの強勢グループとなります。

補足　**《弱勢語＋強勢語》**

弱勢語は単独で発音されることはなく、かならず強勢語について発音されます。《定冠詞＋名詞》や《弱勢代名詞＋動詞の活用形》などの連続では弱勢語と強勢語の間に休止を置かないで続けて発音し、強勢語だけを強く発音しましょう。

❑ La vi en la clase. [lađí enlakláse] / 私は彼女を教室で見ました。

弱勢語と強勢語がつながると 1 つ強勢グループができあがります。英語の強勢グループでは弱勢の音節はかなり弱化して発音されますが、スペイン語の強勢グループでは弱勢の音節もしっかりと発音されます。

◇39　強調とイントネーション

文中の要素を強調するとき、強勢による強さや長さ、そしてイントネーションの高さなどによって際立たせます。

❑ ¿Quién llama? — Soy yo, Paco.	❑ どちらさまですか？ — 僕だ、パコだよ。《電話で》

イントネーションは文全体にかかり、文の種類によって大きく異なります。話者の感情や意図などによっても変化します。また文の中の区切り方にも関係します。イントネーションは音声的なものですが、書き言葉では句読点の種類が目安になります。

(1) 平叙文のイントネーション：ピリオド（.）で終わる平叙文は文末で下降します（↓）。

❑ Megumi habla español muy bien. (↓)	❑ 恵はスペイン語をとても上手に話します。

(2) 疑問文のイントネーション：

(a) 疑問詞のない疑問文は文末で上昇します（↑）。

❑ ¿Vienes con nosotros? (↑)	❑ 私たちと一緒に来る？

(b) 疑問詞のある疑問文は、疑問詞が高くなり、文末で下降します（↓）。

❑ ¿Qué es esto? (↓)	❑ これは何ですか？

＊文末の下降イントネーションは問いつめるような印象を与えることがあります。これを上昇させるとやわらいだ感じになります。

(3) 命令文のイントネーション：最初の強勢語をとくに強調し、文末で下降します（↓）。

❑ No se olvide del billete. (↓)	❑ 切符をお忘れにならないように。

(4) 感嘆文のイントネーション：感嘆詞を含めた強勢語をとくに強調し、文末で下降します（↓）。

❑ ¡Qué día más tranquilo! (↓)	❑ 何て穏やかな日なんでしょう。

(5) 文中の区切り：コンマ（,）で示される文中の区切りでは、イントネーションは少し上昇させるか、または平板に保ちます（どちらも→で示します）。

❑ Hace muchos años (→), cuando yo era niño (→), vivíamos en un pequeño pueblo. (↓)	❑ 何年も前、私が子供だったころ、私たちは小さな村に住んでいました。

A, B, C y D のように並列・列挙するときは、A, B, C では平板にし（→）、y の前で上昇し（↑）、最後の D で下降します（↓）。

❑ En la foto, están Juliana (→), Pedro (→), Tomás (→), Pilar (↑) y Rafa. (↓)	❑ 写真にはフリアナ、ペドロ、トマス、ピラール、そしてラファがいます。

補足-1 文末が上がらない疑問文

次の2つの疑問文の文末で、(1) ではイントネーションを示す曲線が上昇していますが、(2) では下降しています。

(1) **¿Tú crees que quince minutos es poco?**
／あなたは15分がわずかだと思っているの？

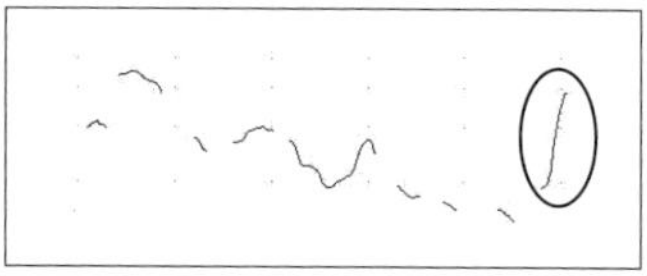

(2) **¿Llegaremos a tiempo al teatro?**
／お芝居の時間に間に合うよね？

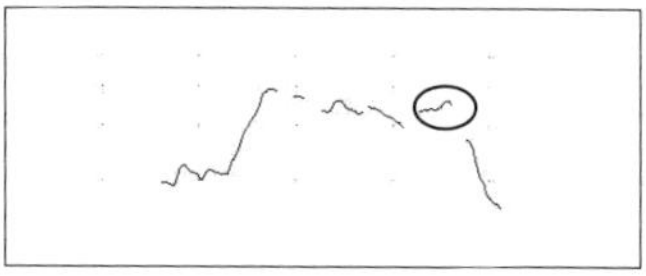

これと次の平叙文 (3) を比較してみましょう。

(3) **Te lo contaré por el camino.**
／行く途中で君にそれを話してあげよう。

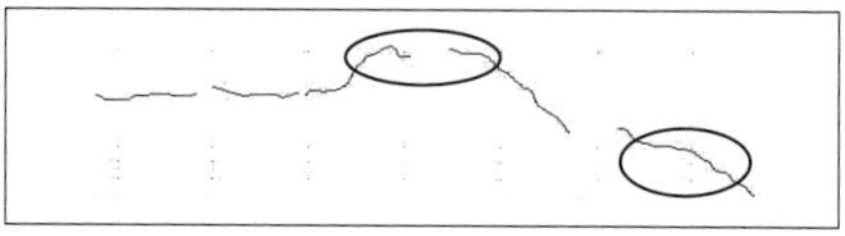

一般にスペインのスペイン語では (3) のように最終強勢音節は下がります。曲線の左の楕円が contaré の ré の部分で、右の楕円が camino です。(2) は疑問文にもかかわらず確かに曲線は下降を描いていますが、最終強勢音節が高いイントネーションであることが (3) と異なります。このような曲線を描く疑問文の意味は「お芝居の時間に間に合いますか？」というような情報を求める質問ではなく、「お芝居の時間に間に合うよね？」という確認の意味になります。この文脈では「だいじょうぶ？」という感じです。

補足-2 イントネーションの地域差

イントネーションには地域差があります。スペインではイントネーションの下降は最後の強勢音節で始まりますが、ラテンアメリカでは最後の強勢音節が長く引き延ばされ、その中で一度上昇し、その後下降します。これはとくにアルゼンチンなどで顕著です。イントネーションの高低を数字で示すと次のようになります。

❑ Hoy (2) viene (3) Carlos (1). / 今日カルロスが来ます。（スペイン）

❑ Hoy (2) viene (2) Carlos (3-1). / 今日カルロスが来ます。（ラテンアメリカ）

1.6 符号と字体

▶文字の使い方が英語と異なるところがあります。符号の使い方についてはほとんど同じです。筆記体の大文字 I と T に注意しましょう。

◇40 大文字 (ABC)

(1) 文の始まりでは大文字で書きます。

❏ ¡Hola! ¿Cómo estás? — Bien, gracias.	❏ やあ！ 元気？ — 元気だよ、ありがとう。

(2) 人名、地名、団体名などの固有名詞は大文字で書きます。

❏ Isabel	❏ イサベル
❏ Japón	❏ 日本
❏ San Isidro	❏ 聖イシドロ
❏ Asociación de Academias de la Lengua Española	❏ スペイン語アカデミー協会

普通名詞が固有名詞化して使われると大文字になります。

❏ Todos los días voy a la Universidad.	❏ 私は毎日大学へ行きます。
❏ La Luna envidiaba los ojos bonitos de la princesa.	❏ 月は王女のきれいな目をうらやましく思っていました。

(3) 書名や論文名は文頭と固有名詞だけを大文字で書きます。英語のようにすべての名詞・形容詞・副詞・動詞を大文字にはしません。

❏ *La rebelión de las masas* (José Ortega y Gasset) /『大衆の反逆』（ホセ・オルテガ・イ・ガセット）

＊本の表紙や背表紙では全体を大文字にしたり、すべての名詞、形容詞、動詞、副詞の語頭を大文字にすることもあります。

◇41 小文字 (abc)

(1) 文頭以外では小文字で書きます。

❏ ¿Dónde estuviste de vacaciones el año pasado?	❏ 君は去年休暇でどこに出かけたの？

(2) 固有名詞から派生した形容詞やその名詞形は、文頭以外では小文字で表します。英語のように大文字にはしません。

❏ español	❏ スペイン人(の)、スペイン語(の)
❏ cervantino	❏ セルバンテスの

(3) 季節名、月、曜日の名前は、文頭以外では、小文字で表します。英語の月や曜日のように大文字にはしません。

❏ verano	❏ 夏
❏ julio	❏ 7月
❏ lunes	❏ 月曜日

❏ Llego a Madrid el lunes día 5 de abril.	❏ 私は4月5日月曜日にマドリードに到着します。

◇42　ピリオド (.)

(1) 平叙文の末尾にはピリオドを置きます。

❏ Ahora estoy en Madrid.	❏ 私は今マドリードにいます。

(2) 略語で使います。

❏ el Sr. López	❏ ロペスさん
❏ Depto. de Español	❏ スペイン語学科

(3) 数字の 3 桁ごとの位取りで使います。☞2.11 数詞

❏ Este país tiene 123.500.000 de habitantes.	❏ この国の人口は1億2350万人です。

◇43　疑問符 (¿...?)

疑問文や疑問句は 2 つの疑問符 ¿...? で囲みます。

❏ ¿Cómo está usted?	❏ お元気ですか？
❏ Para conseguir el permiso, ¿qué tenemos que hacer?	❏ その許可を得るためには私たちは何をしなければなりませんか？

❏ ¿Ahora?, no, no puedo.	❏ 今ですか？ だめです。できません。

◇44 感嘆符 (¡...!)

感嘆文や平叙文の中の感嘆語句は 2 つの感嘆符 ¡...! で囲みます。

❏ ¡Qué plato más rico!	❏ なんておいしい料理なんだ！
❏ ¡Pero, Paco!, ¿qué estás haciendo?	❏ ああ、パコ！ 何をしているの？

強い命令文で用いられます。

❏ ¡A trabajar!	❏ さあ仕事だ！

文中の言葉に感嘆符をつけることもあります。

❏ He conseguido, ¡por fin!, la beca.	❏ 私は、ついに！ 奨学金をもらった。

参考 逆さまの疑問符と感嘆符

逆さまの疑問符 (¿) と感嘆符 (¡) はスペイン王立アカデミーが 1754 年に発行した『正字法』によって規定され、その後一般に浸透していきました。この逆さまの「¿」と「¡」がないと、たとえば文の途中から疑問文や感嘆文が始まる場合や、主語が示されなかったり、主語と動詞が倒置しないときに文の最初から疑問文であることがわかりづらいので、現在ではスペイン語圏で完全に統一されて使われています。

◇45 コンマ (,)

文の中で意味のまとまりを区切るために使います。次のような場合があります。

(1) 呼びかけ語や間投詞の後

❏ ¡Buenos días, profesor!	❏ 先生、おはようございます。
❏ ¡Ay, ay, me duele!	❏ ああ、ああ、痛い！

(2) 条件節・仮定節と帰結節、分詞構文の分詞句と主節の間など、主節と従属節や従属句の間に置きます。

□ Si vinieras conmigo, te lo agradecería.	□ 君が一緒に来てくれたら、ありがたいのだけれど。
□ Dicho esto, todo está claro.	□ このことを言っておけば、すべて明らかです。

(3) 列挙するとき

❑ Vengo a la facultad, los lunes, martes y viernes.	❑ 僕は学部に月曜日と火曜日と金曜日に来ます。

すべてコンマで並べると、さらに続くものがあることを示します。

❑ Pues, aquí, cantamos, bailamos, comemos, bebemos …	❑ そう、ここでは歌ったり、踊ったり、食事をしたり、飲んだり…。

(4) 同格構文で

❑ Yo vivo en La Paz, la capital de Bolivia.	❑ 私はボリビアの首都、ラパスに住んでいます。

(5) 説明的用法の関係節や句で

❑ Uno de ellos era José, de 10 años, quien estudiaba cuarto curso.	❑ 彼らの 1 人がホセ、10 歳、4 年生でした。

(6) 前の文と同じ動詞が省略されるとき

❑ Yo voy a Madrid y tú, a Barcelona.	❑ 私はマドリードに行き、君はバルセロナだ。

(7) 文の途中で挿入された部分や付加された部分を示します。

□ La madre se apoyaba, agotada, en el pasamanos.	□ 母親は、くたびれたようすで、手すりに寄りかかっていました。
❑ ¡Fue una casualidad, se lo aseguro!	❑ それは偶然だったんです、本当です！

(8) スペインではコンマで小数点を表します。一方 1000 の位取りはピリオド（ . ）を使います。ラテンアメリカでは逆にする地域があります。

❑ Mi temperatura normal es 36,7 (treinta y seis con [coma] siete) grados.	❑ 私の平熱は 36.7 度です。

◇46 コロン（：）

(1) 前の文について具体的な説明をするときに用います。

❑ Juan concibió una idea nueva: una especie de submarino.	❑ フアンには新しいアイディアが浮かんだ。潜水艦の一種だ。

(2) 直接話法の前や手紙文の始まりで用います。

❑ La madre le preguntó: ¿Puedes ir a hacer la compra?	❑ 母親は彼に聞いた：あなた買い物に行ってくれる？
❑ Querido José: He recibido tu libro.	❑ 親愛なるホセ：君の本を受け取りました。

◇47 セミコロン（；）

長い意味的なまとまりを区切るために用います。とくにコンマで区切られた単位をまとめるはたらきがあります。

□ El autor debe presentar todos los datos referentes a la fuente original: título, autor, editorial, año y lugar de publicación, si se trata de un libro; nombre, lugar de la publicación, fecha y página, si se trata de una revista.	□ 執筆者は原典に関するすべてのデータを示さなければならない。すなわち、著書に関しては書名、著者名、出版社、発行年、発行地を、雑誌に関しては雑誌名、発行地、年月日、ページをである。

2つの文を区切るときに使いますが、あまり長くなるときは、ピリオドを使うべきです。

□ No había bastante nieve en ninguna parte. Por consiguiente, suspendimos la excursión para esquiar.	□ どこにも雪が十分にありませんでした。そこで私たちはスキー旅行を中止にしました。

◇48 省略符（…）

(1) 語や文の後でさらに続くものがあるのに、それを省略するときに使います。

❑ Yo no quería decir eso…	❑ 私はそれを言いたかったのではないのに…。

(2) ポーズを置いて〈ためらい〉や〈疑い〉を示すときに使います。

❑ Bueno… entonces yo voy sola.	❑ わかった…それじゃ、私ひとりで行くわ。

(3) 文を引用して途中を省略するときに使います。

□ Desde luego, estaré encantado en seguir en contacto con usted (...). Un saludo.	□ もちろん、私は喜んであなたと連絡を取り続けたいと思います (…)。敬具

◇49　ハイフン (-)

(1) 長い単語が行の終わりに入りきらないときは、行末の音節の境界に入れます。

□ En mi casa, podemos hablar desen- vueltamente con nuestros hijos casi de cualquier cosa.	□ 私の家では私たちはほとんどどのようなことも息子たちと自由に話ができます。

音節ではなく接頭辞の切れ目にしたがうことがあります。

□ En mi casa, podemos hablar des- envueltamente con nuestros hijos casi de cualquier cosa.	□ 私の家では私たちはほとんどどのようなことも息子たちと自由に話ができます。

行末にも次の行の行頭にも母音が1つだけ残るのは避けるべきです。

□ × Su respiración denotaba que habí- a venido corriendo.	□ 彼の息づかいから走ってきたことがわかりました。
□ ○ Su respiración denotaba que había venido corriendo.	□ 彼の息づかいから走ってきたことがわかりました。

(2) 複合語で用いられるときがあります。

❑ Celebramos la fiesta de amistad colombiano-japonesa.	❑ 私たちはコロンビア・日本親善パーティーを開催します。

ただし、一般に複合語でハイフンはあまり用いられません。

❑ hombre rana	❑ 潜水夫
❑ palabras clave	❑ キーワード

◇50　ダッシュ (—)

(1) 会話体の文の始まりを示します。

□ ¿Cómo te llamas? — Me llamo Antonio Moreno.	□ 君の名前は？ — アントニオ・モレノです。

(2) 直接話法や引用文と地の文を区別します。

□ Bienvenida a mi hogar — me dijo amablemente —, que desde ahora también es el tuyo.	□ わが家にようこそ、— 彼は親切に私に言った — そしてこの家はこれから君の家でもあるんだ。

(3) 文の途中で挿入された部分を示します。

□ El español — lengua hablada por más de cuatro cientos millones de personas — va camino de convertirse en una lengua internacional.	□ スペイン語（4億の人々に話されている言語）は、国際語となる道を歩んでいます。

◇51 引用符（«…», "…", '…'）

スペイン語式の «…» と英語式の "…" のどちらも使われます。またシングル・クォーテーション（'…'）も使われます。次のようなケースで用いられます。

(1) 直接話法で用います。

□ Dijo: "Basta ya."	□ 彼は「もうたくさんだ」と言いました。

ダッシュだけで直接話法を示し、引用符を用いないこともあります。

□ ¿Cuál es tu opinión? — preguntó Paco.	□ 君の意見は？ — とパコが聞きました。

(2) 書名、論文名、あだ名や動物の名前などに用います。

□ ¿Has leído «Cien años de soledad»?	□ 君は『百年の孤独』を読んだ？
□ Andrea reunió a sus amigas y organizó con ellas un grupo llamado "Club de Azalea".	□ アンドレアは友人を集めて「つつじクラブ」というグループを作りました。

◇52 丸括弧（…）と角括弧［…］

(1) 文の途中で補助的な内容を挿入するときに使います。

❑ En Ávila (estuve ahí de paso) vi una muralla muy grande.	❑ アビラ（途中に寄った所です）でとても大きな城壁を見ました。

(2) 本の発行年や論文の発表年を示します。

❑ Navarro [1990] dice lo siguiente.	❑ ナバーロ (1990) は次のように述べています。

(3) 省略したり交換したりすることが可能な部分を示します。

□ Se necesita un(a) dependiente(a).	□ 男性もしくは女性店員を募集しています。

◇53　イタリック体 (*ABC*, *abc*)

(1) 書名や雑誌名を示します。

❑ Quilis, Antonio. 1981. *Fonética acústica de la lengua española*, Madrid, Gredos.	❑ キリス、アントニオ．1981.『スペイン語の音響音声学』マドリード、グレドス社

(2) スペイン語に入った外来語を示します。

❑ Josefina entró en la tienda de *delicatessen*.	❑ ホセフィーナはデリカテッセンの店に入りました。

(3) 語や語句そのものを取りあげて論じる場合に使います。

❑ La palabra *ojalá* viene de la lengua árabe.	❑ ojalá という語はアラビア語に由来しています。

補足　**筆記体**

スペイン語の筆記体は英語とほとんど同じです。ただし、I の大文字が次の図の左のようになり、英語の筆記体 T のように見えます。一方、スペイン語の筆記体 T の大文字は右のようになります。このような文字はたとえば街角の看板などで見られます。

 I　 T

2.　名詞類

▶名詞には固有の「性」があり、「数」によって変化します。代名詞は名詞の代わりにはたらきます。冠詞とほとんどの代名詞は、指している名詞の性と数にしたがって変化します。

La estación y el tren

2.1　名詞の性

▶名詞は文法的な「性」によって「男性名詞」と「女性名詞」に分類されます。この分類にしたがって、それにつく冠詞や形容詞の形が変化するので、名詞はその性とともに覚えなければなりません。性は名詞が生物のときはその意味でわかります。それ以外は語尾の形がいちおうの目安となります。

▶名詞のそれぞれを男性名詞か女性名詞か、と判断するよりも、おおまかな方針として、とくに女性名詞の意味や語形をマークして注意し、それ以外は男性名詞である、と判断するとよいでしょう。

▶名詞の性は定冠詞をつけて覚えると便利です。以下では男性名詞には男性の定冠詞 el をつけ、女性名詞には女性の定冠詞 la をつけて示します。男性の複数は los、女性の複数は las をつけて示します。(☞◇81 定冠詞の形と位置)

◇54　生物

〈生物〉を示す名詞の〈文法的な性〉はその〈自然の性〉と一致します。名詞の意味が〈男性の人〉や〈雄の動物〉を指していれば、その名詞は文法的にも男性名詞です。〈女性の人〉や〈雌の動物〉を指していれば、その名詞は文法的にも女性名詞です。

(1)〈人〉：人を示す名詞は基本的に男性形と女性形の対があります。また、男性形と女性形が同じ名詞もあります。このときは、冠詞で区別します。

❏ el hombre / la mujer	❏ 男性 / 女性
❏ el niño / la niña	❏ 男の子 / 女の子
❏ el estudiante / la estudiante	❏ 男子学生 / 女子学生

(2)〈動物〉：ペットや家畜など身近な動物名は男性形と女性形の対があります。

❏ el caballo / la yegua	❏ 雄馬 / 雌馬
❏ el perro / la perra	❏ 雄犬 / 雌犬

補足 macho「雄」と hembra「雌」

家畜やペットなどと違い、日常生活であまり身近でない動物名（と植物名）は自然の性（雄と雌）によるペアを作らずに、〈無生物〉と同じように男性名詞または女性名詞のどちらかに分類されます。雄と雌の区別が必要なときに限って macho「雄」と hembra「雌」という名詞を後につけます。次の rana「カエル」は女性名詞、cangrejo「カニ」は男性名詞です。

❏ una rana macho / 雄のカエル
❏ un cangrejo hembra / 雌のカニ

◇55　無生物

〈無生物〉を示す名詞の性は語尾によって区別できる場合が多いです。少数の例外はありますが、ふつう名詞の語尾が -o であれば男性名詞、-a であれば女性名詞です。

(a) 男性

❏ el libro	❏ 本	❏ el vino	❏ ワイン

(b) 女性

❏ la mesa	❏ テーブル	❏ la casa	❏ 家

参考-1 無生物の文法的性の由来

〈生物〉を示す名詞ならば文法的に性の区別をすることは納得できますが、なぜ〈無生物〉にも男性名詞と女性名詞があるのでしょうか。母語話者は男女の差をとくに意識しながら冠詞や形容詞の性を名詞の性と一致させているわけではないようです。ちょうど主語に合わせて動詞の形が変わるのと同じように、文法的な規則だと考えられます。

言語の歴史をたどると、ヨーロッパと南アジアの多くの言語の祖先であると仮定される印欧祖語で最初、生物についてだけ男性と女性の区別があったようです。〈人〉の〈男性〉と〈女性〉、〈身近な動物〉の〈雄〉と〈雌〉の意味的な区別が必要だったからです。そして、形容詞はその性の区別と一致させて、文法的な関係を示していたのです。それが後に生物以外を表す名詞にも広がりました。生物以外では「男性」と「女性」という意味の差はなく、冠詞・形容詞と名詞の間の文法関係を示すだけになりました。

例外 (1)：語尾が -o の女性名詞

❑ la mano	❑ 手	❑ la moto	❑ オートバイ
❑ la foto	❑ 写真	❑ la radio	❑ ラジオ

例外 (2)：☞◇59 語尾が -a の男性名詞；☞◇60 男女共通名詞

参考-2　語尾が -o の女性名詞の由来

la mano はラテン語では特殊な格変化をした女性名詞でした。よく使われる単語なので、一般の語尾 -o の男性名詞に合流することなく女性名詞として保たれたようです。一方、la foto, la moto, la radio はそれぞれ、la fotografía, la motocicleta, la radiodifusión という女性名詞の後半部を省略した形で、もとの語の性がそのまま使われています。

◇56　-o 以外の語尾をもつ男性名詞

接尾辞は一定の性をもっているため、名詞の接尾辞を見れば文法の性がわかります。たとえば接尾辞 -aje がついた名詞は男性名詞です。

❑ el lenguaje	❑ 言語	❑ el aterrizaje	❑ 着陸

◇57　-a 以外の語尾をもつ女性名詞

(1) 語尾が -d の名詞は多く、その中に接尾辞 -dad, -tad, -tud をもつ女性名詞があります。

❑ la universidad	❑ 大学	❑ la juventud	❑ 若さ
❑ la amistad	❑ 友情	❑ la ciudad	❑ 都市

それ以外の語尾 -d の名詞には男性名詞と女性名詞があります。

(a) 男性名詞

❑ el alud	❑ なだれ	❑ el césped	❑ 芝

(b) 女性名詞

❑ la pared	❑ 壁	❑ la red	❑ 網、ネットワーク

(2) 語尾 -z の名詞のほとんどが、以下のような接尾辞 -ez をもつ女性名詞です。

❑ la rigidez	❑ 厳格さ	❑ la validez	❑ 効力

接尾辞 -triz は 男女ペアの名詞 -dor, -tor の女性形を作ります。

❑ el emperador > la emperatriz	❑ 皇帝＞女帝
❑ el actor > la actriz	❑ 男優＞女優

(3) 接尾辞 -ez 以外の語尾 -z をもつ名詞には男性名詞と女性名詞があります。
(a) 男性名詞

❑ el arroz	❑ 米	❑ el lápiz	❑ 鉛筆

(b) 女性名詞

❑ la luz	❑ 光	❑ la voz	❑ 声

(4) 語尾が -n の名詞で -ción, -sión, -tión, -xión という接尾辞がついた語は女性名詞です。

❑ la canción	❑ 歌	❑ la cuestión	❑ 問題
❑ la televisión	❑ テレビ	❑ la conexión	❑ つながり

それ以外の語尾 -n の名詞には男性名詞と女性名詞があります。

(a) 男性名詞

❑ el avión	❑ 飛行機	❑ el plan	❑ 計画

(b) 女性名詞

❑ la imagen	❑ イメージ	❑ la orden	❑ 命令

◇58 語尾が -e の名詞

(1) 語尾が -e の無生物を表す名詞の多くは、以下のような男性名詞です。

❑ el puente	❑ 橋	❑ el cohete	❑ ロケット

語尾 -e をもつ女性名詞もあります。以下は中でも重要なものです。

❑ la base	❑ 基地	❑ la llave	❑ 鍵
❑ la carne	❑ 肉	❑ la mente	❑ 精神
❑ la clase	❑ 授業	❑ la muerte	❑ 死
❑ la clave	❑（問題の）鍵	❑ la nave	❑ 船
❑ la corriente	❑ 流れ	❑ la nieve	❑ 雪
❑ la fase	❑ 局面	❑ la noche	❑ 夜
❑ la fe	❑ 信仰	❑ la nube	❑ 雲
❑ la fiebre	❑（体の）熱	❑ la parte	❑ 部分
❑ la frase	❑ 文	❑ la pirámide	❑ ピラミッド
❑ la frente	❑ 額（ひたい）	❑ la sangre	❑ 血液
❑ la fuente	❑ 泉	❑ la sede	❑ 本拠地
❑ la gente	❑ 人	❑ la serpiente	❑ ヘビ
❑ la gripe	❑ インフルエンザ	❑ la suerte	❑ 運命
❑ el hambre	❑ 空腹	❑ la tarde	❑ 午後
❑ la índole	❑ 種類	❑ la torre	❑ タワー
❑ la leche	❑ 牛乳	❑ la variable	❑ 変数
❑ la lente	❑ レンズ	❑ la variante	❑ 変種

＊ el hambre の定冠詞については ☞ ◇81 定冠詞の形と位置 (3)

＊ lente はラテンアメリカではふつう男性名詞です。

(2) 接尾辞 -umbre と語尾 -ie をもつ名詞は女性名詞です。

❑ la costumbre	❑ 習慣	❑ la serie	❑ シリーズ

◇59 語尾が -a の男性名詞

例外的に語尾が -a で終わる男性名詞があります。

❑ el planeta	❑ 惑星	❑ el sistema	❑ システム

補足 **ギリシャ語源の派生形容詞**

名詞から派生形容詞を作るには多くの場合接尾辞 -ico をつけますが、ギリシャ語源の語尾 -ma の男性名詞は、その派生形容詞に -t- が現れます。

☐ climático「気候の」、sistemático「システムの」

また、coma には el coma「昏睡」と la coma「コンマ（,）」の２つの語がありますが、前者はギリシャ語源で、後者はそうではありません。el coma「昏睡」の形容詞は comatoso です。ここにも -t- が現れます。一方、la cama「ベッド」、la fama「名声」、la crema「クリーム」などの女性名詞はギリシャ語源ではないので、-t- が表れる形容詞をもちません。

◇60　男女共通名詞

(1) 人を示す名詞は〈男女のペア〉を形成することが多く、その中に〈男性〉と〈女性〉で共通の形を使う名詞があります。

❑ el / la estudiante	❑ 学生	❑ el / la intérprete	❑ 通訳

次は〈男性〉-nte と〈女性〉-nta の区別がある名詞です。

❑ el dependiente / la dependienta	❑ 店員（男性）/（女性）
❑ el presidente / la presidenta	❑ 社長、大統領（男性）/（女性）

(2) 接尾辞 -ista は男女共通で人を示す名詞を作ります。

❑ el / la lingüista	❑ 言語学者	❑ el / la pianista	❑ ピアニスト

(3) 接尾辞 -ta も男女共通で人を示す名詞を作ります。

❑ el / la atleta	❑ スポーツ選手	❑ el / la astronauta	❑ 宇宙飛行士

(4) -o で終わる男女共通名詞があります。

❑ el / la modelo	❑ モデル	❑ el / la testigo	❑ 証人

(5) -a で終わる男女共通名詞があります。

❑ el / la colega	❑ 同僚	❑ el / la estratega	❑ 戦略家

＊男女共通名詞の複数形は定冠詞の男性複数形を使って、たとえば los estudiantes とします。ただし、女性ばかりを指して言うときは las estudiantes とします。

◇61　〈男女のペア〉になる名詞

〈人〉や〈身近な動物〉を指す名詞には、男性形と女性形がペアになるものがあります。

(1) 語尾が -o の男性形と語尾が -a の女性形がペアを形成します。

❑ el amigo / la amiga	❑ 友人（男性）/（女性）
❑ el mexicano / la mexicana	❑ メキシコ人（男性）/（女性）

(2) 語尾が -or, -ón, -ín, -és の男性名詞には、-a をつけた女性形があります。

❑ el doctor / la doctora	❑ 医者（男性）/（女性）
❑ el campeón / la campeona	❑ チャンピオン（男性）/（女性）
❑ el bailarín / la bailarina	❑ ダンサー（男性）/（女性）
❑ el japonés / la japonesa	❑ 日本人（男性）/（女性）

(a) 男性名詞の語尾 -or と女性名詞の語尾 -ora のペアはたくさんあります。-dor, -sor, -tor は人を示す名詞を形成し、それぞれ -dora, -sora, -tora という女性形をもちます。

❑ el trabajador / la trabajadora	❑ 労働者（男性）/（女性）
❑ el precursor / la precursora	❑ 先駆者（男性）/（女性）
❑ el escritor / la escritora	❑ 作家（男性）/（女性）

(b) 男性名詞の語尾 -ón と女性名詞の語尾 -ona のペアの多くは〈親愛〉や〈軽蔑的〉なニュアンスのある語です。

❑ el mandón / la mandona	❑ いばりちらす人（男性）/（女性）
❑ el peleón / la peleona	❑ けんか好きな人（男性）/（女性）
❑ el cuarentón / la cuarentona	❑（親愛・軽蔑的）40代の人（男性）/（女性）

(c) -ín と -ina のペアは少数です。

❑ el chiquitín / la chiquitina	❑ 小さな人（男性）/（女性）
❑ el mallorquín / la mallorquina	❑ マヨルカ島の人（男性）/（女性）

ほかに -ina は次のような女性形を作ります。

❑ el gallo / la gallina	❑ 雄鶏 / 雌鶏
❑ el héroe / la heroína	❑ 英雄（男性）/ 英雄（女性）

(d) -és と -esa のペアは地名から派生した形容詞です。かなりの数があります。

❑ el cordobés / la cordobesa	❑ コルドバの人
❑ el holandés / la holandesa	❑ オランダ人

また、-esa は男性の爵位に対応する女性形を作ります。

❑ el conde / la condesa	❑ 伯爵（男性）/ 伯爵（女性）、伯爵夫人

(3) ほかに、数は限られていますが、次のような女性形を作る接尾辞があります。

❑ el rey / la reina	❑ 国王 / 女王、王妃
❑ el poeta / la poetisa	❑ 詩人（男性）/ 詩人（女性）

(4) 異なる語形がペアになるものがあります。

❑ el hombre / la mujer	❑ 男 / 女
❑ el toro / la vaca	❑ 雄牛 / 雌牛

補足　女性形を作る接尾辞

接尾辞の多くは母音で始まります。母音で始まる接尾辞は、それがつく名詞が母音で終わっているときは、その母音を消してから接尾辞をつけます。子音で終わっているときは、そのまま接尾辞をつけます。

□ zapato ＋ ero > zapatero / 靴＞靴屋
□ jardín + ero > jardinero / 庭＞庭師

-ina と -isa も、同じように男性名詞の語末の母音を消してからつけられます。

□ gallo ＋ ina > gallina / 雄鶏＞雌鶏

女性の語尾 -a も同じように接尾辞と考えると、次の変化の仕組みもよく理解できます。男性名詞が母音で終わっているときは、それを消してから -a をつけます。子音で終わっているときは、そのまま -a をつけます。

□ amigo ＋ a > amiga / 友人：男性＞女性
□ doctor ＋ a > doctora / 医者：男性＞女性

◇62 〈人〉を示す単一性名詞

〈人〉を示す名詞は原則的に男女のペアの形があります。しかし、少数ですがよく使われる、性が固定した名詞があります。これらは男性と女性の意味の区別をしません。

(1) 男性名詞で〈男性〉と〈女性〉の〈人〉を指すもの。

❑ el miembro	❑ 会員、メンバー

❏ el ángel	❏ 心の優しい人

❏ Ella es un ángel.	❏ 彼女は心の優しい人だ。

＊ miembro は男女共通名詞（el / la miembro）として使われることもあります。

(2) 女性名詞で〈男性〉と〈女性〉の〈人〉を指すもの。

❏ la criatura	❏ 赤ちゃん
❏ la estrella (de cine)	❏（映画）スター
❏ la persona	❏ 人、人物
❏ la víctima	❏ 犠牲者

❏ Ese político es tan popular como una estrella de cine.	❏ その政治家は映画スターと同じくらい人気があります。

＊ bebé「赤ちゃん」はスペインでは男性の単一性名詞ですが（el bebé）、ラテンアメリカの多くの国では男女共通名詞です（el / la bebé）。

◇63 女性の職業名

かつては男性が占めていた職業に女性も従事するようになり、次のようなタイプの女性形が生まれました。

(1) 男女同形で冠詞や形容詞の性によって女性を示すもの。

❏ el juez / la juez	❏ 裁判官、判事（男性）/（女性）

＊ la jueza という女性形も使われます。

(2) -o で終わる男性名詞には -a で終わる女性名詞が対応する場合があります。

❏ la Primera Ministra	❏（女性の）首相
❏ la abogada	❏（女性の）弁護士

補足-1 女性形が別の意味とぶつかる場合

〈男性〉の el físico「物理学者」、el político「政治家」、el químico「化学者」、el técnico「技術者」に対して、〈女性〉の la física「物理学者」、la política「政治家」、la química「化学者」、la técnica「技術者」は使いにくいようです。これらは、それぞれ「物理学」「政治」「化学」「技術」を示すので、意味がぶつかってしまうのです。そこで la físico のように《女性の定冠詞

＋男性形》で示すこともあります。また、「医者」は el médico — la médica としても問題ないはずですが、la médico「女医」もよく聞きます。これらの問題は -a で終わる女性形を認めれば解決するのですが、まだ女性形の使用が十分確立していません。

補足-2 **比喩的に〈人〉を指す普通名詞**

普通名詞を使って比喩的に〈人〉を指したり、その〈特徴〉を示したりするとき、その人の性に合わせて不定冠詞がつくことがあります。

❑ Juan es un bestia con el trabajo. / ファンは仕事に関しては動物のように猛烈だ。
❑ Mi hermano es un cabeza loca en fútbol. / 私の兄はサッカーで頭がおかしくなっている。

◇64 性の違いによって意味が変わる名詞

性の違いによって意味が変わる名詞があります。次はその中で重要なものです。

❑ el capital / la capital	❑ 資本 / 首都
❑ el cura / la cura	❑ 司祭 / 治療
❑ el frente / la frente	❑ 正面 / 額(ひたい)
❑ el orden / la orden	❑ 順序 / 命令

◇65 性が不定の名詞

(1) わずかですが、性が一定していない名詞があります。

❑ el mar	❑ 海
❑ en alta mar	❑ 沖合いで

＊ mar はふつうは男性名詞ですが、詩語や海事用語では女性名詞として使われます。

(2) スペインとラテンアメリカで性が異なる名詞があります。

❑ el pijama / la piyama	❑ パジャマ（スペイン）/（ラテンアメリカ）
❑ la / el radio	❑ ラジオ（スペイン）/（ラテンアメリカ）
❑ la / el sartén	❑ フライパン（スペイン）/（ラテンアメリカ）

◇66 外来語の性

(1) スペイン語に入った外来語は、とくに以下 (2) ～ (4) で示すような理由がない限り男性名詞として使われます。

❑ el *fax*	❑ ファックス	❑ el *footing*	❑ ジョギング

(2) フランス語やイタリア語などの文法上の性がある言語からの外来語は原語の性を保ちます。

❑ la *baguette*	❑ バゲット	❑ la *pizza*	❑ ピザ

(3) 日本語などの文法上の性がない言語の〈人〉を指す名詞から借用した語は意味上の性に合わせます。

❑ la *geisha*	❑ 芸者	❑ el *karateka*	❑ (男性の) 空手家
❑ la *maiko*	❑ 舞妓	❑ la *karateka*	❑ (女性の) 空手家

(4)〈事物〉を指す場合は対応するスペイン語の名詞の性を考慮して文法上の性がつけられますが、定着していない語では一般に男性が使われます。揺れも見られます。

❑ el *ikebana* (= arreglo floral)	❑ 生け花
❑ la *katana* (= la espada)	❑ 刀
❑ la *web* (= la red)	❑ ウェブ (インターネット)
❑ los / las *guetas*	❑ 下駄(げた)

◇67 地名の性

(1)〈地名〉(国、地方、都市、町村) はふつう語尾が -a であれば女性、そのほかは男性になります。

❑ España es campeona de la Copa Mundial.	❑ スペインはワールドカップのチャンピオンだ。
❑ Japón es hermoso.	❑ 日本は美しい。

＊〈都市名〉は la ciudad「都市」の性に合わせて女性になることがあります。

(2)〈河川〉〈山〉〈海〉の名前は男性となります。

❑ el Sena	❑ セーヌ河

❏ el Teide	❏ テイデ山（テネリフェ島の山）
❏ el Mediterráneo	❏ 地中海

＊それぞれの el río「川」, el monte「山」, el mar「海」（el océano「大洋」）という男性名詞の性と同じです。

(3)〈島〉（la isla）の名前は女性です。

❏ las Filipinas	❏ フィリピン諸島

補足　**新語の性**

ほかの単語から接尾辞をつけて新しい名詞が生まれると、その接尾辞によって性が決まります。たとえば、la luna「月」から alunizar「月に着陸する」という動詞が生まれ、さらにその名詞形 el alunizaje「月面着陸」が生まれました。-aje という接尾辞のつく語はすべて男性名詞です。また el alunizamiento「月面着陸」という語もあります。これには、-miento という男性の接尾辞がついています。

◇68　語尾が -o と -a で〈性〉の区別にならないペア

〈無生物〉を示す名詞には、語尾が -o と -a で〈男性〉と〈女性〉のペアにならないものがあります。

(1) 大きさが異なるもの

❏ el bolso — la bolsa	❏ ハンドバッグ — バッグ
❏ el huerto — la huerta	❏ 小さな果樹園 — 大きな果樹園
❏ el barco — la barca	❏（大型）船 — ボート

(2)〈果物の木〉—〈果物〉

❏ el naranjo — la naranja	❏ オレンジの木 — オレンジ
❏ el olivo — la oliva	❏ オリーブの木 — オリーブの実

(3) 意味がかなり異なるもの

❏ el libro — la libra	❏ 本 — ポンド（イギリスの通貨単位）
❏ el modo — la moda	❏ 方法 — 流行、モード

2.2 名詞の数

▶名詞には単数形と複数形があります。基本的に複数形は単数形から作ります。

◇69 可算名詞と不可算名詞

名詞には大きく分けて可算名詞と不可算名詞があります。

(1) 可算名詞は〈数えられるもの〉を示します。普通名詞と集合名詞があります。単数形と複数形が使われます。

❑ la casa / las casas	❑ 家（単 / 複）（普通名詞）
❑ la familia / las familias	❑ 家族（単 / 複）（集合名詞）

(2) 不可算名詞は〈数えられないもの〉を示します。物質名詞、抽象名詞、固有名詞があり、単数形だけが使われます。

❑ la leche	❑ 牛乳（物質名詞）
❑ la paz	❑ 平和（抽象名詞）
❑ España	❑ スペイン（固有名詞）

◇70 単数と複数

(1) 可算名詞で〈単数のもの〉を表すときは単数形を使い、〈複数のもの〉を表すときは複数形を使います。

❑ Tengo un libro interesante.	❑ 私はおもしろい本を1冊持っています。
❑ ¿Tienes revistas españolas?	❑ 君はスペインの雑誌（複数）を持ってる？

(2) 不可算名詞は単数で使われます。

❑ No tengo agua para beber.	❑ 私は飲み水を持っていません。

《集合名詞 + de + 名詞複数形》が主語のとき、動詞は単数形になることもあれば、複数形になることもあります。

❑ Un grupo de admiradoras había ido al aeropuerto a recibir al cantante.	❑ 女性ファンのグループが歌手を迎えに空港まで行きました。

❑ En España la mayoría de las tiendas cierran los domingos.	❑ スペインでは大部分の商店が日曜日に店を閉めます。

◇71　複数形

名詞が指す〈もの〉が〈複数〉であれば複数形になります。作り方は規則的です。

(1) 母音で終わる語には -s をつけます。

❑ la casa > las casas	❑ 家
❑ la clase > las clases	❑ クラス、授業

(2) 子音で終わる語には -es をつけます。

❑ la flor > las flores	❑ 花
❑ el árbol > los árboles	❑ 木

(3) 語末の二重母音、三重母音の -y は子音として扱います。

❑ la ley > las leyes	❑ 法律

(4) -z で終わる語に -es がつくと、-ces となります。☞◇31 子音文字の規則

❑ el lápiz > los lápices	❑ 鉛筆

◇72　複数形とアクセント符号

(1) 複数形でアクセント符号が消える場合があります。

❑ canción > canciones	❑ 歌（単）>（複）
❑ interés > intereses	❑ 興味、利益（単）>（複）

＊これらは複数形になると強勢の位置が規則どおりになるため、アクセント符号が不要になります。☞◇34 アクセント符号

(2) 複数形でアクセント符号が必要となる場合があります。

❑ margen > márgenes	❑ 余白（単）>（複）
❑ examen > exámenes	❑ 試験（単）>（複）

＊これらは複数形で -es がつくと、強勢が語末から 3 番目の音節になるので、アクセント符号をつけなくてはなりません。☞◇34 アクセント符号

(3) 次の 3 語に限り複数形で強勢が移動します。

❑ carácter > caracteres	❑ 性格、文字（単）>（複）
❑ espécimen > especímenes	❑ 見本（単）>（複）
❑ régimen > regímenes	❑ 体制（単）>（複）

◇73 -s で終わる語の複数形

(1)《弱勢母音 + s》の語では単数と複数は同じ形です。

❑ el lunes > los lunes	❑ 月曜日（単）>（複）
❑ la tesis > las tesis	❑ 論文（単）>（複）
❑ el análisis > los análisis	❑ 分析（単）>（複）

❑ Los lunes, martes y jueves vengo a la facultad.	❑ 月曜日、火曜日、そして木曜日に私は大学に来ます。

少数ですが《弱勢母音 + x》の語も単数と複数は同じ形です。

❑ el fénix > los fénix	❑ フェニックス、不死鳥（単）>（複）

《動詞 + 名詞》の合成語も単数形と複数形が同じ形です。

❑ el abrelatas > los abrelatas	❑ 缶切り（単）>（複）
❑ el paraguas > los paraguas	❑ 傘（単）>（複）

(2)《強勢母音 + s》の語では -es をつけます。

❑ el japonés > los japoneses	❑ 日本人（単）>（複）
❑ el mes > los meses	❑ 月（単）>（複）

参考　強勢と複数形

単語の強勢の位置と複数形の作り方の間には関係があります。スペイン語の複数形の基本的な形は《弱勢母音 + s》です。これを意識すると、次の規則の理由がよくわかります。

規則 (1): 母音で終わっている語（例：casa）には -s をつける
規則 (2): 子音で終わっている語（例：flor）には -es をつける

この2つの規則は、どちらも複数形の基本的な形である《弱勢母音＋s》を作ろうとしているのです。たとえば規則 (1) によって casa > casas「家（複数）」という複数形ができますが、これで《弱勢母音＋s》になります。また、flor > flores「花（複数）」でも《弱勢母音＋s》になります。さらに次の規則を見てみましょう。

規則 (3):《弱勢母音＋s》の語（例：lunes）では単数と複数は同じ形
規則 (4):《強勢母音＋s》の語（例：japonés）では -es をつける

この2つの規則も複数形の基本的な形である《弱勢母音＋s》を作ろうとしています。単数の lunes という形は、単数形で《弱勢母音＋s》となっていますから、そのままで複数形になります。el lunes > los lunes「月曜日」です。一方、「日本人」の単数形 japonés は、nés に強勢がありますから《弱勢母音＋s》というパターンにあてはまりません。そこで、-es をつけて japoneses とすると《弱勢母音＋s》というパターンに適合します。単音節の mes「月」にも強勢があるので、複数形は meses になります。

このように複数形の形成法は一見バラバラの規則が集まっているように見えますが、その奥に統一的な原則が存在していることがわかります。

◇74　外来語の複数形

(1) 語尾が -á, -é, -ó のときは、-s をつけて複数形を作ります。

❏ el sofá > los sofás	❏ ソファー（単）>（複）
❏ el café > los cafés	❏ コーヒー（単）>（複）
❏ el buró > los burós	❏ 事務机（単）>（複）

(2) 語尾が -í, -ú の語は、-es をつけます。

❏ el esquí > los esquíes	❏ スキー（単）>（複）
❏ el *tiramisú* > los *tiramisúes*	❏ ティラミス（単）>（複）

＊ esquís のように -s で複数形を作ることもあります。

(3) 語尾が -n, -l, -r, -d, -j, -z の語は、-es をつけます。

❏ el *cruasán* > los *cruasanes*	❏ クロワッサン（単）>（複）
❏ el *córner* > los *córneres*	❏ コーナーキック（サッカー）（単）>（複）

(4) それ以外の子音のときは、-s をつけます。

❏ el *airbag* > los *airbags*	❏ エアバッグ（単）>（複）

❑ el *club* > los *clubs*	❑ クラブ（単）＞（複）

＊ el club の複数は、los clubes が用いられることもあります。

◇75 不可算名詞の複数形

物質名詞と抽象名詞は本来数えられないものを指すので、複数形がありません。しかし、次のような場合には複数となることがあります。

(1) 物質名詞を個別に扱うとき

❑ Dos cafés, por favor.	❑ コーヒーを2つお願いします。

(2) 抽象名詞が具体化したとき

□ Me deslumbré con las luces de la ciudad.	□ 私は街の明かりに目がくらみました。

(3) 固有名詞が人物を指すのではなく名前そのものを指すとき

❑ Hay dos Anas en la familia: la madre y su hija.	❑ その家族には2人のアナがいます。母親とその娘さんです。

＊ Carlos のように語尾が -s の人名は、dos Carlos のように単複同形です。

(4) 姓を複数形にして家族を表すとき

❑ Invitamos a los Morenos.	❑ 私たちはモレーノ一家を招待します。

＊ Pérez, Rodríguez などの語尾が -z の姓は、los Pérez のように単複同形です。

(5) 作者の複数形で複数の作品を示すとき

❑ En este museo hay diez Goyas.	❑ この美術館にはゴヤの作品が10あります。

◇76 〈男女のペア〉を示す複数形

〈男女のペア〉を示すには男性形を複数にします。

❑ los padres	❑ 両親	❑ los tíos	❑ おじ夫婦
❑ los Reyes Católicos (Isabel y Fernando)		❑ カトリック両王（イサベルとフェルナンド）	

男性の複数を表すこともあります。

❑ los tíos	❑（複数の）おじ
❑ los reyes musulmanes	❑ イスラム教徒の国王たち

◇77 複数形の性

複数形に男女が混在する場合は男性の複数形が用いられます。

❑ José y Marta son amigos míos.	❑ ホセとマルタは私の友人です。

とくに男性と女性をどちらも含める、という意識をもって発言するときは男性複数形と女性複数形を並べて表現します。

❑ Los españoles y las españolas hemos aprendido mucho en los últimos treinta años.	❑ 私たちスペインの男性も女性も過去30年間で多くのことを学びました。

◇78 無生物の〈対〉を表す名詞

2つで1組のものを示す名詞は複数形になります。「靴」のように2つが分かれているものも「ズボン」のようにまとまったものも同じように複数形になります。

❑ los zapatos	❑ 靴（1足）	❑ las tijeras	❑ はさみ（1つ）
❑ las gafas	❑ 眼鏡（1つ）	❑ los pantalones	❑ ズボン（1着）

＊「ズボン」los pantalones は単数形 el pantalón も使われます。

◇79 複数形の地名

地名が複合体を示すときは複数形にします。

❑ los Andes	❑ アンデス山脈	❑ las Antillas	❑ アンティル諸島

単数として扱われる複数形の地名もあります。これは単一のものと見なされるからです。

❑ Los Ángeles es una de las ciudades más atractivas de la costa occidental.	❑ ロサンジェルスは西海岸で最も魅力のある都市の1つです。

補足 〈配分〉を示す「1つずつ」「それぞれ」という意味の単数

❑ (1) ¿Tomamos un café? / コーヒーを飲みましょうか？
❑ (2) ¿En todas las ciudades hay una Plaza Mayor?
/ すべての都市にマヨール広場があるの？

(1) の場面では「私たち」がコーヒーを飲むので現実のコーヒーの数は複数ですが、それぞれのコーヒーを考えているので文法的には単数になります。(2) の文も en todas las ciudades となっているので Plaza Mayor も全部集めると複数のはずです。しかし、それでも「すべての町にそれぞれ1つずつのマヨール広場がある」と考えられるので単数扱いになります。このように、それぞれに割り当てて考えるものは単数になります。

◇80 複数形で意味が異なる名詞

単数形と複数形で意味が異なる名詞があります。

❑ el bien > los bienes	❑ 善（単）> 財産（複）
❑ la gracia > las gracias	❑ 優雅さ（単）> 感謝（複）
❑ la ruina > las ruinas	❑ 破滅（単）> 遺跡（複）

＊ el agua の定冠詞については ☞ ◇81 定冠詞の形と位置 (3)

補足-1 〈総称〉の《定冠詞＋単数名詞》

❑ La huerta valenciana produce gran cantidad de naranjas.
/ バレンシアの果樹園ではたくさんのオレンジを産出します。

ここでは la huerta となっていますが、バレンシアには果樹園がたくさんあるので複数形 las huertas にしなくてよいのか、判断に困ることがあります。ここで Las huertas valencianas producen ... と言うことも可能です。そのときは実際に複数の huerta をイメージしています。一方、単数形 la huerta とすると〈総称〉としての果樹園全体を指します。

補足-2 Buenos días. / Buenas tardes. / Buenas noches.

Buenos días.〈午前・昼食前までの挨拶〉/ Buenas tardes.〈午後・日没前までの挨拶〉/ Buenas noches.〈日没後の挨拶〉はすべて複数形が使われます。その日だけの挨拶をしているのですが、複数形で毎日の〈繰り返し〉を示しているようです。「神があなたに～をお与えになりますように」という文の中で古くから使われていました。

2.3 定冠詞

▶「冠詞」には「定冠詞」と「不定冠詞」があります。《定冠詞＋名詞》は〈話者が聞き手とイメージを共有できるもの〉を指し示します。《不定冠詞＋名詞》は〈話者が自分のイメージの中だけで個別化しているもの〉を示します。無冠詞の名詞は名詞の意味の概念だけを示し、とくに指し示しているものがありません。

次の (a) の viaje は、話者と聞き手のイメージの中で共有された「旅行」を指しています。(b) の viaje は、話者がある旅行のことをイメージしています。聞き手のほうはそれが話者のイメージしている旅行のことだと理解します。一方、(c) の viaje は、とくにどの旅行であるかを示してはいません。

❑ (a) El viaje ha sido maravilloso.	❑ 旅行はすばらしかったです。
❑ (b) Aprendí árabe en un viaje a Egipto.	❑ 私はエジプト旅行中にアラビア語を学びました。
❑ (c) Ahora estoy de viaje.	❑ 私は今旅行中です。

補 足　**冠詞と語順**

スペイン語の語順は基本的に《話題→新情報》という構造をもっています。上の例の (a) の El viaje は定冠詞がついているので、聞き手がすでに了解している旅行を指しています。それを文の最初に出すと話題になります。一方、(b) の un viaje は不定冠詞がついていますから、聞き手がまだ了解していない新しい事実（新情報）で、この要素が後になります。このように、情報の基本的な伝え方は、すでに知っていることを話題として取りあげて、それについて新情報を提供する、という形になります。

定冠詞と不定冠詞は《話題→新情報》という構造に対応した標識です。☞◇307《旧情報（話題）＋新情報）》

◇81　定冠詞の形と位置

(1) 定冠詞は修飾する名詞の性と数に合わせて次のように変化します。

性	単数	複数
男性	el	los
女性	la	las
中性	lo	—

❑ el libro > los libros	❑ 本（単数）>（複数）
❑ la casa > las casas	❑ 家（単数）>（複数）
❑ lo bonito	❑ きれいなこと

(2) al と del

(a) 前置詞の a と定冠詞の el が結びつくと、al という形になります。

❑ El banco está al final de esta calle.	❑ 銀行はこの通りの突き当たりにあります。

(b) 前置詞の de と定冠詞の el が結びつくと、del という形になります。

❑ Suena el timbre del teléfono.	❑ 電話のベルが鳴っています。

(3)《el ＋女性名詞》

強勢のある a, ha で始まる女性単数名詞の直前で、la は el となります。

❑ el agua	❑ 水
❑ el hacha	❑ 斧（おの）

この定冠詞の形は el ですが女性名詞であることに変わりはないので、次のようなケースでは定冠詞は la, las が使われます。

(a) 冠詞と名詞の間に形容詞がある場合

❑ la otra hacha	❑ 別の斧

(b) 複数形

❑ las hachas	❑ 斧（複数）

形容詞も女性形が使われます。

❑ el agua pura	❑ 純粋な水

(4) 定冠詞は名詞句の前につきます。名詞の前に形容詞や形容詞句があれば、さらにその前につきます。

❑ Encontré a la pobre viuda muy abatida.	❑ 気の毒な未亡人はとても気落ちしているようでした。

参考　定冠詞の語源と《el + [á] 女性名詞》の理由

スペイン語の定冠詞はラテン語の指示語 ILLE, ILLA（「あの」という意味）に由来します。

話者が、聞き手も知っていると思うことを「ほら、あの～」という指示語を入れて、話題を共有しようとしたのでしょう。

ラテン語の指示語 ILLE, ILLA が中世スペイン語で elo, ela という形になり、《elo +男性名詞》《ela +女性名詞》として使われました。《ela +女性名詞》から語頭の e- がなくなり、現代スペイン語では《la +女性名詞》が使われています。一方、女性名詞が [á] で始まると ela の語尾の -a がそれと融合して el だけが残り、たとえば el(a) agua のように、男性の定冠詞と同じ形になりました。

◇82 定冠詞の意味

(1) 名詞が聞き手に了解されている（または了解できる）ものを指示するときに、定冠詞を名詞の前につけます。「あの～」という日本語の意味がスペイン語の定冠詞の意味に近いものですが、ほとんどの場合、日本語に訳す必要はありません。

❑ España está en la parte sur del continente europeo.	❑ スペインはヨーロッパ大陸の南部に位置します。
❑ La capital de España es Madrid.	❑ スペインの首都はマドリードです。

(2) 前の文脈に具体的な語が出現していなくても意味的な関係づけがはっきりしているときに定冠詞を用います。次の例の reloj「時計」には pila「電池」があるので、それと関係づけられて、pila に定冠詞 la がつきます。

❑ Compré un reloj de segunda mano, pero la pila estaba agotada.	❑ 私は中古の時計を買いましたが、電池が切れていました。

◇83 文脈による指示

(1) 文脈によって指すものが定まるときに定冠詞を用います。この場合「その～」と訳すことができます。

□ Había una vez un rey que tenía una hija. La hija era muy bonita y la llamaban Bella.	□ あるとき王に１人の姫がいました。その娘はとてもきれいで「美(うるわ)し姫」と呼ばれていました。

(2) 修飾語［修飾句、修飾節］によって特定化された場合に定冠詞を用います。

❑ Fui a la casa de mis abuelos.	❑ 私は祖父母の家に行きました。
□ El libro que está sobre la mesa es mío.	□ 机の上にある本は私のです。

名詞が了解されていなければ定冠詞はつけません。

❑ Leí una novela de Pérez Galdós.	❑ 私はペレス・ガルドスの（ある）小説を読みました。

◇84 場面による指示

(1) 場面によって指すものが明確に定まっているときに定冠詞を用います。

❑ ¿A qué hora se abre el banco?	❑ 銀行は何時に開きますか？

＊この el banco は話者と聞き手に共通に理解されている特定の「銀行」とは限らず、一般の「銀行」を指すこともあります。

(2) 定冠詞は、具体的な場面でなく、話者の想像の世界にあるものを指すこともあります。これは聞き手にも想像できる内容です。

❑ Recuerdo muy bien los días felices de mi infancia.	❑ 私は子供のころの幸福な日々をよく覚えています。

(3) 定冠詞は身体の一部や身につけるものを指します。この場合、英語のように所有形容詞を使うことはほとんどありません。

❑ Abrió los ojos y levantó la cabeza.	❑ 彼は目を開けて頭を上げました。
❑ La madre le lavó las manos al bebé.	❑ 母親は赤ちゃんの手を洗ってあげました。
☐ Ponte el abrigo.	☐ コートを着なさい。

補足 **共通の理解を示す定冠詞、自分が個別に取りあげた不定冠詞**

❑ (1) Voy a la panadería. / （いつもの）パン屋に行ってきます。
❑ (2) Voy a una panadería. / （ある）パン屋に行ってきます。
❑ (3) Voy a la panadería que encontré en la calle. / 通りで見つけたパン屋に行ってきます。

(1) la panadería は、聞き手に了解されている「（いつもの）パン屋」のことです。(2) una panadería は、聞き手が知らない「あるパン屋」で、たとえば「（私が通りで見つけた）パン屋」を指します。(3) la panadería は、聞き手が知らない「パン屋」ですが、「私が通りで見つけたパン屋」のように明示化し特定化することで、聞き手に了解された「パン屋」になります。

◇85　自明な指示

名詞が指すものが相手にとって自明のものに定冠詞がつきます。

(1) 唯一の物

❑ la tierra	❑ 大地	❑ el sol	❑ 太陽

(2)〈自然現象〉〈方位〉

❑ la lluvia	❑ 雨	❑ el norte	❑ 北

(3)〈季節〉〈曜日〉〈朝・昼・晩〉

❑ El próximo domingo vamos a visitar el Museo del Prado.	❑ 次の日曜日に私たちはプラド美術館を見学します。
❑ Empieza la fiesta a las cinco de la tarde.	❑ パーティーは午後5時に始まります。

《los ＋曜日（複数）》は「毎週～曜日」を示します。

❑ Los jueves doy una clase de español.	❑ 私は木曜日にスペイン語の授業をします。

〈月〉の名前はふつう無冠詞になります。

❑ Hoy es el lunes festivo, del mes de julio.	❑ 今日は7月の休日の月曜日です。

(4)〈ゲーム・競技〉

❑ Vamos a jugar a las cartas.	❑ トランプをやろう。
❑ Me gusta jugar al baloncesto.	❑ 私はバスケットボールをするのが好きです。

(5)〈総称〉として人や事物一般について述べるときに使います。

❑ El tiempo pasa como una flecha.	❑ 時は矢のように過ぎる（光陰矢のごとし）。
❑ Los amigos han de ayudarse.	❑ 友人は助け合わねばなりません。

(6)〈全体・全部〉を表します。

❑ Va a vender el ganado que tiene.	❑ 彼は自分の持っている家畜を全部売ろうとしています。

todo(s) は冠詞の前につけます。

❑ Estudiamos todos los días.	❑ 私たちは毎日勉強します。

(7) 強調を示し「まさにその」「典型的な」という意味で用います。

❑ Así es la forma de hablar.	❑ これが本当の話し方というものです。

補足 **定冠詞と〈言語名〉**

español や japonés のような〈言語名〉は hablar, entender, aprender などの動詞や de, en のような前置詞の後では無冠詞で使います。これらの言語を主語にするときや、単に「スペイン語を話す」のではなく「よいスペイン語を話す」のように特定の意味をつけるときには定冠詞や不定冠詞をつけます。

❑ Mi hermano habla español. / 兄はスペイン語を話します。
❑ Hablamos en español. / 私たちはスペイン語で話します。
❑ Ana es profesora de español. / アナはスペイン語の先生です。
❑ El español es una lengua de más de 400 millones de hablantes.
/ スペイン語は 4 億人以上の話者をもつ言語です。
❑ Usted habla un buen español. / あなたはよいスペイン語を話します。

◇86 《定冠詞＋数詞》

(1)「時刻」を示すときには女性定冠詞を用います。

❑ Son las ocho.	❑ 8時です。
❑ La clase empieza a las nueve.	❑ 授業は9時に始まります。

(2)「日」には男性定冠詞を用います。

❑ Mi cumpleaños es el 15 de septiembre.	❑ 私の誕生日は9月15日です。

(3)「パーセント」に男性定冠詞を用いることがあります。

❑ El 20% (veinte por ciento) de los encuestados contestaron que sí.	❑ アンケート対象者の20%が「はい」と答えました。

不定冠詞を用いるときも男性形となります。

❑ El precio ha bajado un 20%.	❑ 価格が20%下がりました。

(4)《定冠詞＋単位を示す名詞》で「〜あたり」という意味になります。

❏ ¿Cuánto cuesta el kilo de zanahorias? — Son cinco euros el kilo.	❏ ニンジン1キロはいくらですか？ — キロあたり5ユーロです。

◇87　定冠詞による名詞化

(1)《定冠詞＋形容詞》で名詞化し「〜である人」「〜であるもの」を意味します。

❏ Los ricos deben ser caritativos con los pobres.	❏ 金持ちは貧しい人に慈悲深くなければなりません。

完全に名詞となったものもあります。

❏ el alto	❏ 高さ	❏ el largo	❏ 長さ

《lo＋形容詞》は「〜であること」を意味します。

❏ Lo bueno de viajar es conocer otras formas de vida.	❏ 旅行のよいところは別の生活様式を知ることです。

＊《定冠詞＋所有形容詞》については　☞◇114 所有形容詞の完全形 (3)

(2)《定冠詞＋不定詞》で不定詞の名詞性を明示化します。

❏ El hablar demasiado es su defecto principal.	❏ おしゃべりのしすぎが彼の第一の欠点です。

完全に名詞化したものもあります。

❏ el ser	❏ 存在	❏ el saber	❏ 知識

名詞以外の品詞に定冠詞がつくことがあります。このときは男性形 el を使います。

❏ Vamos a ver el cómo, cuándo y dónde de los dinosaurios de Asia.	❏ アジアの恐竜の様子、時代、場所を見てみましょう。
❏ ¿Cómo podemos conciliar el sí y el no de tan opuestas doctrinas?	❏ 私たちはどのようにしてこれほど対立した理論の賛成と反対の意見を調停できるでしょうか？

◇88 定冠詞の代名詞化

《定冠詞＋形容詞 (句)》は代名詞として用いられます。

(1) 名詞の繰り返しを避けるために使います。

❑ ¿Dónde están mi coche y el de Pedro?	❑ 私の車とペドロのはどこですか？
❑ De estas dos corbatas, me quedo con la verde.	❑ この2つのネクタイのうち、私は緑のほうをいただきます。

(2)〈人の特徴〉を表すこともあります。

❑ la del pelo rubio	❑ あの金髪の女性

◇89 《定冠詞＋名詞》の代名詞用法

《定冠詞＋名詞》は、名詞が指示する具体的な〈人〉や〈もの〉を代名詞のように指すときに使われることがあります。

☐ Hoy vamos a leer una novela de Cervantes. El autor señala aspectos de la España de su época.	☐ 今日私たちはセルバンテスの小説を読みます。作者は彼の時代のスペインの様子を描いています。

＊このとき話し手は代名詞と同じように El autor を使って、それがだれを指しているのか、または何を指しているのかが相手にわかると判断しています。文体に配慮するときは、同じ言葉を繰り返さないように、それを言い換えることができる名詞が使われます。

◇90 《定冠詞＋固有名詞》

以下は〈地名・人・団体名〉などの固有名詞に定冠詞をつける場合です。

(1)〈地名〉
(a)〈海・川・湖・山・島・通り〉の名前などには定冠詞をつけることが多いです。

❑ el Océano Atlántico	❑ 大西洋
❑ el Guadalquivir	❑ グアダルキビール川
❑ los Alpes	❑ アルプス山脈
❑ las Baleares	❑ バレアレス諸島

(b) 普通名詞が固有名詞化したものに定冠詞をつけることがあります。

❑ La Mancha	❑ ラ・マンチャ地方	❑ El Pardo	❑ パルド宮殿

(c)〈国名・都市名・県名・地方名〉

❑ El Salvador	❑ エルサルバドル	❑ El Cairo	❑ カイロ
❑ La Paz	❑ ラパス	❑ La Rioja	❑ リオーハ地方

(d) フォーマルな文体でしばしば定冠詞をつける固有名詞があります。

❑ el Japón	❑ 日本	❑ el Perú	❑ ペルー
❑ el Ecuador	❑ エクアドル	❑ la India	❑ インド

大文字の定冠詞は地名の固有名詞の一部です。固有名詞の一部である El は前置詞 a, de と融合しません（× al, × del)。常に大文字で書かれます。

❑ la ciudad de El Cairo	❑ カイロ市
❑ el camino de El Escorial	❑ エスコリアル宮への道

(2)〈人名〉

(a)〈称号〉には定冠詞をつけます。英語では定冠詞をつけないので注意しましょう。

❑ el doctor Moreno	❑ モレノ博士
❑ la profesora Tanaka	❑ 田中先生

次の〈称号〉には定冠詞をつけません。

❑ don, doña	❑ ～さん
❑ fray	❑ ～師（修道士の称号）
❑ san, santa	❑ 聖～、聖女～

❑ Don Manuel y doña Ana me invitaron a comer.	❑ マヌエルさんとアナさんが私を食事に招待してくれました。

呼びかけるときには定冠詞をつけません。

❑ Profesor Jiménez, ¡buenos días!	❑ ヒメネス先生、おはようございます。

(b)《los ＋姓》は「～家」「～家の人々」の意味になります。

❑ los López	❑ ロペス家の人々

(c)〈著者名・作者名〉に定冠詞をつけてその作品を表します。

❑ el segundo tomo del Quevedo	❑ ケベードの第2巻
❑ los Rubens del Museo del Prado	❑ プラド美術館のルーベンスの作品

(d) 同格で用いられる〈別名・あだ名〉に定冠詞をつけます。

❑ Isabel la Católica	❑ カトリック女王イサベル

(e)〈個人名〉に定冠詞がつくと俗語的になり、〈軽蔑・からかい・親しみ〉を表します。

❑ Todos hablan de la Paloma.	❑ みんなはあのパロマ（女性の名）のことを話している。

(3)〈施設〉〈公共建築物〉〈機関〉〈団体〉

❑ la Catedral	❑ 大聖堂
❑ la Real Academia Española	❑ スペイン王立アカデミー
❑ el Ministerio de Educación	❑ 教育省

スポーツチーム名には男性定冠詞がつきます。

❑ El Barcelona ganó al Bilbao.	❑ バルセロナがビルバオに勝ちました。

(4) 略語の前に定冠詞をつけます。

❑ la ONU (Organización de las Naciones Unidas)	❑ 国際連合

＊定冠詞の性と数はもとの名詞に一致します。

(5)《定冠詞＋地名＋形容詞（句）》：ふつうは定冠詞がつかない〈地名〉の固有名詞に形容詞（句）がつくと、定冠詞が必要になります。

❑ la España del siglo XXI (veintiuno)	❑ 21世紀のスペイン

補足　**《定冠詞＋名詞》の並列**

名詞が2つ以上並ぶときは、ふつう最初の名詞だけに冠詞をつけます。

□ Los jefes, oficiales y soldados combatieron con gran valor.
/ 隊長も将校も兵士もみな勇敢に戦いました。

それぞれの語が独立して重要性があるときは、それぞれに冠詞をつけます。

□ Se arruinaron los vencedores, los vencidos y los neutrales.
/ 勝者も敗者も中立の者も壊滅しました。

次のようにペアになるものには、英語では最初の名詞にだけ冠詞がつきますが、スペイン語ではそれぞれに冠詞をつけます。

❑ el padre y la madre / 父親と母親 (*the father and mother*)
❑ el abuelo y la abuela / 祖父と祖母
❑ el toro y la vaca / 雄牛と雌牛

参考 **普通名詞に由来する固有名詞の定冠詞**

たとえば falla はラテン語の FACULA「たいまつ」に由来する普通名詞で、現代スペイン語では「(バレンシアのサン・ホセ祭りで焼かれる) 張り子の人形」を指します。そこからバレンシアのサン・ホセ祭りは Las Fallas と呼ばれ、大文字で書きます。大文字で書かれていても普通名詞に由来する固有名詞には定冠詞がつきます。複数形になるのも普通名詞に由来するからです。

◇91 中性定冠詞 lo

定冠詞の中性形 lo は次のように用います。

(1)《lo + 形容詞(句)》は抽象名詞を作ります。「〜なもの」「〜なこと」という意味です。

❑ Lo ideal es diferente de lo real.	❑ 理想は現実と異なる。《諺》
❑ Ya hemos dicho todo lo necesario.	❑ もう私たちは必要なことをすべて言いました。

(2)《lo +過去分詞》は「〜したこと」「〜されたこと」という意味です。

❑ Él tiene la culpa de todo lo ocurrido.	❑ 起こったことはすべて彼のせいです。
❑ Lo dicho, dicho está.	❑ 言ったことは言ったこと(取り消せない)。《諺》

(3)《lo +所有形容詞》は「〜のもの」という意味です。

❑ Lo mío, mío, y lo tuyo, de entrambos.	❑ 私のものは私のもの、君のものは2人のもの。《諺》

(4)《lo de...》は「〜のこと」「〜に関すること」という意味です。

❑ Olvidó lo de la reunión.	❑ 彼は会議のことを忘れてしまいました。

(5)《lo ＋形容詞》で副詞句を作ります。

❑ Manuel trabaja lo justo para vivir.	❑ マヌエルはぎりぎりの生活ができるだけの仕事をしています。

＊《lo ＋形容詞の変化形＋ que》「(とても) ～であること」については☞◇244 que (6)

2.4 不定冠詞

▶《不定冠詞＋名詞》は〈話者のイメージの中で個別化されるもの〉で、〈聞き手が了解していないもの〉を指します。「ある～」という日本語の意味がスペイン語の不定冠詞の意味に近いものですが、ほとんどの場合とくに日本語に訳す必要はありません。

◇92 不定冠詞の形と位置

(1) 不定冠詞は、修飾する名詞の性と数によって次のように変化します。すべて強勢をつけて発音します。

性	単数	複数
男性	un	unos
女性	una	unas

❑ un hospital	❑ 病院	❑ unos libros	❑ 数冊の本
❑ una ciudad	❑ 都市	❑ unas alumnas	❑ 数人の女子生徒
❑ unos veinte libros		❑ およそ20冊の本	

(2)《un ＋女性名詞》: 強勢のある a, ha で始まる女性単数名詞の前では una ではなく un のほうが多く使われます。

❑ un asa	❑ 取っ手	❑ un área	❑ 地域

一方、冠詞と名詞の間に形容詞がある場合は必ず una となります。

❑ una hermosa haya	❑ 美しいブナの木

(3) 不定冠詞は名詞の前につきます。名詞の前に形容詞や形容詞句があれば、さらにその前につきます。

❏ Encontré un buen restaurante en la calle.	❏ 私は通りでいいレストランを見つけました。
❏ El autor fue un hasta entonces desconocido periodista.	❏ 作者は当時まで知られていなかったジャーナリストでした。

補足　**unos / unas の使い方**

不定冠詞は基本的に単数だけが使われます。厳密に言えば複数形の unos, unas は、「いくつかの」「およそ」という意味の不定形容詞であり、不定冠詞の複数形ではありません。たとえば、un libro の複数は libros であって、unos libros ではありません。ですから次のような例では、とくに「いくつかの」「およそ」という意味でなければ、unos や unas は使われません。

❏ En este pueblo se encuentran buenos cafés y bares.
　/ この町にはよいカフェとバルがあります。

ただし、次のようにふつう複数形で用いられる名詞には、不定冠詞として unos, unas が使われます。この場合は「いくつかの」という意味はありません。

❏ Ayer compré unos zapatos muy bonitos. / 昨日私はとてもきれいな靴を買いました。

◇93　不定冠詞の用法

不定冠詞は基本的に〈聞き手に具体的にわかっていない人や事物〉を指します。

(1) 聞き手が了解していない人や事物を指します。個別化したイメージで「ある～」「何かの、どこかの～」という意味です。

❏ Ayer compré un libro muy interesante.	❏ 私は昨日とてもおもしろい本を買いました。

話し手が、それがどのようなものか完全に認識していないこともあります。それでも話者の頭の中には個別化したイメージがあります。

❏ Un día compraremos una casa a la orilla del mar.	❏ いつの日か海のそばに家を買いましょう。

(2) 個別化した〈種類〉を表します。「どの～も」「～ならばどれでも」「～というものは」という意味です。

❑ Un estudiante de medicina debe saber esto.	❑ 医学の学生ならばこのことを知っていなければなりません。

(3) 個別的に〈同一性〉を表します。「同じ～」という意味です。

❑ ¡Qué importa la verdad o la idea! En el fondo todo es un ideal.	❑ 真理でも理念でもどちらでもいいのです。根本ではすべては同一の理想なのです。

(4)《不定冠詞＋固有名詞》は「～のような人［もの］」という意味にもなります。

❑ En un Madrid, no faltan teatros.	❑ マドリードのような都市には劇場がいくらでもあります。

(5) 個別化した名詞（句）を強調します。「本当の、まさに～」「大変な、ひどい～」「一種独特の～」に相当します。

❑ ¡Hacía un frío!	❑ 本当に寒かったんだ！
❑ ¡Vaya una canción la de esos señores!	❑ その人たちの歌は本当にひどいんだ！

(6) 否定文で使われると、「1 つ［1 人］の～もない」に相当し、否定を強調します。

❑ No dijo una palabra.	❑ 彼はひとことも言いませんでした。

補足-1　不定冠詞と数詞 1

不定冠詞と数詞 1 の形容詞用法は同じ形です。

❑ (1) He comprado una camisa. / 私はシャツを（1 枚）買いました。
❑ (2) He comprado una camisa y dos jerséis.
/ 私はシャツを 1 枚とセーターを 2 枚買いました。
❑ (3) Había solamente una camisa. / 1 枚のシャツしかありませんでした。

上の (1) の una は不定冠詞の意味なのか数詞の意味なのかがあいまいです。(2) と (3) の una はふつう数詞の意味になります。

不定冠詞は数詞 1 に由来します。「1 つの～」→「どれかの～」→「ある～」という意味の変化がありました。しかし、英語の *a, an* と違って、まだ〈1〉という数の概念を残しています。このように数詞の意味を残しているので、強勢をつけて発音します。不定詞冠詞の特徴である「個別化」は、この〈1〉という数の概念に由来します。

補足-2　**不定冠詞と不可算名詞**

不定冠詞がついた名詞は個別化してイメージされるので、carne「肉」や aire「空気」などの不可算名詞（個別に数えられないもの）にはつきません。（不定冠詞をつけると、たとえば una carne asada「焼肉一切れ」のように数えられる可算名詞の意味になります。）この、不定冠詞が可算名詞につくという性質は、聞き手が了解する事物の具体性と関係があります。たとえば、次の２つの例文を比べてみましょう。

❑ Hoy he comprado carne barata. / 今日私は安い肉を買いました。
❑ Hoy he comprado un libro interesante. / 今日私は興味深い本を買いました。

不可算名詞の carne「肉」は聞き手には具体的に（個別化して数えられるものとして）イメージできませんが、libro「本」ならば個別化して数えられる形で一定のイメージができます。このように不定冠詞のはたらきは、「ほら、これはまだあなたが了解していないものだけど、それはあなたが具体的に（数えられるものとして）イメージできるものですよ！」という指示を与えることです。しかし、不可算名詞ならば、そのような具体的なイメージができないので、不定冠詞をつけることができません。

2.5　無冠詞

▶定冠詞も不定冠詞も名詞が指している実体を示していますが、冠詞のない名詞は概念のままであって実体を示しません。

◇94　《ser ＋無冠詞名詞》

ser 動詞の後に〈身分・職業・国籍〉などを示す名詞がくると、その名詞には冠詞がないのがふつうです。

❑ Soy estudiante.	❑ 私は学生です。
❑ Pedro es argentino.	❑ ペドロはアルゼンチン人です。

名詞が修飾されると冠詞がつきます。

❑ Elvira es la profesora de la que hablábamos.	❑ エルビーラが私たちが話していた先生です。
❑ Paco es un argentino que pasó parte de su vida en Japón.	❑ パコは人生の一時期を日本で過ごしたアルゼンチン人です。

ただし、修飾部分が〈身分・職業・国籍〉の意味を限定しているときは無冠詞です。

❑ Soy estudiante de universidad.	❑ 私は大学生です。
❑ Elvira es profesora de español.	❑ エルビーラはスペイン語の教師です。

◇95 動詞句内の無冠詞名詞

(1) 目的語が抽象名詞・物質名詞のときはふつう無冠詞です。

❑ Tiene afición a leer novelas policiacas.	❑ 彼の趣味は探偵小説を読むことです。
❑ Pepe bebió agua fresca del botijo.	❑ ペペは水差しの冷たい水を飲みました。

普通名詞であっても、意味が具体的でないときは無冠詞です。

❑ Ahora cualquiera tiene coche.	❑ 最近はだれでも自動車を持っています。

(2)《動詞＋目的語》が全体でまとまりのある意味単位を構成するとき、目的語の名詞には冠詞がつきません。次の例文の hablar español, tomar café はそれぞれ「スペイン語を話す」「コーヒーを飲む」という、まとまった意味をもつ動詞句になっていて、それぞれ「どのスペイン語」「どのコーヒー」なのかを示しているわけではないからです。

❑ Los habitantes de Guinea Ecuatorial hablan español.	❑ 赤道ギニアの人々はスペイン語を話します。
❑ Tomamos café en las terrazas.	❑ 私たちはテラスでコーヒーを飲みます。

＊ tomar café だと単に「コーヒーを飲む」という意味ですが、tomar un café には具体的な1つのコーヒーカップから飲むイメージがあります。

◇96 《前置詞＋無冠詞名詞》

《前置詞＋名詞》がまとまりのある意味単位を構成するとき、その名詞には定冠詞をつけません。

❑ Estamos en la clase de español.	❑ 私たちはスペイン語クラスにいます。
❑ Tenemos que hacer esto con paciencia.	❑ 私たちはこれを忍耐強くやらなければなりません。
❑ De vuelta, pasé por la casa de Pepe.	❑ 私は帰りにペペの家に寄りました。

＊上の文の de español は「スペイン語の」という意味で、英語の *Spanish class* のように単一の意味の形容詞になります。また con paciencia は「忍耐強く」、de vuelta は「帰りに」という単一の意味になり、1つの副詞に相当します。

補足-1　en casa de…

次の casa は定冠詞をつけてもつけなくてもよいケースです。

❏ Vivo en (la) casa de mi tío. / 私はおじの家に住んでいます。

定冠詞をつけると、特定の建築物として「おじの家」を取り立てて言っているような感じです。一方、定冠詞がないと、en casa de が「～の家で」という意味の前置詞句の役割を果たし、とくに「家」が特定の建築物を指すように意識されていません。このように、一般に、冠詞がつかない名詞は、さらに大きな句（この場合は前置詞句）の中に取り込まれて使われています。

補足-2　Escuela ***de*** Medicina / Escuela ***del*** Vino

de と del の違いは微妙ですが、《de ＋名詞》とすると、1つの形容詞のような感じになります。たとえば Escuela de Medicina ならば「医学の学校」ではなく、「医学部」「医学校」という語でまとまっています。de Medicina が全体で1つの修飾語のようになっています。

一方、たとえば Escuela del Vino という学校がありますが、これは「ワインの学校」であって、まだ「ワイン学校」のように熟した語になっていません。そのような学校がたくさんできれば別でしょうが…。実際はすでにいくつかあると思いますが、それでも言葉として熟していない（定着していない）ので、しばらくは del が使われることでしょう。

必ずしも日本語で「の」があるか否かが判断基準になるというわけではありませんが、日本語とスペイン語には同じような認識のプロセスがはたらいていると思われます。

◇97　不可算名詞

不可算名詞には不定冠詞が使えませんが、定冠詞はつけることができます。

❏ Desayunamos pan con mantequilla.	❏ 私たちは朝食にバターを塗ったパンを食べます。
❏ Me gusta el aceite de Córdoba.	❏ 私はコルドバのオリーブ油が好きです。

◇98　列挙する無冠詞名詞

名詞が列挙されるとき、しばしば冠詞が省略されます。

❏ Este es un libro para estudiantes y profesores de español.	❏ これはスペイン語の学生と教師のための本です。
❏ Chinos, coreanos y japoneses hablan distintos idiomas.	❏ 中国人、韓国人、日本人は異なる言語を話します。

補足 **成句やことわざの中の冠詞**

2語以上の語が習慣的に使われ、きまった意味を表すようになったものを「成句」といいます。習慣的に使われるとき、冠詞を含むときと含まないときがあるので、それぞれについて覚えなければなりません。

(1) 多くの成句は1つのまとまりとして意味をもつので冠詞をつけません。

□ Me he dado cuenta de que la gente me mira.
　/ 私は人に見られていることに気がつきました。

□ Este es un libro de referencia en el campo de antropología.
　/ これは人類学の分野の参考書です。

(2) 次のように定冠詞を使う成句もあります。

□ Estamos a la cola en el *ranking* del uso de tecnología.
　/ 私たちは科学技術の利用に関するランキングでビリです。

(3) 次のように類似した表現で、定冠詞をつける成句と、つけない成句があります。

□ Alberto parece omnipresente. Me lo encuentro en todas partes.
　/ アルベルトは神出鬼没のようです。どこに行っても彼に出会います。

□ Hay conexión a la red en todos los sitios.
　/ どの場所にもネットワークへの接続があります。

どちらかといえば en todas partes のほうが「どこでも」という意味で成句として熟していると思われます。en todas las partes もかなり使われますが en todas partes のほうがふつうです。一方、en todos los sitios は「どの場所でも」という意味で sitios「場所」という語が意識され、まだ完全に成句として熟していません。en todos sitios はあまり使われません。

(4) ことわざや格言などではしばしば冠詞が省かれます。

□ Jaula nueva, pájaro muerto. / 新しい鳥かごでは小鳥が死んでしまう。

□ Hombre prevenido vale por dos. / 用心怠りない人は2人分の価値がある。

2.6 強勢人称代名詞

▶強勢人称代名詞は「人称・数」によって変化し、主語になったり前置詞の後で使われたりします。独立させて使うこともできます。

◇99 主語人称代名詞の形

「人称」には〈話し手〉を示す「1人称」と〈聞き手〉を示す「2人称」と〈そのほかの人やもの〉を示す「3人称」があります。「数」には「単数」と「複数」があります。

人称と数の組み合わせによって、次の６つの場合があります。

人称	単数	複数
１人称	❑ 話し手：「私」	❑ 話し手を含めた複数の人：「私たち」
２人称	❑ 聞き手：「君」「あなた」	❑ 聞き手を含めた複数の人：「君たち」「あなたたち」
３人称	❑ 話し手・聞き手以外の単数の人やもの：「彼」「彼女」「それ」	❑ 話し手・聞き手以外の複数の人やもの：「彼ら」「彼女ら」「それら」

ほかに、３人称単数に usted「あなた」, ３人称複数に ustedes「あなたがた」という「敬称」があります。

人称・数・性によって次の形があります。１人称単数と２人称単数、そして usted / ustedes は男性・女性の区別がなく、同じ形が使われます。nosotros, vosotros, él, ellos には女性形があります。ほかに、中性の人称代名詞 ello があります。

人称	単数	複数
１人称	❑ yo	❑ nosotros / nosotras
２人称	❑ tú	❑ vosotros / vosotras
３人称	❑ él / ella / usted	❑ ellos / ellas / ustedes
	❑ ello	—

＊ ello を除く強勢人称代名詞が主語として使われるときは〈人〉を指します。〈もの〉を指すときは指示代名詞を使います。☞◇112 指示代名詞

＊ ello は「それ、そのこと」という意味で、前に出たことを指します。おもに文語で使われ、口語では指示代名詞 eso が使われます。

補足 vos

中米と南米南部の国々（パラグアイ、ウルグアイ、アルゼンチン、チリ）では強勢人称代名詞 tú を使わないで、vos を使います。このとき動詞は直説法現在と命令形で特殊な形を使います。

❑ ¿Vos entendés? / 君はわかるかい？
❑ ¡Vos vení acá! / 君、ここに来て！

ラプラタ諸国（パラグアイ、ウルグアイ、アルゼンチン）では vos が書き言葉でも話し言葉でも使われます。チリや中米の国々では tú のほうが正しい用法だとされています。そのほかのラテンアメリカ諸国では一般に tú が使われます。

参考 vos が使用される地域

16-17世紀のスペインで〈親しい人〉に対して用いられていた vos は、やがて tú に統一されました。ラテンアメリカでも同時期にスペインとの交流が盛んだった植民地の中心地（カリブ海地域、メキシコ、ペルー）では tú が使われるようになりましたが、中心地から遠い地域（中米および南米南部）では当時の vos の用法が続き、それが今日まで残されています。南米北部（コロンビアやベネズエラ）では、tú とともに vos が使われています。

◇100 主語人称代名詞の用法

(1) 主語が1人称 / 2人称のときは基本的に主語がなくても動詞の形で主語がわかるので主語人称代名詞は使いません。

❑ ¿De dónde eres? — Soy de Japón.	❑ 君はどこの出身？ — 日本だよ。

3人称でも文脈や場面で明らかな場合は省略します。

❑ José ha vuelto. — ¡Qué bien!, ¿cómo está?	❑ ホセが帰ってきたよ。 — よかった！ 彼、元気？

(2) 主語を明示するときに主語人称代名詞を使います。それは、(a) 主語を強調するとき、(b) 対比するとき、(c)（同形の活用形の場合）主語を明示するとき、(d) usted / ustedes の場合、(e) 主語が代わるときなどです。

❑ (a) Yo voy solo.	❑ 私はひとりで行きます。
❑ (b) Tú cantas y yo toco la guitarra.	❑ 君が歌い、私がギターを弾きます。
❑ (c) Yo vivía en un pueblo pequeño.	❑ 私は小さな村に住んでいました。
❑ (d) ¿Es usted el señor Pérez?	❑ あなたはペレスさんですか？
❑ (e) Llámanos y nosotros vamos a tu casa.	❑ 電話をして。そしたら私たちはあなたの家に行くから。

＊これらも場面の状況で主語がわかるときは省略されます。主語の位置は比較的自由です。

(3) 主語の補語を示します。

❑ Pepe es bueno. La mala eres tú.	❑ ペペはいい人だ。悪いのは君（女性）だ。

(4) 独立して用いることもあります。

❑ ¿Quién quiere la tortilla? — ¡Yo!	❑ オムレツがほしい人は？ — 私！

◇101　３人称主語代名詞

(1) 主語として使われる３人称の él, ella, ellos, ellas は〈人〉を指します。

❏ Él nunca falla.	❏ 彼は決して失敗しません。

(2)〈文脈や場面にある人〉を指します。〈文脈にある人〉を指す場合、ふつうは前に出てきた名詞を指します。

❏ Vi a José y él me entregó la carta.	❏ 私はホセに会い、ホセは私にその手紙を渡しました。

次は〈場面にいる人〉を指す場合です。

❏ Él nunca nos saluda.	❏（離れた人を指して）彼は決して私たちに挨拶しません。

(3) usted / ustedes は３人称で、〈聞き手〉を指します。

❏ ¿Va a salir usted a estas horas?	❏ あなたはこんな時間に出かけるのですか？
❏ Vamos todos a la playa, tú, nosotros, y, claro, ustedes, también, ¿no?	❏ みんなで海岸へ行きます。君と私たち、そして、もちろんあなたがたもですよね？

◇102　usted / ustedes

あまり親しくない相手に用いる丁寧な主語人称代名詞です。主語・補語・前置詞の目的語になります。動詞・弱勢代名詞・所有語は３人称を使います。

usted / ustedes は、しばしば Ud. / Uds. と略されます。以前に使われていた V. / Vs. や Vd. / Vds. という省略形は、現在はあまり使われません。

(1)〔主語〕「あなたは」「あなたが」

❏ ¿Qué plan tienen ustedes para mañana?	❏ あなたがたは明日どんなご予定ですか？

(2)〔主語の補語〕「〜はあなたです」

❏ Son ustedes los que tienen que decidir.	❏ 決めなくてはいけないのはあなたがたです。

(3)〔前置詞の後〕

❏ ¿Es de usted este libro?	❏ この本はあなたのですか？

(4)〔呼びかけで〕

❑ ¡Oiga, usted! ¿Dónde se venden entradas?	❑ あの、すみません。入場券はどこで売っているんですか？

(5) ラテンアメリカでは tú の複数形として vosotros, vosotras を使いません。その代わりに ustedes が使われます。初対面の人にも親しい人にも用います。

❑ Ustedes los niños se quedarán en casa de la abuela.	❑ おまえたち子供はおばあちゃんの家にいなさい。

補足 tú / vosotros と usted / ustedes

気安い相手に対しては tú / vosotros が用いられますが、距離がある関係では丁寧な usted / ustedes が用いられます。日本語で敬語を用いるような相手ならば usted / ustedes を使えばよいでしょう。本書では usted / ustedes を日本語の敬語を使って訳します。

英語やスペイン語でファーストネーム（姓ではなく名前）で呼ぶ相手ならば、代名詞 tú / vosotros やそれに対応する TÚ / VOSOTROS の動詞活用形を用います。

❑ Buenos días, profesor. ¿Cómo está usted?
/ おはようございます、先生。お元気ですか？

❑ Hola, Paco. ¿Cómo estás? / やあ、パコ。元気？

usted / ustedes の使用には敬意と距離が表裏一体となっています。親しい間柄で usted / ustedes を使うと、わざと距離を置いた感じになり雰囲気がよそよそしくなります。

□ No me hables de usted, que me haces sentir viejo.
/ usted なんかで話さないで。年とったみたいだから。

tú / vosotros や usted / ustedes という代名詞を使わなくても、動詞が 2 人称に対応していれば、tú / vosotros を使っていることになり、3 人称に対応していれば usted / ustedes で話していることになります。

初対面で見知らぬ人ならば usted / ustedes を使ったほうがよいでしょう。一方、学生同士など若い人たちの間では初対面でも tú / vosotros を使うことが多いです。

□ Hola, ¿sabéis dónde está el comedor? / ねえ、食堂がどこだか知ってる？

参考 usted の由来

usted は、古いスペイン語の vuestra merced「あなたの恵み」という意味の名詞句に由来します。vuestro は「あなたの」という意味で使われていました。vuestra merced は名詞句だったので usted も 3 人称で扱います。

vuestra merced という長い語の連鎖が usted という 1 語に短縮した理由は、名詞から代名詞に変わって文法的な機能をもつ語になったからです。名詞はその固有の意味を伝えることが重要なのでしっかりと語形を保ちますが、主語人称代名詞は〈敬意〉を示して〈主語を指す〉という文法的な機能だけを担います。その文法的機能を発揮するにはその語形がほかの人称代名詞と区別できればよいのであって、名詞のような完全な語形はもう必要ありません。むしろ意味のない完全な語形は文法的機能を発揮させるのにじゃまになるので短縮されたのだと考えられます。

◇103　人称代名詞の女性複数形

名詞や代名詞の女性複数形は、それが指す人々がすべて〈女性〉のときに使われます。

❑ Nosotras nunca obedecemos ciegamente a los hombres.	❑ 私たち女性は決して盲目的に男性にしたがうことはありません。
❑ Ahí están Maricarmen, Rosa y Pepa. ¿Quieres hablar con ellas?	❑ そこにマリカルメン、ロサそしてペパがいるよ。君は彼女たちと話をしたい？

＊〈男性〉が含まれれば男性の複数形が使われます。話し手が〈女性〉であっても、「私たち」の中に男性が含まれていれば、nosotros と言います。

◇104　《前置詞＋強勢人称代名詞》

(1) 前置詞の後の人称代名詞は、ほとんどが主語人称代名詞と同じです。これらは強勢語です。

❑ La hora de salida depende de nosotros.	❑ 出発の時間は私たちしだいです。
❑ Ahí están mis compañeros. Yo trabajo con ellos.	❑ そこに私の仲間がいます。私は彼らと一緒に仕事をしています。

前置詞の後の強勢人称代名詞は〈人〉のほかに〈もの〉を指して使うことができます。

❑ ¿Ves aquellas montañas? Detrás de ellas está el mar.	❑ あの山並みが見えるでしょう？ あの後ろが海です。

(2) 1人称単数 (yo) と2人称単数 (tú) は、それぞれ mí と ti という特別の形を使います。

❑ ¿Este café es para mí? — Sí, es para ti.	❑ このコーヒーは私の？— そう、君の。

(3) con の後に mí と ti が続くときは、conmigo, contigo のように1語になります。

❑ × con + mí / ○ conmigo	❑ 私と一緒に
❑ × con + ti / ○ contigo	❑ 君と一緒に

❑ ¿Vienes conmigo? — Sí, voy contigo.	❑ 君は僕と来る？ — うん、君と行こう。

参考　conmigo と contigo

conmigo の語末の go は語頭の con と同じ語源です。つまり con+mí+con のような重複した形になっています。con- も -go もラテン語で CUM という形の前置詞に由来します。このように重複した理由はラテン語 MECUM「私と一緒に」が中世スペイン語で mego という 1 語になったためだと思われます。mego には前置詞の形が見つからないので、ほかの名詞と同様に、もう一度 con をつけて con mego としたのでしょう。現代スペイン語の conmigo はこの形を受け継いでいます。中世スペイン語には nosotros, vosotros でも connosco, convosco という形がありましたが、これは使われなくなりました。それに対して conmigo と contigo はよく使われたので現代スペイン語まで残りました。また、consigo「自分とともに」も同様です。☞◇304 再帰文 補足-1

◇105　ello

中性の強勢代名詞 ello は〈すでに述べたこと〉あるいは〈話し手と聞き手の間でわかっている〉ことを示します。〈具体的な物〉ではなく〈抽象的な内容〉を指します。

❑ Juan no me dijo nada. Por ello me extrañaba.	❑ フアンは私に何も言いませんでした。それで私は変に思いました。
❑ No te preocupes, que ya estoy en ello.	❑ 心配しないで、私はわかっているから。

＊多くは前置詞の後で使われます。主語としては eso, lo cual を使います（☞◇112 指示代名詞；◇246 el cual)。「中性」については ☞◇107 3 人称の弱勢人称代名詞

2.7　弱勢人称代名詞

▶弱勢人称代名詞は動詞の直接目的語や間接目的語として使います。英語のように動詞の後に置くのではなく、動詞の前に置きます。

◇106　1 人称 / 2 人称の弱勢人称代名詞

1 人称と 2 人称の弱勢代名詞は次の形になります。

人称	単数	複数
1人称	me	nos
2人称	te	os

直接目的語と間接目的語を区別せず、どちらも同じ形です。

❑ Ella me esperaba en la estación.	❑ 彼女は駅で私を待っていました。
❑ José te enseñaba español.	❑ ホセは君にスペイン語を教えていました。

◇107　3人称の弱勢代名詞

3人称の弱勢代名詞は直接目的語と間接目的語を区別します。

(1) 3人称の直接目的語人称代名詞は性と数に応じて次の形があります。

性	単数	複数
男性	lo	los
女性	la	las
中性	lo	—

直接目的語は動詞の〈動作〉が向かう〈直接的な対象〉を示し、その多くは日本語の「～を」に相当します。

❑ Leí tu libro. Lo leí con mucho interés.	❑ 私は君の本を読みました。それをとても興味深く読みました。
□ Mira esta bicicleta. La compré ayer.	□ この自転車見て。昨日買ったんだ。

(2) 中性の lo は具体的な名詞を指さず、文脈中に話題にしたことや状況から判断できる内容を示します。

□ Dice que va a venir, pero no lo creo.	□ 彼は来ると言っているけど、私はそうは思いません。
❑ ¿Los estudiantes eran buenos? — Sí, lo eran.	❑ 学生たちは優秀でしたか？ — はい、そうでした。

＊ ser などのつなぎ動詞と一緒に使う lo については ☞◇298《主語＋つなぎ動詞＋補語》

(3) スペインの広い地域やラテンアメリカの一部の地域では男性の直接目的語が〈人〉を指すとき、lo / los の代わりに le / les が用いられます。

❑ ¿Conoces a José? — Sí, le conozco muy bien.	❑ 君ホセを知っている？ — ああ、よく知っているよ。

補足-1 le / les 代用法の由来と原則

スペインの中央部・北西部およびラテンアメリカの一部地域では、〈人〉を示す直接目的語として lo / los ではなく le / les を用います。この用法は leísmo「レイスモ」と呼ばれます。この現象は中世から起きていますが、レコンキスタが完了していなかったアンダルシアや大航海時代のカナリア諸島、そしてアメリカ大陸にまでは浸透しませんでした。スペインでも統一がなく、アメリカ大陸でも揺れが見られますが、一般に次のような傾向があります。

(1) usted / ustedes を直接目的語にしたときは、スペインに限らず直接目的語代名詞は le, les がふつうです。〈女性〉に対しても le / les が使われることがあります。

❑ Le invito a cenar. / 私はあなたを夕食に招待します。

(2)〈心理的な意味〉の動詞の場合

❑ Tus argumentos le convencieron. / あなたの論証は彼を納得させました。

❑ No le preocupan las opiniones de los demás. / 彼は他人の意見は気にしません。

補足-2 中性は単数

名詞には「男性」と「女性」の性がありますが、「中性」はありません。一方、人称代名詞と冠詞と指示代名詞には「中性」があります。中性が使われるのは名詞以外のものを指しているときです。名詞を指しているならば必ず男性または女性の性がありますが、それ以外のときは性がないので、それを指す人称代名詞と冠詞と指示代名詞の形が中性になります。

次のように形容詞、不定詞、名詞節、関係節、疑問文が複数あっても、それらは名詞でないため中性とされ、単数で扱われます。

❑ ¿Los estudiantes eran buenos y aplicados? — Sí, lo eran.
/ 学生たちは優秀で勤勉でしたか？— はい、そうでした。

❑ Es necesario estudiar y enseñar historia de la lengua.
/ 言語史を研究し教育することが必要です。

□ Es increíble que no haya dicho nada y que se haya marchado.
/ 彼が何も言わずに立ち去ったなんて信じられません。

□ Me sorprende lo bien que has hecho el trabajo y lo rápido que lo has terminado.
/ あなたがとてもうまく仕事を片づけ、そしてとても速く終えたのには驚きました。

❑ ¿Cuándo vienen? ¿Cómo vienen? ¿Cuántas personas vienen? — No lo sé.
/ 彼らはいつ来るの？ どうやって来るの？ 何人来るの？— わかりません。

(4) ３人称の間接目的語人称代名詞は数に応じて次の形があります。性による区別はありません。

性	単数	複数
男性・女性・中性	le	les

間接目的語は動詞句が示すことが影響する〈間接的な受け手〉を示し、その多くは日本語の「〜に」に相当します。

❑ Le regalo este libro.	❑ この本を彼にあげよう。
❑ Le enseñé el camino.	❑ 私は彼に道を教えてあげました。

参考　定冠詞と３人称直接目的語代名詞の形

定冠詞は el, la, los, las という形で、３人称直接目的語代名詞は lo, la, los, las という形です。どちらも「あの、あれ」という意味のラテン語の指示語 ILLE, ILLA に由来します。同じ起源をもつので形がとても似ていたり、同じであったりします。

◇108　弱勢人称代名詞の位置

(1) 弱勢人称代名詞はふつう動詞の直前につけます。弱勢語なので、アクセントをつけないで動詞と一緒に発音します。

❑ He comprado un libro y ahora lo estoy leyendo.	❑ 私は１冊の本を買って、今それを読んでいるところです。

強勢人称代名詞（主語人称代名詞と前置詞の後にくる人称代名詞）は疑問文の答えに使えますが、弱勢人称代名詞は疑問文の答えに使えません。

❑ ¿Quién ha dicho eso? — Tú.	❑ だれがそんなこと言ったの？— 君だ。
❑ ¿A quién viste ayer? — Vi a ella, a Carmen. (× La vi.)	❑ 君は昨日だれに会ったの？ — 彼女、カルメンです。

＊このように強勢人称代名詞は独立して使うことができるので、普通名詞に近いものです。

(2) 不定詞（☞ 4.10）、現在分詞（☞ 4.11）、命令形（☞◇205）に弱勢人称代名詞をつけるときは必ずその後につけます。

❑ Voy a hacerlo.	❑ 私はそれをするつもりです。
□ Pensándolo bien, creo que estoy equivocado.	□ よく考えてみると私が間違えていると思う。

□ Escríbeme pronto.	□ すぐに手紙をちょうだい。

＊このとき単語が１つにまとまるので、アクセント符号が必要になることがあります。たとえば、pensándolo や escríbeme では pensando, escribe の強勢の位置は移動しませんが、lo や me がつくことによって後ろから３番目の音節に強勢があることになり、a や i にアクセント符号が必要になります。一方、hacerlo は母音で終わり、最終音節から２番目の音節に強勢があるので、アクセント符号は不要です。

(3) 不定詞や現在分詞の前に動詞の活用形があれば、活用形の前に代名詞を置くこともできます。

❑ Te voy a llamar esta tarde.	❑ 今日の午後あなたに電話しましょう。
❑ Lo estamos pensando.	❑ 私たちはそれを考えているところです。

参考 **弱勢人称代名詞の位置の由来**

ラテン語の指示代名詞には強勢があって、その位置は比較的自由で、動詞の位置によってしばられることはありませんでした。中世スペイン語では、それが人称代名詞になり、直接目的語と間接目的語の人称代名詞は強勢を失い、そのため強勢語の支えが必要になって、強勢語の後につながるようになりました。そこで、次の２つのパターンが生まれました。

□ (1)《動詞（支え）＋人称代名詞》: Violo.「彼はそれを見た」
□ (2)《強勢語（支え）＋人称代名詞＋動詞》: Él lo vio.「彼はそれを見た」

《不定詞・現在分詞・肯定命令形＋代名詞》という語順は (1) のパターンに由来します。つまり、不定詞や現在分詞や肯定命令形が強勢語なので、それにくっついたのです。このように動詞の後に代名詞がくるときは、動詞の前にほかの強勢語がない場合です。

一方、動詞の活用形ならば主語の名詞などがあって、それにくっつく形で代名詞が動詞の前につきました。それが (2) のパターンです。動詞が活用形であっても強勢語がなければ、Violo.「彼はそれを見た」のように、(1) のパターンになりました。現代語では (2) のパターンが一般化して、とくに動詞の前に強勢語がなくても代名詞が前置したままの形 Lo vio. が普及しました。

不定詞と現在分詞の場合は、次の (a), (b) の位置が可能です。

❑ (a) Quiero verlo. / Voy a verlo. / Estoy viéndolo.
❑ (b) Lo quiero ver. / Lo voy a ver. / Lo estoy viendo.

(a) と (b) はそれぞれ (1) のパターンと (2) のパターンを示しています。意味の違いはほとんどありませんが、(a) は書き言葉に多く、(b) は話し言葉に多いという傾向があります。この違いは (1) のパターンが古く、(2) のパターンが新しいことから理解できます。また、(1) のパターンのほうが主語の積極的な意志の強さが感じられることがあります。

◇109　弱勢人称代名詞の連続

(1) 弱勢人称代名詞をつなげるときは、常に《間接目的語＋直接目的語》の順です。

□ Como no tengo tiempo, te lo contaré resumidamente.	□ 時間がないから、かいつまんでそれを君に話そう。
□ Si me lo permite, le acompaño hasta la estación.	□ よろしければ駅までご一緒いたしましょう。

(2) le, les が 3 人称の直接目的語（lo, la, los, las）と一緒に使われるときは、se という形になります。《se ＋直接目的語》の語順です。

□ Tienes que comunicar al jefe la noticia. — Sí, se la comunicaré inmediatamente.	□ あなたはそのニュースを上司に知らせなければなりません。— はい、すぐに知らせます。

補足　弱勢人称代名詞の連続と不連続

(1) ¿Puedes prestarme el diccionario? / 僕に辞書を貸してくれる？
(2) ○ ¿Me lo puedes prestar? / 僕にそれを貸してくれる？
(3) ○ ¿Puedes prestármelo? / 僕にそれを貸してくれる？
(4) △ ¿Me puedes prestarlo? / 僕にそれを貸してくれる？
(5) × ¿Lo puedes prestarme? / 僕にそれを貸してくれる？

(1) の el diccionario を代名詞にするときは、(2) や (3) のように me lo を一緒にして活用形 puedes の前に置くか、または不定詞 prestar の直後に置きます。まれに (4) のように間接目的語と直接目的語を分けることもありますが、(5) のように直接目的語だけを前にすることはできません。

参考　間接目的語代名詞の変化 le, les > se の理由

間接目的語代名詞の le, les が 3 人称の直接目的語の前で se に変化したのは、ラテン語＞中世スペイン語＞現代スペイン語の歴史的過程で ILLI ILLUM「あの人にあれを」> (e)ljélo > gelo [ジェロ] > gelo [シェロ] > se lo [セロ] という音変化があったためです。その結果、再帰代名詞の se と同じ形になりました。

さて、中世スペイン語の ge には複数形がなかったのですが、それはなぜでしょうか。次の写真は中世スペイン語で書かれた 13 世紀の文書です。

q<ue> gelo ternia & gelos guardaria (que se lo tendría y se los guardaría)

これを見ると、中世では gelo や gelos が 1 語のように続けて書かれていたことがわかります。[ジェロ] という特殊な発音で、強勢は 1 か所だけにありました。このことから、gelo や gelos がそれぞれ 1 語であったと想定できます。そして、1 語であったために、ラテン語の間接目的語の複数形 ILLIS「あの人たちに」を ges として複数化することができなかったのでしょう。スペイン語ではふつう語中の要素を複数にすることができないからです。一方、ラテン語の直接目的語の男性複数形 ILLOS「あれらを」や女性単数形 ILLAM「あれを」、女性複数形 ILLAS「あれらを」はそれぞれ gelos, gela, gelas のように語尾を変化させることができました。これが現代語の se los, se la, se las の由来です。

◇110 人称代名詞と名詞句の重複

(1)《代名詞＋動詞＋ a ＋名詞・代名詞》

《a ＋名詞・代名詞》が間接目的語を示すとき、ふつう人称代名詞を前に置いて重複させます。

❑ Le he dicho la verdad a Juan.	❑ 私はフアンに本当のことを言いました。
❑ La madre le cuenta un cuento al niño.	❑ 母親は子供に物語をしてあげます。

ふつう名詞句が〈人〉を指すときに代名詞を重複させますが、間接目的語が〈人〉でなくても重複させることがあります。

❑ Le eché gasolina al coche.	❑ 私は車にガソリンを入れました。

代名詞を用いないと《a ＋名詞》の〈受け手〉の意味が薄くなり、単なる〈方向・場所〉の意味になります。

□ Eché agua al coche.	□ 私は車に（上から）水をかけました。

3 人称の間接目的語人称代名詞は誰を指すのかはあいまいなので、明確化するために《a ＋代名詞》を使います。

□ Lucía es una persona sumamente confiable. Pídele a ella que te ayude.	□ ルシーアは本当に信頼できる人だ。彼女に助けを求めなさい。

1 人称と 2 人称はあいまいではありませんが、強調するために重複した代名詞を使うことがあります。

❑ Juan no me dice a mí lo ocurrido.	❑ フアンは私には何が起きたのか話してくれません。

(2)《(a ＋) 名詞句＋代名詞＋動詞》

《(a ＋) 名詞句》が文頭にくるときは文の話題を示します。このとき代名詞が繰り返されます。

❏ A ellos no les diré nada.	❏ 彼らには私は何も言うつもりはありません。

直接目的語を話題にするときも文頭に置きます。このときも主文の中で代名詞でもう一度受け直します。

❏ Este libro, lo he comprado hoy.	❏ この本は今日買いました。

代名詞を用いないと〈話題〉というよりも〈強調〉の意味となります。

☐ Solo a María diré la verdad.	☐ マリアにだけ本当のことを言うつもりだ。

《a ＋疑問詞・関係代名詞＋代名詞＋動詞》というパターンもあります。

☐ ¿A quién le importa lo que yo haga?	☐ 私のすることがだれに関係があるというの？
☐ Juan, a quien le toca hoy lavar los cacharros, no está.	☐ フアンが今日は皿を洗う当番になっているのに、いません。

2.8　指示語

▶指示語には、「この」「その」「あの」という意味の「指示形容詞」と、「これ」「それ」「あれ」という意味の「指示代名詞」があります。

◇111　指示形容詞

指示形容詞には日本語の「この」「その」「あの」にあたる近称の este、中称の ese、遠称の aquel があります。それぞれ修飾したり、指示したりする名詞の性・数によって次のように変化します。

性	近称「この」		中称「その」		遠称「あの」	
	単数	複数	単数	複数	単数	複数
男性	❏ este	❏ estos	❏ ese	❏ esos	❏ aquel	❏ aquellos
女性	❏ esta	❏ estas	❏ esa	❏ esas	❏ aquella	❏ aquellas

(1) 文脈や場面にある人やものを指します。este は話し手のまわりにあるもの、ese は話し手から少し離れたところにあるもの、aquel は話し手から遠く離れた場所にあるものを指します。

❑ Este señor viene de Chile.	❑ この方はチリからいらっしゃいました。
❑ ¿Ves aquellas montañas?	❑ あの山々が見えるかい？

人を紹介するときは「この方」という意味で指示代名詞 este を使うことができます。

❑ Esta es mi compañera de clase, Ana.	❑ こちらが私のクラスメートのアナです。

(2)〈場所〉だけでなく〈時〉や〈心理上の遠近感〉を示すこともできます。

❑ A esa hora el tren va siempre muy apretado.	❑ その時間には電車はいつもとても混みます。
❑ Aquellos días de mi infancia fueron magníficos.	❑ あの幼いころの日々はすばらしかった。

(3) 指示形容詞はふつう名詞の前に置かれます。名詞の後に置くと〈強意〉〈皮肉〉〈軽蔑〉などの主観的な意味を帯びます。これは話し言葉で用いられます。

❑ El chico ese nunca me saluda.	❑ そいつは決して僕に挨拶しようとしないんだ。
□ ¡Ojalá que la clase esta termine pronto!	□ こんな授業、早く終わればいいのに！

補足 **スペイン語と日本語の指示語**

スペイン語の este は〈話し手のすぐそばにあるもの〉を指し、ese は〈話し手から少し離れたところにあるもの〉を指し、aquel は〈話し手から遠く離れた場所にあるもの〉を指します。つまり話し手中心です。一方、日本語の「この、これ」は〈話し手に近いもの〉を指し、「その、それ」は〈聞き手に近いもの〉を指し、「あの、あれ」は〈両者から遠いもの〉を指すので、話し手と聞き手との関係が大切になります。

□ (1) En España existen varias fiestas famosas como la de San Fermín en Pamplona. — Sí, de esta fiesta habla Hemingway en uno de sus libros. / スペインにはパンプロナのサン・フェルミン祭のような有名な祭りがいくつかあります。— そう、その祭りについてはヘミングウェイがその著作の中で語っています。

□ (2) ¿Conoces a ese chico, que está en la esquina? / 角(かど)にいる、あの子知っている？

(1) の Fiesta de San Fermín は聞き手が話題にしたことなので、日本語では「その」が用いられますが、スペイン語では話し手の意識が直接はたらいて esta fiesta と言っています。もしここで esa fiesta とすると、話し手の意識から少し遠くなり間接的になります。

(2) の chico は話し手からも聞き手からも遠い位置にいる人を指しているので、日本語では「あの」が用いられますが、スペイン語では話し手の距離感がはたらいているので ese が用いられます。

参考-1　**スペイン語の指示語の由来**

英語の指示語は *this* と *that* の2つですが、スペイン語は日本語の「この」「その」「あの」と同じように3つの指示語を使います。この区別はラテン語でもありました。ラテン語ではHIC「この、これ」, ISTE「その、それ」, ILLE「あの、あれ」という形が使われていました。

スペイン語の時代になると、ラテン語 (H)IC「この」「これ」はとても短い語でほかの語と紛らわしいので嫌われ、しだいにラテン語 ISTE「その」「それ」がスペイン語 este「この」「これ」になりました。

スペイン語の ese「その」「それ」はラテン語の IPSE「まさにその」「〜自身」に由来します。そして aquel は《ECCU「ほら！」＋ ILLE「あの、あれ」》に由来します。aquel は ILLE を含んでいますから、語の後半部は ILLE に由来する定冠詞 (el) や代名詞 (él) と共通します。

参考-2　**指示形容詞の男性単数形 este, ese, aquel の由来**

指示形容詞は一般の名詞や形容詞と違い、男性単数形だけが特別な形をしています。この理由を探るには、印欧祖語→ラテン語→スペイン語という言語史をたどる必要があります。

スペイン語 este「この」「これ」の語源は、ラテン語 ISTE「その」「それ」です。これには印欧祖語の指示語の印である *t(e) がついています。ラテン語 ISTE には母音のない IST という形も併用されていましたが、古典ラテン語では ISTE (男性), ISTA (女性), ISTUD (中性) が使われていました。このときになぜ一般の名詞のように IST<u>US</u>, ISTA, ISTUD にならなかったのか、その理由はおそらく母音のない形が主格形で使われていたからだと思われます。あとで IST に母音 E がついたのです。

スペイン語ではラテン語 ISTE「その」「それ」に由来する este「この」「これ」が使われるようになりました。このときも、やはり「この」「これ」の男性単数形は este であって、esto ではありませんでした。これには「ラテン語の主格形 ISTE がスペイン語に引き継がれた」という意見と、「はじめ対格 esto が使われていたが、語尾 -o が脱落し、その後に母音 -e が添加して este となった」という説があります。スペイン語の名詞は原則としてラテン語の対格形に由来します。後者の説では「ここで復元した母音 e は中性形 (esto) と区別するためだった」という理由を述べていますが、母音 e が中立的な音であったことも原因としてあげられるでしょう。

このように男性単数形だけが特殊な形になる現象は、定冠詞でも起こりました。定冠詞は、男性単数形だけが el という特殊な形で、残りの la, los, las は一般の形容詞の形と同じです。

◇112　指示代名詞

「これ」「それ」「あれ」という意味の指示代名詞には、男性形・女性形のほかに中性形があります。

性	近称「これ」		中称「それ」		遠称「あれ」	
	単数	複数	単数	複数	単数	複数
男性	❑ este	❑ estos	❑ ese	❑ esos	❑ aquel	❑ aquellos
女性	❑ esta	❑ estas	❑ esa	❑ esas	❑ aquella	❑ aquellas
中性	❑ esto		❑ eso		❑ aquello	

指示代名詞は男性形と女性形にアクセント符号をつけることがあります。中性形は決してアクセント符号をつけません。

(1) 指示代名詞の este, ese, aquel の位置関係は指示形容詞の場合と同じで、日本語の「これ」「それ」「あれ」にあたります。☞◇111 指示形容詞 補足

❑ Este es mi asiento, ese el tuyo y aquel el suyo, el de María.	❑ これが私の席で、それが君ので、あれが彼女、マリアのです。

(2) 指示代名詞中性形は「これ、このこと」「それ、そのこと」「あれ、あのこと」などの意味になります。

❑ ¿Qué es esto?	❑ これは何ですか？
❑ ¿Te gusta la televisión? — Eso depende.	❑ 君、テレビは好き？— それは場合によるよ。

補足-1 ¿Qué es esto?

動詞 ser とともに使われる指示代名詞を使うとき、中性形にするか男性・女性形にするか迷うことがあります。例を使って簡単に説明しましょう。

❑ (1) ¿Qué es esto? — Es nuestra página web. / これ何？— 私たちのホームページです。
❑ (2) ¿Quién es esa? — Es nuestra jefa de departamento.
/ あの女性だれ？— 私たちの課の主任だ。
❑ (3) Este es el tema de hoy. / これが今日扱うテーマです。
❑ (4) Esto es un tema muy difícil. / これはとてもむずかしいテーマだ。
❑ (5) El tema de hoy es este. / 今日扱うテーマはこれです。

(1) は典型的な中性形の使われ方です。「これは何ですか？」と聞いているので、指しているものの名前がわかっていません。名前がわからないので性も不明です。そこで中性形を使います。複数の〈もの〉のことを聞くときは、性がわかっていれば estos / estas を使います。たとえば、いくつか機械（las máquinas）を見たあとで ¿Y qué son estas? と言います。máquinas という語が前に使われていなくても、話し手と聞き手の間で了解されていればだいじょうぶです。性がわからないときは男性複数形 estos を使います。

(2) のように〈人〉を指して「あの人はだれですか？」と聞くときは、指している人の性

がわかりますから、それにしたがって男性形（este, ese, aquel）または女性形（esta, esa, aquella）を使います。

(3) と (4) は指示代名詞の男性形と中性形の例です。(3) で男性形 Este が使われるのは、話し手の意識の中にある名詞 el tema に合わせています。(4) では、Esto と言ったときには、まだ el tema という具体的なものが意識されていません。そこで中性形の Esto が使われています。(5) のように最初に名詞 El tema が出てくれば必ずその性に一致します。

ここで、何だかよくわからない不思議な〈複数〉の建物の前にいることを想像してみましょう。「これらは何なの？」と聞くとき、「建物」edificio をイメージしていれば下の (6) を使い「家」casa をイメージしていれば (7) を使います。どちらでもなければ (6) になります。

❑ (6) ¿Qué son estos? / (7) ¿Qué son estas?

補足-2　中性の定冠詞 lo と中性の指示代名詞 eso

「〜のこと」を示すには lo de ... と eso de ... の形式があります。lo de ... は単に以前に話されたことを示します。eso de ... は、ese が自分から少し離れたものを指すので、突き放したようなニュアンスとなります。

□ No te olvides de lo de mañana. / 明日のことを忘れないで。
❑ No me gusta eso de tener que hablar con el profesor.
/ 先生と話をしなくてはならないなんて、そんなのいやだ。

2.9　所有語

▶「所有語」には「所有形容詞」と「所有代名詞」があります。「所有形容詞」には、名詞の前に置かれる「短縮形」と、そのほかの位置に置かれる「完全形」があります。「所有代名詞」は《定冠詞＋所有形容詞の完全形》で作ります。

◇113　所有形容詞の短縮形

所有形容詞の短縮形は所有者の人称と数によって次のように分類されます。

人称	単数	複数
1人称	❑ mi(s)「私の」	❑ nuestro(s), nuestra(s)「私たちの」
2人称	❑ tu(s)「君の」	❑ vuestro(s), vuestra(s)「君たちの」
3人称	❑ su(s)「彼の、彼女の、それの」	❑ su(s)「彼らの、彼女らの、それらの」

(1) それぞれに単数形と -s がついた複数形があります。単数形は単数名詞の前で使われ、複数形は複数名詞の前で使われます。たとえば mi と mis はどちらも「私の」という意味です。mis が複数形だからといって「私たちの」という意味にはなりません。

(2) 男性形の nuestro(s) / vuestro(s) には女性形 nuestra(s) / vuestra(s) があります。男性形は男性名詞の前で使い、女性形は女性名詞の前で使います。たとえば、nuestra は「私たちの」という意味ですが、「私たち」が女性であるという意味ではありません。

(3) su は 3 人称の単数と複数に共通です。そのため多くの意味が可能になります。su の複数形 sus は複数名詞の前で使う形です。sus が複数形だからといって、必ずしも「彼らの」「彼女らの」という意味になるわけではありません。

❑ mi hijo	❑ 私の息子	❑ nuestra hija	❑ 私たちの娘
❑ mis hijos	❑ 私の息子たち	❑ nuestras hijas	❑ 私たちの娘たち

❑ su problema	❑ 彼の［彼女の / 彼らの / 彼女たちの / あなたの / あなたがたの / それの / それらの］問題

(4) 所有形容詞は〈所有〉だけでなく一般に「〜の」という意味の〈関係〉も示します。たとえば su foto「彼の写真」は「彼が所有している写真」のほかに「彼が写っている写真」の意味もあります。

❑ Mi foto está en la mesa.	❑ 私の写真はテーブルの上にあります。

(5) 次のように〈所有〉や〈関係〉を示して名詞を修飾するだけでなく、定冠詞の役割も果たします。

❑ Blanca es nuestra compañera de clase.	❑ ブランカは私たちのクラスメートです。

そのため、× la nuestra compañera / × una nuestra compañera のように名詞にさらに冠詞をつけてはいけません。冠詞をつける際は次項の所有形容詞の完全形を使います。

(6) 所有形容詞短縮形はふつう強勢をつけないで次の名詞を続けて発音します。ただし、とくに強調するときにはわざわざ強く読むことがあります。

❑ Es **tu** problema.	❑ それは**君の**問題だ。

＊所有形容詞の tu にはアクセント符号をつけません。アクセント符号をつけると、人称代名詞の主語の形 tú「君は」になります。☞◇99 主語人称代名詞の形

補足-1　su の区別と《de ＋名詞・代名詞》

su は 3 人称の単数と複数に共通なので、「彼の／彼女の／彼らの／彼女たちの／あなたの

／あなたがたの／その／それらの」という多くの意味を示すことができます。そこで実際のコミュニケーションの場面で所有者について誤解が生じたり不明になることもあります。

誤解や不明を避けるためには、たとえば su casa「彼の家」ではなく、la casa de Pedro「ペドロの家」のように言います。メキシコ・中米・ペルーでは、su casa de Pedro のように、所有語を重複させることもあります。

1 人称と 2 人称の所有語では、このような誤解や不明は起きないので、たとえば × la casa de mí や × la casa de ti とは言いません。

la casa de nosotros や la casa de vosotros のような表現は、ラテンアメリカやスペインのカナリア諸島でよく聞かれますが、一般的には nuestra casa や vuestra casa が使われます。ラテンアメリカでは、「あなたの家」を su casa と言い、「彼・彼女の家」を la casa de él / ella と言って区別することが多いのですが、スペインではどちらも su casa と言います。丁寧に su casa de usted と言うこともあります。

補足-2　スペイン語の定冠詞と英語の所有形容詞

次のようなケースで、英語では *my, your, his* などの所有形容詞を使いますが、スペイン語では定冠詞を使うのがふつうです。

❑ Ana bajó la cabeza. / アナは頭を下げました。(*Ana lowered her head.*)
☐ Abre los ojos. / 目を開けて。(*Open your eyes.*)
☐ Se quitó los zapatos. / 彼は靴を脱ぎました。(*He took off his shoes.*)

スペイン語でふつう所有形容詞ではなく定冠詞が使われるのは、〈自分の身体の一部〉〈身につけるもの〉〈常に持参しているもの〉などです。

◇114　所有形容詞の完全形

所有形容詞の完全形には、それぞれ女性形と複数形があり、修飾する名詞の性・数に一致し、強勢があります。

人称	単数	複数
1人称	❑ mío(s), mía(s)「私の」	❑ nuestro(s), nuestra(s)「私たちの」
2人称	❑ tuyo(s), tuya(s)「君の」	❑ vuestro(s), vuestra(s)「君たちの」
3人称	❑ suyo(s), suya(s)「彼の、彼女の、それの」	❑ suyo(s), suya(s)「彼らの、彼女らの、それらの」

次の用法があります。

(1)〔所有形容詞〕名詞の後につけます。

❑ Un amigo mío desea hablar con usted.	❑ 私の友人の1人があなたとお話がしたいそうです。

《定冠詞＋名詞＋所有形容詞の完全形》で〈所有者〉を強調することがあります。

☐ Según el parecer nuestro, no deberían aceptar la propuesta.	☐ 私たちの意見では、彼らはその提案を承認すべきではないでしょう。

とくにスペインで、呼びかけや親愛の気持ちを込めて使うことがあります。しかし、次の例文に対してラテンアメリカでは mi hijo のほうをよく使います。

❑ ¡Ah, hijo mío!	❑ ああ、私の息子よ！

(2)〔所有形容詞〕補語：ser 動詞などの主語の補語としても使われます。

❑ Este coche es mío.	❑ この車は私のものです。

(3)〔所有代名詞〕:《定冠詞＋所有形容詞の完全形》は、「〜のもの」という意味の所有代名詞になります。定冠詞はそれが指す名詞に一致します。

❑ El resultado de mi suma no cuadra con la tuya.	❑ 私が出した合計と君の出した合計が合いません。

《中性定冠詞（lo）＋所有形容詞の完全形》は抽象的な総体を示します。

❑ Lo nuestro es suyo y viceversa.	❑ 私たちのものはあなたのものですし、その逆でもあります。

su と同じように、suyo にも多くの意味があるので、代わりに de él［ella / usted / ellos / ellas / ustedes］を用いることがあります。とくに usted / ustedes では、suyo よりむしろ de usted / de ustedes を使います。

☐ Ese es mi plan. Ahora me gustaría oír alguna sugerencia de ustedes.	☐ これが私の計画です。さて皆様の助言をいただきたいと思います。

補足 《副詞＋ de ＋代名詞》と《副詞＋所有形容詞の完全形》

所有形容詞の完全形は、次のように、副詞の後で使われることがあります。

☐ ¿Quiénes vendrán detrás nuestro? / 私たちの後にだれが来るのでしょうか？
☐ Encima mía veo volar a las aves. / 私の頭上で鳥が飛ぶのが見えます。

このような用法は、とくにアルゼンチンをはじめ、ラテンアメリカの広い地域でみられますが、メキシコやスペインでは一般に detrás de nosotros, encima de mí のように《de +強勢人称代名詞》が使われます。

2.10 不定語

▶「だれか」「何か」など〈不定の人〉や〈不定のもの〉を意味する語の用法を扱います。一部の不定語には否定語が対応します。ここでは代名詞以外の使い方も取りあげます。

◇115 algo 英 *something, anything*

男性形・女性形と単数・複数の区別がなく、無変化です。

(1)〔代名詞〕「何か」「あるもの」「あること」

❑ Quiero preguntar algo a María.	❑ 私はマリアに聞きたいことがあります。

形容詞は必ず後につきます。

❑ ¿Hay algo nuevo?	❑ 何か変わったことある？

否定文では nada を用います。

❑ ¿Queda algo? — No, no queda nada.	❑ 何か残ってる？ — いや、何も残ってないよ。

(2)〔代名詞〕「いくらか」「少し」「幾分」

□ Más vale algo que nada.	□ 何もないより何かあるほうがよい。《諺》
❑ Sé algo de mecánica.	❑ 私は機械のことは少しは知っています。

(3)〔副詞〕「やや」「幾分」「少し」

❑ Estoy algo cansada.	❑ 私（女性）は少し疲れています。

(4)《algo de +形容詞変化形》「少し〜のところ」

❑ Rosa tiene un algo de rara.	❑ ロサは少し変わったところがあります。

◇116 alguien 英 *someone, anyone*

男性形・女性形と単数・複数の区別がなく、無変化です。「ある人」「だれか」を指します。

❑ Conozco a alguien con ese nombre.	❑ 私はその名前の人を知っています。

形容詞は必ず後につきます。

❑ ¿Hay alguien bueno escribiendo?	❑ だれか文章を書くのが上手な人はいますか？

否定文では nadie を用います。☞◇292 nadie

❑ ¿Hay alguien que sepa chino? — No, no hay nadie.	❑ だれか中国語がわかる人はいますか？ — いいえ、だれもいません。

◇117 alguno 英 *someone; a, some, any, one*

一般の形容詞のように性数変化します。男性名詞単数形の前では algún になります。

(1)〔不定代名詞〕「だれか」「どなたか」

❑ ¿Alguno de ustedes tiene información?	❑ あなたがたのうちどなたか事情を知っていますか？

(2)〔不定形容詞〕「何か（の）」「ある～」：〈人〉〈もの〉を指します。

❑ ¿Desea usted dejar algún recado?	❑ 何か伝言を残しておきたいですか？

(3)〔不定形容詞〕「いくらかの」「多少の」「少しの」

❑ ¿Queda alguna cerveza en la nevera?	❑ 冷蔵庫にビールはいくらか残ってる？

(4)〔不定形容詞〕〔否定文で名詞の後で〕「何も～ない」「少しも～ない」

❑ No tiene dinero alguno.	❑ 彼はお金を少しも持っていません。

補足 No tiene ningún dinero. と No tiene dinero alguno. の違い

2つの文の意味はよく似ていますが、No tiene ningún dinero. は「お金がないこと」を最初から断言している感じです。一方、No tiene dinero alguno. では、いろいろな可能性を考えたうえで、どの可能性も否定されているような感じです。日本語にすると ningún dinero は「まったくお金がない」、no ... dinero alguno は「どんなお金もない」のようなニュアンスの違いになります。

参考 algo / alguien / alguno の類似の由来

algo は〈漠然と何か〉を示し、alguien は〈漠然とだれか〉示します。alguno は〈何人かのうちのだれか〉〈何個からのうちの何か〉の意味で用います。

これらの形はよく似ています。algo は、ラテン語の《ALIUS「ほかの」+ QUID「何を？」》の合成語の ALIQUOD に由来します。alguien は、ラテン語の《ALIUS「ほかの」+ QUEM「だれを？」》の合成語の ALIQUEM からできました。スペイン語の疑問詞 ¿qué? と ¿quién? は、それぞれラテン語の疑問詞 QUID と QUEM に由来しますから、《¿qué? : algo》,《¿quién? : alguien》という関係があります。このようにそれぞれ疑問語「何を？」「だれを？」と不定語「何か」「だれか」が関係していることは日本語と同じです。疑問語と不定語の関係にはラテン語（>スペイン語）と日本語の間に共通の原理がはたらいているようです。

alguno は、ラテン語の《ALIQUIS「何かの」+ UNUS「1つ」》が合成されてできた形です。UNUS はスペイン語の uno になったので、uno と alguno は同じ性・数の変化をします。

◇118 ambos 英 *both*

女性形は ambas となります。書き言葉で多く使います。話し言葉では los dos のほうが多く使われます。必ず複数で使われます。

(1)〔不定形容詞〕「両方の」「双方の」「2つとも」「2人とも」

❑ Pilar apoyó la cabeza en ambas manos.	❑ ピラールは両手で頬づえをついた。

(2)〔不定代名詞〕「両方とも」「2つとも」「2人とも」

❑ ¿Conoces a Pablo y a su hermana? — Sí, los conozco a ambos.	❑ 君はパブロとその姉さんを知っているかい？ — うん、2人とも知っているよ。

◇119 cada 英 *each, every*

男性形・女性形と単数・複数の区別がなく、無変化です。

(1)〔不定形容詞〕「それぞれの」「ひとつずつの」「各～」

❑ Cada invitado recibió su regalo.	❑ 招待客はそれぞれプレゼントを受け取りました。

(2)〔数詞とともに〕「毎～」「～ごとに」

❑ El médico viene cada dos semanas.	❑ その医師は2週間ごとに来ます。

❑ ¿Cada cuánto tiempo sale el autobús al aeropuerto?	❑ 空港行きのバスはどのくらいの間隔で出ますか？

(3)〔比較級とともに〕「しだいに」「ますます」

❑ El enfermo está cada vez mejor.	❑ 病人はだんだんよくなっています。

◇120 cualquiera 英 *anyone, anybody, any*

複数形は cualesquiera です。名詞（男性・女性）の前では cualquier（単数）/ cualesquier（複数）となります。

(1)〔不定形容詞〕「どんな～でも」: 任意の〈人〉〈もの〉を示します。

❑ ¿A qué hora puedo visitarte mañana? — A cualquier hora por la tarde.	❑ 明日何時に君の所へ行っていい？ — 午後ならば何時でもいいです。

(2)〔不定代名詞〕「どんな人でも」「どんなものでも」

❑ El buen vino anima a cualquiera.	❑ よいワインはどんな人でも陽気にします。
❑ ¿Necesita algún papel en especial? — No, cualquiera me sirve.	❑ 何か特別な紙が必要ですか？ — いいえ、何でもけっこうです。

＊母語話者による文章でも、複数形の代わりに単数形が用いられていることがよくあります。

cualquiera に類した語に dondequiera「どこでも」, quienquiera「だれでも」があります。quienquiera の複数形 quienesquiera はまれです。

☐ El que ha dicho eso, quienquiera que sea, está equivocado.	☐ それを言った人はたとえだれであろうと間違っています。

◇121 otro 英 *other, another*

一般の形容詞のように性数変化します。

(A)〔不定形容詞〕

(1)「ほかの」「別の」

❑ ¿Desea usted otra cosa, señora?	❑ 奥様、ほかにご入り用のものはございますか？

(2)「(2人のうちの) もう1人の」「もう一方の」「別の」「反対の」

❑ Llegaron al otro lado del Atlántico.	❑ 彼らは大西洋の向こう側に到着しました。
❑ Nosotros tenemos otras ideas.	❑ 私たちは別の考えです。

(3)《otro ... que ～》「～以外の…」「～とは違う…」

□ Este niño no hace otra cosa que charlar en clase.	□ この子は授業中おしゃべりばかりしています。
□ Yo tengo otra opinión que ella.	□ 私は彼女とは違う意見です。

(4)「さらにほかの」

□ Déjame otro libro.	□ もう1冊本を貸して。

(5)《冠詞＋ otro ...》「以前の～」;《冠詞をつけない otro ...》「いつか将来の～」

❑ El otro día vi a Carmen en la calle.	❑ 先日私は通りでカルメンに会いました。
□ Otro día seguiremos hablando.	□ また別の日に話の続きをしましょう。

(B)〔不定代名詞〕

(1)「ほかのもの」「ほかの人(たち)」「他人」「別のもの」

❑ ¿Qué le parece este traje? — No está mal, pero ¿no tiene otro de color más claro?	❑ こちらの服はいかがでしょうか？ — 悪くはありませんが、ほかにもっと明るい色のはありませんか？
❑ Han venido Javier y otros.	❑ ハビエルやほかの人たちが来ました。

(2)〔uno と対応して〕「もう一方の人・もの」

□ Unos decían que sí y otros que no.	□ 賛成した人も反対した人もいました。
❑ Una cosa es hablar y otra actuar.	❑ 言うことと行動することは別です。

◇122 todo 英 *all, whole*

一般の形容詞のように性数変化します。

(A) 不定形容詞

(1)〔単数形で定冠詞・指示形容詞・所有形容詞・固有名詞の前で〕「～の全体」「全～」「～中」

❑ En todo el día no he salido de casa.	❑ 私は一日中家から出ませんでした。
☐ Todo México se levantó contra el invasor.	☐ メキシコ全土が侵略者に対して立ち上がりました。

＊ todo el día は「一日中」を意味し、todos los días は「毎日」を意味します。同様に todo el año は「一年中」を意味し、todos los años は「毎年」を意味します。

(2)〔複〕〔定冠詞・指示形容詞・所有形容詞の前で〕「すべての」「全部の」

❑ Casi todos los alumnos van a participar en el desfile.	❑ ほとんどの生徒がパレードに参加します。

(3)〔単数形で無冠詞〕「どれでも」「だれでも」(= cualquier)

❑ Todo ciudadano debe respetar la ley.	❑ 市民はだれでも法を守らなければいけません。

(4)〔強調〕「まったくの」

❑ Gonzalo es todo un caballero.	❑ ゴンサロは紳士そのものだ。
☐ Te ruego que hables con toda libertad.	☐ まったく自由に話してよ。

(B) 不定代名詞

(1)〔複数形で〕「すべてのもの」「みんな」

❑ ¿Ha faltado alguien a clase? — No, han venido todos.	❑ 授業に欠席している人はいますか？ — いいえ、みんな来ています。
❑ Lo hicieron entre todos.	❑ 彼らは全員でそれをやりました。

(2)〔単数形で〕「全部」「すべて」

❑ Ha aprendido todo de mi padre.	❑ 私はすべてを父から学びました。
❑ Muchas gracias por todo.	❑ いろいろありがとうございました。

(3)《lo(s) / la(s) … todo(s) / toda(s)》の組み合わせは、「すべてを」という意味の目的語になります。

❑ Los participantes, los conozco a todos.	❑ 参加者は私は全員知っています。
☐ Le precisaron a que lo confesara todo.	☐ 彼はすべて白状するように言われました。

(C)「完全に」「まったく」「全部」という意味の副詞として使います。

❑ El pantalón está todo mojado.	❑ ズボンがずぶぬれです。

◇123 uno 英 *one, someone*

一般の形容詞のように性数変化します。

☞2.4 不定冠詞；◇124 1 uno

(1)「ある人」「あるもの」：不定の人やものを示します。

❑ Marta sale con uno.	❑ マルタはある人とつき合っています。
□ He conocido hoy a una que se parece muchísimo a ti.	□ 今日私はあなたにそっくりな女性と知り合いになりました。

(2)「1 人」「1 つ」

❑ Tomás es uno de mis mejores amigos.	❑ トマスは私の親友の 1 人です。
❑ ¿Cuántas sandías quiere usted? — Solo una.	❑ スイカはいくつご入り用ですか？ —1つだけです。

(3)「人は」「人はだれでも」：一般的に言うときの表現です。

□ Cuando uno está alegre, busca compañía.	□ 人は陽気なときは仲間を求めるものです。

(4)「私」「自分」を示します。☞◇306 不定人称文

□ Con tanta información tan contradictoria, uno no sabe a quién creer.	□ こんなに食い違った情報があると、だれを信用してよいかわからない。

(5)「もの」：前に出てきた名詞の代わりに用います。

□ Este coche ya no sirve. Ya puedes ir pensando en comprarte uno nuevo.	□ この車はもう役に立たない。もう新しいのを買うことを考えてもいいよ。

(6)「同じもの」

□ La luz, aunque se presente con muchas formas, es una.	□ 光はいろいろな形になって現れますが、同じものです。

(7)〔otro と対応して〕「ある人・もの・こと」「一方（のもの）」

❑ Una hacía la comida y otra lavaba la ropa.	❑ 1人は食事を作り、もう1人は洗濯をしていました。
□ En caso de necesidad nos ayudamos uno a otro.	□ 必要なら私たちは互いに助け合います。

《uno a otro》の a は ayudar の直接目的語がとる a に相当します。次の例では、副詞 lejos が de をとるので uno de otro が使われています。

□ Nos encontramos muy lejos uno de otro.	□ 私たちはお互いにとても遠く離れています。

2.11 数詞

▶「数詞」は〈数〉を示します。意味によって〈一般の数字〉を示す「基数詞」と〈順番〉を示す「序数詞」があります。それぞれに形容詞、名詞、代名詞としてのはたらきがあります。

◇124 1 uno

uno には女性形 una があり、男性単数名詞の前で短縮形 un が使われます。形容詞として使われるときはふつう不定冠詞（☞2.4）の意味で使われます。

❑ Necesito un cuaderno y cinco lápices.	❑ 私はノート1冊と鉛筆5本が必要です。
❑ Uno y uno son dos.	❑ 1たす1は2。

＊ uno / una は不定代名詞（☞◇123 uno）としても使われます。

補足 **ゼロ 0 cero＋名詞の複数形**

「ゼロ」cero は、次の (1) のように名詞として使われます（男性名詞）。形容詞のときは (2) のように次の名詞が複数形になります。

❑ (1) Me han dado cero en matemáticas. / 私の数学の成績は零点でした。

❑ (2) La temperatura mínima alcanzó los cero grados centígrados.
/ 最低気温は摂氏0度に達しました。

「ゼロ」なのに次の名詞が複数形になるのは不思議です。英語でも *zero degrees, zero times* のように複数形になります。ただし不可算名詞としては、英語では *zero possibility* のように単数形が使われますが、スペイン語では次のように複数形が使われます。

❑ (3) Hay cero posibilidades de llover. / 雨が降る可能性はゼロです。

文法の〈単数〉と〈複数〉は、基本的に〈1〉と〈2 以上〉を区別するので〈ゼロ〉についてはどちらの分類になるのか規定できません。

◇125　2－10

❑ dos	❑ 2（の）	❑ siete	❑ 7（の）
❑ tres	❑ 3（の）	❑ ocho	❑ 8（の）
❑ cuatro	❑ 4（の）	❑ nueve	❑ 9（の）
❑ cinco	❑ 5（の）	❑ diez	❑ 10（の）
❑ seis	❑ 6（の）		

◇126　11－15

共通して、語尾に -ce があります。

❑ once	❑ 11（の）	❑ catorce	❑ 14（の）
❑ doce	❑ 12（の）	❑ quince	❑ 15（の）
❑ trece	❑ 13（の）		

参考　**11－15 が特殊な形**

英語 *thirteen, fourteen* などの語尾 *-teen* は *ten*（10）と同じ語源です。スペイン語 once などの -ce も diez と同じ語源です。

ラテン語では 11 から 17 まですべて《1 の位の数字＋10（decim)》という形でした。18 と 19 はそれぞれは〈20－2〉、〈20－1〉という言い方をしました。DECIM は 10（ラテン語 DECEM > スペイン語 diez）と同じです。たとえば、11 は〈1 + 10〉（UN + DECIM > UNDECIM）です。スペイン語の時代になると、11, 12, 13, 14, 15 は UNDECIM > once, DUODECIM > doce, ... のように -ce で終わる語となって、古いラテン語の形をそれなりに保ちました。16 以上はそれぞれ〈10 + 6〉（diez y seis > dieciséis),〈10 + 7〉（diez y siete > diecisiete）というように、《10 の位 y 1 の位》という一般の合成法にしたがいました。

11–15 のように特殊な形が残るのは頻度の高い語の場合です。小さい数字のほうが大きい数字より多く使われていたのでしょう。英語は 12（*twelve*）までが特殊な形をしていて、フランス語では 16 までが特殊な形をしています。

◇127 16－19

《diez y ...》という合成した形です。16 dieciséis のアクセント符号に注意しましょう。

❑ dieciséis	❑ 16（の）	❑ dieciocho	❑ 18（の）
❑ diecisiete	❑ 17（の）	❑ diecinueve	❑ 19（の）

◇128 20－29

21 以上は《veinte y ...》という合成した形です。22 veintidós, 23 veintitrés, 26 veintiséis のアクセント符号に注意しましょう。

❑ veinte	❑ 20（の）	❑ veinticinco	❑ 25（の）
❑ veintiuno, veintiuna, veintiún	❑ 21（の）	❑ veintiséis	❑ 26（の）
❑ veintidós	❑ 22（の）	❑ veintisiete	❑ 27（の）
❑ veintitrés	❑ 23（の）	❑ veintiocho	❑ 28（の）
❑ veinticuatro	❑ 24（の）	❑ veintinueve	❑ 29（の）

21 veintiuno は名詞として使われるときの形です。形容詞として使われるときは《veintiún ＋男性名詞》《veintiuna ＋女性名詞》になります。

❑ Vamos a terminar este trabajo en veintiún días.	❑ この仕事を21日間で仕上げましょう。

参考 **16－29 が 1 語になった理由**

歴史を通じて 16-29 の数詞の書き方は 2 通りありました。昔に書かれたものを調べると、19 世紀までは、たとえば 16 diez y seis のように分離した形のほうが、連続した dieciséis より優勢だったことがわかります。31 treinta y uno 以上の数詞は語尾が a なので、a + i (y) > i という変化にはならなかったようです。a を発音する舌の位置と i を発音する舌の位置が遠く離れているからです。これに対して、21 veinte y uno の場合 e + i (y) > i となって融合したのは、e と i が近い位置で発音されるからだと思われます。16 diez y seis の場合は、そのままつければよいのですから、それが dieciséis になるのはさらに容易な変化だったわけです。また、10 台と 20 台の数字のほうが 30 台以上の数字よりも多用されたので、特殊な形になってもよく保たれた、という理由が考えられます。

◇129 30－99

《10の位 y 1の位》という形で合成しますから、ここでは10の位だけを覚えればよいでしょう。

❑ treinta	❑ 30（の）	❑ sesenta	❑ 60（の）
❑ treinta y uno / una /un	❑ 31（の）	❑ setenta	❑ 70（の）
❑ treinta y dos	❑ 32（の）	❑ ochenta	❑ 80（の）
❑ cuarenta	❑ 40（の）	❑ noventa	❑ 90（の）
❑ cincuenta	❑ 50（の）	❑ noventa y nueve	❑ 99（の）

treinta y uno / cuarenta y uno / … / noventa y uno は名詞として使われるときの形です。形容詞として使われるときは男性名詞の前では treinta y un / cuarenta y un / … / noventa y un になり、女性名詞の前では treinta y una / cuarenta y una / … / noventa y una になります。

❑ Hay <u>treinta</u> <u>y</u> <u>una</u> personas en la sala.	❑ ホールには31人の人がいます。

◇130 100－199

(1) 100はcienです。101—199はcientoの後に2桁の数字を続けます。

❑ cien	❑ 100（の）	❑ ciento diez	❑ 110（の）
❑ ciento uno	❑ 101（の）	❑ ciento once	❑ 111（の）
❑ ciento dos	❑ 102（の）	❑ ciento noventa y nueve	❑ 199（の）

(2) 100 cienは10台以下の端数がつくとcientoという形になります。

❑ cien libros	❑ 100冊の本	❑ ciento doce libros	❑ 112冊の本

補 足　**3桁の数字と y**

y は31以上の10の位と1の位の間に入ります。45.335（cuarenta y cinco mil trescientos treinta y cinco）のように、桁数が多くなっても mil の前で同じように y が入ります。millón の前でも同じです。英語で199は *one hundred <u>and</u> ninety nine* ですが、スペイン語だと ciento noventa <u>y</u> nueve となり、それぞれ *and* と y を入れる位置が違います。

◇131 200－999

(1) 200 以上は基本的に《1 から 9 の数詞＋ cientos》という合成語になります。500 はまったく不規則で、700, 900 の形は少し不規則です。端数があるときは 100 台の数詞の後に続けます。

❏ doscientos, doscientas	❏ 200 (の)
❏ doscientos uno, doscientas una	❏ 201 (の)
❏ trescientos, trescientas	❏ 300 (の)
❏ cuatrocientos, cuatrocientas	❏ 400 (の)
❏ quinientos, quinientas	❏ 500 (の)
❏ seiscientos, seiscientas	❏ 600 (の)
❏ setecientos, setecientas	❏ 700 (の)
❏ ochocientos, ochocientas	❏ 800 (の)
❏ novecientos, novecientas	❏ 900 (の)
❏ novecientos noventa y nueve, novecientas noventa y nueve	❏ 999 (の)

(2) 女性名詞の前では 100 台の数詞の語尾が -as になります。

❏ trescientas letras	❏ 300 字
❏ trescientas veintiuna casas	❏ 321 軒の家

参考 **cinco, quince, cincuenta, quinientos**

cinco (5), quince (15), cincuenta (50), quinientos (500) は、それぞれ〈5〉に関係しているのですが、最初の文字が変わるのはなぜでしょうか。実はこれらはみんなどれも同じ語源にたどり着きます。ラテン語では〈5〉という意味の QUIN(Q) で、語頭の音は [kw]「クゥ」でした。このようにどれも同じ語源の音に由来するのですが、cinco と cincuenta は [k-k] という子音の連続が嫌われて [θ-k] と変化する一方、quince と quinientos は同じ子音の連続がないので、[k] の音が保たれたのです。

◇132 1.000－999.999

1000 の単位は mil を使います。mil は数詞として使うときは複数形になりません。

❏ mil	❏ 1.000 (の)

❏ mil uno	❏ 1.001（の）
❏ mil dos	❏ 1.002（の）
❏ dos mil	❏ 2.000（の）
❏ tres mil	❏ 3.000（の）
❏ diez mil	❏ 10.000（の）
❏ once mil	❏ 11.000（の）
❏ cien mil	❏ 100.000（の）
❏ doscientos mil, doscientas mil	❏ 200.000（の）
❏ novecientos noventa y nueve mil, novecientas noventa y nueve mil	❏ 999.000（の）

＊伝統的に 1000 桁の区切りは、スペインではピリオド（.）を使い、ラテンアメリカ（メキシコ、中米、プエルトリコなど）ではコンマ（,）を使ってきましたが、最近（2005 年）スペイン王立アカデミーはピリオドやコンマではなく 345 600 のようにスペースを使うことを勧めています。4 桁の場合はスペースを入れないでよいそうです。今後この方式が普及するかもしれません。

年号は英語のように 2 桁ごとに区切って読むことはありません。

□ En 1992 (mil novecientos noventa y dos) se celebraron Juegos Olímpicos en Barcelona.	□ 1992 年にバルセロナでオリンピック大会が開催されました。

女性名詞の前では doscientas mil のようになります。300.000 以上も同様です。

❏ doscientas mil personas	❏ 20 万人

補足-1　合成された数形容詞の強勢

とくにゆっくりとした丁寧な発音ではなく、ふつうのスピードの話し方では合成された数詞の最初の要素は弱勢になります。最後の要素だけ強勢をつけて発音します。

□ Hay treinta y seis estudiantes. / 36 人の学生がいます。
❏ El vuelo cuesta 2.000 (dos mil) euros. / 航空運賃は 2000 ユーロです。

補足-2　el año 1492 / cinco años

〈数〉は名詞の前につけているのに、〈年〉を言うときは el año 1492 のように後ろについているのはなぜでしょうか？ 数が名詞の前にあるのは、たとえば doscientas casas「200 軒の家」のように、数形容詞として「〜個の」という意味のときです。一方、el año 1492 は el año と 1492 が同格の関係で「1492 という年」という意味になります。ここでは〈年〉が

1492個あるわけではないので後ろにつけています。〈5個の年〉つまり「5年」という意味なら、やはり前につけて cinco años となります。また名詞が複数形になることにも注意しましょう。

参考 **mil には複数形がない**

mil（1.000）はラテン語の MILLE に由来し、中世では mill のように書かれていました。ラテン語の MILLE には複数形があり、たとえば 2.000 は DUO MILIA のようになります。中世スペイン語ではこの MILIA という形を使わずに dos veces mil〈1.000 を 2 回〉と言うようになりました。この形から dos mil という形が生まれました。2.000 は〈2 掛ける 1.000〉という意味で dos mil, 10.000 は〈10 掛ける 1.000〉という意味で diez mil となります。この mil は無変化で ×dos miles, tres miles のようにはなりません。このような数字の形成法はラテン語にはなく、イタリア語、フランス語、スペイン語などに分化したときにできた形です。

mil を名詞として使うと次のように複数化することができます。

□ El famoso cantante fue recibido en el aeropuerto por miles de fans.
/ その有名な歌手は空港で大勢のファンの出迎えを受けました。

millón（1.000.000）の語尾 -ón は〈大きなもの〉を示す接尾辞です。

◇133　1.000.000 以上

「100万」は un millón、「200万」は dos millones です。

□ un millón	□ 1.000.000
□ dos millones	□ 2.000.000
□ tres millones	□ 3.000.000
□ diez millones	□ 10.000.000
□ veinte millones	□ 20.000.000
□ cien millones	□ 100.000.000

これらは形容詞ではなく名詞です。したがって形容詞として名詞の前に直接置くことができません。名詞の前に置くときは de をつけて続けます。

□ cinco millones de yenes	□ 500万円

補足 **文字と数字でつづる数字**

スペイン王立アカデミーとスペイン語アカデミー協会は、文字が3語までならば文字でつづり、4語以上になるときは数字で書くことを勧めています。

□ El gasto del alojamiento es mil doscientos euros. / 宿泊代は1200ユーロです。

たとえば 2280 の場合、文字で書くと dos mil doscientos ochenta で 4 語になるので数字で書きます。

次のように 1 つの文に文字と数字が混ざるときは数字だけを書きます。

□ El alojamiento cuesta 1200 euros y el del vuelo, 2280 euros.
／宿泊代は 1200 ユーロで、航空賃が 2280 ユーロです。

〈年号〉〈日付〉〈～時・～分〉〈番地〉〈ページ番号〉などはふつう数字で書かれます。

参考 ローマ数字

スペインの古い建物や本の表紙にはローマ数字で年号が書かれています。ローマ数字は次のものが使われます。

□ I : 1
□ V : 5
□ X : 10
□ L : 50
□ C : 100
□ D : 500
□ M : 1000

V, X, L, C, D, M の左にある文字は引き算をし、右にある数字は足し算をします。たとえば、次のとおりです。

□ IX : 9
□ XXIII : 23

『カスティーリャ語文法』（アントニオ・デ・ネブリハ）の表紙（☞写真）の下部に Salamanca という発行地と En el año de mil et ccccxcij という発行年が見られます。cccc は 400 を示し、xc は 90 を示します。次にある i と j はともに数字 1 を示し、合わせて 2 となります。つまり 1492 になります。

◇134　序数詞

(1) 英語の *first*, *second*, ... にあたるスペイン語の序数詞は次のようになります。語の左にある数字が略した書き方です。

❑ 1.º primero, 1.ª primera	❑ 1 番目（の）
❑ 2.º segundo, 2.ª segunda	❑ 2 番目（の）
❑ 3.º tercero, 3.ª tercera	❑ 3 番目（の）
❑ 4.º cuarto, 4.ª cuarta	❑ 4 番目（の）
❑ 5.º quinto, 5.ª quinta	❑ 5 番目（の）

❑ 6.º sexto, 6.ª sexta	❑ 6番目（の）
❑ 7.º séptimo, 7.ª séptima	❑ 7番目（の）
❑ 8.º octavo, 8.ª octava	❑ 8番目（の）
❑ 9.º noveno, 9.ª novena	❑ 9番目（の）
❑ 10.º décimo, 10.ª décima	❑ 10番目（の）

(2) これらは女性形と複数形があります。

❑ Hoy tenemos la primera clase de español.	❑ 今日私たちは最初のスペイン語の授業があります。
❑ Los segundos hijos muchas veces destacan en áreas donde el mayor no les lleva ventaja.	❑ 次男は長男がかなわない分野で抜きんでることがよくあります。

(3) primero と tercero は男性単数名詞の前で、短縮してそれぞれ primer, tercer となります。

❑ Vivo en el tercer piso.	❑ 私は4階に住んでいます。

＊スペインでは建物の入口の階を piso bajo（直訳は「低い階」）と呼び、階段を上って最初の階を primer piso と呼ぶので、tercer piso は「4階」になります。

(4) 4.º (cuarto) 以上は分数の分母としても使われます。

❑ un cuarto	❑ 4分の1	❑ un quinto	❑ 5分の1
❑ un sexto	❑ 6分の1		

これらは parte「部分」を使って次のように言うこともあります。

❑ una cuarta parte	❑ 4分の1	❑ una quinta parte	❑ 5分の1

「2分の1」「3分の1」はそれぞれ次のように言います。

❑ un medio	❑ 2分の1、半分	❑ un tercio	❑ 3分の1

分子が2以上のときは分母を複数にします。

❑ dos tercios	❑ 3分の2	❑ tres cuartos	❑ 4分の3

(5) 定冠詞をつけて名詞として使うことができます。

❑ Yo soy el primero de la cola.	❑ 私が列の1番目です。

(6) 副詞として使うことができます。

□ Primero vamos al parque y después al restaurante. ¿Te parece bien?	□ 最初に公園へ行って、それからレストランへ行こう。それでいい？

(7) 序数詞は一般に décimo（10 番）までが使われ、それ以上は基数詞が使われることが多いです。

❑ Siglo IX (noveno)	❑ 9 世紀
❑ Siglo XX (veinte)	❑ 20 世紀
❑ Alfonso X (Décimo)	❑ アルフォンソ 10 世（カスティーリャ・レオン国王）
❑ Alfonso XIII (Trece)	❑ アルフォンソ 13 世（スペイン国王）

＊「世紀」や「国王」「皇帝」「法皇」につける序数詞と基数詞はローマ数字を使います。「会議」「スポーツ大会」「催し」の「第〜回」も序数詞をローマ数字を使って表記します。

参考-1 primer / tercer

uno, alguno, ninguno, bueno, malo なども男性単数名詞の前で un, algún, ningún, buen, mal となり語尾の -o が脱落します。これらは -o が脱落しても語尾が -n や -l で終わるので安定しています。☞◇32 音節 参考

同様に primer, tercer も -r で終わるので安定します。-r で終わる語もたくさんあります。

ところが segundo, cuarto, quinto, sexto, ... は -o が脱落すると、それぞれ -nd, -rt, -nt など子音の連続で終わることになってしまいます。これはスペイン語にはふつうないことで、それを避けるために母音 -o をしっかりつけて安定させたのです。noveno は noven でもよさそうですが、6 番以降はラテン語から直接入った言葉なのでほとんど変化しませんでした。

それでは女性名詞の前で -a が脱落しなかった理由は母音 -a は口を大きくして発音するためで、そのエネルギーが強かったからです。☞◇143 形容詞の語尾脱落形 参考

参考-2 序数詞の語尾

序数詞の語尾は -ro, -do, -to, -no, -vo, -mo のように、いろいろな形があります。序数詞はスペイン語の中では規則が見えにくいのですが、ラテン語、さらにさかのぼって印欧祖語での語尾は -to, -mo, -o でした。primero と tercero の -ero はラテン語のものではなく、スペイン語の形成過程でついた語尾です。

3. 形容詞・副詞

Cuenca (España)

▶スペイン語の形容詞は、英語の形容詞と同じように、名詞を修飾したり、叙述したりして名詞につながります。英語と異なるのは、名詞の性と数に合わせて語形が変化することです。
基本的に形容詞は名詞にかかり、副詞は動詞にかかります。

Casa colgante

3.1 形容詞の性数変化

▶形容詞は、それが修飾または叙述する名詞の性・数に合わせて形を変えます。これは形式的な変化なので形容詞そのものの意味は変わりません。

❑ Juan es alto.	❑ フアンは背が高い。
❑ Ana también es alta.	❑ アナも背が高い。
❑ Juan y Ana son altos.	❑ フアンとアナは背が高い。

＊ここで alto も alta も altos も「背が高い」という同じ意味です。

◇135 形容詞の分類

形容詞は大きく「限定形容詞」と「叙述形容詞」に分かれます。

(1)「限定形容詞」は〈人〉や〈もの〉を指示したり、その数量を示したりする形容詞です。一部の例外を除き、名詞の前に置きます。

❑ mero	❑ ほんの、ただの	❑ propio	❑ 当の

❑ mismo	❑ 同じ、まさにその	❑ puro	❑ まったくの
❑ pleno	❑ 真っ最中の、完全な	❑ simple	❑ 単なる

❑ Nuestro encuentro fue una <u>mera</u> coincidencia.	❑ 私たちの出会いはまったくの偶然でした。
❑ Estamos en <u>plena</u> temporada turística.	❑ 今は観光シーズンたけなわです。

＊次の形容詞も限定形容詞に分類されます。

□ 指示形容詞　☞◇111 指示形容詞

□ 所有形容詞　☞◇113 所有形容詞の短縮形

□ 数形容詞　☞2.11 数詞

□ 不定形容詞　☞2.10 不定語

□ 疑問形容詞　☞6.1 疑問詞と疑問文

□ 関係形容詞　☞5.2 関係詞

(2)「叙述形容詞」は「品質形容詞」と「分類形容詞」の 2 つに分かれます。

(a)「品質形容詞」は修飾する名詞の〈性質・状態〉を示す形容詞です。名詞の前に置かれる場合と、名詞の後に置かれる場合があります。

❑ una casa <u>grande</u>	❑ 大きな家
❑ un <u>pequeño</u> problema	❑ 小さな問題

(b)「分類形容詞」は修飾する名詞の示す内容の〈部類〉を示し、ふつうは名詞の後につけます。

❑ la industria <u>japonesa</u>	❑ 日本の産業
❑ los estudios <u>históricos</u>	❑ 歴史研究

分類形容詞は《de ＋名詞》に対応し、多くは日本語の「〜の」「〜的な」に相当します。

❑ japonés / de Japón	❑ 日本の
❑ histórico / de historia	❑ 歴史の、歴史的な

分類形容詞が品質形容詞のように使われることがあります。また分類形容詞と品質形容詞のどちらにも使われる形容詞があります。

❑ Tu manera de pensar es muy <u>japonesa</u>.	❑ 君の考え方はとても日本的です。
❑ Desde aquí podemos contemplar un paisaje <u>fantástico</u>.	❑ ここからすばらしい景色が見られます。

☐ La mente de Don Quijote estaba poblada de princesas encantadas, dragones y otros seres fantásticos.	☐ドン・キホーテの頭には魔法にかけられた王女や竜やそのほかの空想上の生き物が住みついていました。

◇136 形容詞の基本的な性変化

基本的に次の規則にしたがいます。

(1) -o で終わる形容詞の女性形の語尾は -a です。

☐ blanco — blanca	☐白い

(2) そのほかの形容詞は男女同形です。

☐ verde — verde	☐緑の	☐ azul — azul	☐青い

(3) -a で終わる男女同形の形容詞があります。これらは男性形で -o になりません。-ista で終わる形容詞も同じです。

☐ agrícola	☐農業の	☐ indígena	☐先住民の
☐ nómada	☐遊牧民の	☐ realista	☐現実主義の

◇137 地名から派生した形容詞

地名から派生した形容詞の変化は、次の規則にしたがいます。

(1) -o で終わる形容詞は -o を -a に変えて女性形を作ります。

☐ chino — china	☐中国の
☐ peruano — peruana	☐ペルーの

文頭でなければ小文字にします。また、地名以外でも、一般に固有名詞から派生した形容詞は小文字で書きます。☞◇41 小文字 (abc)

(2) 子音で終わる形容詞の女性形は -a をつけます。

☐ español — española	☐スペインの
☐ japonés — japonesa	☐日本の

次は男女共通です。

❑ balear	❑ バレアレス諸島の	❑ provenzal	❑ プロバンスの

(3) -o 以外の母音 -a, -e, -í, -ú で終わる形容詞は男女共通です。

❑ belga	❑ ベルギーの	❑ marroquí	❑ モロッコの
❑ árabe	❑ アラブの	❑ papú	❑ パプアの

地名から派生した形容詞は、「～人」「～の人」という意味でそのまま名詞としても使われます。

❑ español / española	❑ スペイン人（男性 / 女性）
❑ sevillano / sevillana	❑ セビリア（男性 / 女性）

◇138　形容詞の男性・女性接尾辞

次の接尾辞をつけた形容詞は -a をつけて女性形を作ります。

(1) -or / -ora

❑ agotador / agotadora	❑ 消耗する
❑ hablador / habladora	❑ よく話す

＊ mejor「より良い」, mayor「より大きな」, superior「優れた、高等の」, inferior「劣った、下等の」のように、-or が〈比較〉の意味を表す接尾辞であれば男女同形です。

(2) -án / -ana

❑ holgazán / holgazana	❑ なまけ者の
❑ charlatán / charlatana	❑ おしゃべりの

(3) -ín / -ina

❑ chiquitín / chiquitina	❑ ちっちゃな
❑ pillín / pillina	❑ ずるい

(4) -ón / -ona

❑ mandón / mandona	❑ いばりちらす
❑ preguntón / preguntona	❑ 質問好きの

◇139　形容詞の複数形

基本的に名詞の複数形の作り方と同じです。

(1) 母音で終わる形容詞は -s をつけます。

❑ blanco > blancos	❑ 白い（男性形）（単）>（複）
❑ japonesa > japonesas	❑ 日本の（女性形）（単）>（複）

アクセントのある母音で終わる語は -es をつけます。

❑ israelí > israelíes	❑ イスラエルの（単）>（複）
❑ papú > papúes	❑ パプアの（単）>（複）

(2) 子音で終わる形容詞は -es をつけます。

❑ español > españoles	❑ スペインの（男性）（単）>（複）
❑ japonés > japoneses	❑ 日本の（男性）（単）>（複）

◇140　形容詞の性数一致

形容詞は文法的に関係する名詞・代名詞の性と数に一致します。この一致によって名詞句としてのまとまりや名詞と形容詞の関係が明示化されるので、文の構造をつかむための標識になります。

❑ Los estudiantes japoneses han llegado hoy.	❑ 日本の学生たちが本日到着しました。
❑ Ellos han llegado muy cansados.	❑ 彼らはとても疲れて到着しました。
❑ He leído un libro de aventuras sentimental.	❑ 私は感傷的な冒険小説を読みました。

◇141　複数の名詞を修飾する形容詞

(1) 形容詞が主語または目的語の補語であるときや、名詞句の後にあるときは、名詞句全体と一致し、それらに男性名詞と女性名詞が混ざっているときは、男性複数形になります。

❑ Juan y María son simpáticos.	❑ フアンとマリアは感じがいい。

❑ Encontré a Juan y María muy preocupados.	❑ 私にはフアンとマリアがとても心配しているのがわかりました。

(2) 形容詞が名詞の前にあるときは直後の名詞に一致することが多いです。

❑ El director admiraba su extremada hermosura y talento.	❑ 監督は彼女の際立った美貌と才能を賞賛していました。

参考　形容詞の性・数が名詞の性・数に一致する理由

英語では *shy girls*「内気な女の子たち」のように、女性の複数形 *girls* を修飾する形容詞 *shy* の語形は変化しません。一方、スペイン語では niñas tímidas のように形容詞 tímido「内気な」を女性複数形 tímidas にしなければなりません。どのようにしてスペイン語の形容詞は名詞の性と数に一致するようになったのでしょうか。

ラテン語でも形容詞の性と数が名詞の性と数に一致していました。さかのぼって印欧祖語の時代に次のようなプロセスがあったと想定されます。当初は指示代名詞だけが名詞の性・数に一致していました。たとえば、「女の子たちは～、そして彼女たちは～」というような使い方です。この指示代名詞「彼女たち」は「女の子たち」を指すので、当然女性複数形を使いました。

次に、指示代名詞が指示形容詞としても使われるようになり、「その女の子たちは～」のような使い方をするようになりました。このとき指示形容詞は指示代名詞の場合と同じ形を使ったので名詞の性・数と一致し、やがて一般の形容詞も指示形容詞と同じように名詞と性・数を一致させるようになりました。

指示代名詞には名詞と同じように固有の意味の性・数がありますが、形容詞の性・数には固有の意味がなく、名詞と一致させて文法的な関係を築いています。冠詞、所有形容詞、不定形容詞も同じです。古い時代の英語でも形容詞の性と数が名詞の性と数に一致していました。

3.2　形容詞の位置

▶修飾する形容詞は名詞の後がふつうです。名詞の前の場合は特殊な意味になります。

◇142　形容詞の機能

(1) 形容詞は名詞（句）につながって、修飾します。このとき形容詞の形は修飾する名詞の性と数に一致します。

❏ ¿Valencia es un lugar bonito?	❏ バレンシアは美しいところですか？

(2) 形容詞は主語の補語になります。《主語＋つなぎ動詞＋主語の補語》の文の中で、形容詞の形は主語の性と数に一致します。

❏ Valencia es famosa por la paella.	❏ バレンシアはパエリャで有名です。
❏ Todo está claro.	❏ すべてが明らかです。

この構文をとるつなぎ動詞には ser, estar, parecer があります。これらの動詞の補語は、中性の lo で代名詞化することができます。

❏ ¿Es ella simpática? — Sí, lo es.	❏ 彼女は感じがいいですか？ — はい、そうです。

＊ resultar, salir なども同じ構文になりますが、形容詞を lo で代名詞にすることはできません（☞298《主語＋つなぎ動詞＋補語》）。また、hacerse, ponerse, volverse などの再帰動詞でも類似した文になります（☞◇304 再帰文）。

(3) 形容詞は目的語の補語になります。《主語＋動詞＋目的語＋目的語の補語》の文の中で補語の位置に置かれ、目的語の性と数に一致します。

❏ He dejado abierta la puerta.	❏ 私は扉を開けたままにしておきました。
❏ La veo decaída.	❏ 彼女は元気がないみたいだ。

(4) 形容詞が副詞的に使われることがあります。動詞に対して副詞のようなはたらきをしますが、形容詞なので主語の性と数に一致します。

❏ Hemos vuelto cansados a casa.	❏ 私たちは疲れて帰宅しました。

＊これは形容詞が主語を修飾し、その結果副詞的な意味になったケースです。副詞ならば語形変化しません。

(5)《冠詞・指示語・不定代名詞＋形容詞》は代名詞のはたらきをします。このとき、形容詞の形は代名詞として指す内容の名詞の性と数に一致します。

❏ ¿Qué corbata te gusta más? — Me gusta la roja.	❏ どのネクタイが好き？ — その赤いのが好きだ。
❏ Quiero aquel pequeño.	❏ 私はあの小さいのがほしいです。
❏ Voy a buscar otros grandes.	❏ 私はほかの大きなのを探しに行きます。

(6)《de / por ＋形容詞の変化形》は次のような場合に使われます。このとき形容詞の形は修飾する名詞の性と数に一致します。

❏ Isabel tiene cara de seria.	❏ イサベルはまじめそうな顔をしています。
❏ La oposición critica la propuesta del Gobierno por vaga e incompleta.	❏ 野党は政府の提案をあいまいで不完全だと批判しています。

(7)《形容詞＋前置詞》: 一定の前置詞をとる形容詞があります。

(a)《形容詞＋ a》: 前置詞は〈方向〉〈近接〉を示します。

❏ abierto a ...	❏ ～に開いている
❏ cercano a ...	❏ ～に近い

(b)《形容詞＋ con》: 前置詞は〈材料〉〈関係〉〈随伴〉を示します。

❏ amable con ...	❏ ～に親切な
❏ unido con ...	❏ ～と結ばれた

(c)《形容詞＋ de》: 前置詞は〈材料〉〈対象〉を示します。

❏ lleno de ...	❏ ～でいっぱいの
❏ capaz de ＋不定詞	❏ ～ができる
❏ deseoso de ＋不定詞	❏ ～を望んで

《形容詞＋ de ＋不定詞》:「～(不定詞)するのが…(形容詞)」という意味になります。

❏ Quiero un libro fácil de leer.	❏ 私は読みやすい本がほしいです。
❏ Esta pregunta es difícil de contestar.	❏ この質問は答えるのがむずかしいです。

＊形容詞が修飾したり叙述したりする名詞は、不定詞の意味的な直接目的語になります。例文の un libro と Esta pregunta は、それぞれ leer と contestar の意味的な目的語にあたります。ほかに digno「ふさわしい」, imposible「不可能な」, largo「長い」などの形容詞が使われます。

(d)《形容詞＋ en》: 前置詞は〈内容〉を示します。

❏ consistente en ...	❏ ～から成る
❏ rico en ...	❏ ～が豊かな

(e)《形容詞＋ para》: 前置詞は〈目的〉を示します。

❏ listo para ...	❏ ～の準備ができた
❏ propio para ...	❏ ～に適した

(f)《形容詞 + por》: 前置詞は〈動機〉を示します。

❑ curioso por…	❑ ～に興味がある
❑ loco por…	❑ ～に夢中の

◇143 形容詞の語尾脱落形

一部の形容詞は次のような場合に語尾が脱落します。

(1) 単数形の男性名詞の前で -o が脱落します

❑ bueno — buen	❑ よい
❑ malo — mal	❑ 悪い
❑ el buen tiempo	❑ よい天気
❑ el mal estado	❑ 悪い状態

女性形や複数形ならば語尾は脱落しません。

❑ la mala costumbre	❑ 悪い習慣
❑ los malos tiempos	❑ 悪い時代

名詞の前でなければ語尾は脱落しません。

❑ Hoy el tiempo es bueno.	❑ 今日は天気がよい。
❑ Este chico es muy malo.	❑ この子はとても悪い子です。

＊形容詞の位置（名詞の前と後）による意味の違いについては ☞◇146 名詞との位置関係によって意味が異なる形容詞

(2) grande は名詞（男性でも女性でも）の前で gran となります。

❑ el gran amigo	❑ 親友
❑ la gran mujer	❑ 偉人、偉大な女性

複数ならば grandes となります。

❑ los grandes hombres	❑ 偉人たち

名詞の前でなければ grande のままです。

❑ Esta universidad es grande.	❑ この大学は大きいです。

参考 **語尾脱落の理由**

中世スペイン語では多くの語の語尾の母音が脱落していました。これは当時フランス人がスペインに多く移住したことが原因だ、という説があります。フランス語では語末母音が脱落するのがふつうだからです。

スペイン語の語尾の母音は基本的に -e, -o, -a の3つに限られ、語末の -i と -u がある単語はきわめて少数です。-e, -o, -a の中で脱落するのは -e と -o で、-a は脱落しません。-a は大きく口を開けてしっかり発音されるからです。そのために、bueno と malo の女性形 buena と mala は語末母音 -a を脱落しませんでした。中世では、語尾の -e や -o が脱落した形容詞が多かったのですが、だんだんと脱落した母音を回復してきました。しかし、最後まで残ったのが buen, mal という語尾脱落形です。これは非常によく使われていたので全体の規則の変化にしたがわないで、個別にしっかりと覚えられていたからだと思われます。

grande は男性形でも女性形でも名詞の前で語尾を脱落しました。中世では語尾の -e を落としただけの形 grand がよく使われていました。男性形でも女性形でも区別なく語尾の母音が落ちたのは、その母音が -e であったためです。その後、-nd で終わる語がスペイン語の形として定着しなかったので -d も脱落し、結局 gran という形に落ち着きました。

語尾脱落が起こるのは形容詞のほかに序数詞の primero, tercero, 不定語の alguno と ninguno そして数詞の uno です。どれも男性名詞の前についたとき語尾が脱落します。これらは名詞の前につくと意味と発音が名詞と一体化するからだと考えられます。

語尾脱落の理由を考えるとき、フランス語の影響だけでなく、スペイン語の語末母音の発音上の性質と形容詞の位置という構造的な原因も考慮に入れたほうがよいでしょう。

◇144 《名詞＋形容詞》

品質形容詞（☞◇135 (2) (a)）**は名詞の後に置くのがふつうです。そのとき形容詞は名詞が示す〈人〉や〈ものごと〉の一部に限定するはたらきをします。**たとえば un lugar bonito「きれいな場所」は、さまざまな lugar「場所」から取り出して「きれいな場所」を指します。

❑ Allí hay unas playas estupendas y un clima muy agradable.	❑ あそこにあるのはすばらしい海岸ととても快適な気候です。
□ En la fiesta participan los estudiantes españoles y extranjeros.	□ そのパーティーにはスペインの学生と外国人の学生が参加します。

◇145 《形容詞＋名詞》

(1) 形容詞が名詞を説明しているときは名詞の前に置かれます。

❏ El joven novelista ha escrito una obra maravillosa.	❏ 若い小説家がすばらしい作品を書きました。

＊上の形容詞 joven「若い」は novelista「小説家」を説明しているのであって、さまざまな「小説家」からその〈一部〉の小説家を限定して取り出しているのではありません。

(2)〈数量〉を示す形容詞は名詞の前に置かれます。

☐ En verano muchos españoles van a las numerosas playas turísticas.	☐ 夏になると多くのスペイン人は、数多くある観光地の海岸へ出かけます。

(3) 形容詞に〈感情・評価・強調〉の意味をこめると形容詞は名詞の前に置かれます。

❏ En Manila vi una hermosa puesta de sol.	❏ 私はマニラで美しい夕日を見ました。

名詞に本来そなわった性質を示す形容詞は名詞の前に置きます。詩的な響きがあります。

❏ la blanca nieve	❏ 白雪
❏ la dulce miel	❏ 甘い蜜

(4) フォーマルな文体で冠詞と名詞の間に形容詞句が入ることがあります。

❏ Estos son los para mí interesantísimas cuestiones.	❏ これらは私にとっては非常に興味ある問題です。

◇146 名詞との位置関係によって意味が異なる形容詞

いくつかの形容詞は名詞との位置関係によって意味が異なります。

❏ el hombre grande / el gran hombre	❏ 大きな男 / 偉大な男
❏ el hombre pobre / el pobre hombre	❏ 貧しい男 / かわいそうな男
❏ el amigo viejo / el viejo amigo	❏ 年老いた友人 / 昔からの友人、旧友
❏ una noticia cierta / una cierta noticia	❏ 確かな知らせ / ある知らせ

補足　**形容詞の位置の原則**

《名詞＋形容詞》の語順では名詞と形容詞がそれぞれ独立の意味をもち、形容詞によって名詞が表しているもの〈全体〉の〈一部〉が取り出されます。逆に、《形容詞＋名詞》の語順では形容詞が名詞と一体化し、それが〈全体〉としてとらえられます。たとえば muñecas enormes は「巨大な人形」というイメージで、人形全般の中から「巨大な人形」を〈一部〉として取り出していますが、enormes muñecas は「巨大人形」のようなイメージで、ほかから類別するのではなく、「巨大人形」そのものの姿をとらえています。

分類形容詞は本来〈部分〉として取り出すはたらきがあるので estudiantes españoles「スペイン人の学生たち」のように《名詞＋形容詞》の語順になるのがふつうです。

品質形容詞は、(1) una ciudad grande「大きな都市」、un amigo viejo「年老いた友人」のように《名詞＋形容詞》の語順で〈部分〉を取り出すときと、(2) una gran ciudad「大都市」、un viejo amigo「旧友」のように《形容詞＋名詞》の語順で一体化した〈全体〉をとらえるときがあります。したがって、日本語に訳す場合、(1)〈部分〉を示すときは「巨大な人形」「大きな都市」「年老いた友人」のように２つの語を組み合わせ、(2)〈全体〉としてとらえるときは「巨大人形」「大都市」「旧友」のように１語にして一体化するとわかりやすいでしょう。

❏ (1) He leído sus artículos interesantes. / 私は彼の興味深い論文を読みました。
❏ (2) Te agradezco tus interesantes artículos. / 君の興味深い論文をありがとう。

(1) は《名詞＋形容詞》の語順なので〈部分〉を示します。彼の論文の中で「興味深い論文」を読んだことになります。一方、(2) は《形容詞＋名詞》の語順なので、送ってもらった興味深い論文の〈全部〉について感謝しています。

◇147　１つの名詞と２つの形容詞

(1) ２つの形容詞を並べて使うときは、はじめに分類形容詞をつけて、その後に品質形容詞をつけます。

❏ una chica japonesa muy bonita	❏ とてもかわいい日本の女の子

品質形容詞を名詞の前に置き、分類形容詞を後に置くこともあります。

❏ una pequeña casa japonesa	❏ 小さな日本の家

(2) ２つの品質形容詞や２つの分類形容詞を並べて使うときは、y, o, pero, ni ... ni ... などの接続詞でつなぎます。

❏ una casa grande pero incómoda	❏ 大きいけれど住み心地の悪い家
❏ un problema económico y social	❏ 経済的かつ社会的な問題

それぞれの形容詞（句）を分けて、名詞の複数形を修飾することがあります。

❏ los géneros masculino y femenino del nombre	❏ 名詞の男性と女性
❏ las medallas de oro y de plata	❏ 金メダルと銀メダル

◇148 2つの名詞と1つの形容詞

2つの名詞を1つのまとまりとして修飾するときは、近いほうの名詞にだけ性と数を一致させ、2つの名詞をそれぞれ個別に修飾するときは、2つの名詞を合わせた性と数に一致させます。

(1)《形容詞＋2つの名詞》: (a) 直後の名詞にだけ性と数を一致させるときと、(b) 両方を合わせた性と数に一致させるときがあります。

❏ (a) Agradezco su amable colaboración y orientación.	❏ あなたの親切なご協力とご案内に感謝いたします。
❏ (b) Mis queridos padre y madre:	❏ 私の愛する父と母へ：《手紙で》

(2)《2つの名詞＋形容詞》: (a) 直前の名詞だけに性と数を一致させるときと、(b) 両方を合わせた性と数に一致させるときがあります。

❏ (a) Curso de lengua y cultura española	❏ スペイン語・文化コース
❏ (b) En la tienda hay libros y revistas japoneses.	❏ その店には日本の本と雑誌が置かれています。

＊ (1) と (2) のどちらでも (a) は個別にそれぞれについて考慮しながら修飾し、(b) は2つの名詞を一括してとらえて修飾しています。

3.3 副詞

▶「副詞」には独立した形と、形容詞から作られる形があります。動詞や文などの意味を補うはたらきをします。

◇149 副詞の形

副詞は性・数・人称によって変化することはありません。

❏ Los niños volvieron temprano.	❏ 子供たちは早く帰りました。

副詞の中には形容詞と同じ形のものがあります。

❏ alto	❏ 形 高い；副 大きな声で
❏ claro	❏ 形 はっきりとした；副 はっきりと
❏ medio	❏ 形 半分の；副 なかば

❑ Hablaban muy alto.	❑ 彼らはとても大きな声で話していました。
❑ Juana estaba medio dormida.	❑ フアナは半分眠っていました。

補足 **形容詞と副詞の区別**

次の (1) の demasiado は形容詞ではなく、形容詞 tranquila を修飾する副詞です。副詞は性と数の変化がありません。一方、(2) の demasiadas は 名詞 horas を修飾する形容詞です。

❑ (1) Era una ciudad demasiado tranquila. / それはあまりに静かな町でした。
❑ (2) Tenemos demasiadas horas de trabajo. / 私たちの勤務時間は長すぎます。

junto は形容詞なのか副詞なのか、わかりにくいときがあります。

❑ (3) Cantamos juntos. / 私たちは一緒に歌います。
❑ (4) Junto con el regalo, enviamos una carta. / 私たちは贈り物と一緒に手紙を送りました。

(3) の juntos は nosotros という主語に一致して主語を修飾する形容詞です（☞◇142 形容詞の機能）。一方、(4) の junto は主語（nosotros）を叙述していません。むしろ動詞 enviamos にかかります。

◇150 -mente の副詞

形容詞に -mente という接尾辞をつけて〈様態〉を示す副詞を作ることができます。

(1) -o で終わる形容詞は、それを女性形 -a に変えて -mente をつけます。

❑ lento > lentamente	❑ 形 ゆっくりとした > 副 ゆっくりと
❑ rápido > rápidamente	❑ 形 速い > 副 速く

❑ ¿Cómo has pasado el fin de semana? — Estupendamente.	❑ 週末はどう過ごしたの？ — とても楽しく過ごしました。

(2) そのほかの形容詞はそのまま -mente をつけます。

❑ amable > amablemente	❑ 形 優しい > 副 優しく
❑ feliz > felizmente	❑ 形 幸福な > 副 幸福に

❑ ¿Hacéis deporte habitualmente?	❑ 君たちはふだんスポーツをするの？

(3) 2 つ以上の形容詞を y(e), o, pero, tanto ... como ... などでつないで -mente をつけることがあります。そのとき最初の形容詞も -o で終わるならば女性形にします。

❑ Los cambios climáticos globales pueden afectar directa e indirectamente la salud de las personas.	❑ 地球規模の気候変動は人々の健康に直接的・間接的に影響を与える可能性があります。
❑ Es un tema importante tanto política como socialmente.	❑ それは政治的にも社会的にも重要なテーマです。

(4) 形容詞と -mente のどちらにも強勢があります。☞◇35 強勢語と弱勢語

❑ lentamente [léntaménte レンタメンテ]	❑ ゆっくりと

補足 **-mente の副詞と副詞句**

接尾辞 -mente はいろいろな形容詞について副詞を作りますが、すべての形容詞につくわけではありません。辞書で調べたり実際の使われ方を観察しながら確かめておくべきです。

《形容詞＋ mente》の副詞があっても、その派生名詞や同じ形容詞を使った表現もあります。これらもチェックしておくと表現力が高まります。

❑ frecuentemente / con frecuencia「頻繁に」
❑ inmediatamente / de inmediato「直後に」
❑ tranquilamente / de manera tranquila「静かに、落ち着いて」
❑ directamente / de modo directo「直接的に」

参考 **スペイン語の -mente と英語の -ly**

英語の -ly の語源は *lic* で「体」という意味でした。一方、スペイン語の -mente は「心・精神」という意味です。英語では「〜という体で」、スペイン語では「〜という心で」という意味から副詞になったというわけです。-mente がつく副詞で形容詞が女性形になる理由は、mente「心、精神」が女性名詞だからです。

◇151 《前置詞＋無冠詞名詞》の副詞句

《a, de, con, en, por などの前置詞＋無冠詞名詞》でさまざまな副詞句ができます（☞◇96《前置詞＋無冠詞名詞》）。以下はその例です。

(1)《a ＋名詞》

❑ a caballo	❑ 馬にまたがって	❑ a pie	❑ 歩いて

(2)《de ＋名詞》

❑ de paso	❑ ついでに	❑ de verdad	❑ 本当に

(3)《con ＋名詞》

❑ con confianza	❑ 信頼して	❑ con cuidado	❑ 注意して

(4)《en ＋名詞》

❑ en secreto	❑ 秘密に	❑ en pie	❑ 立って

(5)《por ＋名詞》

❑ por sorpresa	❑ 不意に	❑ por fin	❑ ついに

補足 〈時〉や〈頻度〉を示す副詞句

❑ El próximo domingo vamos a la montaña. / 今度の日曜日に私たちは山に行きます。
❑ Voy a Valencia un par de veces al año. / 私は年に 2、3 度バレンシアに行きます。

この El próximo domingo や un par de veces al año は名詞句ですが、文の中では副詞のようにはたらいています。このように〈時〉や〈頻度〉を示す名詞句は前置詞をともなわずにそのままの形で副詞になることがあります。

◇152 副詞の機能

副詞は次のようにはたらきます。

(1) 動詞の意味を補います。

❑ Juan estudia mucho.	❑ フアンはたくさん勉強します。

(2) 形容詞の意味を補います。

❑ Este libro es muy interesante.	❑ この本はとてもおもしろいです。

(3) ほかの副詞の意味を補います。

❑ Mi padre salió de casa muy temprano.	❑ 父はとても早く家を出ました。

(4) 文全体の意味を補います。

❑ Francamente no entiendo nada.	❑ 率直に言うと私は何もわかりません。

(5) 名詞や数詞の意味を補います。

❏ He leído solamente la primera parte de «Don Quijote».	❏ 私は『ドン・キホーテ』の第 1 部だけ読みました。
□ Hay casi mil personas.	□ およそ1000人の人がいます。

(6) 副詞・副詞句が独立して用いられることがあります。

❏ ¿Puedes venir a mi casa mañana? — Bien.	❏ 明日私の家に来られる？ — いいよ。
❏ ¿Le gustó este libro? — En absoluto. No me ha gustado nada.	❏ この本は気に入りましたか？ — 全然。まったく気に入りませんでした。

(7)《副詞＋前置詞》で前置詞句になります。

❏ Nuestra universidad está cerca de la estación.	❏ 私たちの大学は駅のそばにあります。

◇153 副詞の位置

(1) 副詞が動詞（句）を修飾するときは動詞（句）の後に置きます。

❏ Juan trabaja mucho.	❏ フアンはよく働く。

副詞を文頭に置くと意味が強くなります。このとき主語は動詞の後に置きます。

☞6.5 語順

❏ Mucho trabaja Juan.	❏ フアンはずいぶん働く。

補足-1 《副詞＋動詞（句）》

副詞は原則的に動詞の直後に置きますが、《動詞＋名詞》が 1 つの動詞句を作っているときはその動詞句の後に置きます。次の文を比べましょう。

❏ (1) Raquel habla muy bien el japonés. / ラケルは日本語をとても上手に話します。
❏ (2) Raquel habla japonés muy bien. / ラケルはとても上手に日本語を話します。

(1) は《動詞＋名詞》のケースで、副詞 muy bien は動詞 habla の直後につきます。一方、(2) は habla japonés が 1 つのまとまった動詞句になっているので、muy bien はその後につきます。なお、(2) のように《hablar ＋言語名》という動詞句になると言語名には定冠詞がつきません。☞ ◇85 自明な指示 補足

(2) 副詞(句)が形容詞・副詞・名詞・数詞を修飾するときは、その前に置かれます。

❑ Juan es un niño muy listo.	❑ フアンはとても頭がいい子です。
❑ He visto por lo menos diez pájaros.	❑ 私は少なくとも10羽の小鳥を見ました。

(3)〈時〉と〈場所〉を示す副詞(句)の位置は比較的自由です。

☐ Mañana tengo un examen. Tengo mañana un examen. Tengo un examen mañana.	☐ 私は明日試験があります。

次のように不定詞句などが後に続く場合は、副詞(句)の位置によって意味が大きく異なる場合があります。

❑ Ayer Pepe prometió pagarme.	❑ 昨日ペペは私に支払うことを約束しました。
❑ Pepe prometió pagarme ayer.	❑ ペペは私に昨日支払うと約束しました。

(4) 文全体を修飾するときは副詞を文頭に置くことがふつうですが、コンマで挟んで文中に置くこともあります。

❑ Francamente no estoy de acuerdo contigo.	❑ 率直に言って私は君の意見に賛成ではありません。
❑ Su fatiga es debida, naturalmente, a la tensión de trabajo.	❑ 彼の疲労は、当然、仕事の緊張感によるものです。

補足-2　自由な位置に現れる副詞

次の también のようにいろいろな位置に現れる副詞があります。

❑ (1) También Ana escribe la novela. / アナも小説を書きます。
❑ (2) Ana también escribe la novela. / アナは小説を書くこともあります。
❑ (3) Ana escribe también la novela. / アナは小説も書きます。

(1) では Ana を修飾し、(2) では escribe la novela を修飾し、(3) では la novela を修飾しています。

3.4　比較級と最上級

▶複数のものを比べたり、全体の中で一番であることを示したりするときに「比較級」や「最上級」を使います。「比較級」と「最上級」は名詞、形容詞、副詞の意味について使います。

◇154 比較級

(1)《más ＋形容詞・副詞＋ que》〈優等比較級〉「さらに〜である」: que が「…より」という比較の対象を示します。

□ Esta novela es más interesante que esa.	□ この小説はその小説よりおもしろい。
□ Vivimos más cerca de la estación que ellos.	□ 私たちは彼らより駅の近くに住んでいます。

(2)《menos ＋形容詞・副詞＋ que》〈劣等比較級〉「さらに少なく〜である」: que が比較の対象を示します。

□ Este coche es menos caro que el tuyo.	□ この車は君のほど高価ではありません。
□ Para mí la física es menos difícil que la química.	□ 私には物理は化学ほどむずかしくはありません。

(3) 比較したときの差を表す語句は比較級の前に置きます。

□ Mi hermano es diez centímetros más alto que yo.	□ 兄は私より10センチ背が高い。

(4) 比較の対象を形容詞(句)にすると「〜というよりも…だ」という意味になります。

□ Esta sillón es más de diseño que útil.	□ この肘掛け椅子は実用的というよりもデザインがいい。

(5) 比較の対象を示さないこともよくあります。

□ Hable más despacio, por favor.	□ もっとゆっくり話してください。

(6) más と menos の単独用法: 形容詞や副詞を用いないで、単独で名詞や動詞などの〈量〉や〈程度〉を比較します。

□ Este año hay más estudiantes de español que el año pasado.	□ 今年は去年に比べてスペイン語の学生が多いです。
□ Hoy hay menos tráfico que ayer.	□ 今日は昨日よりも交通量が少ないです。
□ Él come más que yo.	□ 彼は私よりもたくさん食べます。
□ Estudio menos que mi hermana.	□ 私は姉ほどには勉強しません。

補足 **más / menos は mucho / poco の不規則な比較級？**

(6)の más と menos の単独用法は mucho / poco の不規則な比較級である、と考えることもできます。しかし、そうすると、上の (1) (2) のような一般の形容詞・副詞を比較級にする más / menos と同じ形になるので、初級者は混乱することが多いようです。ここでは más と menos の単独用法として扱います。そうすれば、más estudiantes や come más の意味を考えるとき、muchos estudiantes や come mucho を考えて、そこから不規則な比較級を導く、という操作はとくに必要ではありません。また、個別に覚えなくてはならない不規則形も少なくなります。☞◇155 比較級の不規則形

(7)《de +比較の対象》

一般に比較級で用いられる比較の対象は que で示しますが、次の場合は de で示します。

(a)《de +〈数量〉》：比較されるものが数量のとき。

□ He leído más de diez libros.	□ 私は10冊より多くの本を読みました。

(b)《de + lo que ...》：比較されるものが lo que ... という関係代名詞節のとき。

□ Esta novela es más interesante de lo que crees.	□ この小説は君が思っているよりもおもしろいよ。

(c)《de + lo +過去分詞》

□ Hace más frío de lo esperado en invierno en España.	□ スペインの冬は思ったよりも寒いです。
□ El tren ha llegado más tarde de lo previsto.	□ その列車は予定よりも遅れて到着しました。

◇155 比較級の不規則形

(1) 形容詞の bueno と malo には規則形の比較級と不規則形の比較級があります。

形容詞	規則形の比較級	意味	不規則形の比較級	意味
bueno	más bueno	(性質が) よりよい	mejor	さらによい
malo	más malo	(性質が) より悪い	peor	さらに悪い

mejor と peor は男女共通形です。

□ Ana es más buena que Pepa.	□ アナのほうがペパよりいい人です。
□ El estímulo suele tener mejor efecto que el castigo.	□ 激励のほうが処罰よりもよい効果をもたらすことが多い。

mejor と peor は副詞 bien「よく」と mal「悪く」の不規則形の比較級としても使われます。

□ bien > mejor	□ よく＞よりよく
□ mal > peor	□ 悪く＞より悪く

□ El enfermo está cada vez mejor.	□ 病人はだんだんよくなっています。

(2) 形容詞の grande と pequeño には規則形の比較級と不規則形の比較級があります。

形容詞	規則形の比較級	意味	不規則形の比較級	意味
grande	más grande	(大きさが) より大きな	mayor	年上の；(規模が) より大きな
pequeño	más pequeño	(大きさが) より小さな	menor	年下の；(規模が) より小さな

mayor と menor は男女共通形です。

□ Madrid es más grande que Barcelona.	□ マドリードはバルセロナよりも大きい。
□ La economía china es mayor que la japonesa.	□ 中国の経済は日本のものより規模が大きい。
□ Pablo es menor que yo.	□ パブロは私より年下です。

◇156 同等比較級

(1)「〜と同じほど…である」という意味を表すために《tan ＋形容詞・副詞＋ como...》という構文を使います。

□ La vida de aquí no es tan fácil como la de tu país.	□ ここでの生活はあなたの国ほど楽ではありません。

(2) 同等比較級に no をつけて否定形にすると「〜ほど…でない」という意味で《menos ＋形容詞・副詞＋ que ...》と類似します。

□ Mi ordenador no es tan útil como el suyo.	□ 私のコンピューターは彼のほど役に立ちません。
□ Mi ordenador es menos útil que el suyo.	□ 私のコンピューターは彼のに比べて役に立ちません。

(3) 同等比較級の対象を形容詞にすると、「〜（形容詞）と同じように…（形容詞）だ」という意味になります。

□ María es tan atractiva como inteligente.	□ マリアは魅力的であるとともに頭もいい。

＊《tan A como B》は「B と同じように A である」という意味で A のほうに意味の比重が高いようにもとれますが、A も B も同じ比重であることのほうがふつうです。

◇157 形容詞の最上級

(1) 比較級の形容詞をともなう名詞句に定冠詞をつけて、「最も〜な…」という最上級の意味になります。

□ Para mí, la paella es el plato más rico.	□ 私にとってパエリャは最もおいしい料理です。

所有形容詞の短縮形をつけると定冠詞と同じように最上級の意味になります。

□ Esta es mi mascota más querida.	□ これが私が一番気に入っているマスコットです。

(2) 比較級の形容詞に定冠詞をつけると「最も〜である」という最上級の意味になります。

□ Esta novela es la más vendida en esta tienda.	□ この小説がこの店で最も売れ行きがよい本です。

(3) 最上級で「〜の中で」という意味の範囲を示すには de を使います。

□ Lorca prestaba atención a las personas más marginadas de la sociedad.	□ ロルカは社会の中で最も疎外された人々に注意を払っていました。

ほかに en, entre, dentro de なども使われます。また、範囲を示さないことも多いです。

□ Entre las tres, esta novela es la más interesante.	□ 3 冊の中で、この小説が最もおもしろい。

(4) 比較の対象を否定語にすると、「何［だれ］よりも〜だ」という意味で、最上級と同じ内容を表します。

□ Este asunto es más importante que nada.	□ この件は何よりも重要です。
□ Francisco es más serio que nadie.	□ フランシスコはだれよりもまじめです。

◇158 副詞の最上級

副詞の〈最上級〉は《定冠詞＋関係代名詞＋副詞の比較級（＋ de ...)》として関係代名詞節の中で示します。☞5.2 関係詞

□ Juan es el que más sabe de informática.	□ ファンが情報科学のことを一番よく知っています。
□ Lo que más me gustó de España fue la amabilidad de la gente.	□ 私がスペインで最も気に入ったことは人々の優しさです。

《疑問詞＋副詞の比較級》は〈最上級〉の意味になります。☞6.1 疑問詞と疑問文

□ ¿Quién canta mejor de todos?	□ みんなの中でだれが一番歌が上手ですか？

《lo + más［menos］... posible［que poder の活用形］》で「可能なかぎり～」という意味になります。

□ Ven lo más pronto posible. Ven lo más pronto que puedas.	□ できるだけ早く来なさい。

◇159 絶対最上級

形容詞に -ísimo がつくと「非常に～」「とても～」という意味になって強調されます。これは比較したうえでの〈相対的〉な最上級の意味でなく、〈絶対的〉な意味なので「絶対最上級」と呼びます。すべての形容詞が絶対最上級になるわけではありません。

(1) 形容詞が母音で終わるときは、その母音をはずしてから -ísimo をつけます。

□ mucho > muchísimo	□ 多くの＞とても多くの

(2) 形容詞が子音で終わっていればそのままつけます。

□ fácil > facilísimo	□ 簡単な＞とても簡単な

(3) 以下のようにつづり字の規則にしたがいます。☞◇31 子音文字の規則

□ blanco > blanquísimo	□ 白い＞とても白い
□ largo > larguísimo	□ 長い＞とても長い
□ feliz > felicísimo	□ 幸福な＞とても幸福な

(4) 接尾辞 -ble をもつ形容詞は -bilísimo となります。

□ amable > amabilísimo	□ 親切な＞とても親切な

(5) 母音が変化する形容詞があります。これらは -ue- や -ie- のまま絶対最上級が作られることもあります。

□ nuevo > novísimo / nuevísimo	□ 新しい＞とても新しい
□ cierto > certísimo / ciertísimo	□ 確かな＞とても確かな

(6) そのほかの特殊な形の絶対最上級があります。

□ áspero > aspérrimo	□ 荒い＞とても荒い
□ fiel > fidelísimo	□ 忠実な＞とても忠実な
□ pobre > paupérrimo	□ 貧しい＞とても貧しい
□ mísero> misérrimo	□ あわれな＞とてもあわれな

(7) 一部の副詞には -ísimo をつけた絶対最上級があります。

□ ¿Te gusta el helado? — ¡Muchísimo!	□ アイスクリーム好き？ — とっても！

補 足　**形容詞と副詞の絶対最上級**

絶対最上級は〈相対化〉して比較するわけではないので「〜の中で」という範囲の指定をしません。その意味で《muy＋形容詞》に似ていますが、絶対最上級には《muy＋形容詞》よりも個人的な感情が強くこめられています。

□ Todo el mundo dice que esta casa es muy barata y yo creo que es ¡baratísima!
／みんなこの家がとても安いと言っていますが、私はすっごく安い！と思います。

-ísimo という接尾辞はとくに 16 世紀から多用されています。中世からのラテン語使用とイタリア語からの影響が考えられます。

4. 動詞

Figuras de Sancho y don Quijote
(Alcalá de Henares)

▶動詞は文の中心となる要素で、「行為」「状態」「現象」などを表します。動詞の形はいろいろな条件で変化します。変化の仕方はとても規則的ですから、丸暗記するよりも、その規則性をしっかりと理解して学習するほうが正確で能率的です。

Hablamos español.
We speak Spanish.
私たちはスペイン語を話します。

動詞は基本的な意味を示す部分と、「法・時制・人称・数」によって活用変化する部分に分かれます。たとえば hablar は「話す」という意味の動詞の不定詞（基本形）ですが、最初の habl- という部分が「話す」という意味を示し、これを「語根」と呼びます。-ar は不定詞を示す「語尾」です。語尾は活用によってさまざまに変化します。

habl ar
語根　語尾

「活用」とは、動詞の語尾が「法・時制・人称・数」によって変化することです。たとえば hablo は「私が話す」という意味ですが、語尾の -o が「直説法現在・1 人称単数の主語」「私が」を示します。このように -o の中に「法・時制・主語の人称・数」という文法的な機能がつまっています。hablas の意味は「君が話す」です。このときの語尾 -as は「直説法現在・2 人称単数の主語」「君が」を示します。このように動詞の変化形で主語がわかるので、英語の *I* や *you* などの代名詞の主語はスペイン語ではかならずしも必要ではありません。

❑ ¿Hoy llegas a Madrid? — No, llego mañana.	❑ 今日マドリードに着くの？ — いいえ、明日着きます。
❑ ¿Sois japoneses — Sí, somos japoneses.	❑ 君たち日本人？ — うん、僕らは日本人だよ。

動詞の形は人称・数にしたがって次のように配列されます。

❑ 1 人称単数	❑ 1 人称複数
❑ 2 人称単数	❑ 2 人称複数
❑ 3 人称単数	❑ 3 人称複数

このように呼ぶと少し複雑なので、以下ではそれぞれの活用形を代名詞を使って次のように呼ぶことにします。

❑ YO の活用形	❑ NOSOTROS の活用形
❑ TÚ の活用形	❑ VOSOTROS の活用形
❑ ÉL の活用形	❑ ELLOS の活用形

(1) 規則変化
動詞が活用するとき、語根の部分が不定詞（基本形）と同じものを「規則変化」と呼びます。大部分の動詞は規則変化をします。

規則変化は 3 種類あります。それぞれの動詞がどの種類に属するのかは不定詞(基本形)の語尾を見るとわかります。たとえば hablar の語尾は -ar、comer の語尾は -er, vivir の語尾は -ir です。それぞれ「AR (アル) 動詞」「ER (エル) 動詞」「IR (イル) 動詞」と呼びます。

種類	不定詞	意味	語尾
❑ AR 動詞	❑ habl<u>ar</u>	❑ 話す	❑ -ar
❑ ER 動詞	❑ com<u>er</u>	❑ 食べる	❑ -er
❑ IR 動詞	❑ viv<u>ir</u>	❑ 生きる、住む	❑ -ir

(2) 不規則変化
不規則変化では語根と一部の語尾が変わります。不規則動詞は種類は少ないですが、よく使われる動詞ばかりです。

補 足 「法」と「時制」

「法」には文の内容を事実として認識していることを示す「直説法」と、その内容を仮想する「接続法」があります。接続法については ☞ 4.6 接続法現在形

直説法の「時制」には「現在」「線過去」「点過去」があります。

それぞれの時制に「完了形」があり、それぞれの時制と完了形に推量形があります。直説法の全体は次のようになります。

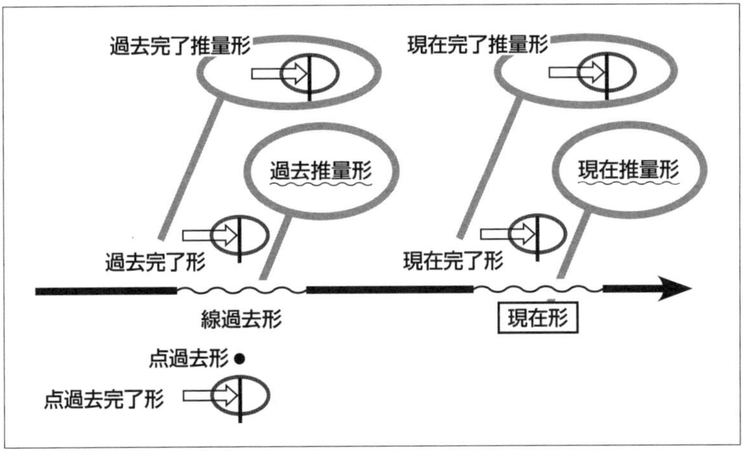

時制には「現在形」に対する「線過去形」があり、それぞれに「現在完了形」と「過去完了形」という完了形があります。そして、それぞれに「現在推量形」「過去推量形」「現在完了推量形」「過去完了推量形」という推量形があります。「点過去形」は活用形も意味も特別な時制なので、1つだけ別に位置しています。

ほかの教材・参考書では「点過去形」が「完了過去形」と呼ばれ、「線過去形」が「未完了過去形」と呼ばれていることがあります。同様に、「推量形」は「未来形」と呼ばれています。

参考 **活用変化の由来**

「英語のように主語を明示するほうが、活用形で主語を区別するよりやさしいのではないでしょうか。」「なぜ主語をなくして動詞の活用で主語を示すようになったのでしょうか。」よくこのことを質問されますが、かつて英語にも人称による変化がありました。3人称単数現在形の s はそのなごりです。英語の兄弟であるドイツ語では、今でも活用変化があります。つまり動詞が人称により活用するのは、主語を省略するため、というより、もともと動詞には人称変化があって、それによって主語が明示されていたのです。それが英語では人称変化があいまいになり、あらためて主語を明示することが必要になったと考えられます。フランス語でも同様に、語尾だけではわかりにくくなって、主語の明示が義務化されています。

4.1 直説法現在形

▶動詞の現在形は「現在時制」を示します。

▶「時制」はふつう私たちの日常で意識している「時」(過去、現在、未来)と一致しますが、異なることもあるので、文法では「時制」という言葉を使います。たとえば現在時制は「現在」のことばかりでなく、「歴史的現在」として〈過去の時〉を示すこともあれば、確実な〈予定〉として〈未来の時〉を示すこともあるからです。

◇160 直説法現在形の規則変化

(1) AR 動詞は、主語の人称・数に応じて、次のように変化します。

❑ **hablar**	❑ 話す
❑ habl-o	❑ habl-a-mos
❑ habl-a-s	❑ habl-á-is
❑ habl-a	❑ habl-a-n

語尾には法・時制を示す部分と人称・数を示す部分があります。habl-o の -o は両者が1つの -o という形に融合していますが、habl-a-s 以下では -a- が法・時制を示し、-s が TÚ という人称・数 (2 人称単数) を示します。

❑ Ken habla español muy bien.	❑ 健はスペイン語をとても上手に話します。
❑ Mañana visitamos el Museo del Prado.	❑ 明日私たちはプラド美術館を訪れます。
❑ ¿Tomáis café?	❑ 君たちはコーヒーを飲む？
❑ Pedro y Elvira también toman café.	❑ ペドロとエルビーラもコーヒーを飲みます。

(2) ER 動詞は、主語の人称・数に応じて、次のように変化します。

❑ **comer**	❑ 食べる
❑ com-o	❑ com-e-mos
❑ com-e-s	❑ com-é-is
❑ com-e	❑ com-e-n

❑ Comes mucho. — No, no como mucho.	❑ 君はたくさん食べるね。 — いいえ、それほど食べません。
❑ ¿Qué lengua aprendéis? — Aprendemos español.	❑ 君たちは何語を学んでいるの？ — 私たちはスペイン語を学んでいます。

(3) IR 動詞は、主語の人称・数に応じて、次のように変化します。

❏ **vivir**	❏ 生きる、住む
❏ viv-o	❏ viv-i-mos
❏ viv-e-s	❏ viv-í-s
❏ viv-e	❏ viv-e-n

❏ ¿Dónde vives? — Vivo cerca de aquí.	❏ 君はどこに住んでいるの？ — 僕はこの近くに住んでいるよ。
❏ Vivimos juntos.	❏ 私たちは一緒に住んでいます。

補足-1 特徴母音

直説法現在の３つの活用タイプは似ていますが、それぞれに特徴があります。AR 動詞の特徴は -a- という母音です。YO の活用形を除いてどの活用語尾にも現れています。ER 動詞は -e- という母音が特徴です。AR 動詞の語尾と比べると、AR 動詞の -a- の部分が全部 -e- になっています。IR 動詞の特徴は -i- という母音ですが、これは NOSOTROS と VOSOTROS の活用形で現れます。それ以外は ER 動詞と同じです。このように ER 動詞と IR 動詞は活用パターンがよく似ています。YO の活用形はどのタイプの動詞でも -o という語尾になります。こうした特徴母音は直説法現在形だけでなく、ほかの時制にも現れます。

補足-2 活用と強勢の移動

動詞の活用変化では強勢の位置が語尾にあるのが原則ですが、直説法現在形の活用では次の場合に語根に移ります。次の表の網かけの部分で強勢が語根にあり、それ以外では語尾（特徴母音）にあります。

❏ **YO の活用形**	❏ NOSOTROS の活用形
❏ **TÚ の活用形**	❏ VOSOTROS の活用形
❏ **ÉL の活用形**	❏ **ELLOS の活用形**

habl-á-is にはアクセント符号が必要です。そうしないと、-s で終わる単語なので語根に強勢がかかることになってしまうからです。強勢が語根に移動するのは直説法現在形のほかに、点過去形の強変化、接続法現在形、TÚ の命令形です。

補足-3 VOS の活用形

中米と南米南部の国々（パラグアイ、ウルグアイ、アルゼンチン、チリ）では主語人称代名詞に tú ではなく vos が使われます（☞ ◇99 主語人称代名詞の形 補足）。VOS に対応する動詞の活用形は次のようになります。

□ hablar : Vos hablás. / 君は話します。
□ comer: Vos comés. / 君は食べます。
□ vivir: Vos vivís. / 君は住んでいます。

参考 **AR 動詞、ER 動詞、IR 動詞の頻度**

教科書や参考書などで出てくる文章で使われる動詞のほとんどが AR 動詞で、ER / IR 動詞はあまりないという感じがします。実際のスペイン語ではどうなのでしょうか。中型の学習辞書（研究社『プエルタ新スペイン語辞典』）に載せられた動詞はおよそ 4,700 語ありますが、そのうち AR 動詞は約 4000 語（85%）、ER 動詞は 340 語（7%）、IR 動詞は 380 語（8%）です。

一方、使われる頻度数で上位 5000 語で調べると、AR 動詞（750 語：69%）に対して ER 動詞（165 語：15%）と IR 動詞（166 語：15%）の割合が増えます。

次は使われる頻度数のトップ 20 の動詞です。

□ 1. ser*, 2. haber*, 3. estar*, 4. tener*, 5. ir*, 6. hacer*, 7. poder*, 8. ver*, 9. querer*, 10. dar*, 11. saber*, 12, pasar, 13. venir*, 14. llegar, 15. deber, 16. creer*, 17. parecer*, 18. poner*, 19. hablar, 20. llevar

これを見ると、確かに実際のスペイン語で AR 動詞の数が多いのですが、重要な高頻度語に ER 動詞と IR 動詞がたくさんあることがわかります。やはり ER 動詞と IR 動詞の活用形もしっかり覚えなければなりません。そして星印 (*) をつけた語は不規則活用をもつ動詞です。不規則活用動詞は頻度が高いので、早く慣れておくとよいでしょう。

◇161　ser と estar の活用

一般動詞の規則変化とは大きく違います。用法については ☞ ◇298《主語＋つなぎ動詞＋補語》

❑ ser	❑ ～です
❑ soy	❑ somos
❑ eres	❑ sois
❑ es	❑ son

❑ estar	❑ ～です
❑ estoy	❑ estamos
❑ estás	❑ estáis
❑ está	❑ están

参考-1 **ser の活用**

スペイン語の ser の直説法現在形はラテン語の動詞 ESSE に由来します。とくに、ラテン語の 2 人称単数の ES と 3 人称単数の EST が似ていたので、TÚ の活用形 es に代えて、ラテン語の ESSE の未来形 2 人称単数の ERIS の形を使うようになり、この ERIS からスペイン語の eres が生まれました。ラテン語の 3 人称単数 EST はスペイン語の es になりました。

参考-2 estar の活用

estar は AR 動詞の一種なので hablar の活用変化とよく似ています。注意点は YO の活用形が y で終わること、そして強勢が全部語尾にあることです。

強勢は語根に移動しません。これは語頭の e- がラテン語の語源 STARE になく、スペイン語の時代になってついた母音だからです。スペイン語話者は《s + 子音》で始まる語を嫌い、s の前に e をつけました。現在でもスペイン語圏の人は英語を発音するとき、たとえば *sky* をよく [eskái] のようにして e をつけて発音します。これは、日本人が子音の後に [u] や [o] を入れて、たとえば *dry* を [dorái ドライ] と発音するのと同じように、それぞれ言語によって発音のパターンが異なるからです。

◇162 直説法現在形の子音文字と母音アクセントの変化

(1) 一部の動詞は「子音文字の規則」にしたがって次のような変化をします。
☞◇31 子音文字の規則

❏ **vencer**	❏ 負かす
❏ **venz-o**	❏ venc-e-mos
❏ venc-e-s	❏ venc-é-is
❏ venc-e	❏ venc-e-n

❏ **coger**	❏ つかまえる
❏ **coj-o**	❏ cog-e-mos
❏ cog-e-s	❏ cog-é-is
❏ cog-e	❏ cog-e-n

❏ **delinquir**	❏ 罪を犯す
❏ **delinc-o**	❏ delinqu-i-mos
❏ delinqu-e-s	❏ delinqu-ís
❏ delinqu-e	❏ delinqu-e-n

❏ **distinguir**	❏ 区別する
❏ **disting-o**	❏ distingu-i-mos
❏ distingu-e-s	❏ distingu-ís
❏ distingu-e	❏ distingu-e-n

☐ Desde aquí no distingo bien las letras.	☐ ここからではよく文字が見えません。

(2) 一部の動詞は母音アクセントについて次のような変化をします。☞◇7 分立母音

❏ **enviar**	❏ 送る
❏ **enví-o**	❏ envi-a-mos
❏ **enví-a-s**	❏ envi-á-is
❏ **enví-a**	❏ **enví-a-n**

❏ **prohibir**	❏ 禁止する
❏ **prohíb-o**	❏ prohib-i-mos
❏ **prohíb-e-s**	❏ prohib-ís
❏ **prohíb-e**	❏ **prohíb-e-n**

❑ **continuar**	❑ 続ける
❑ **continú-o**	❑ continu-a-mos
❑ **continú-a-s**	❑ continu-á-is
❑ **continú-a**	❑ **continú-a-n**

❑ **reunir**	❑ 集める
❑ **reún-o**	❑ reun-i-mos
❑ **reún-e-s**	❑ reun-ís
❑ **reún-e**	❑ **reún-e-n**

□ Adjunto le envío las fotos que tomamos juntos el otro día.	□ 先日一緒にとった写真を同封します。

◇163 直説法現在形の語根母音変化

一部の動詞で、しかもよく使われる動詞で、語根の母音が変化するものがあります。これを「語根母音変化動詞」と呼びます。「語根母音変化動詞」は直説法現在の YO の活用形を見ればわかります。以下ではこれを不定詞に並記して示します。

(1) pensar — pienso 型と sentir — siento 型：どちらも同じ人称・数で語根母音が変化します。YO / TÚ / ÉL / ELLOS の活用形で e > ie という変化をします。

❑ **pensar**	❑ 考える
❑ **piens-o**	❑ pens-a-mos
❑ **piens-a-s**	❑ pens-á-is
❑ **piens-a**	❑ **piens-a-n**

❑ **sentir**	❑ 感じる
❑ **sient-o**	❑ sent-i-mos
❑ **sient-e-s**	❑ sent-ís
❑ **sient-e**	❑ **sient-e-n**

＊ pensar — pienso 型と sentir — siento 型は、直説法現在形では同じ活用をしますが、ほかの法・時制では違う形になります。

(a) pensar — pienso 型の AR 動詞（例）

❑ apretar — aprieto	❑ 締めつける
❑ calentar — caliento	❑ 暖める
❑ cerrar — cierro	❑ 閉じる
❑ comenzar — comienzo	❑ 始まる、始める
❑ confesar — confieso	❑ 告白する
❑ empezar — empiezo	❑ 始まる、始める
❑ fregar — friego	❑ 磨く
❑ gobernar — gobierno	❑ 統治する
❑ merendar — meriendo	❑ 午後のおやつを食べる

❑ negar — niego	❑ 否定する
❑ sentar — siento	❑ すわらせる
❑ tropezar — tropiezo	❑ つまずく

❑ ¿A qué hora cierran el museo?	❑ 美術館は何時に閉まりますか？

errar「間違える」は YO / TÚ / ÉL / ELLOS の活用形で ie > ye という変化をします。

❑ **errar**	❑ 間違える
❑ **yerr-o**	❑ err-a-mos
❑ **yerr-a-s**	❑ err-á-is
❑ **yerr-a**	❑ **yerr-a-n**

(b) pensar — pienso 型の ER 動詞（例）

❑ defender — defiendo	❑ 守る
❑ encender — enciendo	❑ 点火する
❑ perder — pierdo	❑ 失う
❑ tender — tiendo	❑〈洗濯物を〉干す
❑ verter — vierto	❑〈液体を〉流す、そそぐ

❑ Este arbolado defiende nuestra casa contra el sol del verano.	❑ この木立が私たちの家を夏の日差しから守ってくれます。

(c) sentir — siento 型の IR 動詞（例）

❑ advertir — advierto	❑ 忠告する
❑ arrepentir — arrepiento	❑ 後悔させる
❑ convertir — convierto	❑ 変換する
❑ diferir — difiero	❑ 異なる
❑ digerir — digiero	❑ 消化する
❑ herir — hiero	❑ 傷つける
❑ mentir — miento	❑ うそをつく
❑ preferir — prefiero	❑ より好む
❑ sugerir — sugiero	❑ 示唆する

❑ Prefiero el campo a la ciudad.	❑ 私は都会よりも田舎のほうが好きです。

adquirir — adquiero「獲得する」は sentir とよく似た活用をします。YO / TÚ / ÉL / ELLOS の活用形で i > ie という変化をします。

❑ **adquirir**	❑ 獲得する
❑ **adquier-o**	❑ adquir-i-mos
❑ **adquier-e-s**	❑ adquir-ís
❑ **adquier-e**	❑ **adquier-e-n**

(2) contar — cuento 型と dormir — duermo 型：どちらも同じ人称・数で語根母音が変化します。YO / TÚ / ÉL / ELLOS の活用形で o > ue という変化をします。

❑ **contar**	❑ 数える
❑ **cuent-o**	❑ cont-a-mos
❑ **cuent-a-s**	❑ cont-á-is
❑ **cuent-a**	❑ **cuent-a-n**

❑ **dormir**	❑ 眠る
❑ **duerm-o**	❑ dorm-i-mos
❑ **duerm-e-s**	❑ dorm-ís
❑ **duerm-e**	❑ **duerm-e-n**

＊ contar 型と dormir 型は直説法現在形では同じ活用をしますが、ほかの法・時制では違う形になります。

(a) contar — cuento 型の AR 動詞（例）

❑ acostar — acuesto	❑ 寝かせる
❑ almorzar — almuerzo	❑ 昼食をとる
❑ apostar — apuesto	❑ 賭ける
❑ consolar — consuelo	❑ なぐさめる
❑ forzar — fuerzo	❑ 強(し)いる
❑ mostrar — muestro	❑ 見せる
❑ probar — pruebo	❑ 試す
❑ recordar — recuerdo	❑ 覚えている
❑ soltar — suelto	❑ 放す
❑ soñar — sueño	❑ 夢見る
❑ tostar — tuesto	❑ トーストする
❑ volar — vuelo	❑ 飛ぶ

❑ Sueño con un viaje al Caribe.	❑ 私はカリブ海旅行を夢見ています。

jugar — juego「遊ぶ」は contar とよく似た活用をします。

❏ **jugar**	❏ 遊ぶ
❏ **jueg-o**	❏ jug-a-mos
❏ **jueg-a-s**	❏ jug-á-is
❏ **jueg-a**	❏ **jueg-a-n**

❏ Paco juega muy bien al fútbol.	❏ パコはサッカーがとても上手です。

(b) contar — cuento 型の ER 動詞（例）

❏ morder — muerdo	❏ かむ
❏ mover — muevo	❏ 動く
❏ remover — remuevo	❏ かき回す
❏ resolver — resuelvo	❏ 解決する
❏ soler — suelo	❏ よく～する
❏ torcer — tuerzo	❏ 曲げる
❏ volver — vuelvo	❏ 戻る

❏ Vuelvo en un segundo.	❏ 私はすぐに戻ります。

oler「臭う」は YO / TÚ / ÉL / ELLOS の活用形で o > hue という変化をします。

❏ **oler**	❏ 臭う
❏ **huel-o**	❏ ol-e-mos
❏ **huel-e-s**	❏ ol-é-is
❏ **huel-e**	❏ **huel-e-n**

(c) dormir — duermo 型の IR 動詞

□ morir — muero	□ 死ぬ

(3) pedir — pido 型：YO / TÚ / ÉL / ELLOS の活用形で語根の母音 e が i に変化します。

❏ **pedir**	❏ 注文する
❏ **pid-o**	❏ ped-i-mos
❏ **pid-e-s**	❏ ped-ís
❏ **pid-e**	❏ **pid-e-n**

pedir ― pido 型の IR 動詞（例）

❑ competir ― compito	❑ 競争する
❑ elegir ― elijo	❑ 選ぶ
❑ gemir ― gimo	❑ うなる
❑ medir ― mido	❑ 計る
❑ regir ― rijo	❑ 支配する
❑ repetir ― repito	❑ 繰り返す
❑ seguir ― sigo	❑ 続ける
❑ servir ― sirvo	❑ 仕える
❑ vestir ― visto	❑ 着せる

❑ Solo te pido comprensión.	❑ ただ私は君に理解してもらいたいだけなんだ。

補足-1　語根母音変化にはたらく2つの条件

語根母音変化動詞には次の2つの条件がはたらきます。

(1)「強勢の条件」: YO / TÚ / ÉL / ELLOS の活用形で強勢が語根に置かれ、そのとき -e- > -ie- と -o- > -ue- という変化が起きます。たとえば pienso や cuentan などです。次の図の□が強勢がある位置を示します。

pens-[a]r　　p[ie]ns-o　　cont-[a]r　　c[ue]nt-an

(2)「語尾 i の条件」: 語尾の母音に、-ie- のような二重母音ではなく単母音の -i- があるとき、語根が -e- または -o- となり、それ以外は語根が -i- または -u- となります。少し複雑な条件ですが不定詞をよく見てください。pedir の不定詞語尾は -ir ですから、語尾に単母音の -i- があり、そのため語根では -e- という母音が現れています。pido の場合は語尾が単母音 -i- ではないので、語根に -i- が現れます。pidiendo（☞4.11 現在分詞）の場合は語尾の母音が -ie- になり、単母音の -i- ではないので、語根は -i- になります。次の図の□が語尾の母音を示します。

ped-[i]r　　pid-[o]　　pid-[ie]ndo

1. pensar 型, 2. contar 型の動詞では「強勢の条件」がはたらきます。
3. pedir 型の動詞では「語尾 i の条件」がはたらきます。
4. sentir 型, 5. dormir 型の動詞では「強勢の条件」と「語尾 i の条件」がはたらきます。どちらの条件にも合う活用形では「強勢の条件」のほうが優先されます。

1. pensar 型 , 2. contar 型の動詞は AR 動詞と ER 動詞です。そして 3. pedir 型と 4. sentir 型, 5. dormir 型の動詞は IR 動詞です。

次は2つの条件をまとめた表です。

不定詞	YOの活用形	強勢の条件	語尾 i の条件	不定詞語尾
❏ 1. pensar	pienso	e > ie	なし	AR, ER
❏ 2. contar	cuento	o > ue	なし	
❏ 3. pedir	pido	なし	e > i	IR
❏ 4. sentir	siento	e > ie	e > i	
❏ 5. dormir	duermo	o > ue	o > u	

ここで、不定詞と直説法現在形の YO の活用形を知っていれば、どの動詞でもそれがどのタイプの語根母音変化をするかがわかります。たとえば、defender — defiendo「守る」は -e- > -ie- ですから 1. pensar または 4. sentir ですが、ER 動詞なので、1. pensar と同じ型だということがわかります。advertir — advierto「忠告する」は IR 動詞なので、4. sentir 型です。そして、medir — mido「計る」は、-e- が -i- に変化するので、3. pedir 型です。

これらはスペイン語の歴史の過程で生じた音声変化です。

補足-2 語根に -e- または -o- がある規則動詞

語根に -e- があるからといって、かならず語根母音変化をするというわけではなく、語根に -e- のある規則動詞はたくさんあります。たとえば次の例です。

❏ **presentar**	❏ 紹介する
❏ present-o	❏ present-a-mos
❏ present-a-s	❏ present-á-is
❏ present-a	❏ present-a-n

語根母音変化動詞と規則動詞を区別するために、次のように不定詞とともに YO の活用形を同時に覚えておく必要があります。

□ pensar — pienso → 語根母音変化動詞

□ presentar — presento → 規則変化動詞

同様に、語根に -o- のある規則動詞もたくさんあります。たとえば次の例です。

❏ **ahorrar**	❏ 貯金する
❏ ahorr-o	❏ ahorr-a-mos
❏ ahorr-a-s	❏ ahorr-á-is
❏ ahorr-a	❏ ahorr-a-n

そのため、次のように不定詞とともに YO の活用形を同時に覚えておく必要があります。

□ contar — cuento → 語根母音変化動詞
□ ahorrar — ahorro → 規則変化動詞

語根母音変化をしない動詞は、比較的新しくスペイン語に導入されたものです。

◇164　直説法現在形の語根子音変化

語根の最後に子音がついたり、語根の最後の子音が変化したりする動詞があります。それらは「ZC の動詞」と「G の動詞」です。よく使われる動詞ばかりです。

(1) ZC の動詞
このタイプの動詞では YO の活用形に -zc- が現れます。conocer — conozco「〈人・場所を〉知っている」のように、不定詞と YO の活用形を同時に覚えましょう。

❑ **conocer**	❑ 知っている
❑ **conozc-o**	❑ conoc-e-mos
❑ conoc-e-s	❑ conoc-é-is
❑ conoc-e	❑ conoc-e-n

不定詞が《母音 + -cer / -cir》で終わる動詞がこのパターンになります。

❑ crecer — crezco	❑ 育つ
❑ establecer — establezco	❑ 設立する
❑ nacer — nazco	❑ 生まれる
❑ ofrecer — ofrezco	❑ 提供する、申し出る
❑ parecer — parezco	❑ 〜に見える
❑ conducir — conduzco	❑ 運転する

❑ Conduzco despacio.	❑ 私はゆっくり運転します。

hacer, decir, cocer は例外で、不定詞が《母音 + -cer / -cir》で終わる動詞ですが、hacer, decir は次に扱う「G の動詞」になり、cocer は語根母音が変化します。

参考-1　ZC の動詞の由来

不定詞が《母音 + -cer / -cir》で終わる動詞の多くはラテン語動詞の《母音 + SCERE》という形に由来します。中世スペイン語では Yo nasco [násko ナスコ], Tú nasces [ná(s)tses ナ(ス)ツェス]のように活用していました。やがて TÚ の活用形が nasces > naces [náθes ナセス]のように変化し、この中にある /-θ-/ が nasco の -s- に影響して nazco [náθko ナすコ]という形を作りました。

conducir などのように -ducir に終わる動詞は、ラテン語の DUCERE — DUCO に由来するので、YO の活用形は DUCO から dugo となるはずです。しかし、この《母音 u + -cir》というパターンは nacer などの《母音 + -cer》と似ているので、これと同じような活用をするようになりました（conduzco, conduces）。

(2) G の動詞

(a) 次の動詞は YO の活用形に -g- が現れます。それ以外は規則変化です。

❏ **poner**	❏ 置く
❏ **pong-o**	❏ pon-e-mos
❏ pon-e-s	❏ pon-é-is
❏ pon-e	❏ pon-e-n

❏ **valer**	❏ 価値がある
❏ **valg-o**	❏ val-e-mos
❏ val-e-s	❏ val-é-is
❏ val-e	❏ val-e-n

❏ **salir**	❏ 去る
❏ **salg-o**	❏ sal-i-mos
❏ sal-e-s	❏ sal-ís
❏ sal-e	❏ sal-e-n

(b) hacer では -c- が -g- に変わります。

❏ **hacer**	❏ する、作る
❏ **hag-o**	❏ ha-ce-mos
❏ ha-ce-s	❏ ha-cé-is
❏ ha-ce	❏ ha-ce-n

これらの動詞に接頭辞をつけて派生した動詞も同じ活用パターンになります。

❏ componer — compongo	❏ 組み立てる
❏ exponer — expongo	❏ 説明する、述べる、展示する
❏ imponer — impongo	❏ 課する
❏ proponer — propongo	❏ 提案する
❏ suponer — supongo	❏ 想定する
❏ sobresalir — sobresalgo	❏ 抜きんでる
❏ equivaler — equivalgo	❏ 等しい
❏ deshacer — deshago	❏ 壊す

□ Supongo que es una broma.	□ 私はそれが冗談だと思います。

(c) 次の 3 つの動詞では YO の活用形の -g- の前に -i- という母音が現れます。

❑ **caer**	❑ 倒れる、わかる
❑ **caig-o**	❑ ca-e-mos
❑ ca-e-s	❑ ca-é-is
❑ ca-e	❑ ca-e-n

❑ **traer**	❑ 持ってくる
❑ **traig-o**	❑ tra-e-mos
❑ tra-e-s	❑ tra-é-is
❑ tra-e	❑ tra-e-n

❑ **oír**	❑ 聞く
❑ **oig-o**	❑ o-i-mos
❑ oy-e-s	❑ o-ís
❑ oy-e	❑ oy-e-n

＊ oír では -y- が現れる活用形があります。そして、不定詞の語尾にアクセント符号をつけなければなりません。IR 動詞であることにも注意しましょう。

これらの動詞に接頭辞をつけた派生動詞も同じ活用パターンです。

❑ decaer — decaigo	❑ 衰退する
❑ atraer — atraigo	❑ 引きつける
❑ abstraer — abstraigo	❑ 抽象する
❑ contraer — contraigo	❑〈契約を〉結ぶ
❑ distraer — distraigo	❑ ～の注意をそらす
❑ extraer — extraigo	❑ 引き抜く
❑ desoír — desoigo	❑〈忠告などを〉聞かない

❑ En un momento te traigo un café.	❑ 今すぐに君にコーヒーを持ってくるよ。
❑ ¿Me oyes? — Sí, te oigo bien.	❑ 私の声聞こえる？ — うん、よく聞こえるよ。《電話で》

(d) 次の 3 つの動詞では、YO の活用形に -g- が現れることのほかに、語根母音変化もします。tener — tengo「持つ」は pensar — pienso 型、venir — vengo「来る」は sentir — siento 型、decir — digo「言う」は pedir — pido 型です。

❑ **tener**	❑ 持つ
❑ **teng-o**	❑ ten-e-mos
❑ **tien-e-s**	❑ ten-é-is
❑ **tien-e**	❑ **tien-e-n**

❑ **venir**	❑ 来る
❑ **veng-o**	❑ ven-i-mos
❑ **vien-e-s**	❑ ven-ís
❑ **vien-e**	❑ **vien-e-n**

❑ **decir**	❑ 言う
❑ **dig-o**	❑ dec-i-mos
❑ **dic-e-s**	❑ dec-ís
❑ **dic-e**	❑ **dic-e-n**

❑ ¿Cuántos años tienes? — Tengo dieciocho años.	❑ 君は何歳ですか？ — 18歳です。
❑ Vengo a la oficina en metro.	❑ 私は地下鉄に乗って会社に来ます。
❑ Te digo la verdad.	❑ 君に本当のことを言おう。

これらの動詞に接頭辞をつけた派生動詞も同じ活用パターンになります。

❑ contener — contengo	❑ 含む
❑ detener — detengo	❑ 止める
❑ entretener — entretengo	❑ 楽しませる
❑ mantener — mantengo	❑ 維持する
❑ obtener — obtengo	❑ 手に入れる
❑ retener — retengo	❑ 引き止めておく
❑ sostener — sostengo	❑ 支える
❑ convenir — convengo	❑ 都合がよい
❑ intervenir — intervengo	❑ 介入する
❑ prevenir — prevengo	❑ 予防する
❑ bendecir — bendigo	❑ 祝福する
❑ contradecir — cotradigo	❑ 矛盾する

参考-2 G の動詞の由来

decir — digo はラテン語の DICERE — DICO に由来します。また、hacer — hago はラテン語の FACERE — FAC(I)O に由来します。それぞれ母音の間にあった -c- が有声化して -g- となりました。一方、dices, decimos や haces のように、次に母音 -e- や -i- がくると、-c-

は中世スペイン語で [ts ツ] となり、現代スペイン語では [θ す] となりました。
decir や hacer はよく使われる動詞なので、その YO の活用形に現れた -g- が、中世スペイン語で、venir, tener, poner など、もともと -c- をもっていなかった動詞にも影響して vengo, tengo, pongo という活用形を生み出しました。さらに近代スペイン語で valer — valgo, oír — oigo, caer — caigo, traer — traigo という形を作りました。これらは中世スペイン語では valo, oyo, cayo, trayo という形でした。

◇165 直説法現在形：YO の特殊活用形

(1) saber「知る」は YO の活用形 sé が特殊です。

❑ **saber**	❑ 知る
❑ **sé**	❑ sab-e-mos
❑ sab-e-s	❑ sab-é-is
❑ sab-e	❑ sab-e-n

❑ No lo sé con certeza.	❑ 私はその確かなことは知りません。

＊ se という語形は代名詞として使われるので(☞◇109 弱勢人称代名詞の連続；◇304 再帰文)、これと区別するために saber の YO の活用形にアクセント符号をつけます。この特殊な形の由来については、☞◇168 直説法現在完了形 参考-1

(2) ver「見る」は YO の活用形が特殊で、vo ではなく veo となります。veis は 1 音節なのでアクセント符号をつけません。

❑ **ver**	❑ 見る
❑ **ve-o**	❑ v-e-mos
❑ v-e-s	❑ **v-e-is**
❑ v-e	❑ v-e-n

❑ Le veo a menudo en la calle.	❑ 私はしばしばその通りで彼を見かけます。

参考-1 veo という形

ver の語源はラテン語の VIDERE です。これが中世スペイン語では veer という形になりました。-ee- という同じ母音が融合して ver になったのですが、veo は -e- と -o- という 2 つの違う母音をもっているので、融合しませんでした。それ以外は vees, vee ... というように、どれも語尾に -e- があったために、それが語根の -e- と融合しました。

(3) dar「与える」は YO の活用形が doy になります。また、語根に母音がないので、強勢はすべて語尾にあります。「単音節語にはアクセント符号をつけない」という原則(☞◇34 アクセント符号 (5))にしたがって、VOSOTROS の形にはアクセント符号がつきません。

❏ **dar**	❏ 与える
❏ **doy**	❏ **da-mos**
❏ **da-s**	❏ **da-is**
❏ **da**	❏ **da-n**

❏ Doy clase de español a los principiantes.	❏ 私は初心者にスペイン語の授業をしています。

(4) ir「行く」は次のように非常に不規則な活用をします。不定詞を除けば dar の活用形とよく似ています。

❏ **ir**	❏ 行く
❏ **voy**	❏ **va-mos**
❏ **va-s**	❏ **va-is**
❏ **va**	❏ **va-n**

❏ Este verano voy a México.	❏ 今年の夏私はメキシコに行きます。

＊ ir, dar, saber の活用は固有のパターンで、ほかの動詞にはありません。ver の派生動詞 entrever「ぼんやり見る」, prever「予見する」, trasver「かいま見る」は ver の活用パターンになります。

＊ soy, estoy, doy, voy の語尾の -y については ☞◇305 無主語文 参考

参考-2 **動詞 ir の活用形**

ir という動詞に voy, vas, va という活用形があるのは、本来 ir とは異なるラテン語の動詞が合流したためです。それはラテン語の VADUM「浅瀬」から派生した VADERE「行く」という動詞です。もとは「川を渡る」という意味だったのでしょう。中世のスペイン語では、NOSOTROS の活用形に vamos ではなく、imos も使われていました。

◇166 直説法現在形：-uir 動詞

huir「逃げる」は語尾の母音が i 以外の活用形で y が挿入されます。

❑ **huir**	❑ 逃げる
❑ **huy-o**	❑ hu-i-mos
❑ **huy-es**	❑ hu-is
❑ **huy-e**	❑ **huy-e-n**

この活用は -uir という不定詞語尾をもつ動詞すべてに共通です。

❑ construir — construyo	❑ 建設する
❑ incluir — incluyo	❑ 含める
❑ excluir — excluyo	❑ 排除する

❑ Álvaro huye del trabajo.	❑ アルバロは仕事をしようとしません。

◇167　直説法現在形の意味

直説法現在形は次の意味をもちます。

(1)〈現在の事実〉を示します。

❑ Ahora son las seis de la tarde.	❑ 今は午後6時です。

(2)〈現在の習慣〉や〈常に行われていること〉を示します。

❑ Cada día leo este periódico.	❑ 私は毎日この新聞を読みます。

(3) これからの〈予定〉や話者の〈意志〉を示します。

❑ Voy a la biblioteca para sacar un libro.	❑ 私は本を借りに図書館へ行きます。

＊〈これからのこと〉は推量形でも示しますが（☞◇182 直説法現在推量形の意味）、現在形は予定として比較的確実なことを示します。

(4)〈命令〉を示します。

❑ Tú vienes conmigo.	❑ 君は僕と一緒に来るんだ。

＊〈命令〉の意味は命令形でも示しますが（☞4.9 命令形と命令文）、現在形で言うと、話者がこれから行われることを確信しているニュアンスになります。

(5)〈歴史的現在〉:〈過去のこと〉を描写します。

❑ En 1492 Colón llega al Nuevo Continente.	❑ 1492年コロンブスは新大陸に到着する。

＊〈歴史的事実〉はふつう点過去形や線過去形を使って示しますが、現在形を使うとあたかも過去の事実を〈現在〉のように扱うので、いきいきとした表現になります。

(6)〈不変の真実〉を示します。

❑ Una copa de jerez es un buen aperitivo.	❑ 1杯のシェリー酒はよい食前酒です。

(7)〈直前の過去〉を示します。

❑ Te traigo los documentos.	❑ 君に書類を持ってきたよ。

(8)〈過去から現在までの継続〉を示します。

❑ Vivo en Madrid desde hace veinte años.	❑ 私は20年前からマドリードに住んでいます。

(9)〔1人称の疑問文で〕「〜しましょうか」という意味になります。

❑ ¿Dónde pongo la chaqueta?	❑ 上着をどこに置きましょうか?

◇168 直説法現在完了形

現在完了形は〈以前のできごとの結果が現在に関わっていること〉を示します。

(1) 形:《haber の直説法現在形+過去分詞》で作ります。haber は不規則な活用をするのでこのまま覚えましょう。habéis だけが規則的で、そのほかはすべて短縮した形になっています。たとえば hablar の完了は次のように活用します。完了形の中で用いられる過去分詞は性・数の変化をしません。

❑ **hablar**	❑ 話す
❑ **he** habl**ado**	❑ **hemos** habl**ado**
❑ **has** habl**ado**	❑ **habéis** habl**ado**
❑ **ha** habl**ado**	❑ **han** habl**ado**

参考-1 haber の he と saber の sé

haber の語源はラテン語の HABERE で、その直説法現在形の活用は HABEO, HABES, HABET, HABEMUS, HABETIS, HABENT でした。古いスペイン語では、これが助動詞として使われるようになって弱化し、現在の形になりました。YO の活用形は、はじめ haio という形であったことが想定されます。これが助動詞として使われると、ちょうど bueno > buen, alguno > algún のように、語尾の -o が脱落して hai となり、これがさらに短縮して he となったのでしょう。

haber とよく似た形の動詞に saber があります。その特殊な YO の活用形 sé は、haber の YO の活用形 he の影響を受けてできた形です。

(2) 意味

(a) 〈完了〉: 現在において完了していることを示します。「〜した」「〜してしまった」という意味です。

❏ Por fin hemos terminado el trabajo.	❏ ついに私たちはその仕事をやり終えました。

「現在」という時点は、「現在」の時点を含む「今朝」「今日の午後・夜」「今日」「今週」「今月」「今年」に拡張することができます。

❏ Este fin de semana hemos viajado al sur de España.	❏ 先週末に私たちはスペインの南部に向けて旅行しました。

《tener + 過去分詞》で〈完了〉を示すことができます。このときの過去分詞は直接目的語の性・数に一致します。

❏ Tengo reservada una habitación en este hotel a nombre de Ami Tanaka.	❏ 私はこのホテルに田中亜美という名で一部屋予約してあります。

(b) 〈経験〉: 以前のできごとが現在において経験として認識されていることを示します。「〜したことがある」という意味です。

❏ ¿Has estado alguna vez en Perú?	❏ 君は一度でもペルーに行ったことがある？

(c) 〈継続〉: 以前のできごとが現在まで継続していることを示します。「〜してきた」という意味です。

❏ He trabajado en esta universidad durante 30 años.	❏ 私はこの大学で30年間働いてきました。
❏ Desde entonces no hemos comido ningún plato japonés.	❏ そのときから私たちは日本料理を一度も食べていません。

現在完了形の〈継続〉の用法では「30年間働いてきました」のように、現在までの時間を1つの区切りとして見なします。「30年間働いています」のように〈現在を含む状態〉を示すときは、ふつう現在形を使います。

❑ Estudio español desde hace tres años.	❑ 私は3年前からスペイン語を勉強しています。

(d)〈近い過去〉を示します。

❑ Juan ha llegado hace un rato.	❑ フアンはちょっと前に着きました。

¿Cuándo?「いつ」を使った疑問文でも現在完了形が使えます。

❑ ¿Cuándo has llegado? — Llegué ayer. [He llegado esta mañana.]	❑ 君はいつ着いたの？ — 昨日着いたよ。[今朝着いたんだ。]

〈近い過去〉を示す現在完了形は、スペインやボリビアではふつうに使われますが、ラテンアメリカの多くの地域では点過去形を使います。

❑ ¿Ya comiste?	❑ もう食べたの？

(e)〈歴史的現在完了〉:〈過去に完了したこと〉を描写します。

❑ En 1492 Colón llega a América sin saber que ha descubierto un nuevo continente.	❑ 1492年コロンブスは新大陸を発見したとは知らずに、アメリカに到着する。

＊〈歴史的現在〉☞◇167 直説法現在形の意味 (5)

参考-2 英語とスペイン語の現在完了形

英語の現在完了形《*have* + 過去分詞》とスペイン語の現在完了形《haber + 過去分詞》の由来は、形式的にも時代的にも類似しています。*I have written the book.* は古英語の *I have the book written.*「私は本を書いた状態で持っている」に相当する形に由来します。中世スペイン語でも aver (> haber) に「持つ」という意味がありました。しかし、英語の *have* という語とスペイン語の haber という語は、形と意味がよく似ていますが、起源は別です。

4.2 直説法線過去形

▶線過去形は〈過去における動作・状態〉を〈持続的で終結していない様子〉で示します。

◇169　直説法線過去形の規則変化

線過去形の規則変化は AR 動詞と ER / IR 動詞で異なります。AR 動詞では、語根に -aba という線過去の印がつき（例：hablaba）、ER 動詞と IR 動詞では語根に -ía という印がつきます（例:comía, vivía）。人称語尾は 3 つの動詞タイプに共通して、ゼロ , -s, ゼロ , -mos, -is, -n です。すべての活用形で語尾に強勢があります。

(1) AR 動詞

❑ **hablar**	❑ 話す
❑ habl-**aba**	❑ habl-**ába-mos**
❑ habl-**aba-s**	❑ habl-**aba-is**
❑ habl-**aba**	❑ habl-**aba-n**

NOSOTROS の活用形ではアクセント符号が必要です。

❑ Hablábamos de ti.	❑ 私たちは君のことを話していました。

(2) ER 動詞と IR 動詞

❑ **comer**	❑ 食べる
❑ com-**ía**	❑ com-**ía-mos**
❑ com-**ía-s**	❑ com-**ía-is**
❑ com-**ía**	❑ com-**ía-n**

❑ **vivir**	❑ 生きる、住む
❑ viv-**ía**	❑ viv-**ía-mos**
❑ viv-**ía-s**	❑ viv-**ía-is**
❑ viv-**ía**	❑ viv-**ía-n**

全部の活用形にアクセント符号をつけて í と書きます。

❑ Yo comía en este comedor.	❑ 私はこの食堂で食事をしていました。
❑ Vivían cerca de mi casa.	❑ 彼らは私の家のそばに住んでいました。

参考　**YO の活用形と ÉL の活用形が同じ**

線過去形では YO の活用形と ÉL の活用形はまったく同じです。なぜ同じになったのでしょうか。同じ形だと紛らわしくて不便ではないでしょうか。

2 つは、スペイン語の母体であるラテン語の活用語尾では、-M, -S, -T, -MUS, -TIS, -NT のように、すべて区別して活用していたので、主語がなくてもだいじょうぶでした。

ところがスペイン語になると語末の -M と -T が消失して、YO の活用形と ÉL の活用形は同じ形になってしまいました。-S が残った理由は子音の音声的特徴によります。スペイン語では n, s, l, r, z が語末で比較的安定しているのです。☞ ◇32 音節 参考

このように言語の歴史をたどると、コミュニケーションに不便になるにもかかわらず、音

声的な条件で一律に変化してしまうことがあります。YO の活用形と ÉL の活用形は、これから勉強する過去推量形や接続法現在形、接続法過去形でも同じ形です。

現在のスペイン語圏の人は不便を感じていないのでしょうか。主語がなくても、ほとんどの場合、文脈や状況で判断できるので問題ありませんが、ときどき誤解が生じることもあります。そのようなときは、主語をつけて誤解がないようにしています。

◇170 直説法線過去形の不規則変化

線過去形の不規則変化は ser「〜である」、ir「行く」、ver「見る」(とその派生動詞)だけです。ser, ir, ver のそれぞれの線過去形の語幹は era, iba, veía です。人称語尾は規則変化と同じです。ここでも強勢の位置は変化しないので、ser と ir の NOSOTROS の活用形にアクセント符号が必要になります。

❑ **ser**	❑ 〜である
❑ **era**	❑ **éra-mos**
❑ **era-s**	❑ **era-is**
❑ **era**	❑ **era-n**

❑ **ir**	❑ 行く
❑ **iba**	❑ **íba-mos**
❑ **iba-s**	❑ **iba-is**
❑ **iba**	❑ **iba-n**

ver は、すべての活用形で í にアクセント符号をつけます。

❑ **ver**	❑ 見る
❑ **ve-ía**	❑ **ve-ía-mos**
❑ **ve-ía-s**	❑ **ve-ía-is**
❑ **ve-ía**	❑ **ve-ía-n**

ver はほとんど規則変化に近いのですが、vía とならないで、veía となるので不規則変化に分類されます。ver の派生動詞 entrever「ぼんやり見る」、prever「予見する」、trasver「かいま見る」も ver と同じように活用します。

❑ Íbamos juntos a la escuela.	❑ 私たちは一緒に学校に通っていました。
☐ Cuando yo era niño, no veía mucho la televisión.	☐ 私が子供だったころ、あまりテレビを見ませんでした。

◇171 直説法線過去形の意味

(1)〈過去の終結していない動作〉を示します。「〜していた」という意味です。

❑ Yo leía una novela de una autora chilena.	❑ 私はチリの女性作家の小説を読んでいました。

(2)〈過去の状況〉を示します。「～だった」という意味です。

❑ El pueblo estaba a la orilla del mar.	❑ その村は海辺にありました。

(3)〈過去の習慣〉を示します。「～したものだった」という意味です。

❑ El médico venía cada dos semanas.	❑ その医師は2週間ごとに来てくれたものでした。

(4)〈直前のこと〉を示します。「～しようとしていた」という意味です。

□ Cuando salía de casa, recibí una llamada urgente.	□ 私は外出しようとしていたとき、緊急の電話を受けました。

(5)〈予定が実現しなかったこと〉を示します。

❑ Yo te iba a llamar, pero se me olvidó. Perdona.	❑ 君に電話をしようとしたんだけれど忘れてしまった。ごめん。

(6)〈過去のこと〉を〈連続して叙述〉します。

❑ Ya dejaba de llover y la brisa del mar entraba por la ventana de la habitación.	❑ もう雨がやんで海のそよ風が部屋の窓から入ってきました。

(7)〈確認・引用〉を示し、「～ということだった」という意味になります。

❑ Tú estudiabas en Madrid, ¿no es cierto?	❑ あなたはマドリードで勉強していたって、本当？

過去の時点で予定された〈未来〉のことについて確認することもできます。

❑ Mañana teníamos un examen, ¿verdad?	❑ 明日が試験だったよね？

(8) 線過去には〈緩和用法〉があります。〈時〉を過去に移すことによって言葉の調子が少しやわらぎます。

❑ Yo te llamaba para invitarte al teatro.	❑ お芝居に誘おうと思って電話したんだけど。

補足 「〜しようとしていたとき」という意味の線過去

線過去形が「〜しようとしていたとき」の意味になるのはなぜでしょうか。線過去形のイメージからかなり離れている気がします。

❑ Cuando salía de casa, me llamó un amigo mío.
/ 私が家を出ようとしたとき、友人から電話があった。

これは「出かける」のような〈終結する動作〉を線過去（動作が終結しないことを示す）を使って表すとき、〈これからする動作〉以外のことを示せないからです。動作をしてしまえば必然的に終結してしまうからです。salir de casa「外出する」と、estudiar en casa「家で勉強する」のような〈終結していない動作〉を比べてみるとわかりやすいと思います。Estudiaba en casa. は「家で勉強していた」という意味になりますが、Salía de casa. は「家を出ていた」という意味にはとれません。

また、salía de casa は、〈これからする動作〉だけでなく、〈終結する動作〉の繰り返しとして、〈過去の習慣〉も示すことができます。たとえば、次のような例です。

❑ Yo salía de casa muy temprano todos los días.
/ 私は毎日とても早く家を出たものでした。

◇172 直説法過去完了形

過去完了形は、現在完了形をそのまま過去に移動したことになります。つまり〈過去の時点においてとらえられる、それ以前のできごと〉というのが本質的な意味です。

＊口語では過去完了形の代わりに点過去形がよく使われます。

(1) 形：《haber の線過去形＋過去分詞》という形です。haber の線過去形は ER 動詞の規則変化です。たとえば hablar の活用は次のようになります。

❑ **hablar**	❑ 話す
❑ **había** habl**ado**	❑ **habíamos** habl**ado**
❑ **habías** habl**ado**	❑ **habíais** habl**ado**
❑ **había** habl**ado**	❑ **habían** habl**ado**

(2) 意味

(a) 過去の一時点において、それ以前のできごとが〈完了〉していることを示します。「～していた」という意味です。

❑ Hasta allí todo había marchado muy bien.	❑ そのときまではすべてがうまく運んでいました。

(b) 過去の一時点において、それ以前のできごとが〈経験〉として認識されていることを示します。「～したことがあった」という意味です。

□ Hasta el año pasado nunca habíamos visto una película española.	□ 去年まで私たちはスペインの映画を1本も見たことがありませんでした。

(c) 過去の一時点まで、それ以前のできごとが〈継続〉していることを示します。「そのときまで～してきた」という意味です。

❑ Hasta hace dos años mi padre había trabajado en la misma compañía.	❑ 2年前まで私の父は同じ会社で働いてきました。

4.3 直説法点過去形

▶点過去形は過去の事実を〈一時点において終結したこと〉として示します。

◇173 直説法点過去形の規則変化

活用形は、AR 動詞の変化と、ER / IR 動詞の変化があります。ER 動詞と IR 動詞は同じ変化をします。強勢の位置は移動せず、常に語尾にあります。

(1) AR 動詞では語根に -é, -aste, -ó, -amos, -asteis, -aron という活用語尾をつけます。

❑ **hablar**	❑ 話す
❑ habl-**é**	❑ habl-**a-mos**
❑ habl-**a-ste**	❑ habl-**a-steis**
❑ habl-**ó**	❑ habl-**a-ron**

＊ AR 動詞の NOSOTROS の活用形（hablamos）は直説法現在形と同じです。

(2) ER 動詞と IR 動詞では語根に -í, -iste, -ió, -imos, -isteis, -ieron という活用語尾をつけます。

❑ **comer**	❑ 食べる
❑ com-**í**	❑ com-**i-mos**
❑ com-**i-ste**	❑ com-**i-steis**
❑ com-**ió**	❑ com-**ie-ron**

❑ **vivir**	❑ 住む
❑ viv-**í**	❑ viv-**i-mos**
❑ viv-**i-ste**	❑ viv-**i-steis**
❑ viv-**ió**	❑ viv-**ie-ron**

＊ IR 動詞の NOSOTROS の活用形（vivimos）は直説法現在形と同じです。

◇174 直説法点過去形の子音文字の変化

一部の動詞は YO の活用形だけ「子音文字の規則」にしたがって次のような変化をします。☞◇33 子音文字の規則

❑ **gozar**	❑ 楽しむ
❑ **goc-é**	❑ goz-a-mos
❑ goz-a-ste	❑ goz-a-steis
❑ goz-ó	❑ goz-a-ron

❑ **tocar**	❑ さわる
❑ **toqu-é**	❑ toc-a-mos
❑ toc-a-ste	❑ toc-a-steis
❑ toc-ó	❑ toc-a-ron

❑ **llegar**	❑ 到着する
❑ **llegu-é**	❑ lleg-a-mos
❑ lleg-a-ste	❑ lleg-a-steis
❑ lleg-ó	❑ lleg-a-ron

❑ **averiguar**	❑ 調べる
❑ **averigü-é**	❑ averigu-a-mos
❑ averigu-a-ste	❑ averigu-a-steis
❑ averigu-ó	❑ averigu-a-ron

□ Cuando llegué a casa, el helado ya estaba derretido.	□ 私が家に着いたとき、アイスクリームはもう溶けていました。

◇175 直説法点過去形の語根母音変化

語根母音変化動詞の中で不定詞が -ir で終わる動詞 ÉL と ELLOS の活用形で語根母音が閉母音になります。

❑ **pedir**	❑ 注文する
❑ ped-í	❑ ped-imos
❑ ped-iste	❑ ped-i-steis
❑ **pid-ió**	❑ **pid-ie-ron**

❏ **sentir**	❏ 感じる
❏ sent-í	❏ sent-i-mos
❏ sent-i-ste	❏ sent-i-steis
❏ **sint-ió**	❏ **sint-ie-ron**

❏ **dormir**	❏ 眠る
❏ dorm-í	❏ dorm-i-mos
❏ dorm-i-ste	❏ dorm-i-steis
❏ **durm-ió**	❏ **durm-ie-ron**

❏ Don Ernesto pidió al camarero lo de costumbre.	❏ エルネストさんはウェイターにいつものものを注文しました。
❏ ¿Qué sintió dentro del avión al ver la tierra tan lejos?	❏ 飛行機の中ではるか遠くに大地を見てどんな感じでしたか？
❏ El niño durmió abrazado a la almohada.	❏ その子は枕を抱いて寝ました。

reír と reñir は pedir とよく似た変化をします。Él と ELLOS の活用形に注意してください。reír はアクセント符号にも注意してください（rio, reímos, reísteis）。

❏ **reír**	❏ 笑う
❏ re-í	❏ re-ímos
❏ re-iste	❏ re-ísteis
❏ **ri-o**	❏ **ri-eron**

❏ **reñir**	❏ しかる
❏ reñ-í	❏ reñ-imos
❏ reñ-iste	❏ reñ-isteis
❏ **riñ-ó**	❏ **riñ-eron**

語根母音変化動詞の中で AR 動詞と ER 動詞の点過去形は規則的に変化します。

❏ **pensar**	❏ 考える
❏ pens-é	❏ pens-a-mos
❏ pens-a-ste	❏ pens-a-steis
❏ pens-o	❏ pens-a-ron

❏ **contar**	❏ 数える
❏ cont-é	❏ cont-a-mos
❏ cont-a-ste	❏ cont-a-steis
❏ cont-ó	❏ cont-a-ron

補足　語根母音変化にはたらく条件（点過去形）

語根母音変化動詞には、一般に「強勢の条件」と「語尾 i の条件」がはたらきますが、点過去形では強勢がすべて語尾にあるので「強勢の条件」ははたらきません。「語尾 i の条件」だけがはたらきます。☞◇163 直説法現在形の語根母音変化 補足-1

「語尾 i の条件」にしたがって、たとえば pidió は語尾が単母音 -i- ではないので、語根に -i- が現れます。pidieron; sintió, sintieron も同様です。その他の人称・数では語尾に単母音の -i- があるので、pedí, pediste, pedimos, pedisteis; sentí, sentiste, sentimos, sentisteis のように、語根は -e- になります。

dormir の場合は、語尾が単母音の -i- でないとき、語根に -u- が現れます（durmió, durmieron）。語尾に単母音の -i- があるときは、dormí, dormiste, dormimos, dormisteis のように、語根は -o- になります。

◇176 直説法点過去形の強変化

このグループの動詞は特別な語根と語尾をもちます。語尾は次のように変化します。

❑ 強変化語尾	
❑ **-e**	❑ **-imos**
❑ **-iste**	❑ **-isteis**
❑ **-o**	❑ **-(i)eron**

これらは ER / IR 動詞の点過去形と似ています（-í, -iste, -ió, -imos, -isteis, -ieron）。ただし YO の活用形の語尾が -e となり、ÉL の活用形の語尾が -o となるところが違います。YO と ÉL の活用形は語根に強勢があります。このため、このタイプの活用変化は「強変化」と呼ばれます。

強変化の語根は、それぞれの動詞に固有の形があり、たとえば saber「知る」は sup- という点過去語根をもちます。これに強変化語尾をつなげます。

❑ **saber**	❑ 知る
❑ **sup-e**	❑ **sup-i-mos**
❑ **sup-i-ste**	❑ **sup-i-steis**
❑ **sup-o**	❑ **sup-ie-ron**

次の動詞が強変化動詞です。

❑ andar — anduve	❑ 歩く
❑ estar — estuve	❑ ～という状態である
❑ haber — hube	❑ ある、いる；完了形の助動詞
❑ poder — pude	❑ できる
❑ poner — puse	❑ 置く
❑ tener — tuve	❑ 持つ
❑ hacer — hice	❑ する、作る
❑ querer — quise	❑ ～したい、望む
❑ venir — vine	❑ 来る

このように YO の活用形で特徴となる語根が現れ、その語根は 6 つの活用形すべてで用いられるので、YO の活用形を中心にして覚えておけばよいでしょう。

traer「持ってくる」などのように、点過去形の語根（traj-）が j で終わる場合は、ELLOS の活用形の語尾が -eron になるので注意しましょう。

❑ **traer**	❑ 持ってくる
❑ **traj-e**	❑ **traj-i-mos**
❑ **traj-i-ste**	❑ **traj-i-steis**
❑ **traj-o**	❑ **traj-e-ron**

次の動詞や、それに接頭辞がついた派生動詞も同様に変化します。

❑ decir — dije — dijeron	❑ 言う
❑ conducir — conduje — condujeron	❑ 運転する
❑ producir — produje — produjeron	❑ 生産する
❑ traer — traje — trajeron	❑ 持ってくる
❑ contraer — contraje — contrajeron	❑〈契約を〉結ぶ

□ Como ayer llovía mucho, no quise salir.	□ 昨日は雨が激く降っていたので、私は出かけたくなかった。

◇177　直説法点過去形：dar と ser / ir

(1) dar は AR 動詞ですが、ER / IR 動詞と同じ点過去形の活用をします。YO と ÉL の活用形ではアクセント符号をつけません。☞◇34 アクセント符号 (5)

❑ **dar**	❑ 与える
❑ **d-i**	❑ **d-i-mos**
❑ **d-i-ste**	❑ **d-i-steis**
❑ **d-io**	❑ **d-ie-ron**

❑ En la exposición me dieron un catálogo.	❑ 展覧会で私はカタログをもらいました。

(2) ser と ir は、点過去形に限りまったく同じ形になります。どちらの動詞なのかは文脈や状況で判断されます。非常に特殊な活用をするので、このまま覚えましょう。

❑ **ser / ir**	❑ ～である / 行く
❑ **fui**	❑ **fuimos**
❑ **fuiste**	❑ **fuisteis**
❑ **fue**	❑ **fueron**

❑ El año pasado fuimos a una playa de Andalucía.	❑ 去年私たちはアンダルシアの海岸に行きました。

参考-1 ser と ir の点過去形の区別

ser と ir の点過去形はまったく同じ活用をしますが、前後の文脈ではっきりと区別されるので困ることはあまりありません。ser 動詞ならば、たとえば《主語＋ fue ＋補語》「彼は～でした」となりますし、ir 動詞ならば、たとえば《主語＋ fue ＋ a ＋場所》「彼は～へ行きました」というように、前置詞や動詞の後の要素で意味がわかります。

❑ Él fue mi profesor. / 彼は私の先生でした。(ser)
❑ Él fue a mi escuela. / 彼は私の学校に行きました。(ir)

参考-2 「線過去」「点過去」「点過去完了」という名称

スペイン語文法の世界では、さまざまな時制の用語が使われています。本書では「線過去」「点過去」「点過去完了」という用語を使い、「未完了過去」「(単純) 完了過去」「直前過去完了」という用語は使いません。以下の図のように〈終結〉した「点過去」を「点１つ」のイメージでとらえ、〈終結〉していない「線過去」を「連続する線」のイメージでとらえるとわかりやすいからです。

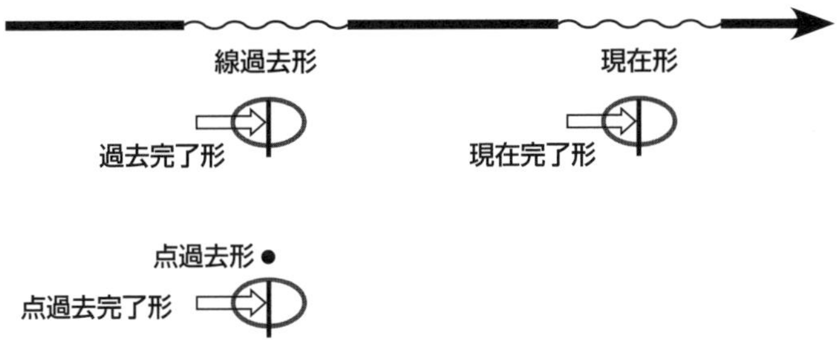

本書では「完了」という用語を「現在完了形」「現在完了推量形」「過去完了形」「過去完了推量形」「点過去完了形」に用います。そして「点過去」で示される意味は「完了」ではなく、「終結」という用語で区別します。「完了」は基本的に〈以前に起きたことが問題にしている時点（現在・過去）において完了していること〉を示します。「終結」は〈過去において終わっていること〉を示します。

確かに、Él fue mi profesor.「彼は私の先生でした」のように、「点過去形」でありながら、「点」とは思えない長い期間を指すこともあります。ならば、むしろ「点過去」を「終結過去」と呼び、「線過去」を「継続過去」と呼ぶべきでしょう。しかし、体系を適切にとらえている限り、わかりやすくて、よく使われている用語が教育、学習のために一番よいと思います。

参考-3 点過去形の強変化の由来

点過去形の強変化と dar, ser / ir の点過去形はどのようにして生まれたのでしょうか。スペイン語の点過去形はラテン語の完了形に由来します。ラテン語の完了形には次の 4 種類の形成法がありました。ラテン語とスペイン語を比較してみましょう。

(1) 子音の重複

ラテン語		スペイン語	
不定詞	完了	不定詞	点過去
STARE	STETI	estar	estuve
DARE	DEDI	dar	di

この形成法は印欧語に共通して存在するため、古くからあった完了形だと言えます。子音の重複によって STARE (> estar) と DARE (> dar) の完了形として、STETI, DEDI という形が生まれました。STETI は現代スペイン語では haber — hube と形を合わせて、estuve となりました。同じことが andar — anduve でも起こりました。DARE も同じように子音が重複して DEDI という形が生まれましたが、母音の間の D が失われてスペイン語では di となりました。これが、estar, andar, dar が AR 動詞なのに強変化になる理由です。後で述べますが、AR 動詞と IR 動詞は規則変化になるのがふつうです。

(2) 語根母音の変化

ラテン語		スペイン語	
不定詞	完了	不定詞	点過去
FACERE	FECI	hacer	hice
VENIRE	VENI	venir	vine

ラテン語の完了形には、語根の母音を変化させるタイプがありました。この形成法も印欧語に共通して古くからありました。この母音の変化が hacer — hice, venir — vine という強変化を生みました。VENIRE — VENI の語根の母音はどちらも E で同じように見えますが、実は VENIRE の E は短い母音で、VENI の E は長い母音でした。

(3) S の付加

ラテン語		スペイン語	
不定詞	完了	不定詞	点過去
DICERE	DIXI	decir	dije
TRAHERE	TRAXI	traer	traje
DUCERE	DUXI	conducir	conduje
QUAERERE	QUAESI	querer	quise

語根に S をつけて完了形を作る方法は、ラテン語やギリシャ語など印欧語族の一部に限られるので、比較的新しい方法ではないかと推定されます。語根が子音で終わる動詞に共通し

ます。前にHやKがあるときは [ks クス] となり、文字は X で書かれました。これがスペイン語の時代になると [x フ] となりました。querer の場合は -s- がそのまま残っています。

(4) U の付加

ラテン語		スペイン語	
不定詞	完了	不定詞	点過去
HABERE	HABUI	haber	hube
POSSE	POTUI	poder	pude
SAPERE	SAPUI	saber	supe
TENERE	TENUI	tener	tuve
PONERE	POSUI	poner	puse

HABUI, POTUI, SAPUI... などの U の付加は、ほかの印欧語族の言語になく、ラテン語に限られるため最新の方法だと思われます。この U は前にある語根の母音に移り、点過去形の語根はどれも hube, pude, supe... のように -u- という母音が現れています。なお PONERE — POSUI は (3)「S の付加」のように見えますが、PONERE は POS(I)NERE に由来するので、むしろ語尾の UI に注目すべきでしょう。

(5) ser と ir

ラテン語		スペイン語	
不定詞	完了	不定詞	点過去
ESSE	FUI	ser	fui
IRE	II	ir	fui

ser の活用形の多くは ESSE に由来します。その完了形は FUI で、不定詞とまったく形が異なっていました。これがスペイン語にも継承されていますが、一方 ir もその形を使うことになりました。古いスペイン語で ser が「存在」の意味で使われていたので、「場所」(ser) と「方向」(ir) の概念が混同された、という説明がありますが、それだけでなく、動詞 ir の形が不完全であったことが大きな原因にあげられるでしょう。ir には語根の部分がないので、ほかの動詞による形の補充が必要になったと思われます。ir の活用には、点過去形だけでなく、現在形でも voy, vas, va... のように、まったく違う形が使われています。☞◇165 直説法現在形：YO の特殊活用形 (4)

(6) 規則変化

たとえば、AMARE (> amar「愛する」) は、AMAVI, AMAVISTI, AMAVIT, AMAVIMUS, AMAVISTIS, AMAVERUNT のように変化しました。ラテン語の ARE 動詞の A は長かったので、強勢が常に活用語尾にありました。ここで注意したいのは V という子音です。これが先にあげた (4) の U に相当します。AMAVI = AMAUI と書き換えればよくわかります。違いは HABUI の場合は子音 B に直接 U がついていて、AMAVI には母音 A をはさんで V がついていることです。AMAVI は活用語尾に強勢が置かれ、スペイン語では amé, amaste, amó, amamos, amasteis, amaron となりました。vivir の場合も同様です。

(7) 活用語尾

最後に活用語尾について見ましょう。たとえば、FACERE（> hacer）の活用は FECI, FECISTI, FECIT, FECIMUS, FECISTIS, FECERUNT でした。このように1人称単数形と3人称単数形はとても似ていて、3人称単数形の語尾の T がなくなると、区別がつかなくなります。そこで、habló のような規則変化の語尾 -o を代用して、区別するようになりました。その結果、hice, hiciste, hizo, hicimos, hicisteis, hicieron となりました。

このように、スペイン語の点過去形の強変化は複雑な歴史がありますが、歴史的変化の結果を見るととても整然としていることがわかります。語根の母音が u と i に統一されていることも単なる偶然ではなく、点過去形の印としての統一性が意識されたのだと思われます。

ラテン語からスペイン語に変化していく過程で、古くは vivir「住む、生きる」, creer「信じる」, escribir「書く」, responder「答える」なども強変化をしていましたが、しだいに整理されて規則変化になりました。現在残っている強変化は、上にあげた動詞とその派生形だけです。これらは使用頻度が高かったので、古い強変化の形式が保たれたのだと思われます。

◇178　直説法点過去形の意味

(1) 点過去形は事実を〈過去に終結したこと〉としてとらえます。「〜した」「〜だった」という意味です。

❑ Cantaron canciones españolas.	❑ 彼らはスペインの歌を歌いました。
❑ Ayer comí paella con mi familia.	❑ 昨日私は家族と一緒にパエーリャを食べました。

(2)〈長い期間のこと〉や〈繰り返されたこと〉であっても、それが過去に終わってしまったこととして述べるときは点過去形を使います。

❑ Yo viví en España durante cinco años.	❑ 私は5年間スペインで暮らしました。
❑ Ayer te llamé tres veces y no estabas.	❑ 私は昨日3回電話をしたけれど、君はいなかった。

(3)〈現在の直前の過去〉を示します。

❑ Ahora se acabó el partido.	❑ 今試合が終わりました。
❑ ¿Lo pasó usted bien? — Sí, gracias, me divertí mucho.	❑ 楽しかったですか？ — ええ、ありがとうございます、とても楽しかったです。

ラテンアメリカでは現在完了の代わりに〈近い過去〉を示す点過去形がよく使われます。

❑ Hoy no desayuné.	❑ 今日私は朝食をとっていません。

(4)〈過去の時点より前に終結していること〉を示します。

□ Para justificar su tardanza, Quique dijo que su coche tuvo un pinchazo.	□ 遅刻の弁解をするためにキケは車がパンクしたと言いました。
□ No me alcanzaron los cincuenta euros que me diste para comprar el diccionario.	□ 君にもらった50ユーロではその辞書は買えなかったよ。

補足-1 線過去形と点過去形の組み合わせ

線過去形と点過去形を組み合わせて、〈背景〉と〈できごと〉を示すことができます。線過去形が〈背景〉として「〜していたとき」を意味し、点過去形が〈できごと〉として「〜した」を意味します。

□ Cuando yo preparaba la lección, Ana me llamó por teléfono.
/ 私が予習をしていたとき〈背景〉、アナが私に電話をしてきました〈できごと〉。

□ Mientras corría, perdí el equilibrio y terminé en el suelo.
/ 私は走っていたとき〈背景〉、バランスを失って地面に倒れてしまいました〈できごと〉。

逆に、《Cuando 点過去形, 線過去形》というパターンもあります。

□ Cuando terminé la tarea, ya eran más de las once.
/ 私が宿題を終えたときは〈できごと〉、もう 11 時すぎでした〈背景〉。

《Cuando 点過去形, 点過去形》というパターンもあります。

□ Cuando Pepe oyó la noticia, no pudo ocultar su agitación.
/ ペペはニュースを聞くと、動揺を隠しきれませんでした。

《Cuando 線過去形, 線過去形》というパターンもあります。

□ Cuando yo trabajaba, ellos no hacían nada.
/ 私が仕事していたとき、彼らは何もしていませんでした。

補足-2 現在完了形・線過去形・点過去形の違い

3つの時制は、日本語にすると、どれも「〜た」となるので、区別がむずかしくなります。ここで基本的な概念を比較しましょう。

「現在完了形」は、時制としては〈現在〉のグループに入ります。〈以前にあったこと〉が〈現在〉においてどのようになっているのかを示します。現在から見て以前のことであれば、直前でもよいですし、数年前の経験であってもかまいません。

❑ (1) Mi padre ha llegado. / 私の父が到着しています。
❑ (2) ¿Has leído poesía alguna vez? / 君は一度でも詩を読んだことがある？

(1) と (2) は「到着しました」「読みましたか」と訳すこともできますが、〈現在〉においてどのようになっているのか、を意識すると、上のような日本語の訳になります。これが現在完了形のイメージです。

「線過去形」は、〈過去〉のできごとを〈終結していない〉〈持続した〉イメージでとらえます。日本語にすると、「～していた」という意味です。これは「過去進行形」に近くなりますが、とくに〈進行〉していなくてもかまいません。

❑ (3) Yo vivía en Argentina. / 私はアルゼンチンで暮らしていました。
❑ (4) Yo era alumna del profesor López. / 私はロペス先生の生徒でした。

これらは次の現在形に対応します。

❑ (5) Yo vivo en Argentina. / 私はアルゼンチンで暮らしています。
❑ (6) Yo soy alumna del profesor López. / 私はロペス先生の生徒です。

現在形も〈現在〉において〈終結〉していないことを示しますから、それを過去形にすると線過去形が使われます。次のような「時制の一致」に注意してください。

□ (7) Me dijo que vivía en Argentina.
/ 彼は私にアルゼンチンで暮らしていると言いました。
□ (8) Me dijo que era alumna del profesor López.
/ 彼女は私にロペス先生の生徒だと言いました。

「点過去形」は〈過去に終結したこと〉を現在と切り離して言うときに使います。「もう過去に済んでしまったこと」「終わったこと」「過去のこと」というような感じです。

❑ Mi padre volvió muy tarde ayer. / 私の父は昨日とても遅く帰りました。
❑ Viajó por España el año pasado. / 彼は去年スペインを旅行しました。

現在完了形、線過去形、点過去形のイメージを次の図で確かめてください。

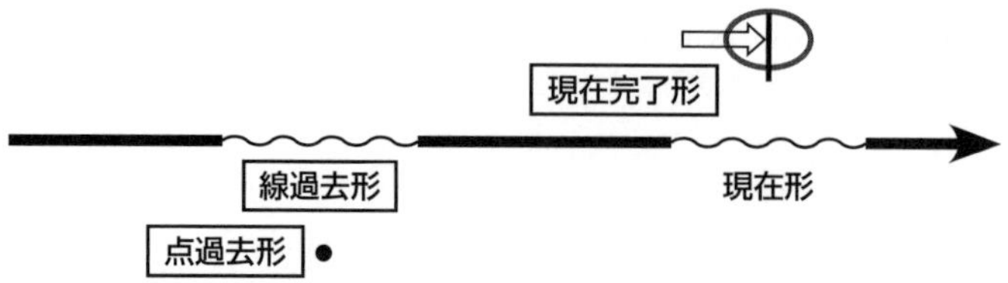

参考 **線過去形と点過去形の由来**

線過去形はラテン語の未完了過去形に由来し、点過去形はラテン語の完了形に由来します。そして、「現在」と「過去」という時制の区別をした時期よりも、さらに時代をさかのぼると、「まだ完了していないこと」（未完了過去）と「すでに完了したこと」（完了）の区別のほうが基本として存在していたようです。

スペイン語の動詞の活用体系全体の中で、点過去形だけが、ほかの時制とずいぶん違います。点過去形は、形だけでなく、使われ方も「すでに過去に終結したこと」として別扱いするために用いられます。点過去形は、確かに時制としては「過去」に位置づけられますが、「終結」という意味の中に古い言語の「完了」のイメージが残存しています。これは「終結」していないイメージの線過去形とは明確に区別されます。

◇179 直説法点過去完了形

〈過去の時点の直前に起きたこと〉を示します。「点過去完了形」はほかの文法書では「直前過去完了」と呼ばれています。

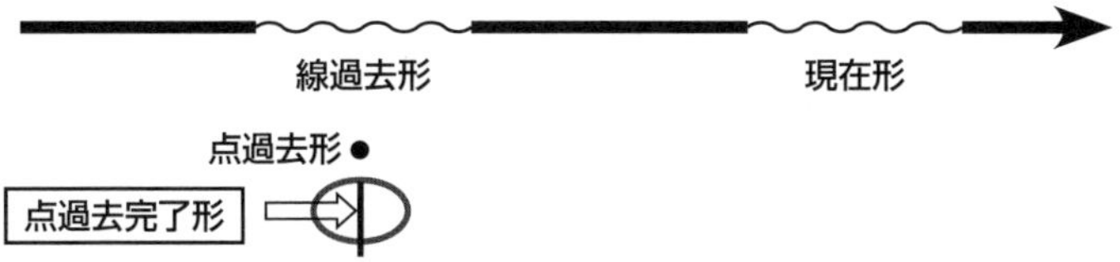

《haber の点過去形＋過去分詞》という形です。たとえば hablar の活用は次のようになります。

❏ **hablar**	❏ 話す
❏ **hube** habl**ado**	❏ **hubimos** habl**ado**
❏ **hubiste** habl**ado**	❏ **hubisteis** habl**ado**
❏ **hubo** habl**ado**	❏ **hubieron** habl**ado**

apenas「～するとすぐ」, al momento que「～したとき」, así que「～して」, cuando「～したとき」, en cuanto「～するとすぐ」, luego que「～したあとで」, tan pronto como「～するとすぐ」など、〈直前〉を示す接続詞（句）とともに使われます。☞ 5.4 従位接続詞

□ Tan pronto como hubo llegado a Buenos Aires, se comunicó con su compañero.	□ 彼はブエノスアイレスに着くとすぐに仲間と連絡をとりました。

現代スペイン語で点過去完了形はあまり使われません。その代わりに過去完了形や点過去形が使われます。

□ Cuando todos habían salido de casa, él comenzó a limpiar la casa.	□ みんなが外出すると、彼は家の掃除を始めました。

4.4 直説法現在推量形

▶推量形は話者や書き手が〈推量していること〉を示します。〈現在のこと〉でも〈未来のこと〉でも、推量されていることであれば、推量形を使うことができます。

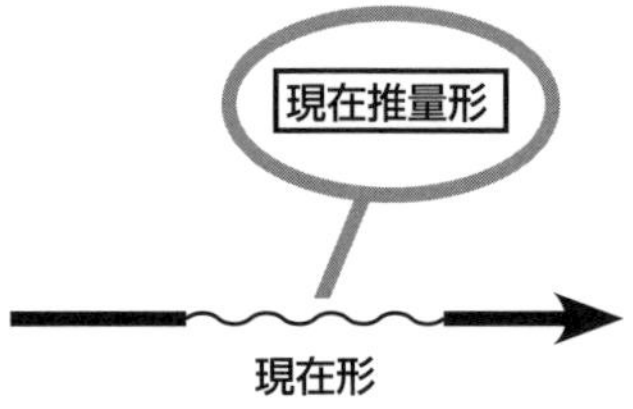

◇180 直説法現在推量形の規則変化

推量形の規則変化は AR / ER / IR 動詞の不定詞の形に次の活用語尾をつけます。

□推量形の語尾	
□ **-é**	□ **-emos**
□ **-ás**	□ **-éis**
□ **-á**	□ **-án**

これらの語尾は haber の直説法現在形の活用とよく似ています（☞◇168 直説法現在完了形）。VOSOTROS の活用形だけが少し違います。NOSOTROS の活用形と VOSOTROS の活用形が、それぞれ -amos, -áis にはならないので注意しましょう。全活用形で強勢は移動せず活用語尾にあります。-emos は -s で終わり、終わりから 2 番目の音節に強勢があるのでアクセント符号をつけません。

□**hablar**	□話す
□hablar-**é**	□hablar-**emos**
□hablar-**ás**	□hablar-**éis**
□hablar-**á**	□hablar-**án**

□**comer**	□食べる
□comer-**é**	□comer-**emos**
□comer-**ás**	□comer-**éis**
□comer-**á**	□comer-**án**

□**vivir**	□生きる、住む
□vivir-**é**	□vivir-**emos**
□vivir-**ás**	□vivir-**éis**
□vivir-**á**	□vivir-**án**

不定詞語尾にアクセント符号がある動詞の推量形は、強勢が語尾に移動するので、語根のアクセント符号がなくなります。

□ **oír**	□ 聞く
□ oir-**é**	□ oir-**emos**
□ oir-**ás**	□ oir-**éis**
□ oir-**á**	□ oir-**án**

参考-1 推量形の規則変化の由来

推量形は中世スペイン語の《不定詞＋ aver の現在形》に由来します。aver は現代スペイン語の haber のもとの形です。この aver には「持つ」という意味があったので、《不定詞＋ aver の現在形》は「～することを持つ」という意味から「～することになっている」、さらに「～するだろう」という〈推量〉の意味に発達しました。推量形の形を忘れたら haber の活用を思い出してください。

□ **hablar**	□ 話す
□ hablar-**é** < **(h)e**	□ hablar-**emos** < **(h)emos**
□ hablar-**ás** < **(h)as**	□ hablar-**éis** < **(hab)éis**
□ hablar-**á** < **(h)a**	□ hablar-**án** < **(h)an**

参考-2 「推量形」という名称

私たちはふつう〈時〉を「過去→現在→未来」という直線のイメージでとらえています。文法体系の中でも「過去時制」「現在時制」「未来時制」という用語が使われています。しかし「未来時制」という用語には疑問があるので本書では使いません。理由は次のとおりです。

□ 推量形は基本的に〈未来〉を示す時制ではなく、話者の〈推量〉を示す形です。「推量形」という名前を使えば、〈未来〉のことならばすべて「未来形」を使わなければならないと考えなくてもよいことになります。また、〈現在〉のことでも〈推量〉の意味があれば「推量形」を使いますが、これは「未来形」という用語と矛盾します。

□〈未来〉を示す副詞節では「未来形」を使わず、接続法現在形を使います。この用語の矛盾を「現在推量形」という用語で解消します。☞◇196 副詞節の接続法

□ スペイン語の時制は「現在」と「過去」（線過去形と点過去形）だけ、という単純な図式になります。

□ 推量形の活用変化の仕方は基本的に不定詞形を保つので、不定詞の語尾を変化させる現在形や過去形とは異なります。そこで、推量形を「過去→現在→未来」という直線の上に置くよりも、過去と現在にそれぞれ〈推量〉が付加する、という考え方のほうが活用変化という形式面から見てもわかりやすいと思います。「話すだろう」のように、日本語の「だろ

う」が終止形につくこととよく似ています。

□ 時制を「過去→現在→未来」という直線上の3点というイメージでとらえると、「過去未来」の位置が見つかりません。「推量形」を使えば、ちょうど「現在形」と「過去形」に「現在完了形」と「過去完了形」が対応するように、「現在推量形」と「過去推量形」が対応します。また、「現在完了」と「過去完了」にも、「現在完了推量形」と「過去完了推量形」が対応し、動詞の活用がきれいに体系化されます。

□〈推量〉の意味がなければ、「推量形」は使われません。そのため、現在形、過去形に比べて、あまり多く使われません。

このように、「未来形」や「未来時制」という用語を使うと、教育・学習において概念と形式についての理解が混乱します。それだけでなく、さらに重要なことですが、整然とした動詞の文法体系をとらえることが困難になります。すでに「未来形」に慣れている人は次の対照表を参考にしてください。「現在推量形」は、ほかの推量形と混同することがなければ、単に「推量形」と呼んでもよいでしょう。

「未来形」を使う場合	本書
□ 未来形	□（現在）推量形
□ 未来完了形	□ 現在完了推量形
□ 過去未来形	□ 過去推量形
□ 過去未来完了形	□ 過去完了推量形

◇181　直説法現在推量形の不規則変化

推量形にはいくつかの不規則動詞があります。それらは次の3種類です。

(1) 不定詞語尾の -e- が消失する動詞

□ **saber**	□ 知る
□ **sabr**-é	□ **sabr**-emos
□ **sabr**-ás	□ **sabr**-éis
□ **sabr**-á	□ **sabr**-án

次の動詞も同じように -e- が消失します。

□ haber — habré	□ ～がある、いる；完了の助動詞
□ poder — podré	□ できる
□ querer — querré	□ 望む、～したい
□ caber — cabré	□ 入る

＊ haber — habré は ◇183 直説法現在完了推量形で使います。

(2) 不定詞語尾の -e- または -i- が -d- に変化する動詞

□ **poner**	□ 置く
□ **pondr**-é	□ **pondr**-emos
□ **pondr**-ás	□ **pondr**-éis
□ **pondr**-á	□ **pondr**-án

次の動詞も同じように -e- または -i- が -d- に変化します。

□ salir — saldré	□ 出る、去る
□ tener — tendré	□ 持つ
□ venir — vendré	□ 来る
□ valer — valdré	□ 価値がある

tener, venir に接頭辞がついた派生動詞も同じように変化します。

□ contener — contendré	□ 含む
□ detener — detendré	□ 止める
□ entretener — entretendré	□ 楽しませる
□ mantener — mantendré	□ 維持する
□ obtener — obtendré	□ 手に入れる
□ retener — retendré	□ 抑える
□ sostener — sostendré	□ 支える
□ convenir — convendré	□ 都合がよい
□ intervenir — intervendré	□ 介入する
□ prevenir — prevendré	□ 予防する

(3) 語根が短縮する動詞

□ **hacer**	□ する、作る
□ **har**-é	□ **har**-emos
□ **har**-ás	□ **har**-éis
□ **har**-á	□ **har**-án

□ **decir**	□ 言う
□ **dir**-é	□ **dir**-emos
□ **dir**-ás	□ **dir**-éis
□ **dir**-á	□ **dir**-án

deshacer「壊す」, contradecir「反論する」などの接頭辞がついた動詞も同じように変化します。

参考　推量形の不規則変化の由来

poner, tener, venir などの推量形は中世スペイン語では不定詞語尾の -e- や -i- を落として、-nr- という子音の連続を作り、中央のカスティーリャ王国では -n- と -r- を逆転させて porné, terné, verné という形が使われました。隣のアラゴン王国では -n- と -r- の間に -d- を入れました。ここで -d- が現れるのは発音の仕組みによるものです。次の図を見てください。

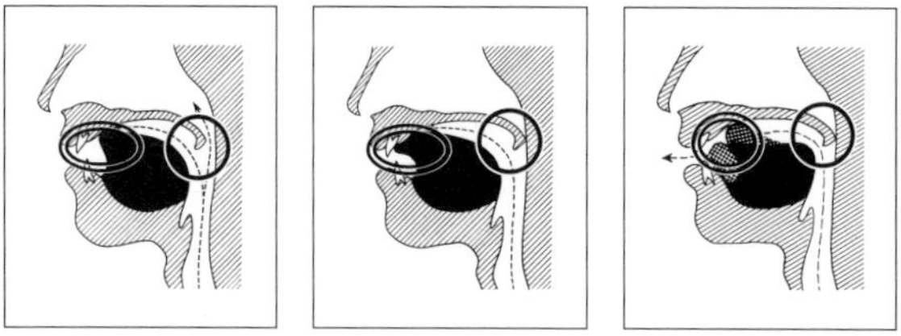

(1) [n]　(2) [d]　(3) [r]

(1) [n] の発音をするときは鼻腔に抜ける空気の道（上の図の丸で囲った部分）があります。次に (3) の [r] になると鼻腔に抜ける空気の道が閉じられ、弾(はじ)き音を発音します。その移行する部分 (2) で瞬間的にまだ弾き音にならないときに、舌先（上の図の二重丸で囲った部分）が [n] の発音のまま鼻腔に抜ける空気の道が閉じられると [d] が生まれます。

このようにして -d- が入った pondré, tendré, vendré という形が 16 世紀以降にアラゴン王国からカスティーリャ王国に移入されました。カスティーリャの porné, terné, verné という形は不定詞の語根と異なりますし、また -dr- という二重子音はカスティーリャ人にとってなじみのある発音だったため受容されやすかったのでしょう。

hacer と decir には、どちらも語根に -c- があります。-c- は有声化して -z- [ð ズ̣] と発音されました。そして母音が消えると fazré, dizré となり、-r- の前の -z- も消えて、その結果 haré, diré となりました。

中世では多くの動詞が推量形で母音を失っていましたが、その後回復して規則変化にもどりました。現代スペイン語まで母音が消失する形が残ったのは基本的にわずか 10 語です。これらは多用される動詞なのでしっかりと保持されたのでしょう。

◇182　直説法現在推量形の意味

(1) 現在や未来のことを〈推量〉して「～だろう」「～でしょう」という意味になります。

(a) 現在のことを推量します。

□ ¿Qué hora será ahora? — Serán las cinco y pico.	□ 今何時でしょう？ — 5時過ぎでしょう。
□ ¿Qué título tendrá la película de la que hablan?	□ 彼らが話している映画の題名は何でしょうか？

(b) 未来のことを推量します。

□ ¿A qué hora saldrá el próximo tren?	□ 次の列車は何時に出るでしょうか？
□ Juan está en el váter. Ahora vendrá.	□ フアンはトイレにいます。すぐ来るでしょう。

未来のことであっても、〈推量〉ではなく〈確信〉があれば、現在形が使われます。

□ Mañana voy al mercado.	□ 明日私は市場に行きます。

(c) 現在・未来に関わりなく推量します。

□ Juan no sabrá cómo ir a El Escorial.	□ フアンはエル・エスコリアル宮への行き方を知らないでしょう。
□ Isabel tiene una ampolla en el pie y no podrá caminar bien.	□ イサベルは足に水ぶくれができていてうまく歩けないでしょう。

(d) 疑問文や感嘆文で〈驚き・意外性〉を示します。

□ ¡Qué bruto! Lo rompió todo. ¿Será posible?	□ まあひどい！ 彼がそれをみんな壊しちゃった。こんなことってある？

＊「〜でしょうか」という意味で「推量」の一種です。

(e) 〈歴史的推量〉:〈過去の時点から見て先のこと〉を推量します。

❑ En 1492 Colón llega al Nuevo Continente, al que después será llamado "América".	❑ 1492年コロンブスは、後に「アメリカ」と呼ばれることになるであろう新大陸に到着する。

(2) 〈意志〉を表して、「〜するつもりだ」「〜しよう」という意味になります。

☞◇211《助動詞＋不定詞》(4)《ir a ＋不定詞》

□ ¿Qué harás este fin de semana? — Voy a ir a esquiar.	□ この週末は何をするの？ — スキーに行くつもり。
□ No diré nada hasta no tener más información.	□ もっと情報が得られるまで私は何も言いません。

＊〈意志〉は現在形でも示すことができます。推量形を使うと〈推量〉の意味が加わるので、確実性が弱くなります。

(3) 〈命令〉を表して「〜しなさい」「〜するんだよ」という意味になります。

□ Me esperarás aquí.	□ 君はここで私を待っていてね。

＊〈命令〉は「命令形」(☞◇4.9 命令形と命令文）や「現在形」でも示すことができます。

命令形は〈お願いする〉〈提案する〉というニュアンスもありますが、現在形や推量形を使うと、「～することになっている」というような必然性が感じられます。さらに、現在形では〈有無を言わせない強制力〉のようなものが感じられます。推量形では、〈推量〉の意味が加わるので強制力が弱くなります。

〈規定・規約・法律〉の文中で使い、〈命令〉に近い〈強制力〉を示します。

□ Se aceptarán documentos escritos en español o en inglés.	□ 書類はスペイン語または英語で書かれたものを受理します。

◇183　直説法現在完了推量形

現在に完了していることや、これから完了することを〈推量〉します。〈意志〉や〈命令〉を表すこともあります。

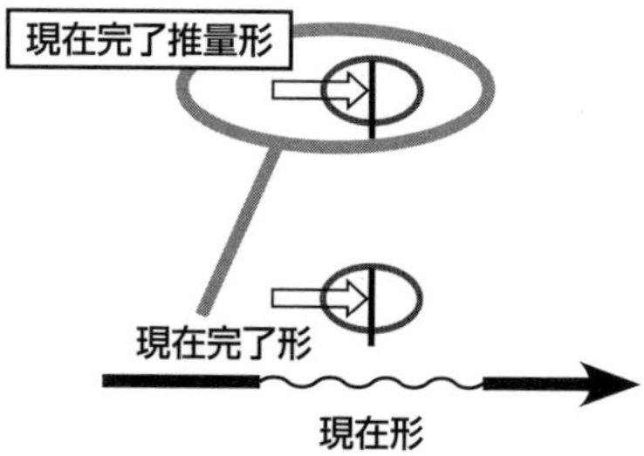

(1) 形：《haber の現在推量形＋過去分詞》で作ります。haber の現在推量形は不規則変化で、不定詞語尾の -e-, -o- が消失する動詞です。

□ **hablar**	□ 話す
□ **habré** hablado	□ **habremos** hablado
□ **habrás** hablado	□ **habréis** hablado
□ **habrá** hablado	□ **habrán** hablado

(2) 意味

(a)〈現在に完了していること〉や〈これから完了すること〉を〈推量〉し、「～してしまっているだろう」という意味になります。

□ Llegaremos tarde y ya habrá empezado la función.	□ 私たちは遅く着いて、そのときは芝居はすでに始まっているでしょう。

(b)〈現在に完了する〉という〈意志〉や〈これから完了する〉という〈意志〉を表し、「～しておくつもりだ」という意味になります。

□ Habré terminado de estudiar a las ocho de la tarde.	□ 私は午後の8時に勉強を終えておくつもりです。

＊この文は〈意志〉でなく〈推量〉を表すこともできます。その場合は「午後の8時に勉強を終えているでしょう」という意味になります。

(c)〈現在に完了しておくこと〉や〈これから完了すること〉を〈命令〉し、「〜しておくんだよ」という意味になります。

□ Ya habrás lavado el coche.	□ 君は車を洗っておいてね。

＊〈命令〉は「命令形」(☞4.9 命令形と命令文)でも示すことができます。命令形は〈お願いする〉〈提案する〉というニュアンスもありますが、現在完了推量形を使うと〈完了しておく〉という意味が加わります。

4.5 直説法過去推量形

▶「過去推量形」は〈過去のことについての推量〉と〈過去から見て先のこと〉を表します。〈過去から見て先のこと〉は、それが現在から見て以前のことであっても、現在のことであっても、先のことであっても、かまいません。また、過去の時点に仮定したことの帰結としても使われます。

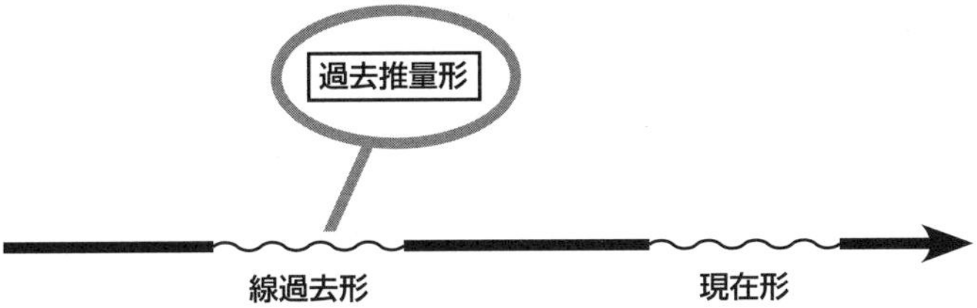

◇184 直説法過去推量形の規則変化

過去推量形の規則変化は、AR / ER / IR 動詞の不定詞の形に次の活用語尾をつけます。

□過去推量形の語尾	
□ **-ía**	□ **-íamos**
□ **-ías**	□ **-íais**
□ **-ía**	□ **-ían**

これらの語尾は ER / IR 動詞の線過去形の活用語尾と同じです。線過去形では、不定詞語尾をとってから活用語尾をつけますが、過去推量形は不定詞そのものに活用語尾をつけます。すべての活用形で強勢は移動せず活用語尾にあります。YO の活用形と ÉL の活用形は同じです。☞◇169 直説法線過去形の規則変化 参考

□ **hablar**	□ 話す
□ hablar-**ía**	□ hablar-**íamos**
□ hablar-**ías**	□ hablar-**íais**
□ hablar-**ía**	□ hablar-**ían**

□ **comer**	□ 食べる
□ comer-**ía**	□ comer-**íamos**
□ comer-**ías**	□ comer-**íais**
□ comer-**ía**	□ comer-**ían**

□ **vivir**	□ 生きる
□ vivir-**ía**	□ vivir-**íamos**
□ vivir-**ías**	□ vivir-**íais**
□ vivir-**ía**	□ vivir-**ían**

◇185　直説法過去推量形の不規則変化

現在推量形で不規則変化をする動詞は、過去推量形でも同様に不規則変化になります。語根は現在推量形の不規則変化形と同じです。

(1) 不定詞語尾の -e- が消失する動詞

□ **saber**	□ 知る
□ **sabr**-ía	□ **sabr**-íamos
□ **sabr**-ías	□ **sabr**-íais
□ **sabr**-ía	□ **sabr**-ían

次の動詞も同じように -e- が消失します。

□ haber — habría	□ ～がある、いる；完了の助動詞
□ poder — podría	□ できる
□ querer — querría	□ 望む、～したい
□ caber — cabría	□ 入る

＊ haber — habría は ◇187 直説法過去完了推量形で使います。

(2) 不定詞語尾の -e- または -i- が -d- に変化する動詞

□ **poner**	□ 置く
□ **pondr**-ía	□ **pondr**-íamos
□ **pondr**-ías	□ **pondr**-íais
□ **pondr**-ía	□ **pondr**-ían

次の動詞も同じように -e- または -i- が -d- に変化します。

□ salir — saldría	□ 出る、去る
□ tener — tendría	□ 持つ
□ venir — vendría	□ 来る
□ valer — valdría	□ 価値がある

tener, venir に接頭辞がついた派生動詞も同じように変化します。

□ contener — contendría	□ 含む
□ detener — detendría	□ 止める
□ entretener — entretendría	□ 楽しませる
□ mantener — mantendría	□ 維持する
□ obtener — obtendría	□ 手に入れる
□ retener — retendría	□ 抑える
□ sostener — sostendría	□ 支える
□ convenir — convendría	□ 都合がよい
□ intervenir — intervendría	□ 介入する
□ prevenir — prevendría	□ 予防する

(3) 語根が短縮する動詞

□ **hacer**	□ する、作る
□ **har**-ía	□ **har**-íamos
□ **har**-ías	□ **har**-íais
□ **har**-ía	□ **har**-ían

□ **decir**	□ 言う
□ **dir**-ía	□ **dir**-íamos
□ **dir**-ías	□ **dir**-íais
□ **dir**-ía	□ **dir**-ían

deshacer「壊す」, contradecir「反論する」などの接頭辞がついた動詞も同じように変化します。

参考 **現在推量形と過去推量形の不規則変化**

現在推量形の不規則変化と過去推量形の不規則変化が同じ語根を使うのは、どちらも不定詞をもとにして形成されたからです。中世スペイン語で《不定詞 + aver の現在形》で現在推量形が作られ、《不定詞 + aver の過去形》で過去推量形が作られました。この不定詞の語尾の母音が脱落するのはどちらも共通なので、その結果、現在推量形の不規則変化と過去推量形の不規則変化は同じ語根を使うようになりました。

◇186　直説法過去推量形の意味

(1)〈過去のことの推量〉を示します。「～だったでしょう」という意味です。

□ Cuando llegué a casa, serían las dos de la tarde.	□ 私が家に着いたときは午後の2時だったでしょう。

(2)〈過去から見て先のこと〉を〈推量〉して示します。

□ Yo te dije que a esta hora haría el trabajo.	□ 私は君にこの時間にその仕事をすると言いました。

(3)〈緩和用法〉：現在のことについて、語調をやさしくして表現します。

□ Estás engordando. Deberías hacer más ejercicio.	□ 君は体重が増えてきたね。もっと運動をするべきじゃないかな。

＊ deber（debería), poder（podría), querer（querría), decir（diría）など、話者の気持ちを伝える動詞で使います。

(4) 現在のことについての仮定文の帰結節に使います。☞ 4.8 条件文と仮定文

□ ¡Qué haría yo sin ti!	□ あなたがいなければ私はどうしたらいいのでしょう！

補足-1　過去推量形の〈緩和〉の意味

〈緩和用法〉の意味は仮定文の帰結節とよく似ています。たとえば、

□ Yo diría la verdad. / 私ならば本当のことを言うのですが。

というのは直接的な言い方を避けて緩和した言い方になります。これは、「もし私があなたの立場だったなら～」という〈仮定〉を一度過去の場面に置いて、「そうだったなら、本当のことを言うのに…」という意味で〈過去から見て先に行うであろうこと〉を示しています。

さらにこの例文の Yo のような条件になる語がなくても同様にそのような〈仮定〉が成り立ちます。次の例文では「可能だったなら～」のような〈仮定〉が考えられます。

□ Deberías hacer más ejercicio. / 君はもっと運動をしなければいけないのに。

補足-2 **過去推量形の意味の区別**

次の文は〈仮定の帰結〉を示すのでしょうか。それとも〈過去のことの推量〉でしょうか。

□ Llegaría tarde a la estación. / 彼は {遅く着く / 遅く到着したの} でしょう。

これは文脈しだいです。条件節として Saliendo a estas horas「こんな時間に出発すれば…」などがあると〈仮定の帰結〉という意味がはっきりします。過去のことを推量するときは、過去を示す副詞 (句) や文脈から過去であることがわかります。たとえば Entonces llegaría tarde a la estación. の entonces を「それならば」ではなくて「そのとき」という意味で解釈すれば「遅く着いたのでしょう」となります。

◇187 直説法過去完了推量形

〈過去の一時点に完了していること〉を〈推量〉したり、〈過去の一時点から見て後に完了すること〉を〈推量〉したりするときに使います。

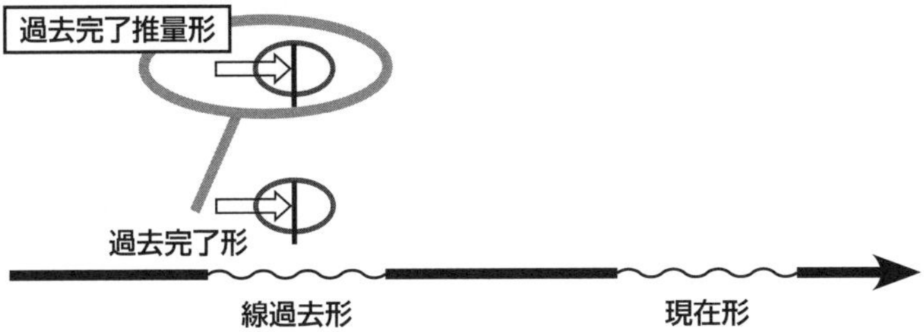

(1) 形:《haber の過去推量形 + 過去分詞》で作ります。haber の過去推量形は不規則変化で、語根に母音がなく -r- だけです。YO の活用形と ÉL の活用形は同じです。
☞◇169 直説法線過去形の規則変化 参考

□ **hablar**	□ 話す
□ **habría** habl**ado**	□ **habríamos** habl**ado**
□ **habrías** habl**ado**	□ **habríais** habl**ado**
□ **habría** habl**ado**	□ **habrían** habl**ado**

(2) 意味

(a) 〈過去の時点に完了したこと〉を〈推量〉します。

□ Yo, en tu lugar, habría reservado el hotel.	□ 私が君の立場ならホテルを予約していたことでしょう。

(b)〈過去の一時点から見て後に完了すること〉を〈推量〉します。

□ ¡Tú me dijiste que a esta hora ya habrías hecho la maleta!	□ 君は私にこの時間にはすでに旅行の用意が済んでいると言ったのに！

補足 **「過去形」が示す〈緩和〉の意味**

「現在形」で直接的に言うと〈きつい調子〉になるので「過去形」を使って表現をやわらげることがよくあります。

❑ Vengo a pedirle a usted un favor. / 私はあなたにお願いがあって来ました。
❑ Venía a pedirle a usted un favor. / 私はあなたにお願いがあって来ましたが…。

現在形の Vengo を使うと、〈現在〉のことを言っているので直接的で〈緊迫感〉のようなものが感じられます。一方、線過去形にして Venía と言うと、過去に起きたことのように言っているので差し迫った緊迫感がなくなり〈緩和表現〉になります。☞ 4.2 直説法線過去形

□ Deberás estudiar la gramática. / あなたは文法を勉強すべきでしょう。
□ Deberías estudiar la gramática. / あなたは文法を勉強すべきでしょうね。

現在推量形の Deberás は単に話し手の〈現在の時点〉の〈推量した命令〉を示しています。過去推量形の Deberías を使うと〈過去の時点〉においての〈推量〉を示すので「～であったのでしょう」という意味になります。これは現在の時点での推量でないので緊迫感がなく表現がやわらぎます。☞◇ 186 直説法過去推量形の意味

□ Ella habrá preparado la lección. / 彼女は予習をしてあるでしょう。
□ Ella habría preparado la lección. / 彼女だったならば予習をしておいたでしょう。

現在完了推量形 habré preparado は〈現在に完了してあることの推量〉を意味します。過去完了推量形 habría preparado にすると〈過去に完了してあることの推量〉を意味します。ここでは過去の時点で「ほかの人ではなく彼女だったならば」という仮定をして、「そうだったとしたら」という過去の時点の仮定のうえで「予習をしておいたでしょう」という〈過去に完了してあることの推量〉をします。この推量は過去のことなので断定的な言い方にはなりません。☞◇ 187 直説法過去完了推量形

「現在形」だと直接的・断定的なきつい表現になるので、「過去形」を使ってやわらいだ丁寧な表現にすることは日本語にもあることです。

参考 直説法の時制と活用形

以上で直説法のすべての時制の完了形と推量形を扱いましたので、ここでもう一度活用形を復習しましょう。全体をもう一度示します。

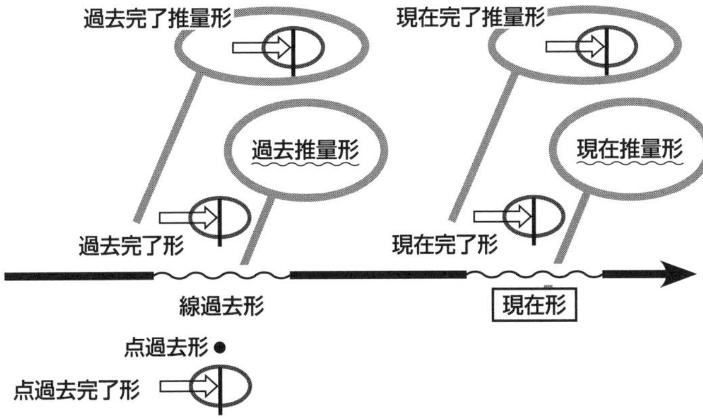

この図の、点過去形と点過去完了形を除いた形を、〈過去〉〈完了〉〈推量〉の3つの軸を使って書き直すと図のようになります。

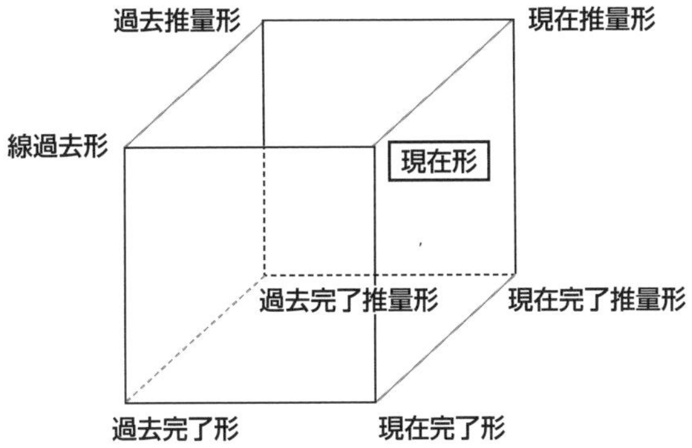

(1) 線過去形 AR 動詞の特徴は -aba、ER 動詞と IR 動詞の特徴は -ía です。
(2) 完了形の特徴は《haber の活用形＋過去分詞》というパターンです。
(3) 推量形の特徴は不定詞語尾（-ar, -er, -ir）または -r- です。

人称･数の活用語尾は（点過去形を除いて）共通で、ゼロ、-s、ゼロ、-mos, -is, -n となります。

活用形の名称は「過去」「完了」「推量」という3要素が組み合わさっています。活用形の名称に3要素のどれかが含まれていれば、その特徴がわかります。たとえば hablar の「過去完了」形の YO の活用形は había hablado です。ここに「(線) 過去」形の特徴である -ía と、「完了」形の特徴である《haber の活用形＋過去分詞》のパターンが見つかります。

□ 現在形：como
□ 現在完了形：he comido ←「完了」《haber の活用形＋過去分詞》
□ 過去形：comía ←「過去」-ía
□ 過去完了形：había comido ←「完了」《haber の活用形＋過去分詞》＋「過去」-ía
□ 現在推量形：comeré ←「推量」-r-
□ 現在完了推量形：habré comido ←「完了」《haber の活用形＋過去分詞》＋「推量」-r-
□ 過去推量形：comería ←「推量」-r- ＋「過去」-ía
□ 過去完了推量形：habría comido ←「完了」《haber の活用形＋過去分詞》＋「推量」-r- ＋「過去」-ía

点過去形と点過去完了形は特殊です。

□ 点過去形：comí ←点過去形の語尾
□ 点過去完了形：hube comido ←「完了」《haber の活用形＋過去分詞》＋点過去の語尾

4.6 接続法現在形

▶「接続法」は、(話者・主語が)〈仮想したこと〉を示すときに使われます。接続法には、現在形と現在完了形、過去形と過去完了形があります。この節では現在形と現在完了形を扱います。はじめに接続法の基本的な概念を説明します。

(1) 直説法と接続法
「直説法」が（話者・主語が）〈認識したこと〉を示すときに使われるのに対し、「接続法」は（話者・主語が）〈仮想したこと〉を示すときに使われます。次の文では「フアンが話すこと」を仮想して、これを「私は思わない」と言って否定しています。

□ No creo que hable Juan.	□ 私はフアンが話すとは思いません。

接続法を支配する主節がないときは、認識したり仮想したりするのは、話者であり、接続法を支配する主節があるときは、その主語になります。

□ Ana no cree que hable Juan.	□ アナはファアンが話すとは思いません。

(2) 接続法が使われる位置
接続法はおもに従属節に用いられます。従属節には名詞節、関係節、副詞節の 3 種類があります。

(3) 接続法の時制
接続法の時制には「現在」と「過去」があります。それぞれの時制には完了形があります。接続法に推量形はありません。接続法の時制の全体は次のようになります。

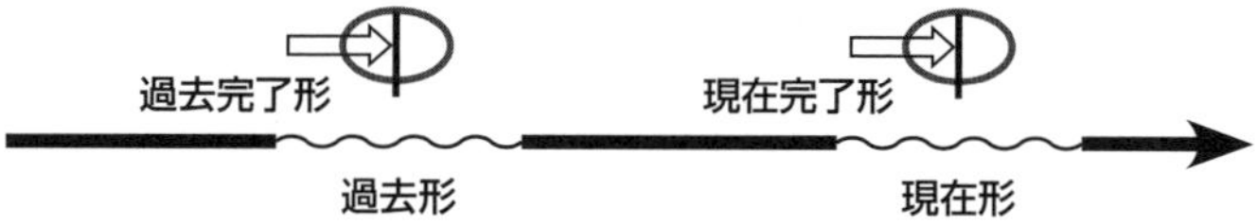

◇188 接続法現在形の規則変化

(1) AR 動詞
語尾が -e, -es, -e, -emos, -éis, -en となります。これは ER 動詞の直説法現在形（-o, -es, -e, -emos, -éis, -en）とよく似ています。ただし YO の活用形語尾は -o ではなく、-e です。

□ **hablar**	□ 話す
□ habl-**e**	□ habl-**e-mos**
□ habl-**e-s**	□ habl-**é-is**
□ habl-**e**	□ habl-**e-n**

(2) ER 動詞と IR 動詞
ER 動詞と IR 動詞の語尾は -a, -as, -a, -amos, -áis, -an です。これは AR 動詞の直説法現在形（-o, -as, -a, -amos, -áis, -an）とよく似ています。ただし YO の活用形語尾は -o ではなく、-a です。

□ **comer**	□ 食べる
□ com-**a**	□ com-**a-mos**
□ com-**a-s**	□ com-**á-is**
□ com-**a**	□ com-**a-n**

□ **vivir**	□ 生きる、住む
□ viv-**a**	□ viv-**a-mos**
□ viv-**a-s**	□ viv-**á-is**
□ viv-**a**	□ viv-**a-n**

AR 動詞の接続法現在形は ER / IR 動詞の直説法現在形と近い活用をし、ER / IR 動詞の接続法現在形は AR 動詞の直説法現在形と近い活用をします。このように、接続法現在の活用は互いに直説法現在の活用語尾を交換するように活用します。

直説法現在形

□ **hablar**	□ 話す
□ habl-**o**	□ habl-**a-mos**
□ habl-**a-s**	□ habl-**á-is**
□ habl-**a**	□ habl-**a-n**

□ **comer**	□ 食べる
□ com-**o**	□ com-**e-mos**
□ com-**e-s**	□ com-**é-is**
□ com-**e**	□ com-**e-n**

□ **vivir**	□ 生きる、住む
□ viv-**o**	□ viv-**i-mos**
□ viv-**e-s**	□ viv-**í-s**
□ viv-**e**	□ viv-**e-n**

接続法現在形

□ **hablar**	□ 話す
□ habl-**e**	□ habl-**e-mos**
□ habl-**e-s**	□ habl-**é-is**
□ habl-**e**	□ habl-**e-n**

□ **comer**	□ 食べる
□ com-**a**	□ com-**a-mos**
□ com-**a-s**	□ com-**á-is**
□ com-**a**	□ com-**a-n**

□ **vivir**	□ 生きる、住む
□ viv-**a**	□ viv-**a-mos**
□ viv-**a-s**	□ viv-**á-is**
□ viv-**a**	□ viv-**a-n**

参考　直説法現在と接続法現在の活用が互いに交換する理由

直説法と接続法の間で活用語尾を交換するのはとても不思議な感じがします。ラテン語史の研究によると、ラテン語の古い形で接続法の語尾は A という母音でした。しかし、この語尾を ARE 動詞（スペイン語の AR 動詞）にそのままつけると直説法と混同してしまいます。そこで ARE 動詞には E という語尾をつけたということです。ですから「活用語尾を交換する」などということはなく、接続法にはそれぞれに対応する統一した形があったことがわかります。

◇189　接続法現在形の子音文字の変化

一部の動詞は「子音文字の規則」(☞◇31) にしたがって次のような変化をします。

□ **gozar**	□ 楽しむ
□ **goc-e**	□ **goc-e-mos**
□ **goc-e-s**	□ **goc-é-is**
□ **goc-e**	□ **goc-e-n**

□ **tocar**	□ さわる
□ **toqu-e**	□ **toqu-e-mos**
□ **toqu-e-s**	□ **toqu-é-is**
□ **toqu-e**	□ **toqu-e-n**

□ **llegar**	□ 到着する
□ **llegu-e**	□ **llegu-e-mos**
□ **llegu-e-s**	□ **llegu-é-is**
□ **llegu-e**	□ **llegu-e-n**

□ **averiguar**	□ 調べる
□ **averigü-e**	□ **averigü-e-mos**
□ **averigü-e-s**	□ **averigü-é-is**
□ **averigü-e**	□ **averigü-e-n**

◇190 接続法現在形の語根母音変化

直説法現在形で語根母音変化をする動詞は、接続法現在形でも語根母音変化をします。

(1) pensar — pienso 型：YO / TÚ / ÉL / ELLOS の活用形で e > ie という変化が起きます。

□ **pensar**	□ 考える
□ **piens-e**	□ pens-e-mos
□ **piens-e-s**	□ pens-é-is
□ **piens-e**	□ **piens-e-n**

(a) pensar — pienso 型の AR 動詞（例）

□ apretar — apriete	□ 締めつける
□ calentar — caliente	□ 暖める
□ cerrar — cierre	□ 閉じる
□ comenzar — comience	□ 始まる、始める
□ confesar — confiese	□ 告白する
□ empezar — empiece	□ 始まる、始める
□ fregar — friegue	□ 磨く
□ gobernar — gobierne	□ 統治する
□ merendar — meriende	□ 午後のおやつを食べる
□ negar — niegue	□ 否定する
□ sentar — siente	□ すわらせる
□ tropezar — tropiece	□ つまずく

＊ empiece, tropiece の -c- と niegue, friegue の -gu- については ☞ ◇31 子音文字の規則

errar「間違える」は YO / TÚ / ÉL / ELLOS の活用形 ie > ye という変化をします。

□ **errar**	□ **間違える**
□ **yerr-e**	□ err-e-mos
□ **yerr-e-s**	□ err-é-is
□ **yerr-e**	□ **yerr-e-n**

(b) pensar ― pienso 型の ER 動詞（例）

□ defender ― defienda	□ 守る
□ encender ― encienda	□ 点火する
□ perder ― pierda	□ 失う
□ tender ― tienda	□〈洗濯物を〉干す
□ verter ― vierta	□〈液体を〉流す、そそぐ

(2) contar ― cuento 型と dormir ― duermo 型

YO / TÚ / ÉL / ELLOS の活用形で o > ue という変化が起きます。

□ **contar**	□ **数える**
□ **cuent-e**	□ cont-e-mos
□ **cuent-e-s**	□ cont-é-is
□ **cuent-e**	□ **cuent-e-n**

(a) contar ― cuento 型の AR 動詞（例）

□ acostar ― acueste	□ 寝かせる
□ almorzar ― almuerce	□ 昼食をとる
□ apostar ― apueste	□ 賭ける
□ consolar ― consuele	□ なぐさめる
□ costar ― cueste	□ 費用がかかる
□ forzar ― fuerce	□ 強(し)いる
□ mostrar ― muestre	□ 見せる
□ probar ― pruebe	□ 試す
□ recordar ― recuerde	□ 覚えている
□ rogar ― ruegue	□ 懇願する
□ soltar ― suelte	□ 放す
□ soñar ― sueñe	□ 夢見る

□ tostar — tueste	□ トーストする
□ volar — vuele	□ 飛ぶ
□ volcar — vuelque	□ ひっくり返す

＊ almuerce, fuerce の -c- と ruegue の -gu- と vuelque の -qu- については ☞◇31 子音文字の規則

(b) contar — cuento 型の ER 動詞（例）

□ cocer — cueza	□ 煮る
□ morder — muerda	□ かむ
□ mover — mueva	□ 動く
□ remover — remueva	□ かき回す
□ resolver — resuelva	□ 解決する
□ soler — suela	□ よく～する
□ torcer — tuerza	□ 曲げる
□ volver — vuelva	□ 戻る

＊ cueza と tuerza の -z- については ☞◇31 子音文字の規則

jugar — juego「遊ぶ」は contar とよく似た活用をします。

□ **jugar**	□ 遊ぶ
□ **jueg-ue**	□ jug-ue-mos
□ **jueg-ue-s**	□ jug-ué-is
□ **jueg-ue**	□ **jueg-ue-n**

(3) pedir — pido 型
すべての活用形で語根母音が i となります。

□ **pedir**	□ 注文する
□ **pid-a**	□ **pid-a-mos**
□ **pid-a-s**	□ **pid-áis**
□ **pid-a**	□ **pid-a-n**

pedir — pido 型の IR 動詞（例）

□ competir — compita	□ 競争する
□ elegir — elija	□ 選ぶ

4 動詞

□ gemir — gima	□ うなる
□ medir — mida	□ 計る
□ regir — rija	□ 支配する
□ repetir — repita	□ 繰り返す
□ seguir — siga	□ 続ける
□ servir — sirva	□ 仕える
□ vestir — vista	□ 着せる

＊ elija, rija の -j- と siga の -g- については☞◇31 子音文字の規則

(4) sentir — siento 型
強勢のある活用形で二重母音 -ie- になります。強勢のない活用形で母音 i が現れます。

□ **sentir**	□ **感じる**
□ **sient-a**	□ **sint-a-mos**
□ **sient-a-s**	□ **sint-áis**
□ **sient-a**	□ **sient-a-n**

sentir — siento 型の IR 動詞（例）

□ advertir — advierta	□ 忠告する
□ arrepentir — arrepienta	□ 後悔させる
□ convertir — convierta	□ 変換する
□ diferir — difiera	□ 異なる
□ digerir — digiera	□ 消化する
□ herir — hiera	□ 傷つける
□ mentir — mienta	□ うそをつく
□ preferir — prefiera	□ より好む
□ sugerir — sugiera	□ 示唆する

adquirir — adquiero「獲得する」は sentir とよく似た活用をします。YO / TÚ / ÉL / ELLOS の活用形で i > ie という変化をします。

□ **adquirir**	□ **獲得する**
□ **adquier-a**	□ adquir-a-mos
□ **adquier-a-s**	□ adquir-áis
□ **adquier-a**	□ **adquier-a-n**

(5) dormir — duermo 型
強勢のある活用形で二重母音 -ue- になります。強勢のない活用形で母音 u が現れます。

□ **dormir**	□ 眠る
□ **duerm-a**	□ **durm-a-mos**
□ **duerm-a-s**	□ **durm-áis**
□ **duerm-a**	□ **duerm-a-n**

dormir — duermo 型の IR 動詞

□ morir — muera	□ 死ぬ

補足-1 語根母音変化にはたらく条件（接続法現在形）

語根母音変化動詞には「強勢の条件」と「語尾 i の条件」がはたらきます。☞◇163 直説法現在形の語根母音変化 補足-1

□ pensar — pienso 型と contar — cuento 型の動詞：YO / TÚ / ÉL / ELLOS の活用形で「強勢の条件」がはたらきます。
□ pedir — pido 型の動詞：全体で「語尾 i の条件」がはたらきます。
□ sentir — siento 型と dormir — duermo 型の動詞：YO / TÚ / ÉL / ELLOS の活用形で「強勢の条件」がはたらき、NOSOTROS と VOSOTROS の活用形で「語尾 i の条件」がはたらきます。

補足-2 sentar と sentir の活用形

sentar「すわらせる」と sentir「感じる」は、どちらも YO の活用形が siento です。一方、接続法現在形ではそれぞれ siente と sienta となり、これは sentir と sentar の直説法現在形の ÉL の活用形と同じになります。形だけ見ると紛らわしいですが、多くの場合文脈や状況で区別できるので混乱はありません。

◇191 接続法現在形の不規則変化（1）：直説法現在形 YO の活用形が -o の動詞

接続法現在形の語根の変化は直説法現在形の YO の活用形の語根の形と同じです。直説法現在形の YO の活用形から語尾 -o を取って接続法現在形の語尾をつけます。語根母音変化動詞を除くすべての動詞はこのタイプに属します。たとえば、conocer の直説法現在形の YO の活用形は conozco です。その語尾の -o の代わりに ER 動詞の接続法現在形の語尾 -a, -as, -a, -amos, -áis, -an をつけます。

□ conocer	□ 知る
□ conozc-a	□ conozc-a-mos
□ conozc-a-s	□ conozc-á-is
□ conozc-a	□ conozc-a-n

以下に接続法現在形のYOの活用形だけを示します。

不定詞	意味	直説法現在（YO）	接続法現在（YO）
□ **conocer**	□ 知る	□ conozco	□ **conozca**
□ **salir**	□ 出る	□ salgo	□ **salga**
□ **hacer**	□ する、作る	□ hago	□ **haga**
□ **caer**	□ 落ちる	□ caigo	□ **caiga**
□ **poner**	□ 置く	□ pongo	□ **ponga**
□ **decir**	□ 言う	□ digo	□ **diga**
□ **oír**	□ 聞く	□ oigo	□ **oiga**
□ **tener**	□ 持つ	□ tengo	□ **tenga**
□ **huir**	□ 逃げる	□ huyo	□ **huya**
□ **traer**	□ 持ってくる	□ traigo	□ **traiga**
□ **venir**	□ 来る	□ vengo	□ **venga**
□ **ver**	□ 見る	□ veo	□ **vea**

◇192　接続法現在形の不規則変化（2）：直説法現在形 YO の活用形が -o でない動詞

直説法現在形のYOの活用形が -o で終わらない動詞は次の6つです。それぞれ接続法現在形のYOの活用形だけはしっかりと覚えておきましょう。あとの5つの形は規則的な人称語尾をつければよいのです。

不定形	意味	直説法現在（YO）	接続法現在（YO）
□ **ser**	□ ～である	□ soy	□ **sea**
□ **estar**	□ ～という状態である	□ estoy	□ **esté**
□ **haber**	□ ある、いる；完了の助動詞	□ he	□ **haya**
□ **saber**	□ 知る	□ sé	□ **sepa**
□ **ir**	□ 行く	□ voy	□ **vaya**
□ **dar**	□ 与える	□ doy	□ **dé**

estar と dar の接続法現在の活用形ではアクセント符号に注意しましょう。

□ estar	□ ～している
□ **est-é**	□ **est-e-mos**
□ **est-é-s**	□ **est-é-is**
□ **est-é**	□ **est-é-n**

□ dar	□ 与える
□ **d-é**	□ **d-e-mos**
□ **d-e-s**	□ **d-e-is**
□ **d-é**	□ **d-e-n**

estar の特徴は強勢が常に活用語尾にあることです。そのため estemos 以外はすべての活用形にアクセント符号が必要になります。

dar の語根 d- には母音がないので活用語尾に強勢があります。des, deis, den は単音節なのでアクセント符号はつけません。ただし YO と ÉL の活用形 dé は前置詞の de と区別するためにアクセント符号が必要です。☞◇34 アクセント符号 (5)

補 足 **直説法と接続法の原則**

接続法の意味を理解するのは最初はかなり困難です。実際の例文に多く接しながら慣れていくことを勧めます。そのとき次の原則を忘れないでください。

直説法は（話者・主語が）〈認識したこと〉を示し、接続法は（話者・主語が）〈仮想したこと〉を示します。

次の 2 つの文を比べてみましょう。

□ (1) Me escribes [直説法] mucho. / 君は僕にたくさん手紙を書きます。
□ (2) Quiero que me escribas [接続法] mucho. / 私は君にたくさん手紙を書いてほしい。

(1) の文では「君が僕にたくさん手紙を書く」ということを認識しています。このような場合は直説法が使われます。一方、(2) の文では「君が私にたくさん手紙を書く」ということは仮想されているだけで、主語はそれを認識していません。そのような仮想的内容を主語の「私」が「望んでいる」（Quiero）のです。このような場合は接続法が使われます。日本語の「～してほしい」というよりも、むしろ「～してくれたらいい」のような〈仮想〉の気持ちに相当します。

次に、従属文に使われている直説法と接続法を比較しましょう。

□ (3) Creo que viven [直説法] aquí. / 私は彼らがここに住んでいると思います。
□ (4) No creo que vivan [接続法] aquí. / 私は彼らがここに住んでいるとは思いません。

(3) の名詞節で使われている viven という直説法の形は、主語の YO「私」が事実であると見なした内容を述べています。一方、(4) の文の que vivan aquí という接続法が使われている名詞節では、同じように「彼らがここに住んでいる」という内容を示していますが、そのことを認識していません。単に仮想された内容だけが示されていて、それについて No creo「私は思わない」と言っているのです。

日本語に訳すと、(3) は「〜と思う」となります。一方、(4) は「〜と思わない」と言うよりも「〜とは思わない」と言うほうが自然です。ここで「は」が現れる理由はその内容が話題として扱われているからです。「彼らがここに住んでいるなどということは／住んでいるなんて、（私は）思わない」という意味になります。

このように「〜と思う」と言うとき、creo が〈認識〉を表し、その内容を示す節が直説法になるので、(1) のような主節にも Creo que me escribes mucho.「（私は）君が僕にたくさん手紙を書く（と思う）」という動詞が隠されていると考えてもよいでしょう。そうすると、(1) のような単純な文で直説法が使われている理由が理解できます。直説法は主語（話者）が認識していることを示す法だからです。

◇193　接続法現在完了形

接続法現在完了形の形は《haber の接続法現在形＋過去分詞（不変化）》です。YO と ÉL の活用形は同じです。☞◇169 直説法線過去形の規則変化 参考

□ **hablar**	□ 話す
□ **haya** habl**ado**	□ **hayamos** habl**ado**
□ **hayas** habl**ado**	□ **hayáis** habl**ado**
□ **haya** habl**ado**	□ **hayan** habl**ado**

□ Espero que mi familia me haya escrito ya alguna carta.	□ 私の家族がもう手紙を書いてくれているといいのですが。

◇194　名詞節の接続法

接続法は、（話者・主語が）「願望したこと」「評価したこと」「仮定したこと」「否定したこと」など、〈仮想したこと〉を示す名詞節で使われます。

(1) 主語になる名詞節

□ Es mejor que tomes un taxi.	□ 君はタクシーに乗ったほうがいいですよ。
□ Es posible que él necesite ayuda.	□ 彼は援助が必要なのかもしれません。
□ Después de aprender una lengua, es lógico que quieras usarla.	□ 言語を学んだあとでは君がそれを使いたいと思うのは当然だよ。
□ Me alegra que hayas venido.	□ 君が来てくれて僕はうれしい。

主語になる名詞句の主語が〈不定の人〉のときは不定詞を使います。

□ Es mejor tomar un taxi.	□ タクシーに乗ったほうがいいです。
□ Después de aprender una lengua, es lógico querer usarla.	□ 言語を学んだあとではそれを使いたいと思うのは当然です。

(2) 動詞の目的語になる名詞節

□ Esperamos que él nos cuente sus experiencias.	□ 私たちは彼に自分の経験を話してもらうことを期待しています。
□ Os aconsejo que visitéis España algún día y que os divirtáis.	□ 私は君たちにいつかスペインに行って楽しんでくることを勧めます。
□ No creo que la casa esté bien construida.	□ 私はその家がうまく建てられているとは思いません。
□ A decir verdad, no quiero que hagas eso.	□ 本当のことを言うと、私は君にそれをしてもらいたくないのです。

「思わない、信じない」no creer の目的語になる節では接続法を使いますが、「思う、信じる」creer の目的語になる節では直説法を使います。

□ Creo que no tiene conciencia de lo que está haciendo.	□ 彼は自分のしていることを自覚していないのだと私は思います。

目的語の名詞節の主語が主節の主語と同じときは不定詞を使います。

□ A decir verdad, no quiero hacer eso.	□ 本当のことを言うと、私はそれをしたくないのです。

《「〜に…することを」構文》: 動詞の目的語になる名詞節では接続法と不定詞のどちらも使われます。

□ ¿Me permite que vaya un momento al cuarto de baño?	□ ちょっとトイレに行ってもよろしいでしょうか？

□ Margarita está desconsolada, porque su padre no le permite ir a la fiesta.	□ マルガリータは父親がパーティーに行かせてくれないのでがっかりしています。

(3) 前置詞の目的語になる名詞節

□ La madre está contenta de que la ayuden sus hijos.	□ 母親は子供たちが手伝いをしてくれるので喜んでいます。
□ Hablaré despacio para que me entiendan.	□ 彼らが理解できるようにゆっくりとお話しましょう。
□ Este niño no puede dormirse sin que su madre le cuente algún cuento todas las noches.	□ この子は毎晩母親が何かお話をしてあげないと眠れません。

前置詞の後の名詞節の主語が主節の主語と同じときは不定詞を使います。

□ Este niño no puede dormirse sin hablar con su madre un rato.	□ この子は母親としばらくお話をしないと眠れません。

(4)《名詞＋ de que》

《名詞 + de que》の名詞が〈仮想したこと〉を示すときに接続法を使います。

□ Mi hermana tiene miedo de que lo sepa papá.	□ 私の姉は父にそれを知られるのではないかと心配しています。
□ En el caso de que llueva mañana, cancelaremos la excursión.	□ 明日雨が降ったら遠足は中止にしましょう。

補足-1 ¿No crees que ...? の接続法

¿No crees que ...? の疑問文では、直説法も接続法も可能です。直説法では質問した人が que 以下の内容について確信があり、それについて相手が信じないということを問題にしています。たとえば次のように言うときは直説法になります。

□ (1) ¿No crees que este libro es interesante?
/ 君はこの本がおもしろいと思わないの？

一方、次のように言うときは接続法です。

□ (2) ¿No crees que este libro sea interesante?
/ 君はこの本がおもしろいなんて思わないでしょう？

(1) は話し手がこの本をおもしろいと思っています。一方、(2) では話し手はそのことに疑念をもって、それを相手にも確認している感じです。

creer の疑問文では肯定形でもやはり直説法と接続法どちらも可能です。

□ (3) ¿Crees que este libro es interesante? / 君はこの本がおもしろいと思う？
□ (4) ¿Crees que este libro sea interesante? / 君はこの本がおもしろいなんて思うの？

接続法は、que 以下の仮想した内容について一定の「評価・主張」(ここでは「信じるに値する」「信じられる」) がなされているときに使います。その評価の対象になっていることを、「～(だ) なんて思うの？」「思わない」という日本語で表すことができます。一方、直説法は que 以下の内容を事実として認識しているときに使います。

補足-2 〈事実〉を示す接続法

次の文では「君が来た」ことが事実なのにもかかわらず、接続法が使われています。

□ Me alegra que hayas venido. / 君が来てくれて私はうれしいです。

ここで接続法の原則に立ち返ることにしましょう。先に示した原則によれば、直説法が〈事実の認識〉があるときに使われるのに対し、接続法は〈仮想したこと〉を示すときに使われます。上の文では、「君が来た」ことは確かに事実なのですが、それを事実として認識していることが言いたいのではなく、むしろ、その事実を仮想して、それを「私が喜んでいる」ことが言いたいのです。日本語の話し言葉にすると「君が来てくれたなんて、うれしいなあ」というような感じです。もし、「君が来た」ことを事実として認識してから、それを喜ぶのでしたら、次のように言うことができます。

□ Has llegado. Me alegro. / 君、着いたんだね。うれしいよ。

ここでは一度 Has llegado. という直説法の文で事実を認識し、そのあとで Me alegro. と言って感想を述べています。

この〈事実の認識〉という直説法の特徴は、直説法の名詞節をしたがえる動詞が一般に creer, pensar, ver などの〈認識〉を示す動詞、または、decir, comunicar, informar などの〈認識された事実の伝達〉を示す動詞に限られるのでわかります。また単純な主節だけの文でも同じです。一方、decir を〈伝達〉ではなく次のように〈要求〉の意味で使うと接続法になります。

□ Te he dicho que no toques mis cosas.
/ 私の物に手をふれないでと君に言っておいたのに。

補足-3 para que / sin que / estar contento de que

本書では、前置詞の後の que 節は名詞節であることから、para que / sin que / estar contento de que のような使い方はどれも「名詞節の接続法」に含めています。副詞節は cuando, aunque, porque などの固有の接続詞に導かれる節に限りました。

◇195　関係節の接続法

先行詞が〈未定のこと〉〈否定されたこと〉を示す関係節では接続法が使われます。

□ No hay nadie que sepa la verdad.	□ 真実を知っている人はだれもいません。
□ Me interesa todo lo que sea de la lengua española.	□ 私はスペイン語のことなら何でも興味があります。

先行詞が特定の人やものを指すときは直説法を使います。

□ Hay alguien que sabe la verdad.	□ 真実を知っている人がいます。

補足　〈未定〉〈否定〉を示す関係節で接続法が使われる理由

上の3つの文を比較してみましょう。最初の2つでは関係節に接続法が使われています。ここで「真実を知っているような人」「スペイン語に関係するようなこと」で接続法が使われるのは、それが未だ事実として認識されていない〈仮想されたこと〉を示しているからです。その仮想されたことについて「そのような人はいない」、「私は興味がある」という認識を示しています。仮想されたことが接続法になり、認識されたことが直説法になります。接続法の関係節は仮想されたことを示すので、あえて日本語に訳すと「〜であるような」という意味になります。一方、3番目の文の sabe la verdad「真実を知っている」の部分は、そういう事実を認識していることを示し、原則どおり直説法が使われます。

◇196　副詞節の接続法

〈未来〉〈仮定〉〈譲歩〉を示す副詞節は、〈仮想したこと〉を示すので、接続法が使われます。

□ Cuando haya terminado la tarea, iré a jugar al tenis.	□ 私は宿題が終わったら、テニスをしにいくつもりです。
□ Aunque Juan haya dicho eso, no lo creo.	□ フアンがそれを言ったとしても、私はそれを信じません。

aunque の節が「〜としても」という〈譲歩〉の意味のときは接続法を使いますが、「〜であるが」という〈逆接〉の意味を示すときは直説法を使います。

□ Aunque sea joven, sabe mucho.	□ 彼は若いとはいっても、よくものを知っています。
□ Aunque es joven, sabe mucho.	□ 彼は若いがよくものを知っています。

＊〈譲歩〉（＝接続法）の意味のときは、譲歩された内容について、「そういうことはここでは

とくに問題にしない」ということで、内容が認識されていません。一方、〈逆接〉(＝直説法)を示すときは、内容を「そうである」と認識しています。

〈理由〉を示す porque 節が否定されると、接続法になります。

□ Juan está ocupado no porque tenga trabajo.	□ フアンは仕事があるから忙しいのではありません。

接続法を繰り返して〈譲歩〉を示すと、「何が・どんなに〜でも」「〜であってもなくても」の意味になります。

□ Pase lo que pase, eres mi mejor amigo del mundo.	□ 何が起きても君はこの世で一番の僕の友人だ。
□ Te guste o no, tienes que asistir a la reunión.	□ 好きでも嫌いでも、君はその会議に出なくてはいけないよ。

補足 〈未来〉を示す時の副詞節で接続法が使われる理由

□ Cuando vayas a la plaza, te gustará. / その広場に行けば君は気に入るだろう。

ここでは Cuando... の部分が「仮想したこと」になり接続法を使い、te gustará は「認識を示すこと」になり直説法を使います。「推量形」の〈推量〉の意味は、「認識」の仕方の一種です。《Cuando + 推量形》が使われないのは、日本語でも「〜するでしょうとき」とは言わないこととよく似ています。

参考 Si ...〈条件〉節・疑問文・推量形で接続法現在形が使われない理由

□ Si queda alguna cerveza en la nevera, estará bien.
/ 冷蔵庫に少しビールが残っていれば、それでいいでしょう。

このような文の Si ...〈条件〉節で直説法が使われる理由は、Si ...〈条件〉節で一度「事実の認識」をしているからで、「その認識が正しければ(条件節)、それならば〜(帰結節)」という構造になっています。

次のような間接疑問文でも si が使われます。☞6.1 疑問詞と疑問文 (2) (a)

□ ¿Sabes si queda alguna cerveza en la nevera?
/ 冷蔵庫に少しビールが残っているか知ってる？

ここでも同様に、「その事実が認識されるかどうか」を扱っているために直説法が使われます。次の直接疑問文で直説法が使われるのも同じ理由によるものです。

□ ¿Queda alguna cerveza en la nevera? / 冷蔵庫に少しビールが残っているかな？

推量形は直説法のグループに入ります。たとえば次の文を見てみましょう。

□ Pepe vendrá. / ペペは来るでしょう。(直説法現在推量形)
□ Espero que venga Pepe. / ペペが来ればいいな。(接続法現在形)

直説法現在推量形を使った文では「ペペが来ること」という事実について推量という認識の仕方をしていますが、接続法現在形を使った文ではそのような事実の認識がありません。

◇197 主節の接続法

(1)《Ojalá ＋接続法現在形》で「願望」の意味を示します。

□ Ojalá <u>haga</u> buen tiempo mañana.	□ 明日よい天気でありますように。
□ ¡Ojalá que <u>tengas</u> suerte!	□ 君に幸運がありますように！

＊実現の可能性があるときに使います。接続法過去形の願望文については ☞◇200 接続法過去形の意味

(2)《Acaso / Tal vez / Quizá(s) ＋接続法》で「疑惑」(「たぶん、おそらく」) の意味を示します。

□ Tal vez no <u>venga</u> mañana.	□ たぶん彼は明日来ないでしょう。
□ Quizá <u>llueva</u> esta tarde.	□ たぶん今日の午後は雨になるでしょう。

直説法が用いられることもあります。直説法を使うと事実として認識されるので、より実現性が高くなります。

□ Date prisa. Tal vez <u>vamos</u> a perder el tren.	□ 急いで。列車に乗り遅れるかもしれないよ。

4.7 接続法過去形

▶接続法を使って〈過去のこと〉を仮想するときには「接続法過去形」を使います。この節では「接続法過去形」と「接続法過去完了形」を扱います。

◇198 接続法過去形の規則変化

接続法過去形の YO の活用形は、AR 動詞は -ara、ER / IR 動詞は -iera という形になります。人称語尾はすべての動詞に共通して、ゼロ、-s、ゼロ、-mos、-is、-n です。

YO の活用形と ÉL の活用形は同じです。☞◇169 直説法線過去形の規則変化 参考
強勢は常に語尾にあります。NOSOTROS の活用形ではアクセント符号をつけなくてはなりません。

□**hablar**	□話す
□habl-**ara**	□habl-**ára-mos**
□habl-**ara-s**	□habl-**ara-is**
□habl-**ara**	□habl-**ara-n**

□**comer**	□食べる
□com-**iera**	□com-**iéra-mos**
□com-**iera-s**	□com-**iera-is**
□com-**iera**	□com-**iera-n**

□**vivir**	□生きる、住む
□viv-**iera**	□viv-**iéra-mos**
□viv-**iera-s**	□viv-**iera-is**
□viv-**iera**	□viv-**iera-n**

◇199 接続法過去形の不規則変化

(1) 接続法過去形の YO の活用形は直説法点過去形の ELLOS の活用形から -ron を取り除いてそれを -ra に変えた形と同じです。

直説法点過去形の ELLOS 活用形	接続法過去形の YO 活用形
□hablaron	□hablara
□comieron	□comiera
□vivieron	□viviera

不定詞	意味	直説法点過去形 ELLOS 活用形	接続法過去形 YO 活用形
□**pedir**	□頼む	□pidieron	□**pidiera**
□**sentir**	□感じる	□sintieron	□**sintiera**
□**dormir**	□眠る	□durmieron	□**durmiera**
□**estar**	□～という状態である	□estuvieron	□**estuviera**
□**poder**	□できる	□pudieron	□**pudiera**
□**poner**	□置く	□pusieron	□**pusiera**
□**tener**	□持つ	□tuvieron	□**tuviera**
□**hacer**	□する、作る	□hicieron	□**hiciera**
□**querer**	□～したい、望む	□quisieron	□**quisiera**

□ **venir**	□ 来る	□ vinieron	□ **viniera**
□ **dar**	□ 与える	□ dieron	□ **diera**
□ **ser**	□ ～である	□ fueron	□ **fuera**

たとえば、dormir と tener は次のように活用します。

□ **dormir**	□ 眠る
□ **durm-iera**	□ **durm-iéra-mos**
□ **durm-iera-s**	□ **durm-iera-is**
□ **durm-iera**	□ **durm-iera-n**

□ **tener**	□ 持つ
□ **tuv-iera**	□ **tuv-iéra-mos**
□ **tuv-iera-s**	□ **tuv-iera-is**
□ **tuv-iera**	□ **tuv-iera-n**

(2) 次の動詞 decir, conducir, traer は 直説法点過去形 ELLOS の活用形が、× dijieron、× condujieron、× trajieron ではなく、dijeron, condujeron, trajeron という活用形になります。

不定詞	意味	直説法点過去形 ELLOS 形	接続法過去形 YO 形
□ **decir**	□ 言う	□ dijeron	□ **dijera**
□ **conducir**	□ 運転する	□ condujeron	□ **condujera**
□ **traer**	□ 持ってくる	□ trajeron	□ **trajera**

□ **decir**	□ 言う
□ **dij-era**	□ **dij-éra-mos**
□ **dij-era-s**	□ **dij-era-is**
□ **dij-era**	□ **dij-era-n**

□ **traer**	□ 持ってくる
□ **traj-era**	□ **traj-éra-mos**
□ **traj-era-s**	□ **traj-era-is**
□ **traj-era**	□ **traj-era-n**

* producir「生産する」, contraer「〈契約を〉結ぶ」のように、接頭辞がついたり、異なる接頭辞になったりする動詞も同じ変化をします。

参考 接続法過去形と直説法点過去形の ELLOS の活用形

接続法過去形は直説法点過去形 ELLOS の活用形を知っていれば、例外なく作ることができます。不定詞や直説法現在形の形だと、不規則変化ができません。また、点過去形の YO の活用形でもだめです。たとえば、pedir, dar, decir の点過去形の YO の活用形 pedí, di, dije から、接続法過去形の YO の活用形 pidiera, diera, dijera を出す規則が見つかりません。点過去形の ÉL の活用形 pidió, dio, dijo からでもうまくいきません。ここでかりに「最後の -o をとって -era をつける」という規則を立てても、hablar, pensar などでは、-ara をつけなくてなりません。そこで、一番わかりやすい規則が「直説法点過去形の ELLOS の活用形から

-ron を取り除いてそれを -ra に変える」という規則です。これならば、規則動詞も含めてどんな動詞でもすべてにあてはまります。

なぜ、接続法過去形が直説法点過去形の ELLOS の活用形と同じ形を共有するようになったのでしょうか。接続法過去形が直説法点過去形と共通するのは、スペイン語の接続法過去形がラテン語の直説法過去完了形に由来し、直説法点過去形がラテン語の直説法完了形に由来するからです。どちらもラテン語の完了形の一種なので共通要素があるのです。そして ELLOS の活用形でなければならないのは、ELLOS の活用形で AR / ER / IR 動詞の違いがわかり、さらにこの活用形に限って decir — dijeron などの母音の短縮（☞◇176 直説法点過去形の強変化）があったからです。このように、活用形は形の問題なので、ELLOS「彼ら」の意味とは関係がありません。「語末の -ron［ろン］」を「-ra［ら］に変える」という語形の操作は、とてもわかりやすいと思います。

◇200 接続法過去形の意味

直説法の点過去形、線過去形、過去推量形に対応します。下の文で llegara が接続法過去形になっているのは、主節に no creí という過去形が使われているためです。

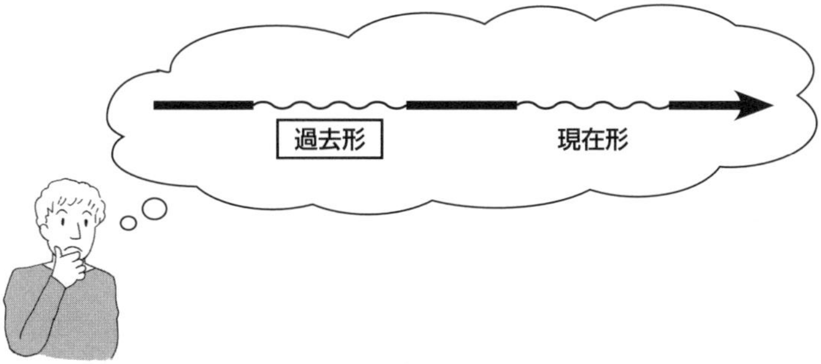

□ Creí que llegó [llegaba / llegaría] él.	□ 私は彼が着いた［着く / 着くだろう］と思った。
□ No creí que llegara él.	□ 私は彼が着いた［着く / 着くだろう］とは思わなかった。

deber / querer の接続法過去形 debiera / quisiera には〈緩和用法〉があります。

□ No debieras decir mentiras.	□ あなたはうそを言ってはいけないでしょう。
□ Quisiera trabajar con usted.	□ 私はあなたと一緒にお仕事ができればと思います。

＊ debería / querría も使われます。☞◇186 直説法過去推量形の意味
＊中米・カリブ海諸国では pudiera にも〈緩和用法〉があります。

《¡Ojalá que + 接続法過去形！》:〈願望〉実現の可能性があまりないときに使います。

□ ¡Ojalá que el profesor pusiera unas preguntas fáciles!	□ 先生が簡単な質問をしてくれたらなあ！

＊接続法過去形は仮定文でも使います。☞◇204 仮定文

◇201　接続法過去形の -se 形

接続法過去形には語尾に -se が現れる別の形があります。これは -se 形と呼ばれます。一方、先に見た接続法過去形は -ra 形と呼ばれます。-se 形は -ra 形のすべての活用形の語尾の -ra の部分を -se に変えた形です。

□ **hablar**	□ 話す
□ habl-**ase**	□ habl-**áse-mos**
□ habl-**ase-s**	□ habl-**ase-is**
□ habl-**ase**	□ habl-**ase-n**

□ **comer**	□ 食べる
□ com-**iese**	□ com-**iése-mos**
□ com-**iese-s**	□ com-**iese-is**
□ com-**iese**	□ com-**iese-n**

□ **vivir**	□ 生きる、住む
□ viv-**iese**	□ viv-**iése-mos**
□ viv-**iese-s**	□ viv-**iese-is**
□ viv-**iese**	□ viv-**iese-n**

接続法過去 -se 形の用法は -ra 形とほとんど違いはありません。

□ Me gustaría que llevases a cabo tu propósito de estudiar japonés.	□ 私は君が日本語を学ぶという目的を達成してもらいたいと思う。
□ Desearía que me enseñase usted trajes de invierno.	□ 冬服を見せていただきたいのですが。

＊接続法過去形は仮定文でも使います。☞◇204 仮定文

補足-1　**接続法における時制の一致**

□ (1) Me gustaría que llevases a cabo tu propósito de estudiar japonés.
/ 私は君が日本語を学ぶという目的を達成してもらいたいな。

□ (2) Desearía que me enseñase usted trajes de invierno.
/ 冬服を見せていただきたいのですが。

□ (3) No es cierto que Carlos dijera tal cosa.
/ カルロスがそんなことを言ったというのは本当ではありません。

上の (1) と (2) では主節の過去推量形という過去の時制に一致して従属節で接続法の過去形が用いられています。これは文法上の時制の一致です。llevases と enseñase の意味は〈過去〉ではなく、それぞれ「日本語を勉強するという目的を実現すること」と「冬物の服を見せること」という〈未来〉のことを示しています。(3) の主節は現在形ですが、従属節は過去のことを示しているので接続法過去形になっています。

ラテンアメリカでは、(1) や (2) で接続法現在形が使われます。これは、内容が〈現在のこと〉を指しているからだと思われます。

補足-2 接続法過去形 -se 形と -ra 形の違い

接続法過去形 -ra 形には次の用法がありますが、これを -se 形で表現することはできません。

(1) 接続法過去形 -ra 形は debiera / quisiera の緩和用法で使われます。

□ Quisiera ir a tu fiesta; el asunto es que no sé si tendré tiempo.
/ 私は君のパーティーに行きたいけれど、実は時間があるかどうかわからないんだ。

(2) 仮定文の帰結節で、スペインでは古い文体で、またラテンアメリカではしばしば過去推量形の代わりに -ra 形が使われることがあります。☞◇204 仮定文

□ Si yo fuera rico, no trabajara como profesor.
/ 私が金持ちだったならば教師の仕事などしないのだが。

(3) とくにラテンアメリカで、よく直説法過去完了の意味で使われます。

□ Después de que los Reyes Católicos le dieran el financiamiento, Colón partió desde el puerto de Palos.
/ カトリック両王が資金を提供すると、コロンブスはパロスの港から出港した。

参考 接続法過去形 -ra 形と -se 形の並存の由来

-ra 形はラテン語の直説法過去完了形に由来し、-se 形はラテン語の接続法過去完了形に由来します。直説法過去完了形は《haber の過去形＋過去分詞》で表現されたので、-ra 形が直説法過去完了形としてはだんだん使われなくなり、15 世紀ごろに接続法過去形として使われるようになりました。その結果、現代スペイン語で -ra 形と -se 形が並存する結果になりました。

◇202 接続法過去完了形

接続法過去完了形は《haber の接続法過去形＋過去分詞》という組み合わせで作ります。

haber の接続法過去は不規則変化です。YO の活用形と ÉL の活用形は同じです。
☞◇169 直説法線過去形の規則変化 参考

(1) -ra 形

□ **hablar**	□ 話す
□ **hubiera** habl**ado**	□ **hubiéramos** habl**ado**
□ **hubieras** habl**ado**	□ **hubierais** habl**ado**
□ **hubiera** habl**ado**	□ **hubieran** habl**ado**

(2) -se 形

□ **hablar**	□ 話す
□ **hubiese** habl**ado**	□ **hubiésemos** habl**ado**
□ **hubieses** habl**ado**	□ **hubieseis** habl**ado**
□ **hubiese** habl**ado**	□ **hubiesen** habl**ado**

直説法の過去完了形と過去完了推量形に対応します。

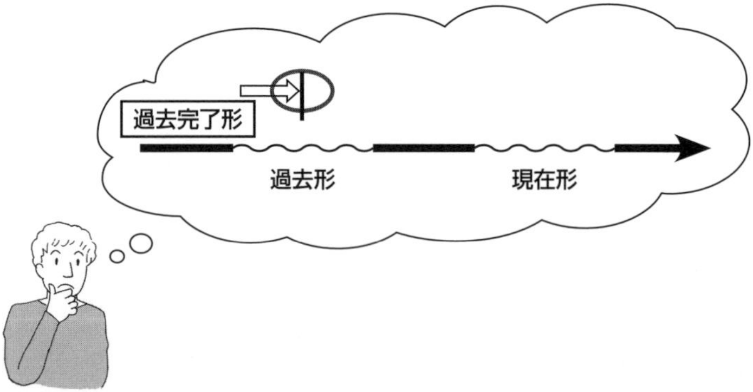

□ Creí que él había llegado [habría llegado].	□ 私は彼が着いている［着いているだろう］と思った。
□ No creí que él hubiera llegado.	□ 私は彼が着いている［着いているだろう］とは思わなかった。

＊接続法過去完了形は仮定文でも使います。☞◇204 仮定文

4.8 条件文と仮定文

▶条件文と仮定文は「～ならば…」という意味で使われます。直説法を使う現実的条件文と接続法を使う非現実的な仮定文があります。

◇203 条件文

「条件文」は「～であれば」という直説法の条件節と「～である」という意味の帰結節で作られます。現実的なことを想定します。

□ Si no viene Juan, voy sola.	□ もしフアンが来なければ、私はひとりで行きます。

＊条件節の動詞に推量形や接続法現在形は使えません。

◇204 仮定文

(1) 接続法過去形の仮定文：現実的でないことを仮想します。帰結節には直説法過去推量形を使います。☞◇186 直説法過去推量形の意味

□ Si fueras profesor, ¿cómo enseñarías?	□ 君が先生だったらどんなふうに教える？

＊スペインの古い文体のスペイン語とラテンアメリカの多くの国々のスペイン語では、しばしば帰結節に接続法過去形 -ra 形を使うことがあります。

《como si ＋接続法過去形》：「あたかも～であるかのように」を意味します。

□ Keiko habla español como si fuera española.	□ 圭子はまるでスペイン人のようにスペイン語を話します。

《aun cuando ＋接続法過去形》：「～であっても」を意味します。

□ Aun cuando hiciera sol, no saldría.	□ 晴れていても、彼は出かけないでしょう。

(2) 接続法過去完了形の仮定文：過去に実現しなかったことを仮想します。帰結節には直説法過去完了推量形または接続法過去完了形を使います。

□ Si hubieras estado ahí, te habría invitado a comer.	□ 君がそこにいたのなら、食事に誘ったのに。

帰結節が現在のことを述べているときは、直説法過去推量形を使います。

❑ ¿Cómo me llamaría si hubiera nacido en España?	❑ スペインで生まれていたら僕の名前は何になっているだろうか？

《como si＋接続法過去完了形》「あたかも～であったかのように」

□ Hablaba como si lo hubiera visto.	□ 彼はあたかもそれを見たかのように話していました。

参考 〈現在〉の仮定文に接続法過去形が使われる理由

一般に過去形が条件文で使われると「～だったら」という意味になり、現在形よりも現実性がなくなります。日本語の非現実仮定文でもたとえば「私が金持ちだったら（仕事などしないのに～）」などのように過去形を使います。このことは願望文でも同じです。

次の文の前半部は現在のことを、一度過去の時点に想定してみて、それならば「あなたは何をする？」と聞いています。

□ Supón que estuvieras en España, ¿qué harías?
／君がスペインにいたとしよう、そしたら君は何をする？

この文は si の仮定文とよく似ています。このように接続法過去形は、非現実的なことを一度〈過去〉に「そういうことがあった」として仮想するはたらきがあります。

4.9　命令形と命令文

▶「命令文」は、かならずしも〈命令〉するときにだけ使われるわけではありません。〈命令〉のほかに〈依頼〉や〈勧誘〉などの意味もあります。肯定の命令文と否定の命令文は作り方が異なります。

◇205　肯定命令文

２人称では命令形を使い、１人称と３人称では接続法現在を用います。

人称	単数	複数
１人称	なし	Hablemos. Comamos. Vivamos.
２人称	**Habla. Come. Vive.**	**Hablad. Comed. Vivid.**
３人称	Hable. Coma. Viva.	Hablen. Coman. Vivan.

＊ usted / ustedes には接続法現在形を使います。

(1) TÚ の命令形は直説法現在形 3 人称単数の活用形と同じ形です。

□ ¡Habla!	□ 君話して！
□ ¡Corre! No hay tiempo.	□ 急いで！ 時間がない。

(2) VOSOTROS の命令形は不定詞の語尾の -r の代わりに -d をつけた形です。

□ ¡Venid pronto!	□ 君たちすぐ来て！

(3) そのほかの人称では接続法を用います。

□ ¿Podemos pasar? — Sí, pasen.	□ 通ってよろしいですか？ — はい、お通りください。

補足 VOS の命令形

中米諸国、チリ、ラプラタ諸国（パラグアイ、ウルグアイ、アルゼンチン）では主語人称代名詞 tú ではなく vos が使われます。☞◇99 主語人称代名詞の形 補足

vos に対応する動詞の命令形は次のようになります。

□ HABLAR : ¡Vos hablá! / 話して！
□ COMER: ¡Vos comé! / 食べて！
□ VENIR: ¡Vos vení acá! / ここに来て！

VOS の活用形は命令形と直説法現在形で TÚ の活用形と異なります。残りの法・時制では TÚ の活用形を使います。

参考 命令形の由来

ラテン語の命令形は 2 人称に限られていたので、とくに人称を区別するための語尾は必要ありませんでした。命令形は、ほとんど〈呼びかけ〉に近いはたらきがあり、動詞の活用語尾をつけないで AMA「愛せ」, AUDI「聞け」のようにそのまま語幹だけで表現しました。これが現代スペイン語の TÚ の命令形の由来です。

しかし単数と複数の区別は必要でした。そこで複数形のほうに -TE という語尾がつき AMATE, AUDITE という形になりました。この -TE が現代スペイン語の VOSOTROS の命令形の -d（hablad, comed, vivid）の由来です。

この -TE が 2 人称複数の原形で、ラテン語の直説法現在形 AMATIS「君たちは愛する」, AUDITIS「君たちは聞く」の -TIS は、この -TE に -S をつけた形にさかのぼります。-TIS は現代スペイン語の直説法現在形 VOSOTROS の人称語尾 -is（habláis, coméis, vivís）になりました。

スペイン語の時代になって一般の名詞から usted, ustedes という代名詞が生まれました。

(☞◇102 usted / ustedes 参考) これが3人称だったために3人称の命令形が必要になったのですが、新たに作ることはなく接続法が代用されました。接続法は「～が…でありますように（望む）」という願望文で使われていたので、それが命令形として使われたのです。同じように NOSOTROS の活用形にも接続法が使用されました。

◇206　命令形の不規則変化

次の動詞の TÚ の命令形は短縮された形になります。

□ poner → pon	□ 置く	□ hacer → haz	□ する、作る
□ tener → ten	□ 持つ	□ decir → di	□ 言う
□ venir → ven	□ 来る	□ ir → ve	□ 行く
□ salir → sal	□ 出る	□ ser → sé	□ ～である

□ Pon estas cajas sobre la mesa.	□ これらの箱をそのテーブルの上に置いて。
□ Ten mucho cuidado.	□ よく気をつけて。
□ Ven aquí.	□ ここに来て。

これらの動詞に接頭辞がついた派生動詞も同様に命令形が短縮します。たとえば mantener「維持する」の命令形は mantén となります。アクセント符号が必要です。

□ Mantén el contacto con tus amigos.	□ 友だちと連絡をとり続けて。

* bendecir「祝福する」と maldecir「呪う」の命令形は規則変化で、bendice, maldice となります。

参考　命令形の不規則形

ラテン語の2人称単数の命令形に由来する中世スペイン語の命令形の語末は AR 動詞ならば a、ER / IR 動詞ならば e でした。このうち ER / IR 動詞の命令形の語末の e は一般に脱落する傾向があったため、ten, ven, sal などの形になりました。これは中世スペイン語の一般的な音声現象（☞◇143 形容詞の語尾脱落形 参考）で、ほかの動詞にも短縮形が生まれました。その中で頻度の高い動詞だけが現代スペイン語にも残ったようです。

◇207　肯定命令文の弱勢人称代名詞

(1) 直接目的語、間接目的語、再帰代名詞は動詞の後に直接つけます。

□ ¡Escríbeme!	□ 私に手紙を書いて。

＊肯定命令形のアクセント符号に注意しましょう。¡Escribe! というだけの命令形ならば、終わりから２番目の音節に強勢があるのでアクセント符号をつけませんが、me を付加すると強勢の位置が終わりから３番目の音節になるので、アクセント符号が必要になります。

dé（< dar「与える」）は後に補語人称代名詞がつくと終わりから２番目の音節に強勢がつくので、アクセント符号が消えます。

□ Deme, por favor, un vaso de agua.	□ 水を１杯私にください。

＊少し古い文章では、Déme のように、アクセント符号を保っていました。

しかし２つの補語人称代名詞がつくと終わりから３番目の音節に強勢がつくので、再びアクセント符号が必要となります。

□ Démelo.	□ 私にそれをください。

(2) 再帰代名詞の命令文では、NOSOTROS の活用形で語尾の -s が消失し、VOSOTROS の活用形では語尾の -d が消失します。

□ ○ ¡Levantémonos! × ¡Levantémosnos!	□ 私たちは起きましょう。
□ ○ ¡Levantaos! × ¡Levantados!	□ 君たちは起きなさい。

＊ただし、irse の NOSOTROS の命令形は × Vayámonos でなく Vámonos「行きましょう」が使われ、VOSOTROS の命令形は × Íos ではなく Idos「(君たちは) 行きなさい」が使われます。

◇208　否定命令文

すべての人称で接続法現在形の活用形を用います。代名詞（直接目的語・間接目的語・再帰代名詞）は動詞の前にスペースをあけて置きます。

人称	単数	複数
１人称	なし	No hablemos. No comamos. No vivamos.
２人称	No hables. No comas. No vivas.	No habléis. No comáis. No viváis.
３人称	No hable. No coma. No viva.	No hablen. No coman. No vivan.

□ No lo pongas aquí.	□ それをここに置かないで。
□ No se quede allí.	□ あそこにいないでください。
□ No te preocupes.	□ 心配しないで。

参考-1 **否定命令文で命令形が使われない理由**

なぜ否定命令文では TÚ の命令形が使われず、接続法が使われるのでしょうか。ラテン語では《NE ＋命令形》という形も使われていました。ほかに《NE ＋接続法現在形》や《NOLI ＋不定詞》という形もありました。《NE ＋接続法現在形》は日常語に使われていたので、これが後にスペイン語の《no ＋接続法》になったのだと思われます。

肯定文で命令形が使われ続けたのは頻度が高かったためでしょう。頻度が低い否定文で「〜しないように（望む）」という意味で使われた《NE ＋接続法現在形》が否定命令文でも使われるようになったのは、ちょうど日本語でも「〜しないように」という形で「禁止」を示す表現になるのと似ています。

参考-2 **命令文の代名詞の位置**

なぜ肯定命令文だと代名詞が動詞の後ろにきて、否定命令文だとそれが動詞の前にくるのでしょうか。これは、否定命令文の文頭の No が代名詞の位置の条件になったからです。中世スペイン語では代名詞が弱勢となったので、強勢語の後につく傾向がありました。そのため《動詞＋代名詞》または《強勢語＋代名詞＋動詞》という構造をとりました（☞◇108 弱勢人称代名詞の位置 参考）。肯定命令文では《動詞（＝強勢語）＋代名詞》の構造で、動詞の命令形が代名詞を引きつけたので、代名詞は動詞の後にきます。一方、否定命令文では《No（＝強勢語）＋代名詞＋動詞》という構造で、no が強勢語なので代名詞を引きつけました。この構造がそのまま現代スペイン語にも継承されたのです。

4.10　不定詞

▶不定詞は基本的に動詞を名詞的に用いるときの形です。

◇209　不定詞の形

不定詞の語尾は、たとえば hablar, comer, vivir のように、-ar, -er, -ir の 3 種類です。これらは動詞の代表形として辞書の見出し語として使われています。「〜すること」の意味で文の主語、補語、動詞・前置詞の目的語になります。《助動詞（deber, poder, querer など）＋不定詞》はよく使われます。

次の基本形と完了形があります。

種類	AR 動詞	ER 動詞	IR 動詞
❑ 基本形	❑ hablar	❑ comer	❑ vivir
❑ 完了形	❑ haber hablado	❑ haber comido	❑ haber vivido

参考 スペイン語の原形不定詞と英語の《*to* ＋原形》

スペイン語の不定詞には英語の *to* にあたるものはなく、そのままの形で使われます。英語の *to* は〈方向〉「〜へ」を示す前置詞なので、《*to* ＋原形》が、〈方向〉と意味的に近い〈目的〉「〜するために」の意味を示すときに使われたのが最初です。それがだんだんと一般化して、不定詞の印のようになりました。スペイン語は最初から原形の不定詞だけを使い続けました。

◇210 不定詞の用法

(1) 不定詞は文中で主語・補語・目的語になります。

❏ Me gusta pasear por este parque.	❏ 私はこの公園を散歩することが好きです。
❏ Es bueno tomar mucha agua en verano.	❏ 夏に水を多く飲むのはよいことです。

＊目的語の例については ☞ 次頁の (4)

(2)《前置詞＋不定詞》: 前置詞の後で使われます。

❏ Trabajamos todo el día sin descansar.	❏ 私たちは休まず一日中働きました。
❏ Hoy te escribo para darte mi nueva dirección.	❏ 君に私の新しい住所を教えるために今日手紙を書くよ。

《al ＋不定詞》は「〜する［した］とき」という意味で使われます。

❏ El euro marca un nuevo récord al llegar a los 1,44 dólares.	❏ ユーロは1.44ドルに達し、記録を更新しています。

不定詞の意味上の主語が不定詞の後に置かれることがあります。

❏ Al salir el sol, salimos de casa.	❏ 日の出とともに私たちは家を出ました。

(3)〈命令〉を示す不定詞

話し言葉や掲示文で〈命令〉〈禁止〉を示します。《A ＋不定詞》の形にもなります。

❏ ¡Callar!	❏ おだまり！
❏ ¡A trabajar!	❏ さあ、仕事だ！
❏ No molestar.	❏ じゃまをしないで。

＊きつい調子の命令文です。☞ 4.9 命令形と命令文

(4)《〈使役〉〈放任〉〈感覚〉の動詞＋不定詞》

(a) 不定詞は hacer「～させる」, mandar「～することを命じる」, dejar「～させておく」などの〈使役・放任〉の動詞の目的語になります。

❑ Juan me hizo esperar una hora.	❑ フアンは私を1時間待たせました。
❑ Mis padres no me dejan salir por la noche.	❑ 私の両親は夜の外出を許してくれません。

＊不定詞と接続法の違いについては ☞ ◇194 名詞節の接続法 (2)

(b) 不定詞は oír, ver, sentir などの〈感覚〉の動詞の目的語になります。それぞれ、「～するのを聞く、見る、感じる」という意味になります。

❑ Le veo venir corriendo.	❑ 彼が駆けてくるのが見えます。
□ He oído decir que Carlos vivió en México varios años.	□ カルロスはメキシコに何年か暮らしたと聞いています。

＊不定詞と現在分詞の違いについては ☞ ◇213 現在分詞の用法 補足

◇211 《助動詞＋不定詞》

助動詞は、不定詞と一緒に使われ、動詞の意味が実現する様態を示します。《助動詞＋不定詞》はよく使われます。代名詞は、《助動詞＋不定詞》の前につけることも、後につけることもできます。前につけるときは、助動詞の前にスペースを置きます。後につけるときは、不定詞に直接つなげます。このとき、不定詞にアクセント符号をつける必要が出てくることがあります。

(1)《deber ＋不定詞》

(a)〈義務〉「～しなければならない」「～すべきだ」

❑ Debemos seguir hasta el final.	❑ 私たちは最後まで続けるべきです。

(b)〔否定文で〕〈禁止〉「～してはならない」

❑ No debes quejarte por tan poca cosa.	❑ そんな小さなことで文句を言ってはいけないよ。

(c)〈必然〉「～のはずだ」

❑ Su padre debe tener unos cincuenta años.	❑ 彼の父親は50歳ぐらいのはずです。

(d)〔過去推量形〕〈緩和〉〈勧め〉「～すべきでしょう」

□ Deberías consultar al médico.	□ 君は医師に診てもらったほうがいいよ。

(2)《deber de ＋不定詞》〈必然〉「～のはずだ」「～に違いない」

□ Debió de ser hace tres años cuando nos conocimos, ¿no es eso?	□ 私たちが知り合ったのは確か3年前だったよね？

＊ de がないこともあります。☞上の (1)(c)

(3)《haber de ＋不定詞》

(a)〈義務〉「～しなければならない」

❑ Ha de seguir usted puntualmente las indicaciones del médico.	❑ あなたは医者の指示に忠実にしたがわなくてはいけません。

(b)〈必然〉「～のはずだ」

□ ¿Cómo había de saberlo yo, si no estaba ahí?	□ 私はそこにいなかったのだからどうしてそれを知るはずがあるでしょう？

(4)《ir a ＋不定詞》

(a)〈意志〉「～するつもりです」

❑ ¿Qué vas a hacer este verano?	❑ この夏は何をするつもり？

(b)〈近い未来〉「～しようとしている」「～になる」

□ Creo que va a llover.	□ 雨が降ると思う。

(c)〔NOSOTROS の活用形で〕〈勧誘〉「～しましょう」

❑ Vamos a ver una obra de Lorca.	❑ ロルカの芝居を見に行きましょう。

補足-1 《ir a ＋不定詞》と推量形の違い

たとえば、次の２つの文を比べてみましょう。

❑ (1) Voy a terminar este trabajo. / 私は仕事を終えるつもりだ。
❑ (2) Terminaré este trabajo. / 私は仕事を終えるでしょう。

(1) には決然とした〈意志〉が感じられます。また現在形なので「現在に近い時点で仕事を終える」ことを表明しています。一方、(2) は推量形なので「仕事を終えること」「終えるであろうこと」を予測しながら〈推量〉の意味を込めて「意志」を表明しています。
2つの文を疑問文にしてみましょう。

❑ (3) ¿Voy a terminar este trabajo? / ❑ (4) ¿Terminaré este trabajo?

(3) には「私がこの仕事を終えるつもりだって？（そんな！ そんなむちゃなこと言ってないよ！）」というニュアンスがあります。一方、(4) は「私はこの仕事を（果たして）終えることになるのかな？（だいじょうぶかな？）」という〈不確かさ〉〈自信のなさ〉を示しています。このように、(3) は決然とした現在の〈意志〉について疑問を示し、(4) は推量した内容について自問しています。

(5)《pensar ＋不定詞》〈予定〉「〜しようと思う・考える」

□ ¿Qué piensas hacer en estas vacaciones? — Pienso ir al extranjero.	□ この休暇に何をしようと考えているの？ — 外国に行こうと思っています。

(6)《poder ＋不定詞》

(a)〈能力〉「〜することができる」

❑ Con estos zapatos no puedo correr.	❑ この靴では走れません。

(b)〈許可〉「〜してもよい」「〜してかまわない」

❑ ¿Puedo usar este diccionario?	❑ この辞書、使ってもいい？

(c)〔否定文で〕〈禁止〉「〜してはいけない」

❑ Aquí dentro no podemos fotografiar.	❑ ここの建物内では写真撮影はできません。

(d)〔疑問文で〕〈依頼〉「〜してくれますか」「〜していただけますか」

❑ ¿Puede usted decirme qué hora es?	❑ 時間を教えていただけますか？

(e)〈可能性〉「〜でありうる」「〜することがある」

❑ Está muy nublado. Puede llover.	❑ 空がとても曇っています。雨が降るかもしれません。

(7)《querer ＋不定詞》

(a)〈希望〉「〜したい」「〜したがる」

❑ ¿Quieres venir con nosotros?	❑ 君は私たちと来たいの？

(b)〔疑問文で〕〈依頼〉「〜してくれますか」「〜していただけますか」

❑ ¿Quiere usted apagar el cigarrillo, por favor?	❑ タバコを消していただけますか？

(8)《soler ＋不定詞》〈習慣〉「ふつうは〜です」「よく〜します」

❑ En junio suele llover mucho en este país.	❑ ふつう6月にこの国では雨がたくさん降ります。

(9)《tener que ＋不定詞》

(a)〈必要〉「〜しなければなりません」

□ Tenemos que darnos prisa si queremos llegar a tiempo.	□ 間に合わせたいのなら私たちは急がなければなりません。

(b)〈必然〉「〜のはずです」

□ Tiene que haber alguna razón para ello.	□ それには何か理由があるはずです。

補足-2 《deber / tener que / haber que ＋不定詞》

どれも日本語では「〜しなければいけない」と言いますが、次の違いがあります。

(1)《deber ＋不定詞》は〈義務〉を示します。

❑ Debes hacer las tareas. / 君は宿題をしなければいけません。

(2)《tener que ＋不定詞》は〈個人の必要性〉を示します。

❑ Tengo que hacer estas tareas. / 私はこの宿題をしなければいけない。

(3)《haber que ＋不定詞》は〈一般的な必要性〉を示します。

□ Cuando se conduce hay que estar muy alerta.
/ 運転するときはよく注意していなくてはなりません。

否定形については、no deber は「〜してはいけない」という意味ですが、no tener que と、no hay que には「〜してはいけない」という意味と、「〜する必要がない」という意味があります。

❑ No hay que poner el acento en 'ti.' / ti にはアクセントをつけてはいけません。
❑ No hay que trabajar los domingos. / 日曜日は働かなくてもいい。
❑ No pasa nada, no tienes que disculparte.
/ どうってことないよ、君があやまる必要なんかないよ。

4.11　現在分詞

▶現在分詞形は基本的に動詞を副詞的に用いる形です。現在分詞は無変化です。女性形や複数形はありません。

◇212　現在分詞の形

(1) 現在分詞の規則形
現在分詞の語尾は AR 動詞では -ando, ER 動詞と IR 動詞では -iendo です。

❑ hablar — hablando	❑ 話す
❑ comer — comiendo	❑ 食べる
❑ vivir — viviendo	❑ 生きる、住む

現在分詞の完了形は《haber の現在分詞＋過去分詞》です。

❑ hablar — habiendo hablado	❑ 話す
❑ comer — habiendo comido	❑ 食べる
❑ vivir — habiendo vivido	❑ 生きる、住む

(2) 現在分詞の不規則形

(a) 語根母音変化動詞の sentir 型、dormir 型、pedir 型の現在分詞は次のように語根の母音が変化します。

❑ pedir — pidiendo	❑ 頼む
❑ sentir — sintiendo	❑ 感じる
❑ dormir — durmiendo	❑ 眠る

(b) -iendo が語頭や母音の後になる動詞では、-yendo になります。

❑ ir — yendo	❑ 行く
❑ huir — huyendo	❑ 逃げる

◇213　現在分詞の用法

(1) 動詞を修飾する現在分詞：「〜しながら」という意味で動詞を修飾します。

□ Me gusta caminar descalza por la playa sintiendo las caricias de las olas.	□ 私は波が肌に触れるのを感じながら海岸を裸足で歩くのが好きです。

(2) 名詞を修飾する現在分詞

現在分詞は一般的には名詞を直接修飾することはありませんが、次のようなケースでは名詞を修飾します。

(a)《haber ＋名詞＋現在分詞》:「～している…がいる・ある」

□ En la playa hay grupo de jóvenes jugando al fútbol.	□ その海岸にはサッカーをしている若者たちのグループがいます。

(b)「感覚」「伝達」を示す名詞(句)

「感覚」「伝達」を示す名詞(句)ならば直接修飾することがあります。

❑ De la calle llegó un grito pidiendo socorro.	❑ 通りから助けを求める叫び声が聞こえました。

(c)《con ＋名詞＋現在分詞》

❑ Sacó con las manos temblando una carta.	❑ 彼は震える手で１通の手紙を取り出しました。

(d) 絵画・写真の題名など

❑ «Niños tocando el violín»	❑『バイオリンを弾く子供たち』

(3)《〈感覚〉〈放任〉を示す動詞＋現在分詞》

(a) 現在分詞は ver「見る」, oír「聞く」, sentir「感じる」, recordar「思い出す」など〈感覚〉を示す動詞とともに使われます。

❑ Me gusta ver al niño durmiendo con tanta felicidad.	❑ こんなに幸せそうに眠っている子供を見るとうれしくなります。
❑ Recuerdo a mi madre escribiendo poesías.	❑ 私は母が詩を書いていたのを思い出します。

(b)〈放任〉を示す dejar も現在分詞を使うことができます。このときは「～するのを見てそのままにさせておいた」という意味で〈感覚〉の意味に近くなります。

❑ Dejé a los niños jugando a su gusto.	❑ 私は子供たちを好きなように遊ばせておきました。

(4)〈命令〉〈禁止〉を示す現在分詞

話し言葉で〈命令〉〈禁止〉を示します。動作の〈進行〉を強調します。

❏ ¡Andando!	❏ さあ、歩くんだ！
❏ ¡Trabajando!	❏ さあ、働きなさい！

＊きつい調子の命令文です。☞ 4.9 命令形と命令文

補足 **《〈感覚〉を示す動詞＋不定詞・現在分詞》**

〈感覚〉を示す動詞の後には現在分詞と不定詞を続けることができます。

❏ (1) Oí cantar a Carmen una canción española.
/ 私はカルメンがスペインの歌を歌うのを聞きました。

❏ (2) Oí a Carmen cantando una canción española.
/ 私はカルメンがスペインの歌を歌っているのを聞きました。

どちらも「カルメンがスペインの歌を歌うのを…」とも訳せますが、不定詞を使う (1) は単に「歌う」という動作だけを示し、現在分詞を使う (2) には「歌う」動作が続いているイメージがあります。

(1) の語順は、《感覚動詞＋不定詞＋意味上の主語》または《感覚動詞＋意味上の主語＋不定詞》となり、(2) の語順は、《感覚動詞＋意味上の主語＋現在分詞》となります。代名詞を使うときは、代名詞は活用する動詞の前に置かれ、どちらも同じ語順になります。

❏ (3) La oí cantar una canción española.
/ 私は彼女がスペインの歌を歌うのを聞きました。

❏ (4) La oí cantando una canción española.
/ 私は彼女がスペインの歌を歌っているのを聞きました。

《dejar ＋現在分詞》は感覚動詞に似ています。次の (5) では単に遊ぶことを許しているだけですが、(6) では子供たちが実際に遊んでいるイメージがあります。

❏ (5) Dejé jugar a los niños a su gusto.
/ 私は子供たちを好きなように遊ばせました。

❏ (6) Dejé a los niños jugando a su gusto.
/ 私は子供たちを好きなように遊ばせておきました。

◇214　現在分詞構文

現在分詞を文頭に置くと〈時〉〈条件〉〈原因〉〈理由〉〈譲歩〉〈状況〉などを示す従属節のようなはたらきをします。

□ Conversando se soluciona el problema.	□ 話し合えば問題は解決します。
□ Viviendo tres años en Madrid, todavía no conozco Toledo.	□ 私はマドリードに3年住んでいますが、まだトレドに行っていません。

現在分詞の完了形《habiendo ＋過去分詞》は〈主節の時制よりも前の時点のこと〉を表します。

□ No habiendo tenido hijos, jamás pude comprender lo que un hijo significaba para una madre.	□ 私は子供を生んだことがなかったので、母親にとって子が意味することをまったく理解することができませんでした。

＊《en ＋現在分詞》については ☞◇229 en (5)

◇215 進行形

《estar ＋現在分詞》で進行形を作ります。ある動作が進行している〈状態〉を示すので、ser でなく estar を使います。

(1) 現在進行形：《estar の現在形＋現在分詞》「〜している」

❑ ¿Estás ocupada? — Sí, estoy estudiando.	❑ 君、忙しい？ — うん、勉強してるから。
❑ Está siempre corriendo de acá para allá.	❑ 彼はいつもあちこち走り回っています。

(2) 過去進行形：《estar の過去形（線過去形）＋現在分詞》「〜していた」

❑ Ninguno sabíamos bien qué estábamos haciendo.	❑ 私たちのだれも自分たちが何をしているかよくわかりませんでした。

(3) 現在進行推量形：《estar の現在推量形＋現在分詞》「〜しているだろう」

□ Mañana a esta hora estaremos practicando el baile.	□ 明日この時間には私たちはダンスの練習をしているでしょう。

(4) ir「行く」, andar「歩く、行く」, seguir「続ける」などの〈移動〉〈継続〉を示す動詞は、後に現在分詞がつくと助動詞のはたらきをします。

❑ Ya va anocheciendo.	❑ もう夜になりかけています。
❑ ¿Qué andas buscando?	❑ 何を探しているの？

❏ Sigo aprendiendo español.	❏ 私はスペイン語の学習を続けています。

逆に、《seguir sin ＋不定詞》は「～しないままだ」という意味になります。

❏ Sigo sin entender el significado de esta palabra.	❏ 私はまだこの語の意味がわかりません。

補足 《estaba / estuve ＋現在分詞》

線過去形の進行形《estaba ＋現在分詞》は、過去にあったことが終わってしまったものとは意識していないとき、とくにほかのできごとが起きたことの背景になるときに使います。

❏ Cuando yo estaba comiendo, sonó el teléfono.
/ 私が食事をしていたとき、電話が鳴りました。

この例では、できごとが書かれていなくても線過去形の進行形にはそのようなできごとの背景であることが感じられます。

一方、点過去形の進行形《estuve ＋現在分詞》は、過去のある時点で終結した進行状態を示します。たとえば次のように時間の副詞句で限定されていることがよくあります。

❏ Yo estuve trabajando durante cinco horas. / 私は5時間働いていました。

4.12　過去分詞

▶過去分詞は基本的に動詞を形容詞的に用いるときの形です。

◇216　過去分詞の形

(1) 過去分詞の規則形

(a) AR 動詞は不定詞の語根に -ado をつけます。

❏ hablar	❏ habl-ado	❏ 話す

(b) ER 動詞と IR 動詞は不定詞の語根に -ido をつけます。

❏ comer	❏ com-ido	❏ 食べる
❏ vivir	❏ viv-ido	❏ 生きる、住む

(2) 過去分詞の不規則形

(a) 次の動詞は -to という語尾になります。

❑ abrir	❑ abier-to	❑ 開く
❑ cubrir	❑ cubier-to	❑ 覆(おお)う
❑ escribir	❑ escri-to	❑ 書く
❑ morir	❑ muer-to	❑ 死ぬ
❑ poner	❑ pues-to	❑ 置く
❑ resolver	❑ resuel-to	❑ 解決する
❑ romper	❑ ro-to	❑ 壊す
❑ ver	❑ vis-to	❑ 見る
❑ volver	❑ vuel-to	❑ 戻す

これらの動詞に接頭辞がついた派生語も同類です。

❑ describir	❑ descri-to	❑ 記述する
❑ descubrir	❑ descubier-to	❑ 発見する
❑ componer	❑ compues-to	❑ 構成する
❑ prever	❑ previs-to	❑ 予想する

(b) 次の動詞は -cho という語尾になります。

❑ decir	❑ di-cho	❑ 言う
❑ hacer	❑ he-cho	❑ する

deshacer「壊す」や contradecir「反論する」などのように接頭辞がついた動詞の過去分詞も -cho という語尾になります。satisfacer「満足させる」の過去分詞 satisfecho も同様です。imprimir「印刷する」と proveer「備える」には、それぞれ imprimido, impreso と proveído, provisto という 2 つの過去分詞が使われています。
bendecir と maldecir の過去分詞は規則的です。

❑ bendecir	❑ bendec-ido	❑ 祝福する
❑ maldecir	❑ maldec-ido	❑ 呪う

過去分詞は、-o で終わる形容詞と同じように、性・数が変化します。☞◇136 形容詞の基本的な性変化；☞◇139 形容詞の複数形
動詞の完了形で使われるときは性・数の変化がなく、-o の形だけが使われます。☞◇168 直説法現在完了形 など

参考　**過去分詞の規則形と不規則形の由来**

過去分詞の規則形はラテン語の《母音＋ TO》に由来します。この -T- が母音（有声音）にはさまれて有声化し、-d- になりました。

-to で終わる不規則形はラテン語の《子音＋ TO》に由来します。この場合 -t- は前に子音があり、母音にはさまれていないので -t- のままでした。現代スペイン語でも to で終わる過去分詞の前はほとんどが子音です。例外は escrito（descrito）と roto です。これも、もとは to の前に p がありましたが、後に消えてしまいました。英語の同語源語 *script*「台本」や *bankrupt*「破産者」を見ると -p- が入っています。

decir — dicho と hacer — hecho では、-c ＋ -to から、-ct- > -ch- という音韻変化を経て、-cho という語尾の過去分詞ができました。dictado「書き取り」と dicho, factura「請求書」と hecho は同じ語源です。

◇217　過去分詞の用法

(1) 名詞を修飾します。

過去分詞は、動詞が形容詞の役割を果たすときに使われます。一般に〈受動〉〈完了〉を示し、「～された」という意味になります。修飾する名詞の性・数に一致します。

❏ Tengo un cuadro pintado por mi abuelo.	❏ 私は祖父が描いた絵を持っています。
❏ Era maravilloso el paisaje visto desde la ventana.	❏ 窓からの景色はすばらしかったです。

自動詞と再帰動詞の過去分詞は、〈受動〉ではなく、〈能動〉の意味をもちます。

❏ Lloraba sin cesar un niño recién nacido. (< nacer)	❏ 生まれたばかりの赤ちゃんが泣き続けていました。
❏ Pepita sentada en un banco leía un periódico. (< sentarse)	❏ ペピータはベンチにすわって新聞を読んでいました。

(2) 主語の補語になります。

❏ Todo estaba abandonado y cubierto de polvo.	❏ あらゆるものが見捨てられ、ほこりをかぶっていました。
❏ El Presidente iba seguido de varios guardaespaldas.	❏ 大統領は数人のボディーガードをつけていました。

(3) 直接目的語の補語になります。

❑ Ya tengo terminada la tesis.	❑ もう私は論文を書き終えています。

《〈放任〉〈感覚〉の動詞＋過去分詞》も同じ構文です。

□ ¿Dejamos la ventana un poco abierta para que entre el aire?	□ 風が入るように私たちは窓を少し開けておきましょうか？
□ Encontré a Jorge triste y deprimido.	□ ホルヘは沈んで元気がなさそうでした。

過去分詞は動詞の完了形で使われます。☞◇ 168 直説法現在完了形 など

◇218 過去分詞構文

《過去分詞＋主語》で〈時〉〈条件〉〈原因〉〈理由〉〈譲歩〉〈状況〉などを示す従属節のはたらきをします。過去分詞構文はおもに書き言葉で使います。

□ Terminadas las vacaciones volvemos a clases.	□ 休暇が終わると私たちは授業に戻ります。
□ Caído el sol, los niños volvieron a casa.	□ 日が暮れると子供たちは家に帰りました。

主語がない場合は主節の主語と同じものを指します。

□ Llegados a la terminal, nos dirigimos a la Universidad.	□ 終着駅に到着すると私たちは大学に向かいました。

過去分詞の前にほかの語がつくことがあります。

□ Una vez hecha la compra, ¿puedo cambiar el libro?	□ 購入したあとで本を交換することはできますか？
□ Al mes de nacido, el bebé ya erguía el cuello.	□ 生後1か月で赤ちゃんはもう首がすわりました。

◇219 受動文

(1)《ser ＋過去分詞》で「〜(ら)れる」という意味の受動文を作ります。過去分詞は主語の性・数に一致します。〈行為者〉を表現するときは por によって表現されます。

□ La casa fue construida hace quince años.	□ その家は15年前に建てられました。

□ La noticia fue publicada por una revista.	□ そのニュースはある雑誌によって発表されました。

(2)《ser ＋過去分詞》の受動文は、時制が現在形と線過去形のときはあまり使われません。一方、完了形、点過去形、推量形、不定詞のときは自由に使われます。

□ Los cuadros fueron donados al museo por un coleccionista anónimo.	□ 絵画は匿名の蒐集家から美術館に寄贈されました。
□ Manolo ha venido a la fiesta sin ser invitado.	□ マノーロは招待されてもいないのにパーティーに来たんだ。

《ser ＋過去分詞》の受動文が現在形や線過去形で使われるときは、〈状況〉〈状態〉や〈繰り返し〉〈習慣〉などを示しています。

□ Hidalgo es considerado el padre de la independencia de México.	□ イダルゴはメキシコ独立の父とされています。
□ El equipo triunfador era aclamado por el público puesto en pie.	□ 優勝チームは立ち上がった観衆の喝采を受けていました。

(3)《estar ＋過去分詞》は〈結果としての状態〉を示す受動文です。

□ La casa estaba totalmente construida cuando la compramos.	□ 私たちが買ったときその家はもう完全にできあがっていました。

補 足　**受動文の過去分詞の性数変化**

英語の受動態で使われる過去分詞とは違って、スペイン語の ser と estar の受動文の過去分詞は主語の性・数と一致します。これは、たとえば

□ La ciudad fue destruida. / その都市は破壊された。

という文が、

□ Mi casa es pequeña. / 私の家は小さい。

という文と同じように、《主語＋ ser ＋主語の補語》という構造になるためです。この補語は形容詞でも過去分詞でもかまいません。主語の補語なので主語と性・数が一致します。

このように、ser 動詞は主語と補語を結びつける役目を果たしますが、それがない場合は《名詞＋形容詞・過去分詞》の構造になり、ここでも次のように形容詞と過去分詞は名詞に性・数が一致します。

□ la ciudad destruida / 破壊された都市
□ la casa pequeña / 小さな家

5. 関係語

▶この章では前置詞、関係詞、接続詞を「関係語」と呼んで扱います。関係語は、文の中で名詞類・形容詞・動詞を関係づけるはたらきをします。関係語をマークすることによって、複雑な文の構造がとらえやすくなります。たとえば、前置詞を○で、関係詞を□で、接続詞を◇で囲んでみると、以下のようになります。

Como hacía frío, Lucía llevaba un abrigo con capucha.

Lucía, que tenía frío, llevaba un abrigo con capucha.

5.1 前置詞

▶前置詞は単語の前につけて、文の中での単語の役割を示します。1つの前置詞は〈場所〉〈時間〉〈概念〉のさまざまな役割を担いますが、それらには共通するイメージがあります。1つの前置詞の意味だけではあいまいなときは特定の前置詞句を使います。以下、個々の前置詞について意味・用法を説明します。

◇220 a 英 *to, at*

《a + el》は結合して al となります。

(1) 場所

(a)〈目的地〉〈到達点〉〈方向〉「～まで」「～へ」「～に」「～の方向を・へ」

☞◇229 en 補足-1

❑ Los niños están tirando piedras al río.	❑ 子供たちが川に石を投げています。

(b)〈場所〉〈位置〉「～に」「～で」「～に（離れずに）ついて」

□ Hay un coche blanco a la puerta.	□ 門のところに白い車が1台止まっています。

(c)〈距離〉「～（のところ）に」「～の距離に・で」

❑ La estación está a dos kilómetros de aquí.	❑ 駅はここから2キロのところにあります。

(2) 時間

(a)〈時点〉「～に」「～のときに」「～たったときに」「～前の時点で」

❑ Me casé a los treinta años.	❑ 私は30歳のときに結婚しました。

(b)《al ＋不定詞》「～する・したとき」

□ Al salir de la escuela, Marta se encontró con un aguacero.	□ マルタは学校を出たときにわか雨にあいました。

(3) 目的語

(a)〈直接目的語の人・動物・擬人化したもの〉「～を」☞◇301《主語＋他動詞＋直接目的語》(2)

❑ Invitamos al Sr. Moreno.	❑ 私たちはモレーノさんを招待します。
❑ No sé cómo educar a mi perro.	❑ 私は自分の犬をどのようにしつけたらよいかわかりません。
❑ Quiero a España tanto como a mi país natal.	❑ 私は私の母国と同じくらいスペインが好きです。

(b)〈間接目的語の人〉「～に」「～から」

❑ Elena le regaló un pañuelo a José.	❑ エレーナはホセにハンカチを贈りました。
❑ He comprado las flores a esa niña.	❑ 私はその女の子から花を買いました。

(4) 様態

(a)〈数量〉〈程度〉〈価格〉〈配分〉「～で」「～あたり」「～ずつ」

❑ El tren marchaba a gran velocidad.	❑ 列車は高速で進んでいました。
❑ Repasó el libro línea a línea.	❑ 彼はその本を１行ずつ見直しました。

(b)〈様式〉「～によって」「～にしたがって」「～風に」

❑ A mi modo de ver su tesis ha sido excelente.	❑ 私の見るところでは彼の論文は優秀でした。
❑ Ella viste a la moda de París.	❑ 彼女はパリモードの服装をしています。

(c)〈手段〉〈材料〉「～で」「～によって」

❑ Mi hermana ha bordado este vestido a mano.	❑ 私の姉はこの服に手で刺繍をしました。

(d)〈比較〉〈対比〉「～に対して」「～対…」

❑ Nuestro equipo ganó al suyo por dos a uno.	❑ 私たちのチームは2対1で彼らのチームを破りました。

(e)〈比較〉〈対比〉「～よりも」: superior, inferior, anterior, posterior などの形容詞や動詞 preferir とともに使います。

❑ La calidad de la tela azul es inferior a la de esta blanca.	❑ その青い布地の品質はこの白い布地よりも劣っています。
❑ Prefiero el campo a la ciudad.	❑ 私は都会よりも田舎のほうが好きです。

(f)「～の味・においの」

❑ Este postre tiene sabor a chocolate.	❑ このデザートはチョコレート味です。

(g)《a la ＋形容詞の女性形》「～風に」「～式に」

❑ Me encanta el baño a la japonesa.	❑ 私は日本式のお風呂が大好きです。

(5)《a ＋不定詞》

(a)〈目的〉「～するために」「～しに」

❑ Vengo a recoger las fotos.	❑ 私は写真を受け取りに来ました。

(b)〈条件〉「～であれば」「～すれば」

❑ A decir verdad, no quiero hacer eso.	❑ 実を言うと私はそれをしたくないのです。

(c)〈未来〉〈予定〉「～するはずの」「～するべき」

☐ Hay muchos temas a tratar.	☐ 扱うべき問題がたくさんあります。

＊ que も使えます。☞ ◇ 244 que (7)

5 関係語

(d)〈命令〉「～しなさい」☞ ◇210 不定詞の用法 (3)

❑ ¡A trabajar todos!	❑ さあ、みなさん仕事です！

＊《al ＋不定詞》〈同時性〉「～する・したときに」については ☞ ◇210 不定詞の用法 (2)

◇221 ante 英 *before*

(1)〈事態〉「～を前にして」「～に直面して」

❑ No puedo estar indiferente ante la injusticia.	❑ 私は不正を前にして無関心でいることはできません。
□ Me rendí ante sus razones.	□ 私は彼の理屈に負けました。

(2)〈場所〉「～の前に」「～の前方に」

❑ Carmen debe comparecer ante el tribunal.	❑ カルメンは裁判所に出頭しなければなりません。

(3)〈比較〉「～と比べて」

❑ No somos nada ante la naturaleza.	❑ 自然に比べれば私たちは取るに足らないものです。

(4)〈優先〉「～よりも前に」「～に優先して」

□ Ante cualquier otra cosa, lo que yo quiero es hacer un buen trabajo.	□ 何にもまして私がしたいのはよい仕事をすることです。

補足 **ante / delante de / enfrente de / al frente de**

(1) ante は〈事態・状況〉を前にしているときに使います。〈具体的な物〉や〈場所〉であっても、それが示す仕事や機能をイメージします。

□ El locutor se sentó ante el micrófono.
/ アナウンサーはマイクの前にすわりました。

□ Ante nosotros se erguía la figura majestuosa del Monte Fuji.
/ 私たちの目の前には富士山が堂々とそびえ立っていました。

上の文の「マイク」や「私たち」は〈具体的な物〉を指しているというよりも「アナウンサーの仕事」や「私たちの眼前」をイメージしています。

(2) delante de は〈具体的な物の前〉を示します。

❑ Delante del edificio está aparcado un coche. / その建物の前に車が1台駐車しています。
□ Se sentaron delante de nosotros. / 彼らは私たちの前にすわりました。

(3) enfrente de は〈対面〉を示します。

□ Enfrente de nuestra casa hay un parque. / 私たちの家の向かい側に公園があります。

(4) al frente de は「～の先頭に」という意味です。

❑ El capitán está al frente del equipo. / キャプテンはチームの先頭にいます。

◇222 bajo 英 *under*

(1)〈場所〉「～の下に」「～の下のほうに」

□ Al empezar a llover, me acogí bajo el alero de una casa.	□ 雨が降り始めたので私は軒下で雨宿りしました。

(2)「～に支配・監視・指揮・指導されて」

□ Bajo el reinado de los Reyes Católicos, se conquistó Granada.	□ カトリック両王の治世下でグラナダが征服されました。

(3)「～にしたがって」「～によれば」

❑ Bajo tu punto de vista, ¿cuál es la diferencia?	❑ 君の考えではその違いは何？

(4)〔年齢・時間・数量などが〕「～未満で」

❑ La temperatura es tres grados bajo cero.	❑ 気温は零下3度です。

補足 bajo / debajo de

(1) bajo は〈場所〉を示したり、抽象的な意味で用いられたりします。

❑ Los dos niños estaban columpiándose bajo la vigilancia de su madre.
/ 2人の子供は母親に見守られながらブランコに乗っていました。

(2) debajo de は具体的な〈位置〉を示します。

□ El gato se metió debajo de la cama. / その猫はベッドの下に隠れました。

◇223 como 英 *as*

(1)「～として」「～のように」

□ Pablo Neruda es conocido como un gran poeta.	□ パブロ・ネルーダは偉大な詩人として知られています。

(2)「(たとえば) ～のような」

❑ Algunos animales, como los leones, comen carne.	❑ いくつかの動物、たとえばライオンなどは肉食です。

◇224 con 英 *with*

《con + mí, ti, sí》は、それぞれ conmigo, contigo, consigo になります。

❑ Quiero hablar contigo.	❑ 私は君と話をしたいです。

(1)〈随伴〉〈共同〉〈相手〉〈衝突〉〈混合〉〈混同〉「～と」「～と一緒に」

❑ ¿Con quién cenaste anoche?	❑ あなたは夕べはだれと夕食を食べたの？

(2)〈所有〉〈付属〉〈内容物〉「～をもった」「～のある」「～がついている」「～を身につけた」

❑ Yo tomaré café con leche.	❑ 私はカフェオレを飲もう。

(3)〈道具・手段・材料〉「～で」「～を使って」

□ Con esta medicina, mejorarás pronto.	□ この薬で君はすぐよくなるよ。

(4)〈一致〉「～に」「～と」

❑ Estoy de acuerdo con usted.	❑ 私はあなたに賛成です。

(5)〈感情・態度・動作の対象〉「～に」「～を」「～に対して」

❑ Mi tío Jorge es muy cariñoso con sus sobrinas.	❑ ホルヘおじさんは姪たちにとてもやさしいです。
❑ ¡Cuidado con el frío!	❑ 寒いから気をつけなさい。

(6)〈状態〉「～がある」

□ Lucas no puede venir a clase porque está con fiebre.	□ ルーカスは熱があるので授業に来られません。

(7)〈同時〉「～のときに」「～と同時に」

□ Se despertaron con la luz del día.	□ 彼らは朝の光とともに目を覚ましました。

(8)〈原因・理由〉「～で」「～のために」

❑ Con esta lluvia no podemos salir.	❑ この雨では私たちは出かけられません。
□ Me mareo con la bebida.	□ 私は酒を飲むと気分が悪くなります。

(9)〈条件〉「～すれば」「～であるならば」

□ Con asistir a clase, aprobarás el curso.	□ 授業に出ていれば君は進級するだろう。

(10)〈譲歩〉「～であっても」「～しても」「～にもかかわらず」

□ No se pierde nada con ir y preguntar.	□ 質問しに行っても何もむだになりませんよ。

(11)〈小数点〉「～点…」

❑ Mido un metro con setenta centímetros.	❑ 私の身長は1メートル70センチです。

◇225 contra 英 *against*

(1)〈反対・敵対〉「～に対して」

□ Los incas se levantaron varias veces contra los españoles.	□ インカの人々はスペイン人に対して何度も蜂起しました。

(2)〈方向・目標〉「～に（向けて）」

❑ La madre estrechó a su hija contra su pecho.	❑ 母親は娘を胸に抱きしめました。

(3)〈違反・不服従〉「～に反して」「～にしたがわないで」

5 関係語

❑ Actuaron contra la ley.	❑ 彼らは法に反した行動をとりました。

(4) 〈防御〉「〜に備えて」「〜を防いで」「〜用の」

□ Como creímos que se había intoxicado, le dimos una medicina contra venenos.	□ 私たちは彼が中毒にかかっていると思ったので、彼に解毒剤を与えました。

(5) 〈支え〉「〜にもたれて」「〜に寄りかかって」

□ El anciano se apoyaba contra la barandilla.	□ 老人は手すりに寄りかかっていました。

(6) 〈対面〉「〜の前に」「〜の向かいに」「〜と向き合って」「〜に面して」

❑ El cine está contra el hotel.	❑ 映画館はホテルの向かいにあります。

(7) 〈比較・対比〉「〜に比べれば」

❑ Mi experiencia contra la suya es bastante escasa.	❑ 私の経験は彼のと比べればきわめて乏しいものです。

(8) 「〜と引き換えに」

❑ Entregamos la mercancía contra reembolso.	❑ 代金と引き換えに商品をお渡しします。

◇226 de 英 *of, from*

《de + el》は del になります。

(1) 〈関係〉「〜の」 英 *of*

(a) 〈所有・所属・作者〉「〜の」

❑ ¿De quién es esta casa? — Es de mi abuelo.	❑ この家はだれのですか？ — 私の祖父の家です。

(b) 〈材料・部分〉「〜の」

❑ Los bolsos de cuero son los más resistentes.	❑ 革のハンドバックが一番長持ちします。

(c)〈時〉「～の」

☐ Fuimos a la playa en las vacaciones de verano del año pasado.	☐ 私たちは去年の夏休みに海へ行きました。

(d)〈主題〉「～の」「～についての」 ☞◇ 241 sobre 補足-2

☐ Hoy tenemos clase de español.	☐ 私たちは今日スペイン語の授業があります。
☐ ¿De qué estáis hablando?	☐ 君たちは何について話しているの？

(e)〈全体の一部〉「～の」「～のうちの」

☐ Dos de nuestros profesores son españoles.	☐ 私たちの先生のうち2人はスペイン人です。

(f)〈内容〉「～の」

☐ Un vaso de agua, por favor.	☐ 水を1杯ください。
☐ Un grupo de estudiantes hablaba en la calle.	☐ 学生のグループが通りでおしゃべりしていました。

(g)〈同格〉「～の」「～という」

☐ Vivo en la calle de Alcalá.	☐ 私はアルカラ通りに住んでいます。

(h)〈目的地・到達点〉「～行きの」

☐ ¿A qué hora sale el autobús de Lima?	☐ リマ行きのバスは何時に出ますか？

(i)〈目的・用途〉「～（のため）の」「～用の」

☐ En el lago hay una barca de pesca.	☐ 湖に釣り舟が浮かんでいます。
☐ Como hace mucho sol, ponte las gafas de sol.	☐ 日差しが強いから、サングラスをかけなよ。

(j)〈特徴〉「～らしい」

☐ Es muy de los niños.	☐ それはまったく子供らしいことです。

(k)〈性質の強調〉「～の」

☐ El imbécil de Julio lo hizo.	☐ フリオのばかがそれをしたんです。

5 関係語

(2)「～から（の）」 英 *from*

(a)〈起点〉「～から」☞ ◇227 desde 補足

❑ ¿Cuánto cuesta el viaje de Tokio a Madrid?	❑ 東京からマドリードまでの旅費はいくらですか？

(b)〈原因・理由・根拠〉「～から」「～で」

□ Mi padre se puso enfermo de tanto trabajar.	□ 私の父は仕事のしすぎで病気になりました。

(c)〈材料〉「～から」

□ De los árboles se hace papel.	□ 木から紙が作られます。

(d)〈手段・方法〉「～で」

❑ Laura vive del dinero de su tío.	❑ ラウラはおじのお金で暮らしています。

(e)〈出身〉「～の出身で・の」

❑ ¿De dónde es usted? — Soy de Japón.	❑ あなたはどちらのご出身ですか？ — 私は日本から来ました。

(3)〈話題〉「～について」

□ De eso hablaremos después.	□ それについては後で話しましょう。

(4)〈部分〉「～を」

❑ Francisco me tomó de la mano.	❑ フランシスコは私の手を取りました。

(5)〈基準・観点〉「～が・は」「～の点で」「～に関して」

❑ El lago tiene veinte metros de profundidad.	❑ その湖は深さが20メートルあります。

(6)〈資格・役割・分類〉「～として」「～の仕事をして」

□ Cuando yo era estudiante, trabajaba de guía turístico.	□ 私は学生のころ観光ガイドの仕事をしていました。

(7)《〈動作・状態〉を示す語＋ de》

(a)〈動作の主語〉「～の…」

□ Toda la familia se alegró de la llegada de Eduardo.	□ 家族全員がエドゥアルドの到着を喜びました。

(b)〈動作の目的語〉「～の…」

□ Se dedica al estudio de la historia de España.	□ 彼はスペイン史の研究に打ち込んでいます。

(c)《過去分詞・受動文＋ de》〈行為者〉「～に（よる）」「～によって」☞◇ 237 por 補足-1

❑ Raúl vino acompañado de su madre.	❑ ラウルは母親に付き添われて来た。

(8)《比較級・最上級＋ de》

(a)《比較級＋ de》「～よりも」☞◇ 154 比較級

□ Creo que tiene más de cincuenta años.	□ 彼は50歳以上だと私は思います。

(b)《最上級＋ de》「～の中で」

❑ Rafael es el más aplicado de toda la clase.	❑ ラファエルはクラスで一番勉強家です。

(9)《de ＋不定詞》

(a)〈仮定〉「～ならば」

□ De llover mañana, cancelaremos el viaje.	□ 明日雨が降れば旅行は取りやめにしよう。

(b)〈義務〉「～すべき」

❑ Ya es hora de acostarse.	❑ もう寝る時間です。
❑ Esa persona no es de fiar.	❑ その人は信用できません。

(c)〈難易〉「～するのが…」☞◇ 142 形容詞の機能

❑ Esta máquina es fácil de usar.	❑ この機械は操作が簡単です。
❑ Existen todavía problemas difíciles de resolver.	❑ まだ解決の困難な問題があります。

(10) 次のような副詞句を作ります。

□ Se bebió el vino de un trago.	□ 彼は一気にワインを飲み干しました。

補足 **vacaciones de verano と *summer vacation***

スペイン語では基本的に《名詞 1 + 名詞 2》の構造はとらず、《名詞 2 + de + 名詞 1》という構造になります。そこで「夏休み」*summer vacation* は「夏の休み」(vacaciones de verano) という言い方になります。同様に「東京駅」*Tokyo Station* は Estación de Tokio と言います。

一方 Centro de Arte Reina Sofía「ソフィア王妃芸術センター」, Museo Sorolla「ソロージャ美術館」のように人名を後ろに直接つけた名称もあります。地名も Centro Comercial Puerta de Toledo「プエルタ・デ・トレド商業センター」のように直接つける場合もあります。

◇227 desde 英 *from*

(1) 〈場所〉「～から」「～の場所から」

❑ Desde la cumbre de la montaña la vista es maravillosa.	❑ 山の頂上からの眺めはすばらしいです。
❑ Desde mi casa hasta la universidad tardo veinte minutos.	❑ 私の家から大学まで私だと20分かかります。

(2) 〈時〉「～から」「～以来」

❑ Estoy en Madrid desde el mes pasado.	❑ 私は先月からマドリードにいます。
❑ ¿Desde cuándo vives aquí?	❑ いつから君はここに住んでいるの?

(3) 〈数量〉「～以上」「～から上」

❑ Desde mil euros se puede comprar un ordenador.	❑ 1000ユーロ以上あればパソコンが買えます。

(4) 〈順序・範囲〉「～から」

❑ Vamos a empezar de nuevo desde el principio.	❑ 最初からもう一度始めましょう。

(5)《desde hace...》［前置詞句］「～前から」「～以来」

❑ Estudio español desde hace medio año.	❑ 私は半年前からスペイン語を勉強しています。

(6)《desde que...》［接続詞句］「～してから」「～のときから」

□ Desde que Julia se casó no ha tenido tiempo para pintar.	□ フリアは結婚してから絵を描く時間がありませんでした。

補 足 desde ... hasta ～ / de ... a ～

desde と de はどちらも「～から」という〈時間〉〈場所〉〈数量〉の〈起点〉を示しますが、desde は de よりも〈起点〉を明確に示します。desde は hasta と対応し、de は a と対応するのがふつうです。

□ Voy a estar en Madrid desde el primero de abril hasta el día treinta de junio.
/ 私は4月1日から6月30日までマドリードにいるつもりです。

desde は hasta がなくても〈起点〉を示すことができますが、de は a がないと〈起点〉を示すことができません。

□ Hace frío {○ desde / × de} diciembre. / 12月からは寒いです。

◇228 durante 英 *during*

(1)「～の間（ずっと）」

❑ Pienso estar en Málaga durante las vacaciones de verano.	❑ 私は夏休みの間マラガに滞在するつもりです。

(2)「～の期間」「～の間」 ☞◇237 por 補足-2

❑ Viví en Colombia durante dos años.	❑ 私はコロンビアに2年間暮らしました。

◇229 en 英 *in, on*

(1)〈場所〉

(a)〈中の位置〉「～で」「～に」「～の中に・で」

5 関係語

❑ Estudio en la biblioteca.	❑ 私は図書館で勉強します。
❑ La llave está en el bolsillo.	❑ その鍵はポケットの中にあります。

(b)〈上の位置〉「〜の上に・で・へ」☞◇241 sobre 補足-1

❑ Mi diccionario está en la mesa.	❑ 私の辞書は机の上にあります。
❑ En la pared cuelga un calendario.	❑ 壁にはカレンダーが掛かっています。

(c)〈方向〉「〜の中へ・に」

❑ El tren está entrando en la estación.	❑ 列車が駅に入って来ています。

(2)〈時〉

(a)〈時〉「〜に」

❑ Las clases comienzan en abril.	❑ 授業は4月に始まります。

(b)〈期間〉「〜以内に」「〜の間に」

❑ Tengo que terminar este trabajo en cinco meses.	❑ 私はこの仕事を5か月で仕上げなければなりません。

(c)〈経過〉「〜後に」「〜たったときに」

❑ Vuelvo en tres días.	❑ 私は3日で戻ります。

(3)〈状態〉

(a)〈様態・状態〉「〜で」「〜に」

❑ Vivimos en paz.	❑ 私たちは平穏に暮らしています。
❑ La casa está en venta.	❑ その家は売りに出されています。

(b)〈着衣〉「〜を着て」「〜で」

❑ En la playa comimos en bañador.	❑ 海岸で私たちは水着で食事をしました。

(c)〈乗り物〉「〜に乗って」「〜で」

❑ Vengo a la universidad en metro.	❑ 私は地下鉄で大学へ来ます。

(d) 〈分野・範囲・基準〉「〜で」「〜において」

❑ Es doctora en Química.	❑ 彼女は化学博士です。
❑ Nadie la supera en inteligencia.	❑ だれも彼女の頭脳にはかないません。

(e) 〈数量の差〉「〜で」

❑ Los precios siguen subiendo en un 5% (cinco por ciento) anual.	❑ 物価は年に5パーセントで上昇を続けています。

(f) 〈手段・材料・方法〉「〜で」

☐ Hábleme en español, por favor.	☐ どうかスペイン語で話してください。

(g) 〈価格〉「〜で」

❑ Me dejaron el precio de esta moto en quinientos euros.	❑ 彼らは私にこのオートバイを500ユーロで売ってくれました。

(h) 〈変化・変形の結果〉「〜に」

☐ El hermoso príncipe fue transformado en una fea rana.	☐ 美しい王子は醜いカエルの姿に変えられました。

(4) 《〈思考・信頼・期待〉を示す動詞・名詞＋ en》「〜を」「〜のことを」

❑ Isabel piensa en su novio.	❑ イサベルは恋人のことを考えています。

(5) 《en ＋現在分詞》「〜するとすぐに」「〜したら」

☐ En llegando a Barcelona, te llamaré.	☐ バルセロナに着いたらすぐに君に電話するよ。

(6) 《en ＋不定詞》「〜することに・で」

❑ ¿Cuánto tardas en ir de tu casa a la oficina?	❑ 君は家から会社まで行くのにどのくらいかかるの？

補足-1 en / a

基本的に en は「位置」を示し、a は「方向」を示します。次の (1) では、スペインを Europa 全体の中に位置づけています。(2) は「中央から見て東のほうに向かった位置に Valencia がある」という意味です。

5 関係語

❑ (1) España está en el sur de Europa. / スペインはヨーロッパの南にあります。
❑ (2) Valencia está al este de la Península Ibérica.
　/ バレンシアはイベリア半島の東部にあります。

補足-2 en / dentro de

(1) en は、(a)「〜に」という意味の〈時〉のほかに、(b)「〜の間」という意味の〈経過時間〉〈期間〉を示します。

❑ (a) En verano vamos a la playa. / 夏に私たちは海岸に行きます。〈時〉
❑ (b) Lo terminé en una semana. / 私はそれを 1 週間で終えました。〈経過時間〉〈期間〉

(c)〈期間〉を示す en は、動詞が〈1 回限りの動作〉を示すときは、その期間ずっと動作を続けられないので、〈動作が終了した時点〉を示すことになります。次の (d) の en verano を〈時〉と解釈すれば、「それを終える」のは「夏」という〈時〉の範囲ならばいつでもかまいません。〈期間〉と解釈すれば「夏の間」という意味になり、終了するのは「夏の終わり」ということになります。

❑ (c) Lo terminaré en una semana. / 私はそれを 1 週間で終えるでしょう。〈期間〉
❑ (d) Lo terminaré en verano. / 私はそれを夏に［夏中に］終えるでしょう。〈時〉〈期間〉

(2) dentro de は「〜までに」「〜後に」という意味の〈動作の期限〉を示します。

❑ (e) El autobús sale dentro de media hora. / バスは 30 分後に出ます。

このとき dentro de の〈期限〉は en の〈期間〉と似ていますが、dentro de は「〜までに」「〜後に」という意味なので、〈これから先のこと〉について使います。一方 en は (b) のように〈過去のこと〉でも、(c), (d) のように〈これから先のこと〉でもどちらでも使えます。

◇230 entre 英 *between, among*

(1)〈場所・時間・数量〉「〜の間に」;《entre … y …》「〜と〜の間に」

❑ Entre la hierba vimos un conejo.	❑ 草むらの中に私たちは1匹のウサギが見えました。
❑ El restaurante está entre un cine y una cafetería.	❑ そのレストランは映画館と喫茶店の間にあります。

(2)〈相互の関係〉「〜の間で・の」

❑ La conversación entre los dos ministros se prolongó dos horas.	❑ 両大臣の会談は2時間に及びました。

(3)〈選択の対象〉「～の中から」;《entre … o …》「～か～か」

❏ Dudo entre quedarme o irme.	❏ 私は残るべきか行くべきか迷っています。

(4)〈比較〉「～の中で」

❏ La rosa destaca entre las flores.	❏ 花の中でバラはとくにすばらしい。

(5)〈内部〉「～の内に・で」

☐ Te cuento entre mis amigos.	☐ 私は君を友人の1人だと思っています。

(6)〈共同の作業〉「～で」;《entre … y …》「～と～とで」
強勢人称代名詞は yo, tú などの主語の形を使います。

❏ Entre los tres amigos pagaron la cuenta.	❏ 彼らは友人3人で割り勘にしました。
☐ Esto que te digo, que quede entre tú y yo, ¿eh?	☐ これから君に言うことは君と僕だけの話にしてね。

(7)《entre … y …》〈重なった理由〉「～やら～やらで」

☐ Entre el calor, los ronquidos de Raúl y los mosquitos no pude dormir bien.	☐ 暑さやら、ラウルのいびきやら、蚊やらで、私はよく眠れませんでした。

(8)《～ entre …》〈割り算〉「～割る…」

❏ Diez entre cinco igual a dos.	❏ 10割る5は2。

補足 entre tú y yo / entre los dos / entre todos

次のような文で entre が使われるのは〈共同の作業〉を扱っているときに限られます。

❏ Entre tú y yo vamos a escribir un artículo. / 君と僕とで一緒に論文を書こう。
❏ Pagamos la cuenta entre todos. / 私たちはみんなで代金を支払いました。

次のような文は〈共同の作業〉を示していないので entre は使いません。

❏ Tú y yo vamos a Osaka. / 君と僕は大阪に行きます。
❏ Paseamos todos. / 私たちはみんなで散歩をしました。

◇231 excepto 英 *except*

〈除外〉「～を除いて（は）」「～のほかは」

❏ El médico tiene consulta todos los días, excepto el jueves.	❏ その医師は木曜を除いて毎日診療を受け付けています。

強勢人称代名詞は主語の形を用います。

❏ Todos lo sabían, excepto yo.	❏ 私を除いてみんなそれを知っていました。

補足 **excepto / menos / salvo + yo, tú**

excepto / menos / salvo はどれも「～を除けば」という意味で、後に続く強勢人称代名詞は mí, ti ではなく主語の形の yo, tú を使います。

❏ Todos estamos de acuerdo excepto [menos / salvo] tú.
/ 君を除けば私たちみんなが賛成しています。

◇232 hacia 英 *towards*

(1)〈方向・目標〉「～に向かって」「～のほうへ」

❏ ¡Mira hacia las montañas!	❏ 山のほうを見てごらん！
□ El barco se dirige hacia el este.	□ 船は東へ向かって進んでいます。

(2)〈大体の場所〉「～のあたりに・で」

□ Hacia el parque hay varios cines.	□ その公園のあたりにはいくつか映画館があります。

(3)〈対象〉「～に」「～へ」

❏ Mi hija muestra poca inclinación hacia el estudio.	❏ 私の娘は勉強にあまり関心を示しません。

(4)〈感情の対象〉「～に」「～への」

❏ Tengo un gran cariño hacia los hijos de Daniel.	❏ 私はダニエルの子供たちに大きな愛情を抱いています。

(5)〈大体の時間〉「〜のころに」

□ El avión aterrizará hacia las cuatro de la tarde.	□ 飛行機は午後4時ごろ着陸するでしょう。

◇233 hasta 英 *till, up to*

〈場所・時間の到達点〉「〜まで」

□ ¿Cuántos kilómetros hay desde la ciudad hasta el pueblo?	□ その町から村まで何キロありますか？
□ Jaime se quedó en casa hasta recibir la llamada.	□ ハイメはその電話がかかってくるまで家にいました。

補足 hasta mí / hasta yo

次の (1) のように一般に hasta の後の強勢人称代名詞は yo, tú ではなく、mí, ti が使われます。(2) のように yo が使われたときは「〜でさえも」(incluso) という意味の副詞になります。

□ (1) Las noticias no llegaron hasta mí. / 知らせは私の所まで届きませんでした。
□ (2) Hasta yo puedo volar en ala delta. / 僕だってハンググライダーで飛ぶことができます。

◇234 mediante 英 *by means of*

〈手段〉「〜で」「〜を使って」「〜によって」

□ El albañil levantó la piedra mediante una barra.	□ れんが職人は棒を使って石を持ち上げました。
□ Nos entendimos mediante gestos.	□ 私たちは身ぶりで理解しあいました。

◇235 menos 英 *except*

(1)〈除外〉「〜を除いて」「〜以外の」 ☞◇231 excepto 補足

□ Pídeme cualquier cosa menos eso.	□ それ以外なら何でも僕に言いつけて。

(2)〈引き算〉「〜引く…」「〜マイナス…」

□ Veinte menos cinco son quince.	□ 20引く5は15。

5 関係語

(3)〈時間の表現〉「〜分前」

❑ Son las diez menos cinco.	❑ 10時5分前です。

◇236 para 英 *for*

(1)〈目的・用途・適性・利益〉「〜のために・の」「〜用の」「〜にとって」

☞◇237 por 参考

❑ No tengo tiempo para ver la televisión.	❑ 私はテレビを見るひまがありません。
❑ Para mí este libro es muy importante.	❑ 私にとってこの本はとても大切です。
❑ ¿Para qué quieres tanto dinero?	❑ 君はなぜそんなにお金がいるの？

(2)〈目的地・方向〉「〜へ」「〜に向けて」

❑ Esta carta es para usted.	❑ この手紙はあなた宛です。
❑ El tren para Ávila, ¿de dónde sale?	❑ アビラ行きの列車はどこから出ますか？
□ Vente para acá.	□ こっちにいらっしゃい。

(3)〈時〉「〜に」「〜のころに」

□ No dejes para mañana lo que puedas hacer hoy.	□ 今日できることを明日にのばしてはいけないよ。

(4)〈期限〉「〜するまで」「〜の前に（は）」

❑ Falta sólo una semana para las vacaciones de verano.	❑ 夏休みまであと1週間しかありません。

(5)〈期間〉「〜の間」

❑ Me dejaron el libro para un mes.	❑ 私は1か月間その本を貸してもらいました。

(6)〈対比〉「〜にしては」「〜の割には」

□ Para ser extranjero Taro habla español muy bien.	□ 太郎は外国人にしてはスペイン語をとても上手に話します。

(7)〈結果〉「～して（その結果）…」

❑ El accionista, nervioso, encendió un cigarrillo para apagarlo enseguida.	❑ その投資家はいらいらしてタバコに火をつけ、それからすぐに消しました。

補足 hasta / para

(1) hasta は「～まで（ずっと）」という意味で、〈期間の終点〉を示します。(2) para は「～までには」という意味で、〈予定の日時〉〈期限〉を示します。

❑ (1) Vamos a trabajar hasta las cinco de la tarde. / 午後5時まで仕事をしよう。
❑ (2) Vamos a terminar el trabajo para el día 10. / 10日までに仕事を終わらせよう。

◇237 por 英 *for, by*

(1)「～によって」

(a)〈動機・原因・理由・根拠〉「～によって」「～で」「～のために」「～から」

❑ Cancelaron la excursión por la lluvia.	❑ 彼らは雨のために遠足を中止しました。
❑ Vino sólo por hablar contigo.	❑ 彼はただ君と話すためだけに来ました。

(b)〈手段・方法〉「～によって」「～で」

❑ Le conocí por la voz.	❑ 私は声で彼だとわかりました。

(c)《過去分詞・受動文＋ por》〈行為者〉「～によって」

☐ El cuadro «Guernica» fue pintado por Picasso.	☐『ゲルニカ』の絵はピカソによって描かれました。

補足-1 受動文＋ por / de

受動文の行為者はふつう por によって示されますが、動詞が精神的なものや位置関係を示す場合はふつう de を用います。

☐ Era envidiada de todos. / 彼女はみんなにうらやましがられていました。
☐ El profesor estaba rodeado de sus alumnos. / 先生は生徒たちに囲まれていました。

(d)〈基準〉「～によって」「～にしたがって」

❑ Hemos colocado las palabras por orden alfabético.	❑ 私たちは単語をアルファベット順に並べました。

(e)〈判断〉「～によれば」「～したところ」

❑ Por lo visto no quiere hacerlo.	❑ 見たところ彼はそれをしたくなさそうだ。

(2)〈広がり・通過点〉「～に」「～で」

(a)〈時間的な広がり・期間〉「～に」「～のころに」「～の間」

❑ Por la mañana estudio y por la tarde trabajo.	❑ 私は午前中勉強して午後に働きます。
□ Mi abuelo estará con nosotros por una semana.	□ 私の祖父は1週間私たちのところにいるでしょう。

補足-2 **a lo largo de / a través de / cuando / durante / por**

(1) a lo largo de は「～の間中」「～の間ずっと」という意味で〈継続〉を示します。

❑ No ha llovido a lo largo de este mes de agosto.
/ この8月の間中雨が降りませんでした。

(2) a través de は「～を通して」という意味で〈通過〉を示します。

❑ Vamos a estudiar la literatura española a través de los siglos XVI y XVII.
/ 16, 17 世紀のスペイン文学を勉強しましょう。

(3) cuando は「～のとき・ころ」という意味で〈時点〉を示します。

□ Cuando niña vivía en un país extranjero.
/ 私は子供のころ、外国で暮らしていました。

(4) durante は「～の間ずっと」という意味で〈持続する期間〉を示します。

❑ Estoy fuera durante un mes. / 私は1か月間留守にします。

(5) por は「～の間」という意味で〈期間〉を示します。

□ Nos quedamos aquí por una semana. / 私たちはこちらに1週間滞在します。

(b)〈空間的な広がり・距離〉「～(あたり)で」「～を」「～のところを」

❑ Pasamos un año viajando por Sudamérica.	❑ 私たちは1年間南米を旅行しました。
□ ¿Por dónde empezamos?	□ どのあたりから始めましょうか？

(c)〈通過点〉「〜を通って」「〜から」

□ Entre usted por la puerta de la derecha.	□ 右のドアからお入りください。

(3)「〜の代わりに」「〜として」

(a)〈代理〉「〜の代わりに」「〜の代理として」

❑ Fernando jugó por su hermano que estaba enfermo.	❑ フェルナンドは病気の兄の代わりに出場しました。

(b)〈代替・代価〉「〜と引き換えに」「〜の値で」

❑ Compré el coche por la mitad de precio.	❑ 私はその車を半額で買いました。

(c)〈資格〉「〜として」

❑ Admitieron este documento por válido.	❑ 彼らはこの書類を有効と認めました。

(d)〈関連・制限〉「〜に関しては」

❑ Por ahora, no tengo más que decirte.	❑ 今のところはこれ以上君に言うべきことはありません。
□ Por mí, puede usted hacer lo que quiera.	□ 私のことでしたら(かまわないで)、あなたは好きなことをなさってけっこうです。

(e)〈割合〉「〜につき」

❑ Federico cobra 15 euros por hora.	❑ フェデリコは時給15ユーロをかせぎます。

(f)〈配分・単位〉「〜ずつ」「〜ごとに」

❑ Su español progresa día por día.	❑ あなたのスペイン語は日に日によくなっています。

(g)〈かけ算〉「〜かける…」

❑ Seis por tres, dieciocho.	❑ 6かける3は18。

(4)「〜に対して」「〜を求めて」

(a)〈感情の対象〉「〜に対して」

❑ Si tienes interés por esos zapatos, cómpralos.	❑ その靴に興味があるなら、買いなよ。

□ No te preocupes por eso.	□ そのことで心配しないで。

(b)〈目標〉「～を求めて」「～を探して」

❑ Mi padre salió por pan.	❑ 父はパンを買いに出かけました。
❑ Preguntaron por ti.	❑ 彼らは君のことを訊(たず)ねてきました。

(c)〈賛成・味方・選択〉「～を選んで」「～に賛成して」

❑ Me inclino por el avión.	❑ 私は飛行機で行くことに賛成です。

参考 **por / para**

por と para は形も使い方もよく似ています。これは para が por と a（方向を示す）という 2 つの前置詞が合成してできたためです。右の写真は中世スペイン語の手書きの文書の一部ですが、pora sus bodas「その人の結婚式のために」と書かれています。

pora sus bodas

por は行為の出発点となる（内在的な）〈動機・理由〉を示し、para は〈目的・目標・利益〉など行為の外にある〈到達点〉を示します。

❑ Voy a España por hablar con el Sr. López.
/ 私はロペス氏に話ができればと思ってスペインへ行きます。〈動機〉

❑ Voy a España para aprender el idioma.
/ 私はことばを学ぶためにスペインへ行くつもりです。〈目的〉

por「理由」+ a「方向」= para「目的」という関係を考えるとわかりやすいでしょう。

◇238 salvo 英 *except*

〈除外〉「～を除いて（は）」「～のほかは」☞◇ 231 excepto 補足

❑ Llegaron todos, salvo Lucas.	❑ ルカスを除いてみんなが到着しました。

◇239 según 英 *according to*

強勢人称代名詞は主語の形を用います。ú に強勢があります。☞◇ 35 強勢語と弱勢語

(1)〈依拠〉「～によれば」

❑ Según tú, todo el mundo es bueno.	❑ 君によると、世の中がいい人ばかりだということになる。

(2)〈基準〉「～にしたがって」

□ Les pagarán según su experiencia.	□ 彼らは経験に応じて給与が支払われるでしょう。
□ Según el reglamento, no se permite fumar en esta sala.	□ 規則でこの部屋では喫煙は許されていません。

(3)〈条件〉「～によって」

□ Según la carga de trabajo que recibamos hoy, lo terminaremos mañana o pasado mañana.	□ 今日受ける仕事の量によって、私たちがそれを明日終えるか明後日終えるかが決まります。

◇240 sin 英 *without, with no*

(1)〈欠如〉「～のない」「～していない」

❑ Sin diccionario todavía no puedo leer el español.	❑ 私は辞書がないとまだスペイン語が読めません。

(2)《sin +不定詞》

(a)「～せずに」「～しなくても」

□ No comas la fruta sin lavarla bien.	□ 果物をよく洗わずに食べてはいけません。

(b)〈命令〉「～しないで」

□ ¡Oye, sin ofender!	□ いいかい、怒らせないで！

◇241 sobre 英 *on, upon, over, above*

(1) 場所

(a)〈上〉「～の上で・に・へ」

❑ El diccionario está sobre la mesa.	❑ 辞書は机の上にあります。

(b)〈(離れて) 上方〉「〜の上を・に」「〜の上方を」

❑ El avión volaba sobre la ciudad.	❑ 飛行機が町の上空を飛んでいました。

補足-1 en / sobre

sobre は、「ある物の上部」であることを意識して、「〜の上で」という意味で使います。かならずしも接触していなくてもかまいません。一方、en は、とくに「上」であることを意識しないで、接触したという意味で使います。

□ Nos sentamos en el banco. / 私たちはベンチにすわりました。

(c)〈度数〉「〜の上」

❑ El termómetro señala seis grados sobre cero.	❑ 温度計は6度を指しています。

(d)〈方向〉「〜へ」「〜をめがけて」

□ Al producirse el incendio, todos se abalanzaban sobre la salida.	□ 火災が発生すると皆出口に殺到しました。

(e)〈回転の中心〉「〜のまわりを」「〜を中心にして」

❑ La Tierra gira sobre su eje.	❑ 地球は地軸を中心に回転しています。

(2)〈話題〉「〜について」「〜に関して (の)」

❑ El conferenciante habló sobre los animales en extinción.	❑ 講師は絶滅に瀕している動物たちについて話しました。

補足-2 de / sobre / acerca de / respecto a

de も sobre も〈主題〉を示して「〜について」という意味があります。de よりも sobre のほうが話題を明確にします。さらに明確にするには acerca de「〜について」、respecto a「〜に関しては」のような専用の前置詞句が使われます。

□ De eso hablaremos después. / そのことは後で話しましょう。
❑ Respecto a su opinión, estoy totalmente de acuerdo.
/ 彼の意見に関しては、私は全面的に賛成です。

(3) 概念

(a)〈序列〉「〜の上に」

❑ Sobre él hay dos jefes.	❑ 彼の上に2人の上司がいます。

(b)〈監視〉「〜を見張って・監視して」

□ ¡Qué niños estos! Hay que estar siempre sobre ellos para que estudien.	□ なんて子たちでしょう！ いつも見張っていないと勉強しないんだから。

(c)〈対象〉「〜に対して」

❑ Simón tiene mucha influencia sobre sus compañeros.	❑ シモンは仲間の間で大きな影響力をもっています。

(d)〈付加〉「〜に加えて」

□ Pagué al dueño 200 euros sobre lo que había pagado ya antes.	□ 私は以前にすでに支払った分に加えて200ユーロを家主に支払いました。

(e)〈担保〉「〜と引き換えに」「〜を担保にして」

□ Le hicieron un préstamo sobre la casa que tiene en la ciudad.	□ 彼は町にある家を担保にして借金をしました。

(f)〔副詞的に〕「おおよそ〜」「約〜」；「〜ころに」《概数を示す》

□ Su abuelo tendrá sobre sesenta años.	□ 彼のおじいさんは70歳ぐらいでしょう。

(4)《名詞 + sobre + 名詞》〈繰り返し〉「〜の後で」「〜につぐ…」

❑ Pedro dijo disparate sobre disparate.	❑ ペドロは次々にばかなことを言いました。

◇242 tras 英 *behind, after*

(1)〈場所〉「〜の後ろで・に」「〜の後を」

❑ El perro corría tras la bicicleta.	❑ その犬は自転車の後ろを走っていました。
□ Juanito se escondió tras la puerta.	□ フアニートはドアの後ろに隠れました。

5 関係語

補足 **tras / detrás de**

tras は「すぐ後ろ」「～の背後に（隠れて）」という意味で使われます。そのような意味がなければ detrás de を使います。

□ Cuando yo era niño, detrás de la escuela había un descampado donde jugábamos al fútbol. / 私が子供のころ、学校の裏に空き地があって、そこで私たちはサッカーをしていました。

(2)〈時〉「～の後で」

□ El presidente francés llegó a esta localidad a la una de la tarde, tras aterrizar en el aeropuerto de Barajas.	□ フランスの大統領はバラハス空港到着後、午後1時に当地に着きました。

(3)《名詞＋ tras ＋名詞》「次々に」「しだいに」

□ Día tras día el enfermo se recuperaba.	□ 病人は日に日に回復していきました。

◇243 前置詞句

複数の語が集まって前置詞の役割を果たすものを「前置詞句」と呼びます。前置詞句の中には、ふつうの前置詞によって表現できるものもありますが、前置詞句を使えば表現がより正確になり、また豊かになります。ふつうの前置詞によって表現できない前置詞句もあります。以下ではよく使われる前置詞句を取りあげます。

● a cambio de「～の代わりに」「～と交換で」

□ A cambio de la información que le di, José me prometió su ayuda.	□ 私が与えた情報と交換にホセは私に援助を約束しました。

● a eso de「～時ごろに」

❑ Juan llegó a eso de las once.	❑ フアンは11時ごろに着きました。

● a fines de「～の終わりに」

❑ A fines de este mes salgo de viaje.	❑ 今月末私は旅行に出ます。

● a mediados de「～の中ごろ・中旬に」

□ A mediados de octubre empieza el nuevo curso.	□ 10月の中旬に新しいコースが始まります。

● a pesar de「～にもかかわらず」

❑ El vuelo fue cómodo, a pesar de llegar con retraso.	❑ 到着が遅れたとはいえ空の旅は快適でした。

● a principios de「～のはじめに」

❑ Tomás cambió de casa a principios de año.	❑ トマスは年のはじめに引っ越しをしました。

● al lado de「～のわき・そばに」

❑ El despertador está al lado de la cama.	❑ 目覚し時計はベッドのそばにあります。

● en cuanto a「～に関しては」

☐ En cuanto a tus negocios, pronto recibirás buenas noticias.	☐ 君の取引の件については、じきによい知らせが来るよ。

● de acuerdo con「～に同意して」

❑ Estoy de acuerdo con usted.	❑ 私はあなたに賛成です。

● en lugar de「～の代わりに」

❑ Vino Paco en lugar de su padre.	❑ パコは父親の代理で来ました。

● en torno a

(1)「～のまわりで」

☐ Voy a presentar a las personalidades que se encuentran reunidas en torno al micrófono.	☐ 今マイクの前にお集まりの方々をご紹介いたします。

(2)「～について」

❑ Ayer estuve hablando con Manuel en torno al asunto de su viaje.	❑ 私は昨日マヌエルと彼の旅行のことについて話していました。

● en vez de「～の代わりに」

❑ En vez de compadecernos de él, deberíamos ayudarlo.	❑ 私たちは彼に同情するのではなく、援助するべきでしょう。

● por culpa de「～のせいで」

❑ Llegué tarde al trabajo por culpa del retraso del autobús.	❑ バスが遅れたせいで私は仕事に遅刻しました。

● por falta de「～が不足して」「～がなくて」

❑ Por falta de información, perdí la beca.	❑ 情報不足で私は奨学金をもらえませんでした。

● por medio de「～によって」「～のおかげ・仲介で」

❑ Esos conocimientos los tiene por medio del periódico.	❑ 彼はその知識を新聞から得ています。

● gracias a「～のおかげで」

❑ Gracias a su ayuda, mi estancia ha sido muy agradable.	❑ あなたが助けてくださったおかげで私の滞在はとても快適でした。

補足　**前置詞句の制限**

前置詞句は全体で 1 つの前置詞と同じはたらきをします。そのため前置詞句の後の名詞句を疑問詞にすることは可能ですが、その一部の名詞（たとえば次の torno）だけを疑問詞にして疑問文を作ることはできません。

❑ Ayer estuve hablando con Manuel en torno al asunto del viaje.
/ 私は昨日マヌエルと旅行のことについて話していました。

❑ ¿{ ○ En torno a qué / × En qué } estuviste hablando con Manuel?
/ 君は何のことで昨日マヌエルと話していたの？

同じように関係節を作るときも《前置詞句全体＋関係詞》を前に出さなければなりません。

□ Este es el asunto de su viaje, en torno al cual estuve hablando ayer con Manuel.
/ これが私が昨日マヌエルと話していた旅行のことです。

5.2　関係詞

▶関係詞は接続詞と代名詞・形容詞・副詞のはたらきを同時に果たします。接続詞のはたらきによって主節と関係節をつなぎ、関係節の中で代名詞・形容詞・副詞のはたらきをします。たとえば、次の関係詞 que は接続詞 y と代名詞 ella の組み合わせに相当します。

□ Encontré a una mujer y ella vendía claveles.	□ 私は女性に会った。そして彼女はカーネーションを売っていました。
□ Encontré a una mujer que vendía claveles.	□ 私はカーネーションを売っている女性に会いました。

このようなはたらきをするものを関係代名詞と呼びます（☞◇244－◇247）。接続詞と副詞が組み合わさったはたらきをするものを「関係副詞」と呼び（☞◇248 como；◇249 cuando；◇252 donde)、接続詞と形容詞が組み合わさったはたらきをするものを「関係形容詞」と呼びます（☞◇250 cuanto；◇251 cuyo)。

補足　関係代名詞の 4 つの用法

関係代名詞には次の 4 つの用法があります。

□ (1) Tengo un hermano que vive en México.
　/ 私にはメキシコで暮らしている兄が 1 人います。

□ (2) Mi hermano, que vive en México, me ha enviado este paquete de café. / 私の兄はメキシコで暮らしているのですが、私にこのコーヒーのパックを送ってくれました。

□ (3) En la fiesta hubo 120 participantes, de los cuales el 20% eran extranjeros.
　/ 祭りには 120 人の参加者があって、そのうち 20 パーセントは外国人でした。

□ (4) El que vive en México es mi hermano. / メキシコで暮らしているのは私の兄です。

(1) では que vive en México が un hermano を限定して修飾しています。この文は「メキシコで暮らしている」という限定をした「兄」のことを話しています。限定した「兄」のことを話しているので、話している人にはほかにも兄弟がいるかもしれません。これを「限定用法」と呼びます。

(2) では hermano で一度コンマ（ , ）で文を切って Mi hermano について que vive en México「(兄は) メキシコで暮らしている」という説明をしています。この場合、話している人には兄弟が 1 人だけいます。これを「説明用法」と呼びます。

(3) は前半の文で一度完結し、その後でさらに後半の文が続く用法で、「継続用法」と呼びます。(2) と (3) は、どちらも話すときは、ポーズを置き、書くときはコンマ（ , ）を入れ、どちらも先行詞を限定しないので「非限定用法」と呼びます。

(4) の用法は、定冠詞と関係詞が一緒になって「～する人」とか、「～するもの」という意味になります。先行詞がなく独立して使われるので「独立用法」と呼びます。次のような強調構文は「独立用法」に分類されます。

□ Es mi hermano quien vive en México. / メキシコで暮らしているのは私の兄です。

ほかに《関係詞＋不定詞》の用法がありますが、これは「限定用法」に分類されます。

□ No tengo libros que leer. / 私には読むべき本がありません。

◇244 que 英 *which, that, who, whom*

先行詞は〈人〉〈もの〉です。

(1)〔限定用法〕「〜である…」「〜する…」という意味です。

□ Los libros que mandé por barco por fin han llegado.	□ 私が船便で送った本がついに到着しました。
□ Nuestra profesora es la señora que está sentada junto a la puerta.	□ 私たちの先生はドアのそばにすわっている女性です。

(2)〔説明用法〕「そしてそれは〜」「しかしそれは〜」「ところでそれは〜なのだが」「それは〜なので」という意味です。

□ El señor López, que es una persona bien informada, sabrá contarte la historia de esta ciudad.	□ ロペスさんはよくものを知っている人なので、君にこの町の歴史を話してくれるでしょう。

(3)《前置詞＋ que》

□ Estos son los estudios a que dedico mi tiempo libre.	□ これらが私が自由な時間をあてて行なっている研究です。

＊《前置詞＋ que》の前置詞は a, de, en, con に限られ、話し言葉で使います。それ以外の場合は《前置詞＋ el que》を使います。☞◇245 el que

＊先行詞が〈人〉のときは、《前置詞＋ que》ではなく《前置詞＋ quien》を使います。☞◇247 quien 補足

《〈時〉を示す名詞＋ en que》では en を省略することが多いです。

□ La primera vez que fui a México, vi una gran pirámide.	□ 私がはじめてメキシコに行ったとき、大きなピラミッドを見ました。

(4) 先行詞に対応する間接目的語代名詞が関係節の中に現れる場合があります。

□ Hay mucha gente que le gusta la cultura japonesa.	□ 日本の文化が好きな人はたくさんいます。

(5)《目的語の代名詞＋動詞＋ que》

□ Hoy los vi que jugaban en el parque.	□ 今日私は彼らが公園で遊んでいるのを見ました。

□ Hay palabras que consuelan y las hay que alientan.	□ なぐさめる言葉があり、また元気づける言葉もあります。

(6)《lo ＋形容詞の変化形・副詞＋ que》は「（とても）～であること」「どれほど～なことか」という〈強調〉や〈感嘆〉の意味があります。

□ Sé muy bien lo ocupada que estás.	□ 君（女性）がとても忙しいことはよく知っています。
□ Vamos a ver lo bien que baila mi nieta.	□ 私の孫娘がどんなに上手に踊るか見てみましょう。

(7)《que ＋不定詞》は「～すべき…」という意味です。

□ Tenemos mucho trabajo que hacer.	□ 私たちにはやるべき仕事がたくさんあります。

補足-1 《前置詞＋関係詞》

《前置詞＋名詞》を先行詞とするときは、《前置詞＋関係詞》を関係節の先頭に置きます。

□ Tengo muchas aficiones. Dedico mi tiempo libre a ellas.
/ 私は多くの趣味があります。私は自由な時間をそれにあてています。

□ Tengo muchas aficiones. Dedico mi tiempo libre a que.

□ Tengo muchas aficiones a que dedico mi tiempo libre. / 私には自由な時間をあてている多くの趣味があります。（*I have many hobbies that I dedicate my free time to.*）

スペイン語では英語のように前置詞を関係節の中に置くことができません。

補足-2 関係代名詞は省略できない

英語では目的語の関係代名詞はしばしば省略されますが、スペイン語では省略できません。

□ ¿Dónde está el libro que compré ayer?
/ 昨日私が買った本はどこにあるのだろう？（*Where is the book I bought yesterday?*）

参考 qué / que 疑問詞と関係詞

疑問詞は qué / cuál / cuándo / dónde / cómo / cuánto のようにアクセント符号を書き、強く発音します。一方、関係代名詞は cual を除いて que / el que / cuando / donde / como /cuanto はどれも弱く発音します。このように疑問詞と関係詞はアクセントの違いを別にすれば形は同じです。

ラテン語でも疑問詞と関係詞は、ほとんど同じ形を使っていました。それはさらに古い時代に疑問詞が関係詞の役割をしたからです。その仕組みは次のようになっていたようです。

印欧祖語の時代に疑問詞は「何か」という意味の不定代名詞としても使われ、それが関係代名詞になりました。たとえば次の文で示すと、「彼は家を持っているんだけれど、それが何かというと、川のそばにあるんだ」というような構造です。

□ Tiene una casa, que está cerca del río.
／彼は家を持っているんだけれど、それは川のそばにあります。

印欧祖語の早期には、ちょうど日本語のような語順であったため、関係代名詞は存在せず、日本語のように「川のそばにある家」のようにして、名詞の前に修飾する節を直接つけていたようです。後に、関係節が名詞の後ろにつくようになり、関係詞というマークが必要になって、そのために疑問詞が使われるようになったと考えられます。はじめ関係詞は説明的用法で使われ、それがだんだんと限定的用法でも使われるようになったのでしょう。

この仕組みを理解すれば、複雑な長文でもわかりやすくなります。関係詞が出てきたとき、一度「それが、何かというと…」と言って、考えてみるとよいと思います（接続詞の que については ☞◇269 que 参考）。

◇245 el que 英 *who, whom, which, what*

el の部分が定冠詞なので、それが指す〈人〉や〈もの〉の性と数によって変化します。

(1)〔独立用法〕先行詞がない場合は「～する人」や「～のもの」という意味になります。

□ La que baila es mi prima.	□ 踊っている女性は私のいとこです。

(2)〔同格用法〕先行詞を同格的に限定したり説明したりします。「～である…」という意味になります。

□ Ésta es Cecilia, la que ha venido a ayudarme.	□ この人がセシリアで、私を手伝いに来てくれた人です。

(3)《lo que...》:「～のこと」という意味になるときと〈前の文の内容〉を指すときがあります。

□ ¿Sabes lo que me gusta?	□ 僕が好きなことを知ってる？
□ El sobre tiene el matasellos del 30 de agosto, lo que indica que la carta fue escrita antes.	□ この封筒には8月30日の消印があります。このことはそれ以前に投函されたことを示しています。

文頭で「～ということならば」という意味になることがあります。

□ Lo que es divertirme, me divertí mucho.	□ 楽しむということでしたら、私は大いに楽しみました。

(4)《前置詞 + el que...》：関係文の中の名詞句に前置詞がついたときに使います。

□ El Sr. Pérez del que todo el mundo habla muy bien va a ser nuestro jefe de departamento.	□ みんなの評判がよいペレスさんが私たちの部長になります。
□ No pudimos coger el tren, por lo que llegamos tarde a la ciudad.	□ 私たちは列車に乗ることができず、そのため町に遅く着きました。

＊ el que は「～ということ」という意味で接続詞としても使われます。☞ ◇269 que

◇246 el cual 英 *who, whom, which*

el の部分が定冠詞で〈人〉や〈もの〉の性と数によって変化します。かならず先行詞とともに用いられ、ほとんど代名詞に近いものです。cual の a に強勢があります。

(1)〔説明用法〕「そしてそれは～」「しかしそれは～」「ところでそれは～なのだが」「それは～なので」という意味になります。

□ He sacado unos libros de la biblioteca, los cuales me están siendo muy útiles.	□ 私は図書館から数冊の本を借り出しましたが、それらはとても役に立っています。
□ Invité a la hermana de Carlos, con la cual estudié historia.	□ 私はカルロスの妹を招待しましたが、彼女とは一緒に歴史を勉強したことがあります。

性・数を変えることによって先行詞を変えることができます。

□ He sacado unos libros de la biblioteca, la cual está cerca de mi casa.	□ 私は図書館から数冊の本を借り出しましたが、その図書館は私の家の近くにあります。

(2)《lo cual...》は前の文の内容全体を受けます。

□ Tenemos que pasar el examen, lo cual no será fácil.	□ 私たちは試験に合格しなければなりませんが、それは簡単ではないでしょう。

(3) 関係代名詞の前に durante, mediante, según や長い語句があるときは el que... では

なく、el cual... を使います。

□ Esta operación tarda algunos segundos, durante los cuales su pantalla puede parpadear.	□ この操作は数秒かかり、その間画面がちらつくことがあります。
□ El profesor me hizo cinco preguntas, a dos de las cuales no supe responder.	□ 先生は私に5つの質問をしましたが、そのうちの2つは答えられませんでした。

◇247　quien　英　*who*

先行詞はかならず〈人〉に限ります。複数の場合は quienes を使います。

(1)〔限定用法〕「～である…」「～する…」という意味です。

□ La persona por quien usted pregunta no aparece en la lista.	□ あなたがお尋ねになっている人はこのリストには載っていません。

(2)〔説明用法〕「そしてその人は～」「しかしその人は～」「ところでその人は～なのだが」「その人は～なので」という意味です。

□ El gerente, quien está muy ocupado, quiere que usted lo espere.	□ マネージャーはとても忙しいので、少しお待ちくださるよう申しております。

＊このように関係節の中で主語となるときは説明用法で使われます。限定用法では使われません。限定用法では que を使います。☞◇244 que

(3)〔独立用法〕「～である人」「～する人」という意味です。

□ Quien lo sepa, que haga el favor de decirlo.	□ それを知っている人は、どうかそれを言ってください。

強調構文で「～である・するのは…です」という意味になります。

□ Fueron mis padres quienes me lo aconsejaron.	□ 私にそれを勧めたのは私の両親でした。

(4)《quien ＋不定詞》「～すべき…」という意味です。

□ Tengo un amigo a quien ver esta noche.	□ 私は今晩会わなくてはいけない友人がいます。

補足 que / quien

先行詞が〈もの〉のときは que を使い quien は使えません。先行詞が〈人〉のとき、que と quien は次のように使い分けます。

(1) 関係代名詞が限定関係節の主語のときは que を使います。

□ El chico que viene ahora es mi hermano Pepe. / 今来る子は私の弟のペペです。

(2) 直接目的語のときはどちらも可能です。que を使うときは a をつけませんが、quien を使うときは a quien にします。

□ El chico que ves ahí es mi hermano Pepe. / あそこに見える子は私の弟のペペだよ。
□ El señor López, a quien visitamos hoy, es profesor de guitarra.
/ 今日私たちが訪問するロペスさんはギターの先生です。

(3) 前置詞がつくときは quien を使います。

□ El señor López, de quien habla usted, es mi profesor de guitarra.
/ あなたがお話しされているロペスさんは私のギターの先生です。

(4) 独立用法で「～である人」「～する人」の意味のときは quien を使います。

□ Quien no ha visto Granada, no ha vista nada.
/ グラナダを見たことがない人は何も見たことがない人だ。《諺》

◇248 como 英 *how*

次のように〈方法〉〈様子〉を示す副詞句に変えて使われる関係詞です。先行詞には manera や modo が使われます。

□ Juan ha llegado aquí preguntando el camino.	□ フアンは道を尋ねながらここまでたどり着きました。
□ No sabemos el modo como Juan ha llegado aquí.	□ 私たちはフアンがどうやってここに着いたのか知りません。

(1)〔限定用法〕「～である…」「～する・した…」という意味です。

□ ¿Cuál es la manera como has realizado el experimento?	□ 君がした実験の方法はどんなものなの？

(2)〔強調構文〕「～する方法は…である」という意味です。

□ Caminando es como llegamos hasta el pueblo.	□ 徒歩でというのが私たちがその村までたどりついた方法です。

◇249 cuando 英 *when*

〈時〉を示す副詞句に変えて使われる関係詞です。

(1)〔限定用法〕「～である…」「～する・した…」という意味です。

□ ¿Por qué es tan corto el tiempo cuando soñamos?	□ 眠っているときの時間はなぜこんなに短く感じるのでしょう？

＊ cuando の代わりに en que や que を用いるほうがふつうです。

(2)〔強調構文〕「～であるときは…である」という意味です。

□ Ayer es cuando lo supe por primera vez.	□ 私がそれを初めて知ったのは昨日です。

◇250 cuanto 英 *everything, as many... as*

(1)〔関係代名詞〕「～するすべてのもの」

□ Tengo cuanto necesito.	□ 私は必要なものはすべて持っています。

(2)〔関係形容詞〕「～するすべての…」：後続する名詞の性・数によって変化します。

□ El policía nos dio cuanta información necesitábamos.	□ 警察官は私たちに必要な情報をすべて教えてくれました。

◇251 cuyo 英 *whose*

所有形容詞に変えて使われる関係詞です。後続する名詞の性・数によって変化します。先行詞は〈人〉でも〈もの〉でもかまいません。

(1)〔限定用法〕「その…が～である・する…」

□ Quiero que ustedes conozcan el país cuya lengua están aprendiendo.	□ あなたがたが学んでいる言語の話されている国を知ってもらいたいと思います。

(2)〔説明用法〕「(そして) その…は〜である・する」

□ Fui a visitar la basílica de la Virgen de Guadalupe, cuya leyenda había leído hacía muchos años.	□ 私はグアダルーペ聖母教会を訪れましたが、その伝説については何年も昔に読んだことがありました。

◇252 donde 英 *where*

次のように〈場所〉を示す副詞句に変えて使われる関係詞です。

□ En esta playa el año pasado pasé las vacaciones con mi familia.	□ その海岸で私は去年家族と休暇を過ごしました。
□ Ésta es la playa donde el año pasado pasé las vacaciones con mi familia.	□ ここが私が去年家族と休暇を過ごした海岸です。

(1)〔限定用法〕《〈場所〉を示す先行詞＋ donde》「〜である…」「〜する・した…」

□ Voy al pueblo donde vivía antes.	□ 私は以前住んでいた村に行きます。
□ ¿Quiere usted que demos un paseo por donde fuimos el otro día?	□ 先日私たちが行ったところを散歩しませんか？

＊話し言葉では lugar en que vivo「私が住んでいる場所」のように donde の代わりに en que を使うこともあります。

(2)〔独立用法〕「〜である場所で［へ、に］」「〜する［した］場所で［へ、に］」

□ Iré donde quieras.	□ 私は君の望むところへ行きましょう。

(3)〔強調構文で〕「〜である［する］場所は…である」

□ Fue en esta playa donde la conocí.	□ 私が彼女を知ったのはこの海岸でした。

(4)《donde ＋不定詞》「〜すべき (場所)」

□ En esta habitación tan desordenada, no hay donde poner un pie.	□ こんなに散らかった部屋では、足の踏み場もありません。

補足　**単文・重文・複文 / 従属文・従属節**

次の 4 つの文を比べてみましょう。

❑ (1) Hacía frío. Lucía llevaba un abrigo con capucha.
/ 寒かった。ルシアはフードつきコートを着ていました。(単文 + 単文)

❑ (2) Hacía frío y Lucía llevaba un abrigo con capucha.
/ 寒くて、ルシアはフードつきコートを着ていました。(重文)

□ (3) Como hacía frío, Lucía llevaba un abrigo con capucha.
/ 寒いので、ルシアはフードつきコートを着ていました。(分離型複文)

□ (4) Lucía, que tenía frío, llevaba un abrigo con capucha.
/ ルシアは寒くて、フードつきコートを着ていました。(接合型複文)

(1) は 2 つの「単文」が並んだものですが、(2) は 2 つの文を等位接続詞の y でつなげて「重文」を作っています。(3) の前半部 (Como...,) は続く後半部 (Lucía llevaba...) に従属して、全体で「複文」を作っています。(4) の主語 (Lucía) は関係節が説明しています。これも「複文」と呼びますが、(3) と比べると、文全体の接合の度合いが高いと言えるでしょう。そこで (3) のように 2 つに分裂している複文を「分離型複文」と呼び、(4) のように接合している複文を「接合型複文」と呼んで区別したいと思います。(4) の「接合型複文」は関係節だけではありません。次の (5) と (6) を比べてください。

□ (5) Si necesitas este diccionario, puedes usarlo.
/ もし君がこの辞書が必要なら、使ってもいいよ。(分離型複文)

□ (6) Te he traído este diccionario por si lo necesitas.
/ 君が必要かと思ってこの辞書を持ってきたよ。(接合型複文)

(5) の下線部は主文に従属していながら、ほとんど「文」として成立しているので「従属文」と呼び、(6) の下線部は主文に接合し、「文」として成立していないので「従属節」と呼んで区別したいと思います。

単文→重文→分離型複文→接合型複文、の順で構造が複雑になります。複雑な文は、全体の情報を丸ごと飲み込まないで、単文に分けてみましょう。それから、それらが全体でどのように組み合わさっているのかを見ます。すると、文の構成と意味がわかりやすくなります。

5.3　等位接続詞

▶等位接続詞は名詞と名詞、動詞と動詞、節と節、文と文のように同じ資格の構造をつなぎます。《文 + 等位接続詞 + 文》の構造をもつ大きな文を「重文」と呼びます。等位接続詞はふつう無強勢ですが、とくに強調するときに強勢をつけることがあります。

◇253 y 英 *and*

(1)「～と～」「そして・また～」

❑ Yo leo revistas y periódicos en español.	❑ 私はスペイン語の雑誌と新聞を読みます。
□ Se sentó y se puso a leer.	□ 彼はすわって読み始めました。

i-, hi- で始まる語の前では e となります。次の (2) 以下の意味でも同様です。

❑ En verano voy a Francia e Italia.	❑ この夏に私はフランスとイタリアに行きます。

hia-, hie-, y- で始まる語の前では y が使われます。

❑ ¿Quiere agua y hielo?	❑ 水と氷はいかがですか？

(2)〈反意〉「～だけれども」「しかし」「だが」

❑ Está lloviendo y quiere ir a nadar a la playa. Debe de estar loco, ¿eh?	❑ 雨が降っているのに海岸に泳ぎに行きたいだなんて。彼は頭がおかしいんじゃないの？

(3)《命令文＋ y》「そうすれば～」

□ Súbete en la silla, y alcanzarás.	□ 椅子に乗って、そうすれば届くよ。

(4)《同じ語を結んで》〈反復〉〈継続〉「次々に」「どんどん」

❑ Pasaron días y días.	❑ 日がどんどん過ぎていきました。

補足-1 A y B ＋動詞の単数形

次の場合に動詞が単数形になります。

(a)《定冠詞＋名詞＋ y ＋名詞》の構造で意味が一体化しているとき

❑ ¿Cuál es el pro y contra del uso de internet? / インターネットの長所と短所は何ですか？

(b)《不定詞＋不定詞》など中性の要素の連続 ☞◇107 3人称の弱勢代名詞 補足-2

❑ Me gusta cantar y bailar en la fiesta.
/ 私はパーティーで歌ったり踊ったりするのが好きです。

補足-2 y/o

英語の *and* / *or* にあたるスペイン語 y/o は書き言葉で使われます。A y/o B は正確には「A または B、あるいは A と B の両方」という意味です。

□ Vamos a contemplar las obras artísticas y/o culturales.
/芸術的・文化的な作品を鑑賞しましょう。

参考 y / e

y と e の間に意味の違いはありません。e は次に i と hi で始まる語があるときに y の代わりに使われる形です。この i と hi は単母音のときに限り、hie や hia など二重母音は除きます。yo, ya などの y も除きます。

スペイン語の y はラテン語の ET（ET CETERA の ET）に由来します。中世では ET の語尾の T が脱落して e という形になりました。近代になって i (y) と e が併用されるようになりました。

i は《e + a》>《i + a》のように次の母音が前の母音を閉じさせてできた形です。一方《e + i》は変化せず、そのまま残って、現代スペイン語でも e が保持されました。《i + i》という同じ音の連続を避けたためだと考えられます。

◇254 o 英 *or*

(1)〈選択〉「～か…」「～または…」

❑ ¿Qué prefieres, café o té?	❑ コーヒーとお茶、どっちがいい？

《A o B》が主語のとき動詞は複数形になることが多いです。

❑ Mañana Antonio o yo tenemos que trabajar.	❑ 明日はアントニオか私が働かなくてはなりません。
❑ A estas horas un café o un té son buenos, ¿eh?	❑ この時間にはコーヒーかお茶がいいですね。

＊主語が動詞の後にあるときは、近いほうの主語に一致することがよくあります。

o- や ho- で始まる語の前では o は u になります。次の (2) 以下の意味でも同様です。

□ Para cobrar el cheque le pedirán que se identifique con el pasaporte u otro documento.	□ あなたは小切手を現金化するときにはパスポートかほかの書類で本人の確認を求められるでしょう。

数字をつなぐときはアクセント符号をつけて ó と書きます。

❑ El viaje cuesta 20 ó 21 euros.	❑ 旅行には20または21ユーロかかります。

＊数字の間の o をアクセント符号をつけて ó とするのは、o とゼロ (0) をはっきりと区別するためでしたが、印刷字体の普及によって文字を混同することも少なくなったことから、王立アカデミーの『正書法』が改訂され (2010年)、数字の間でも o のままでよいことになりました。

(2)〈説明〉「～すなわち…」「～つまり…」

❑ Estudia lingüística o ciencia del lenguaje.	❑ 彼は言語学、つまり言語の科学を研究しています。

(3)「～か…」〈2つのどちらでもよい場合〉を示します。

□ Había allí diez o doce personas.	□ そこには10人か12人ぐらいの人がいた。

(4)「～であろうと～であろうと」〈譲歩〉を示します。接続法を用います。

□ Quieras o no, tienes que ayudar a tu madre.	□ 望もうとも望まなくとも、おまえはお母さんの手伝いをしなくてはいけないよ。

(5)《命令文＋ o》「～しなさい、さもないと・そうしないと…」

□ Apresúrate o perderás el avión.	□ 急ぎなさい、そうしないと飛行機に乗り遅れますよ。

◇255 pero 英 *but*

(1)〈逆接〉「～であるが…」「しかし・でも…」

❑ Quiero ir, pero no puedo.	❑ 私は行きたいのですが、行けません。
❑ Mi coche es pequeño, pero cómodo.	❑ 私の車は小さいけれど快適だ。

(2)《話》〈強調〉「～だというのに」「それにしても」

❑ ¡Pero si yo no tengo la culpa!	❑ 私は悪くないのに！

◇256 mas 英 *but*

「しかし」（= pero）

□ Si hubiera tenido la ocasión..., mas ya era imposible.	□ もし機会があったなら…、しかしそれはもう無理だった。

＊格式ばった文章または古い文体で使います。ふつうは pero を使います。

◇257 ni 英 *nor*

(1)「〜も…ない」: 否定語として使います。☞◇ 294 ni

□ No le desanimaron las amenazas ni los fracasos.	□ 彼は脅迫にも失敗にもくじけることはありませんでした。

(2)《ni … ni …》で「〜も〜も…ない」という意味になります。

□ Ni tú ni yo estamos de acuerdo.	□ 君も僕も同意していません。
□ Ni las súplicas ni las lágrimas de su hija enternecieron al padre.	□ 娘の懇願も涙も父親の心を動かしませんでした。

＊《ni A ni B》が主語のとき、動詞は複数形になります。主語が動詞の後にあるときは動詞が近いほうの主語に一致することがよくあります。

◇258 等位相関語句

2つの語句を関連させてつながる句を「相関語句」と呼びます。以下に、等位接続詞と同じように、2つの語句を同じ資格でつなげるはたらきをするものの例を示します。

(1)《bien … bien …》「〜でも〜でも」「〜も〜も（両方とも）」「〜か〜か」

□ Bien el sábado, bien el domingo tenemos que terminar el trabajo.	□ 土曜日か日曜日に私たちは仕事を終わらせなくてはなりません。

(2)《o … o …》「〜か〜か」2つのうちどちらか一方だけであることを強調します。

□ ¿O vienes o te quedas aquí?	□ 君は来るの、それともここに残る？

《o bien ... o bien ...》という形も使われます。

❑ Puedes imprimirlo o bien guardarlo en un disco duro o bien en un disquete.	❑ それを印刷してもいいですし、ハードディスクまたはフロッピーディスクに保存してもいいです。

(3)《tanto 〜 como ...》

(a)「〜も…も」

□ Estamos interesados tanto en la cantidad como en la calidad de los productos.	□ 私たちは製品の量にも質にも関心を持っています。

(b)「〜と同じほど」☞◇156 同等比較級

□ No tengo tanta suerte como él.	□ 私は彼ほど運がよくありません。

(4)《no 〜 sino...》

(a)〈訂正〉「〜ではなくて…」

❑ Mi abuelo no está borracho, sino solo un poco alegre.	❑ 私のおじいさんは酔っぱらっているのではなくて、ちょっとほろ酔い気分になっているだけです。

(b)〈排除〉「〜だけ(しか)」

❑ No deseo sino ayudarte.	❑ 私はただあなたを助けたいだけなのです。

5.4 従位接続詞

▶従位接続詞は、主節に従属節をつなぐはたらきをします。主節と従属節がある文を「複文」と呼びます。従位接続詞は無強勢です。

◇259 apenas 英 *as soon as*

「〜するやいなや、すぐに」

□ Apenas salí, se puso a nevar.	□ 私が家を出るとすぐ雪が降り始めました。

＊接続詞ですが例外的に強勢があります。☞◇35 強勢語と弱勢語

5 関係語

◇260 aunque 英 *although, though*

(1)〔直説法〕「〜であるけれど」

□ Aunque es joven, sabe mucho.	□ 彼は若いがたくさん知識があります。

(2)〔直説法〕〈追加・補足〉「〜とは言っても」「〜ではあるが」

□ Quizá llueva mañana, aunque no me gustaría.	□ ひょっとすると明日は雨になるかもしれない。私はいやだけど。

(3)〔接続法〕〈譲歩〉「たとえ〜でも」「〜であるかもしれないが」

□ Aunque no te guste, tienes que aceptarlo.	□ 君はそれが気に入らなくても承諾しなくてはならないよ。
□ Aunque ayer me lo hubieras dicho, ya habría sido tarde.	□ たとえ昨日君が私にそれを言ったとしても、もう遅かったでしょう。

◇261 como 英 *as*

(1)「〜するように」「〜するとおりに」

□ Haz como te he dicho.	□ 私が君に言ったとおりにしなさい。

(2)〔主節の前で〕「〜なので・だから」☞ ◇267 porque

□ Como no me he puesto la crema, siento la piel áspera.	□ 私はクリームをつけなかったので、肌がざらざらしているような感じです。

(3)〔接続法〕「もし〜ならば」

□ Como lo hagas otra vez, te castigaré.	□ またそんなことをしたら、お仕置きをしますからね。

(4)《形容詞 + como + ser/estar の活用形》「〜だが」「〜だとしても」

□ Pobre como es, parece feliz.	□ 彼は貧乏だが幸せそうです。

◇262 conforme 英 *as*

(1)「〜のように」

□ Yo lo hice conforme tú me dijiste.	□ 私は君が言ったとおりにそれをやりました。

(2)「〜にしたがって」「〜のときに」「〜しながら」

□ El embajador saludaba a los invitados conforme iban llegando.	□ 大使は到着する順に招待客に挨拶しました。

(3)「〜するとすぐに」

□ Conforme me den el resultado del examen, te lo avisaré.	□ 試験の結果が出たら、すぐに君にそれを知らせましょう。

◇263 conque 英 *so*

(1)《話》「そこで」「それで」

□ Tú no estabas allí y no lo sabes; ¡conque cállate!	□ あなたはそこにいなかったのでそれを知らないのだから、黙ってて！

(2)《話》〔文頭で〕「では」「さて」

□ Conque, ¿te vienes conmigo o te quedas en casa?	□ それじゃあ、あなたは一緒に来るの、それともお留守番？

◇264 cuando 英 *when*

(1)〔直説法〕「〜するとき」「〜であるとき」

□ En casa, cuando comemos, nunca vemos la televisión.	□ 家では私たちは食事をするとき決してテレビを見ません。

(2)〔直説法〕〈理由〉「〜ならば」

□ Cuando todos lo dicen, habrá algo de verdad.	□ みんながそう言うのなら少しは本当のこともあるのでしょう。

5 関係語

(3)〔直説法〕〈譲歩〉「〜だとしても」「〜なのに」

□ Está enfadado cuando soy yo el que debería enfadarme con él.	□ 彼のことを怒るべきなのは私のほうなのに彼のほうが怒っています。

(4)〔接続法〕〈未来の時間〉「〜のときには」

□ Cuando vaya a Madrid, visitaré el Museo del Prado.	□ マドリードに行ったら、プラド美術館を訪れよう。

◇265 donde 英 *where*

〈場所〉「〜で」「〜するところで」

□ El profesor es muy distraído; donde va olvida el sombrero.	□ 先生はとてもうっかりした人で、行く先々で帽子を忘れてきます。

◇266 mientras 英 *while*

(1)〔直説法〕〈時〉「〜している間に」

□ Mientras nosotros veíamos la televisión, los niños jugaban en el jardín.	□ 私たちがテレビを見ている間、子供たちは庭で遊んでいました。

(2)〔対比を示す〕「〜の一方で…」「〜であるけれど…」

□ Ella te está ayudando mientras tú la estás ofendiendo.	□ 彼女が君を助けているのに、一方君は彼女を怒らせている。

(3)〔接続法〕〈未来の時〉「〜する限り」

□ Mientras llueva, no saldremos.	□ 雨が降っている限り私たちは出かけません。

(4)《mientras ＋比較級＋比較級》「〜すればするほど、ますます…」

□ Mientras más lo miro, más me gusta.	□ 見れば見るほど、私はそれが好きになります。

(5)《mientras que》「～の一方で」

□ Ella mantuvo su posición, mientras que los otros cambiaron de opinión.	□ ほかの人たちは意見を変えたのに、彼女は自分の立場を守り続けました。

◇267 porque 英 *because*

(1)〔直説法〕「なぜならば～」「というわけは～」

□ No aprobó porque no estudió.	□ 彼は勉強しなかったので合格しませんでした。

(2)《否定文＋ porque》〔接続法〕「～だからといって（…なのではない）」

□ No lo hago porque tú me lo digas, sino porque yo quiero.	□ 僕は君に言われるからそれをするんじゃなくて、自分がしたいからするんだ。

(3)〔接続法〕「～するので」「～するから」（＝ para que）

□ Llámame a casa porque te diga el resultado.	□ 結果を知らせるから私の家に電話をして。

補足-1 **porque ／ por ＋形容詞・副詞＋ que ／ por el que ／ por qué ／ porqué**

(1) porque は〈理由〉を示す接続詞です。

□ No comió nada porque no tenía hambre.
／彼は食欲がなかったので何も食べませんでした。

(2)《por ＋形容詞・副詞＋ que》は「どんなに～であっても」という〈譲歩〉の意味の接続詞句になります。

□ Por lejos que estés, quiero verte. ／君がどんなに遠くにいても、君に会いたい。

(3)《por ＋定冠詞＋ que》は関係代名詞です。☞◇245 el que

□ Esta es la razón por la que te necesitamos.
／これが私たちが君を必要としている理由です。

(4)《por qué》は〈理由〉を聞く疑問詞です。☞◇280 por qué

□ ¿Por qué lo hiciste? — ¡Porque sí!
／なぜそんなことをしたの？— なぜって、そうだから！

5 関係語

(5) porqué は「理由」という意味の男性名詞です。

□ Nadie comprende el porqué de su conducta. / だれも彼の行動の理由がわかりません。

補足-2 **como / porque / pues / puesto que / ya que**

(1) como (英 *since*) は〈よく知られた事実〉を理由として述べるときに使います。ふつうは主節の前に置きます。

□ Como Pepe llega tarde, vamos a empezar sin él.
/ ペペは遅れてくるので、彼抜きで始めましょう。

(2) porque (英 *because*) は〈直接的な理由・原因〉を示し、主節の後に置きます。

□ Ernesto volvió apresuradamente a casa, porque había olvidado la cartera.
/ エルネストは財布を忘れたのであわてて家に戻りました。

(3) pues (英 *for*) は〈理由〉をつけたして言うときに使います。

□ Guarda bien tu dinero y tu pasaporte, pues por aquí abundan rateros.
/ お金とパスポートをしっかりしまっておいて。ここスリが多いから。

(4) puesto que (英 *since*) は説明的に〈理由〉を示すときに使います。

□ Lo dejaremos para mañana, puesto que hoy no hay tiempo.
/ 今日は時間がありませんから、それを明日に延ばしましょう。

(5) ya que (英 *since, as*) は「〜ということなら」「〜なのだから」という意味で〈前提〉となることを示します。

□ Bien, te acompañaré, ya que insistes.
/ いいでしょう、そんなに言うのなら一緒に行きましょう。

◇268 pues 英 *for, then*

(1)〈原因・理由〉「なぜならば〜」「〜だから」 英 *for*

□ Cierra la ventana, pues hace frío.	□ 窓を閉めて、寒いから。

(2)〈結果〉「そうならば」「それでは」 英 *then*

□ Pues, si quieres venir, tendrás que ir a pie.	□ それじゃあ、おまえが来たいなら歩いて来なくてはだめだよ。

◇269 que 英 *that*

(1)〔直説法〕〈事実〉「～のこと」「～であるということ」:
自分が〈認識したこと〉や〈伝える内容〉を示します。

□ El nuevo empleado dice que habla varios idiomas.	□ 今度の新入社員は数か国語を話すと言っています。

(2)〔接続法〕〈仮想したこと〉「～すること（は・なんて）」:
〈否定〉〈疑惑〉〈可能性〉〈願望〉〈要求〉の内容を示します。

□ Mónica me pidió que la llamara.	□ モニカは彼女に電話するようにと私に言いました。
□ ¡Ojalá que puedas conocer nuestro pueblo algún día!	□ 君がいつか私たちの町を知ることができるといいのに！

(3)《話》「～だから」「～なので」:〈理由〉を示します。

□ Ponte el abrigo, que hace frío.	□ 寒いからコートを着なさい。
□ No pude ir al sitio, que me había perdido en el camino.	□ 私は道に迷って、その場所に行けませんでした。

(4)《話》「～ということ」「～だって？」: 言ったことを繰り返します。

□ ¿Cómo has dicho? — Que no.	□ 何て言ったの？— いやだと言ったんです。
□ ¿Que está nevando? ¿De verdad? Voy a mirar por la ventana...	□ えっ雪が降ってるの？ 本当？ 窓から見てみよう…。

(5)《es que》「～ということだ」「実は～なのです」

□ ¿Por qué cerraste la ventana? — Es que tenía frío.	□ なぜ窓を閉めたの？ — 寒かったので。

(6)《el que》「～ということ」

□ Me extraña el que hayan partido sin decirme nada.	□ 彼らが私に何も告げずに出発したのは変です。

＊関係代名詞の《el que》については ☞◇245 el que

5 関係語

(7) 話し言葉やラテンアメリカのスペイン語でしばしば de que の de が省略されることがあります。

□ Estoy segura que te gustará este regalo.	□ このプレゼントはきっとあなたに気に入ってもらえると思う。

(8) rogar「頼む、依頼する」などの目的節で que が省略されることがあります。

□ Les ruego me comuniquen el resultado.	□ 私に結果を知らせていただけますようお願いいたします。

参考 **qué / que 疑問詞と関係詞と接続詞**

疑問詞 qué と接続詞 que と関係詞 que の形が同じなのは偶然ではありません。これらはどれも印欧祖語の形として想定される k^wo- という疑問詞にさかのぼります。この疑問詞は、やがて関係詞としても使われるようになり、それがさらに接続詞としても使われるようになりました。☞◇244 que 参考

次のように、現代スペイン語でも疑問詞 qué と接続詞 que はよく似たはたらきをします。

□ (1) Sé qué [疑問詞] tengo que hacer.
/ 私は何をしなければならないか、わかっています。

□ (2) Sé lo que [関係詞] tengo que hacer.
/ 私はしなければならないことが、わかっています。

□ (3) Sé que [接続詞] tengo que hacerlo.
/ 私はそれをしなければならないことが、わかっています。

この (2) の関係詞から (3) の接続詞に変化するとき、先行詞 (lo) がなくなっていることに注意しましょう。このように先行詞がなくなると、関係詞は接続詞に変化します（独立用法の関係詞は先行詞を含んでいる、と解釈します）。疑問詞の cuándo, dónde, cómo, 関係詞の cuando, donde, como, そして接続詞の cuando, donde, como についても同様です。el día cuando ... と言えば、「〜する日に」という意味の「先行詞＋関係詞」になりますが、先行詞がなくて cuando ...「〜するときに」だけならば接続詞としての用法です。el lugar donde ...「〜する場所」や la manera como ...「〜する方法」も同じことです。このように数千年前にあった言語変化の仕組みを、現在のスペイン語の中で見ることができます。

この仕組みをスペイン語の理解のために使ってみましょう。que, cuando, donde, como などが出てきたとき、一度「疑問詞」qué, cuándo, dónde, cómo のようにして置き換えて考えてみるのです。たとえば、(3) のような文ならば、「私はわかっている」(「何が？」)「何がか、と言えば、それをしなければいけない、ということ」となります。(3) ぐらいの単純な文ならば、とくに問題なく解釈できますが、さらに複雑になった長文でも、一度このように分解してみると、問題なくすらすらと解釈できるようになります。

◇270 según 英 *according to what, as*

接続詞ですが例外的に強勢語です。

(1)〔直説法〕〈依拠〉「～するところによれば」

□ Según parece, vendrá mucha gente.	□ どうやら多くの人が来そうです。

(2)〈同時進行〉「～にしたがって」「～と同時に」

□ Según los invitados vayan llegando, les acomodaremos en la sala.	□ 招待客が到着したら、順に部屋にお通ししましょう。

(3)〈様態〉「～のように」

□ Todo salió según esperábamos.	□ すべて私たちが期待していたようになりました。

(4)〔接続法〕〈条件〉「～によって」

□ Según sea el tiempo mañana, iremos o no.	□ 明日の天気しだいで、私たちは行くか行かないか決めます。

◇271 si 英 *if*

(1)〈条件〉「～であれば」「～ならば」

□ Si tienes hambre, entramos en el restaurante.	□ あなたがおなかがすいているなら、そのレストランに入りましょう。

＊仮定文については ☞ ◇204 仮定文

(2)《si bien...》「たとえ～であっても」「～だけれど」

□ No respondió, si bien lo sabía.	□ 彼は答えませんでした。知っていたのに。

◇272 接続詞句

複数の語が集まって接続詞と同じはたらきをするものを「接続詞句」と呼びます。以下によく使われる接続詞句を取りあげます。

● a fin de que ...〔接続法〕「〜するように」「〜になるように」

□ El profesor se subió al estrado a fin de que todos le vieran mejor.	□ 先生はみんなからよく見えるように教壇に登りました。

● a medida que ...「〜するにしたがって」

□ A medida que el avión va descendiendo, la velocidad se reduce.	□ 飛行機が降下するにしたがって速度が落ちます。

● a menos que ...〔接続法〕「〜でなければ」

□ A menos que llueva mañana, iremos de excursión.	□ 明日雨でなければ、遠足に行きましょう。

● a no ser que ...〔接続法〕「〜でなければ」

□ No quiero comer pescado, a no ser que tenga pocas espinas.	□ 骨が少ないのでなければ、魚を食べたくありません。

● ahora que ...「〜した今」

□ Ahora que sabes todo, quiero oír tu opinión.	□ 君がすべてを知った今、私は君の意見が聞きたいです。

● antes (de) que ...〔接続法〕「〜する前に」

□ Hay que comer estas fresas antes que se estropeen.	□ 傷まないうちにこのイチゴを食べないといけません。

● así que ...

(1)「〜するとすぐに」

□ Así que termine de estudiar, saldré a pasear.	□ 私は勉強が終わったらすぐに散歩に行くつもりです。

(2)「であるから〜」「それだから〜」〈結果〉を示します。

□ El tren ya se había ido, así que nos sentamos a esperar el siguiente.	□ 列車はもう出てしまっていたので、私たちはすわって次のを待ちました。

(3)〔文頭で〕「それで」

□ ¿Así que estás decidido?	□ それであなたは決心したの？

● con tal de que ...〔接続法〕「～という条件で」「～なら」

□ No me importa salir a cualquier hora con tal de que lleguemos a tiempo.	□ 私たちが間に合いさえすれば何時に出かけようと私はかまいません。

● dado que ...〔直説法〕「～なので」

□ Dado que no hay hotel, nos iremos a una pensión.	□ ホテルがないので民宿に行きましょう。

● de ahí que ...〔接続法〕「その結果～となる」

□ Estudió mucho; de ahí que aprobara.	□ 彼はたくさん勉強したのでその結果合格しました。

● de forma que ...

(1)〔直説法〕「よって～」「だから～」

□ No estaba en casa, de forma que le dejé una nota en la puerta.	□ 彼は家にいなかったので私はドアのところにメモを残してきました。

(2)〔接続法〕「～であるように」

□ Explícaselo de forma que lo entienda.	□ 彼にわかるようにそれを説明してあげて。

(3)〔文頭で〕〔直説法〕「それでは～」

□ De forma que después de habértelo comprado, no lo quieres, ¿eh?	□ それじゃあ、おまえは買ってしまったあとで、それはいらないと言うんだね？

● de manera que ...

(1)〔直説法〕「それで～」「その結果～」

□ Acabo de oír decir que conseguiste el puesto. De manera que estarás muy contento, ¿verdad?	□ 君がその地位を手に入れたと聞いてきたところだ。それで君はとても満足なんだよね？

(2)〔接続法〕「～する・できるように」

□ Habla claramente de manera que te entendamos.	□ 私たちが理解できるようにはっきりと話して。

● de tal manera que ...「～のように」

□ El niño comió de tal manera que se manchó toda la ropa.	□ その子は服をめいっぱい汚すように食べました。

● de modo que ...

(1)〔直説法〕「それで～」「したがって～」

□ Lo has leído; de modo que ya lo sabes.	□ 君はそれを読んだからもう知っているはずです。

(2)〔接続法〕「～であるように」「～するように」

□ El profesor habló despacio de modo que todos le entendieran.	□ 先生はみんながわかるようにゆっくりと話しました。

● desde que ...「～（のとき）から」

□ Creo que empecé a amar a Roberto desde que le vi.	□ 私は出会ったときからロベルトを愛し始めたのだと思います。

● después de que ...「～のあとで」

□ Después de que lo dije, me arrepentí.	□ それを言ったあとで、私は後悔しました。

＊話し言葉ではしばしば de が省かれます。

とくに書き言葉で接続法過去形が使われることがあります。

□ Después de que se terminara el partido, hubo una pelea de unos jóvenes.	□ 試合終了後、若者たちのけんかがありました。

● en cuanto ...「～するとすぐ」

□ En cuanto dieron las doce, interrumpimos el trabajo.	□ 12時になると、私たちはすぐに仕事を中断しました。

● en caso de que ...〔接続法〕「～の場合には」

□ En caso de que no pueda venir, llámeme.	□ おいでになれない場合は、お電話ください。

● en tanto que ...

(1)〔直説法〕「～している間に」「一方で～」

□ Espérame aquí en tanto que regreso.	□ 私が戻るまでここで待っていて。

(2)〔接続法〕「～する限りは」

□ En tanto que sigas con fiebre, no podrás ir al trabajo.	□ 熱がある限り、君は仕事には行けませんよ。

● hasta que ...「～まで（は）」

□ Mi hermano se quedó en España hasta que se le acabó el dinero.	□ 兄は金が尽きるまでスペインに留まりました。
□ Aguántate el hambre hasta que lleguemos a casa.	□ おなかがすいても家に着くまで我慢しなさい。

● para que ...〔接続法〕「～するために」

□ Hablaré despacio para que me entiendan.	□ 私は彼らに理解してもらえるようにゆっくり話しましょう。

● por más que ...「どれほど～しても」

□ Por más que lo busques, jamás lo encontrarás.	□ 君がどんなに探してもそれは決して見つからないでしょう。

● por mucho que ...「どんなに～しても」

□ Por mucho que come, no engorda.	□ 彼はどんなに食べても太りません。
□ Por mucho que me lo pidas, no lo haré.	□ 君がどんなに頼んだって、そんなことするものですか。

● puesto que ...「～であるから」

□ Puesto que tú lo has visto, nos gustaría que nos lo contaras.	□ おまえはそれを見たのだから、私たちにその話をしてくれるといいのだけれど。

● salvo que ...〔接続法〕「～ということを除けば」「～は別にして」

□ Saldremos de excursión salvo que amanezca lloviendo.	□ 朝雨が降っていなければ遠足に行きましょう。

● siempre que ...

(1)〔直説法〕「～するときはいつも」

□ Siempre que limpio la casa, abro las ventanas.	□ 私は家の掃除をするときは、いつも窓を開けます。

(2)〔接続法〕「～すればいつも」「～であるときだけ」

□ Siempre que me llames, vendré en tu ayuda.	□ 私を呼んでくれれば、いつでも助けに行くよ。

● tal como ...「～のように」

□ Te lo cuento tal como me lo contó él.	□ 彼が私に話してくれたそのままを君に話しましょう。

● tan pronto como ...「～するとすぐに」

□ Este aparato se activa automáticamente tan pronto como usted pulsa el botón.	□ この装置はあなたがボタンを押すとすぐに自動的に作動します。

● ya que ...「～なのだから」「～となった以上」

□ Ya que vas a estar en casa, haz el favor de recibir las llamadas de teléfono.	□ 君は家にいるのだから電話の番をしてくださいね。

◇273　従位相関語句

相関語句の中には、従位接続詞と同じように、従属節を主節につなげるはたらきをするものがあります。

● cuanto más ～, (tanto) más ...「～すればするほど…」

□ Cuantos más amigos vayamos, más nos divertiremos en la fiesta.	□ 一緒に行く友だちが多ければ多いほどパーティーはおもしろくなるでしょう。

● no solamente ～, sino (también)...「～だけでなく…も（また）」

□ Tomás no solamente es un buen estudiante, sino también un gran deportista.	□ トマスはよい学生であるばかりかすばらしいスポーツ選手でもあります。

solamente の代わりに solo を使うこともあります。

□ El profesor no solo habla español, sino también portugués.	□ 先生はスペイン語ばかりかポルトガル語も話します。

●《tan ＋形容詞・副詞＋ que ...》「あまりに〜なので…」

□ La sopa está tan caliente que no se puede tomar.	□ スープは熱すぎて飲めません。

● tanto 〜 que...「あまりに〜なので…」

□ Tengo tantos libros que no sé dónde meterlos.	□ 私には本がたくさんありすぎてどこに入れたらよいかわかりません。

6. 文

Arcos de la Frontera, Cádiz

▶文は名詞類、形容詞、副詞、動詞が関係語と結びついてできています。最後に、いろいろな文の種類や文型、そして語順の問題を理解して私たちの文法を仕上げましょう。文の中心は動詞です。たとえば波線などでしるしをつけて、これを軸にして文の構造を考えます。

En la colina *hay* un pueblo blanco.

6.1 疑問詞と疑問文

▶疑問文には「直接疑問文」と「間接疑問文」があります。それぞれに、「全体疑問文」と、「疑問詞」を使う「部分疑問文」があります。

(1) 直接疑問文：疑問符 (¿ ...?) を使います。☞◇ 43 疑問符（¿ ...?）

(a) 全体疑問文：「はい」(Sí.)「いいえ」(No.) で答えられます。

❑ ¿Tienes esta noche libre? — Sí.	❑ 君は今晩空いてる？— うん。

1 人称は「〜しましょうか？」という〈提案・申し出〉の意味でも使われます。

❑ ¿Te acompaño hasta la estación?	❑ 駅まで一緒に行こうか？

2 人称は「〜してくれる？」という〈依頼〉の意味でも使われます。

❑ ¿Me llamas hoy?	❑ 今日電話をくれる？

「付加疑問文」は全体疑問文の一種です。平叙文の後に ¿verdad?, ¿no?, ¿sí? などをつけます。

❑ Sabes conducir, ¿verdad? — ¡Claro!	❑ 君は運転できるでしょ？— もちろん！

☐ Hoy comemos juntos, ¿no? — De acuerdo.	☐ 今日私たち一緒に食べるでしょ？ — オーケー。

(b) 部分疑問文：疑問詞を使います。☞ ◇274 - ◇283

☐ ¿Qué hay de nuevo?	☐ 何か変わったことがありますか？

(2) 間接疑問文：文の中に組み入れられた疑問文です。

(a) 間接疑問文の全体疑問文では si を使います。「～かどうか」という意味です。

☐ Quiero saber si Francisco nos acompaña.	☐ フランシスコが私たちと一緒に来てくれるか知りたいです。

(b) 間接疑問文の部分疑問文には、疑問符（¿ …?）をつけません。

☐ No sé por qué mi hermana hizo algo así.	☐ 私の姉がなぜそのようなことをしたのか私はわかりません。

以下、よく使われる疑問詞の使い方を説明します。

◇274 adónde 英 *to where*

〔疑問副詞〕〈方向〉「どこへ？」：無変化です。

☐ ¿Adónde va usted?	☐ あなたはどちらへいらっしゃるのですか？

＊ a dónde と分けて書くこともあります。

◇275 cómo 英 *how*

〔疑問副詞〕：無変化です。

(1)〈様子〉「どのように？」

☐ ¿Cómo está usted?	☐ お元気ですか？

(2)〈方法〉〈手段〉「どのように？」「いかにして？」

☐ ¿Cómo desea los huevos?	☐ 卵はどのようにいたしますか？《レストランで》

❑ ¿Cómo va usted a su oficina todos los días?	❑ あなたは毎日どうやって会社へ行かれるのですか？

(3)〈理由〉「どうして？」

❑ ¿Cómo puedes pensar tal cosa?	❑ 何で、そんなふうに考えるの？

＊☞◇ 280 por qué 補足-1

(4)「何ですか？」：繰り返しを求めます。

❑ ¿Cómo? ¿Puede repetir, por favor?	❑ 何ですって？ もう一度おっしゃっていただけますか？

(5)〈反語〉「どうして～なことがあろうか」

❑ ¿Cómo es posible?	❑ 何でそんなことになるのでしょう？

◇276 cuál 英 *what, which*

〔疑問代名詞〕〈人〉についても〈もの〉についても用います。複数形は cuáles です。

「どれ？」「どちら？」：全体の中の一部を選択します。 英 *which*

❑ Aquí hay dos camisas. ¿Cuál te gusta más? — La de rayas.	❑ ここにシャツが2枚あるけど、君はどっちのほうが好き？ — ストライプのがいい。
❑ ¿Cuál de las dos es Carmen?	❑ 2人のうちどちらがカルメンですか？
❑ ¿Cuáles son los países centroamericanos?	❑ 中央アメリカの国々はどれですか？

ser 動詞とともに「何？」という意味でも使われます。 英 *what* ☞◇ 281 qué 補足

❑ ¿Cuál es su apellido?	❑ あなたの姓は何ですか？

◇277 cuándo 英 *when*

〔疑問副詞〕〈時〉「いつ？」：無変化です。

❑ ¿Cuándo va usted a España?	❑ あなたはいつスペインに行かれますか？
☐ Todavía no sé cuándo podré volver.	☐ 私はいつ戻れるかまだわかりません。

◇278 cuánto 英 *how many, how much*

(A)〔疑問代名詞〕〔疑問形容詞〕：性数変化をします。 英 *how many*

(1)〈数〉「いくつ？」「何人？」「いくら？」

☐ ¿Cuánto cuesta este cuadro?	☐ この絵はいくらですか？

(2)「どれだけの～？」：〈量〉についてたずねます。

☐ ¿Cuántas naranjas quieres?	☐ いくつオレンジがいるの？

(B)〔疑問副詞〕：無変化です。 英 *how much*

(1)「どれほど？」

☐ ¿Cuánto dista el lago de aquí?	☐ ここから湖はどのくらい離れていますか？
☐ No puedo decirle cuánto me ha encantado su país.	☐ 私はあなたの国がどれほど気に入ったか言いつくせません。

(2) 形容詞や副詞の前で cuán という形になります。

☐ ¡Cuán feliz es Don Pedro!	☐ ペドロさんはなんて幸せなのでしょう！

＊これは詩的な表現で、ふつうは qué が用いられます。☞◇284 疑問詞を使う感嘆文

◇279 dónde 英 *where*

〔疑問副詞〕〈場所〉「どこで？」「どこへ？」：無変化です。

☐ ¿Dónde está la estación?	☐ 駅はどこですか？
☐ ¿De dónde eres?	☐ 君はどこの出身？
☐ ¿Puede usted indicarme dónde se factura el equipaje?	☐ どこで手荷物のチェックインの手続きができるか教えていただけますか？

◇280 por qué 英 *why*

〔疑問副詞〕：無変化です。

(1)〈理由〉〈原因〉「なぜ？」「どうして？」

6
文

❑ ¿Por qué estudias español?	❑ 君はなぜスペイン語を勉強してるの？
□ No entiendo por qué Josefina ha dicho tal cosa.	□ ホセフィーナがなぜあんなことを言ったのかわからない。

(2)〔否定文で〕〈提案〉「～したらどうですか？」

❑ ¿Por qué no vas a consultar al médico?	❑ 医者にかかってみたらどう？

補足-1 **¿por qué? / ¿cómo?**

次のような例文では ¿por qué? も ¿cómo? も使われます。

❑ ¿Por qué no dijiste nada? / なぜあなたは何も言わなかったの？
(*Why didn't you say anything?*)
❑ ¿Cómo no dijiste nada? / いったいどうしてあなたは何も言わなかったの？
(*How come you didn't say anything?*)

¿por qué? はふつうの文体で「なぜ？」の意味で使われます。一方 ¿cómo? は話し言葉で「いったいどうして？」の意味で使われ〈いらだち〉〈非難〉〈怒り〉のニュアンスがあります。しかし、2つの違いは微妙でほとんど区別ができないこともあります。イントネーションを変えれば、¿por qué? にも〈いらだち〉〈非難〉〈怒り〉のニュアンスをこめることができます。納得できないときに〈理由〉を聞くので、それが自然に〈いらだち〉〈非難〉〈怒り〉のニュアンスになるのでしょう。話し方や顔の表情に注意するとわかります。

補足-2 **¿por qué? / ¿para qué?**

次のように ¿por qué? と ¿para qué? が区別されます。

❑ ¿Por qué la llamaste? / なぜ君は彼女に電話したの？ (*Why did you call her?*)
❑ ¿Para qué la llamaste? / 何のために君は彼女に電話したの？ (*What did you call her for?*)

¿por qué? は「なぜ？」の意味で〈理由〉を聞くときに使われ、¿para qué? は「何のために？」の意味で〈目的〉を聞くために使われます。☞◇237 por 参考

◇281 qué 英 *what*

性・数の変化はありません。

(1)〔疑問代名詞〕「何？」「どんなもの？」「どんなこと？」

❑ ¿Qué es eso?	❑ それは何ですか？

❑ ¿Qué vas a hacer hoy?	❑ 今日は何をするつもり？
❑ ¿Qué es el padre de Ana?	❑ アナの父親の職業は何ですか？
❑ ¿Qué es la democracia?	❑ 民主主義とは何ですか？
☐ ¿Qué habrá pensado el profesor?	☐ 先生はどんなふうに思ったでしょうか？

(2)〔疑問形容詞〕「何の〜？」「何という〜？」「どんな〜？」

❑ ¿Qué hora es?	❑ 何時ですか？
❑ ¿Qué talla tiene usted?	❑ あなたのサイズはいくつですか？
☐ Voy a decirte qué programa ponen esta noche.	☐ 今晩どんな番組をやるか教えてあげよう。

補足 ¿qué? / ¿cuál?

❑ ¿Qué es la educación? / 教育とは何ですか？ (*What is the education?*)
❑ ¿Cuál es tu opinión? / 君の意見はどうですか？ (*What is your opinion?*)

上のように ¿qué es...? は〈本質的な定義〉を求めます。一方 ¿cuál es...? は「それがだれであるか、どれであるか」を〈同定〉することを求めます。この場合 cuál は「どちら」*which?* の意味にはなりません。

次に名詞がくるとき、¿qué...? を使います。

❑ ¿Qué vino toma? — ¿Cuál me recomienda usted?
/ どのワインになさいますか？— どれがお勧めですか？
(*Which wine do you take? — Which do you recommend?*)

スペインの 16 世紀の文学作品の中で ¿cuál + 名詞？の用法が見られました。ラテンアメリカの多くの地域では現代でも ¿cuál + 名詞？を使います。

◇282 qué tal 英 *how*

〔疑問副詞〕: 無変化です。話し言葉で使います。

(1)「どう？」「どのように？」

❑ ¡Hola! ¿Qué tal?	❑ やあ！ 元気？
❑ ¿Qué tal ha pasado usted este fin de semana?	❑ この週末はいかがお過ごしでしたか？

動詞が省略されることがあります。

❑ ¿Qué tal el examen?	❑ 試験はどうだった？

(2)《¿qué tal ＋名詞？》「どんな～？」

□ ¿Qué tal tiempo hace hoy?	□ 今日はどんな天気？

◇283 quién 英 *who*

〔疑問代名詞〕〈人〉「だれ？」「どなた？」：複数形は quiénes です。性は変化しません。

❑ ¿Quién vino?	❑ だれが来ましたか？
□ ¿Para quién compraría Luis tantas flores?	□ ルイスはあんなにたくさんの花をだれに買ったのだろう？
□ Contesta al teléfono a ver quién es.	□ だれなのか、電話に出てみて。

補足-1 **《疑問詞＋不定詞》**

《疑問詞＋不定詞》は、疑問詞の意味と組み合わせて「～してよいか」「～すべきか」という意味があります。

□ No sé cómo agradecerle tanta cordialidad.
/ こんなにご親切にしていただいてどう感謝してよいかわかりません。
□ No sabía cuál camino elegir. / 私はどの道を選んだらよいかわかりませんでした。
□ No sabíamos cuándo empezar. / 私たちはいつ始めてよいかわかりませんでした。
□ No sabía cuánto pagar por el servicio.
/ 私はそのサービスにいくら払ったらよいかわかりませんでした。
□ No sé dónde dirigirme para hacer la solicitud de la beca.
/ 奨学金の申し込みをするのにどこへ行けばよいのかわかりません。
□ No supe qué decir. / 私は何と言ったらよいのかわかりませんでした。
□ Yo no sabía a quién pedir ayuda.
/ 私はだれに援助を求めたらよいのかわかりませんでした。

これらは間接疑問文の一種です。

補足-2 **《定冠詞＋疑問詞》**

間接疑問文に定冠詞をつけて名詞節に変えることができます。

□ El cómo le habían entrado las ganas de leer ese libro no lo sabía.
/ 私は彼がなぜその本を読む気になったのかわかりませんでした。

□ Reflexionaremos sobre el por qué hacemos lo que hacemos. / なぜ私たちがしていることをしているのか（私たちがしていることの理由）について考えてみましょう。

次のように、名詞のように使うこともできます。

□ Me interesan el qué, el cómo y el para qué de la enseñanza.
/ 何を、どのように、そして何のために教育をするのか、私には興味があります。

次の el porqué「理由」は完全に名詞化しています。

□ Estudio el porqué de los fenómenos lingüísticos.
/ 私は言語現象の理由を研究しています。

6.2 感嘆詞と感嘆文

▶「感嘆詞」は話者の感情を示す言葉です。文の中ではほかの語から離して使うか、または独立して使います。書くときはふつう感嘆符（¡...!）で囲みます。

▶以下では感嘆詞を、(1) 自分の感情を示す「感情感嘆詞」と、(2) 相手に自分の気持ちを伝える「交感感嘆詞」、そして (3)「擬音語・擬態語」に分類します。(1) 感情感嘆詞は短い語が多く、主観的な言葉が瞬間的に思わず発せられるものです。(2) 交感感嘆詞は相手に伝達することを意識した表現で、その中でとくに挨拶の言葉が重要です。(3) 擬音語・擬態語はとくに感情を示すものではありませんが、文のほかの要素から独立しているので、使われ方が感嘆詞に似ています。

▶感嘆詞は話し言葉で使うことが多いのですが、中には俗語も含まれるので、使うときは場面や状況に気をつけましょう。以下ではよく使われるものを取りあげます。

◇284 疑問詞を使う感嘆文

(1)《qué ＋名詞》《qué ＋名詞＋ más / tan ＋形容詞》《qué ＋形容詞》《qué ＋副詞》という感嘆文を使います。

❑ ¡Qué equipo!	❑ なんてチームなんでしょう！
❑ ¡Qué película más aburrida!	❑ なんて退屈な映画なんでしょう！
❑ ¡Qué inteligente eres!	❑ 君はなんて頭がいいんでしょう！

❏ ¡Qué bien habla español!	❏ 彼はスペイン語をなんて上手に話すのでしょう！

(2) 動詞または文全体を強調するときは《cómo ＋動詞》という感嘆文を使います。

❏ ¡Cómo llueve!	❏ 雨がずいぶん降りますね！
❏ ¡Uf! ¡Cómo apesta a perfume!	❏ うっ！ 香水のにおいがプンプンしてる！

(3) 数量を強調するときは《cuánto（＋名詞）》という感嘆文を使います。

❏ ¡Cuántos kilómetros hemos recorrido en un día!	❏ 私たちは1日に何キロ歩き回ったことでしょう！

◇285 感情感嘆詞

感情感嘆詞は話し手の〈感情〉を示します。

●ah〈苦痛・感嘆・驚き〉「ああ」「おや」「まあ」「あれ」

❏ ¡Ah! ¿Estabas tú aquí?	❏ あれ？ あなたここにいたの？
❏ ¿Ah, sí? No lo sabía.	❏ ああ、そうですか。知りませんでした。

●ajá《話》〈是認・賛成・驚き・納得〉「そのとおり」「なるほど」「いいよ」

❏ ¡Ajá! De acuerdo.	❏ いいよ、OKです。

●ajajá《話》〈納得〉「なるほど」

❏ ¡Ajajá, ya entiendo!	❏ なるほど、これでわかった！

●anda《話》（＊ [andá アンダ] と発音されることもあります。）

(1)〈驚き〉「あれ」「まあ」

❏ ¡Anda! ¡Pues no lo sabía!	❏ あら、それは知らなかった！

(2)〈はげまし〉「さあ」

❏ ¡Anda, vamos a tomar una copa juntos!	❏ さあ、一緒に一杯やりましょう。

●ay〈痛み・悲しみ・驚き〉「あっ」「痛い」「あっちっち」

❏ ¡Ay, ay, ay, qué dolor!	❏ ああ、痛い、痛い！

❑ ¡Ay!, ¡pero qué divertido!	❑ まあ、何て楽しい！

● bah《話》〈軽蔑・不信・あきらめ〉「ふふん」「ばかな」

□ Olvidé traerte tu libro... — ¡Bah!, no importa. Me lo traes otro día.	□ 君の本を持ってくるのを忘れた…。 — そんなこと、どうでもいいよ！ 別の日に持ってきて。

● caramba《話》〈驚き・怒り・嫌悪〉「おや」「まあ」

❑ ¡Caramba! ¡Cómo has crecido!	❑ おや！ ずいぶん大きくなったね！

● caray《話》〈驚き・怒り〉「おや」「まあ」

□ Pero, caray, ¿es que él no se da cuenta de nada?	□ だけど驚いたなあ、彼は何も気づいていないのかな？

● che《南米》《話》〈呼びかけ〉「おい」「ねえ」

❑ ¿Qué pasa, che?	❑ どうしたの、ねえ？

● coño《スペイン》（＊俗語なのでむやみに使えません。）

(1)《俗》〈怒り〉「くそっ」「畜生」

❑ ¡Cállate ya, coño!	❑ もう黙れ、こいつめ！

(2)《俗》〈驚き〉「あれ」「わあ」「おや」

□ ¡Coño! Mira, si ése es que va por allí es Francisco... ¡Francisco!	□ あれ！ ほら、あそこに行くのはフランシスコじゃない？ おーい、フランシスコ！

● ea〈激励・強調〉「さあさあ」「しっかり」

❑ ¡Ea, a trabajar todos!	❑ さあ、みんな仕事しよう！

● eh《話》

(1)〈呼びかけ〉「やあ」「おい」

□ ¡Eh, tú, ven aquí!	□ ねえ、君、こっちに来て。

(2)《話》〔文の終わりに〕〈確認〉「ね」「ねえ」「そうでしょ」

❑ Hace calor, ¿eh?	❑ 暑いねえ。

(3)《話》〈驚き〉「へえ」「おやまあ」「あら」「あれ」

❏ ¿Eh? ¿Qué has dicho?	❏ ええ、何だって？

● guay《話》〈驚き〉「わあ」「すごい」「ナイス」

❏ ¡Guay! ¡Qué bien lo pasamos ayer en la fiesta!	❏ すごかったね！ 昨日のパーティーはとてもよかった！

● híjole《メキシコ》《話》〈驚き〉「わあ」「すごい」「あれっ」

□ ¡Híjole!, se me ha caído el monedero.	□ あれっ、財布を落としちゃった！

● huy《話》〈驚き〉「まあ」「おや」（＊とくに女性が使います。）

❏ ¡Huy, qué bien! Mañana es sábado.	❏ まあ！ よかった！ 明日は土曜日だわ！

● jo《スペイン》《俗》〈驚き〉「わあ」「まあ」「あれ」「まったく」（＊俗語なのでむやみに使えません。）

❏ ¡Jo, qué tío tan bestia!	❏ まったく！ ひどいやつだ！

● joder《俗》〈怒り・驚き・痛み〉「くそっ」「(こん)ちきしょう」「しまった」「おや」「まあ」（＊俗語なのでむやみに使えません。）

❏ ¡Joder! Me he equivocado otra vez.	❏ くそっ！ また間違えた。

● oh《話》〈驚き・願望・悲しみ〉「おお」「おや」「ああ」

❏ ¿Le gusta la música? — ¿La música? ¡Oh, sí, me gusta mucho!	❏ 音楽はお好きですか？ — 音楽ですか？ ああ、ええ、とても好きです！

● olé〈はげまし〉「いいぞ」「でかした」「うまいぞ」「がんばれ」

□ El público entusiasmado por el arte y la valentía del torero, empezaba a gritar: ¡olé, olé!	□ 闘牛士の技と勇気に熱狂した観衆は「いいぞ、いいぞ」と叫び始めました。

● puah《話》〈嫌悪・不快〉「うえっ」

❏ ¡Puah, qué mal huele esta habitación!	❏ うえっ、なんてこの部屋はくさいんだ！

● puf〈軽蔑・憎悪・反感〉「ふん」「へん」

□ Vendrá Álvaro. — ¡Puf! — ¿Qué pasa? ¿No te cae bien Álvaro?	□ アルバロが来るよ。— ふん！— どうしたの？ アルバロが嫌いなの？

● uf《話》〈疲れ・嫌気・悩み〉「あーあ」

❑ ¡Uf, por fin terminé!	❑ あーあ、やっと終わった！

◇286 交感感嘆詞

交感感嘆詞は話し手が聞き手に自分の気持ちを伝えます。

● un abrazo / abrazos〈親しい人への手紙の結語〉「ごきげんよう」

❑ Bueno, te dejo. Un abrazo.	❑ それじゃ、これで。ごきげんよう。

● adelante「お入り」「どうぞ」

❑ ¿Se puede? — ¡Adelante!	❑（入って）よろしいですか？— どうぞ！

● adiós〈別れ〉「さようなら」

❑ ¡Adiós, hasta mañana!	❑ さようなら、また明日。

● alo, aló《南米》〈電話〉「もしもし」（=《スペイン》oiga）

❑ Aló, con el señor Pérez, por favor.	❑ もしもし、ペレスさんをお願いします。

● alto「止まれ」「やめ」

❑ ¡Alto, ahí!	❑ 止まれ、そこを動くな！

● ándale / ándele《メキシコ》

(1)《話》〈あいづち〉「そうだ」「そのとおり」

☐ ¡Ándale, pues!	☐ そのとおり！

(2)《話》〈はげまし・挨拶〉「がんばれ」「いいぞ」「ごきげんよう」「さようなら」

☐ Ándale, apúrate con la tarea.	☐ さあ、早く宿題をすませなさい。

● ánimo〈はげまし〉「がんばれ」

❑ ¡Ánimo, muchacho! Ya nos falta poco.	❑ さあ、がんばれ！ あと少しだ。

● atención〈放送などで人の注意を引くとき〉「お知らせします」

☐ Atención, por favor. Se anuncia la salida del vuelo 701.	☐ みなさま、701便の出発をお知らせいたします。

6
文

● bien 〈同意〉「よろしい」「それはいい」「オーケー」「はい」

❏ ¿Vamos juntos? — Bien.	❏ 一緒に行きましょうか？— いいね。

● bueno

(1) 〈返答の留保〉「そうですね」

❏ ¿Quiénes son tus compañeros de clase? — Bueno, son muchos.	❏ あなたのクラスメートはだれ？ — うーん、たくさんいるよ。

(2) 〈同意〉「オーケー」「よし」「わかった」「了解」

❏ ¿Quieres venir con nosotros? — Bueno.	❏ 僕たちと一緒に来るかい？— いいよ。

(3) 〈話題や気分の転換〉「さて」「ええと」「ところで」

❏ Bueno, vamos a empezar la clase de hoy, repasando la lección de ayer.	❏ それでは今日の授業を始めましょう。まず昨日の課の復習から。

(4) 〈驚き〉「まあ」「おや」「えっ」

❏ ¡Bueno! ¡Qué mentira dice este tío!	❏ ええっ！ そいつはなんてうそをつくんだ！

(5) 《メキシコ》「（電話で） もしもし」（＝《スペイン》¿Oiga?）

❏ ¿Bueno? ¿Es la casa del señor López?	❏ もしもし、ロペスさんのお宅ですか？

● chao〔イタリア語〕《南米》《話》「さよなら」「バイバイ」

❏ ¡Chao! Hasta mañana.	❏ バイバイ、また明日。

● chis《話》「シーッ」「静かに」

❏ ¡Chis! ¡El niño duerme!	❏ シー！ 子供が寝てる！

● claro 〈肯定の返事〉「もちろんです」「当然だ」

❏ ¿Vienes a la fiesta? — ¡Claro!	❏ パーティーに来る？— もちろん！

● cuidado「あぶない！」「気をつけて！」

❏ ¡Cuidado! ¡Un coche!	❏ 気をつけて！ 車！

●efectivamente〈肯定の返事〉「確かに」「本当に」

□ ¡Qué temprano viene usted! — Efectivamente, he venido media hora antes de la convenida.	□ ずいぶん早くいらっしゃいましたね！ — 本当に、約束の時間より30分早く来てしまいました。

●encantado / encantada

(1)〈初対面の挨拶〉「はじめまして、よろしく」

❏ Luisa, éste es Juan, un amigo. — Mucho gusto. — Encantado.	❏ ルイサ、こちらが友人のフアンです。 — はじめまして。— どうぞよろしく。

＊自分が男性ならば encantado、女性ならば encantada と言います。

(2)〈同意〉「喜んで」

❏ ¿Quiere bailar conmigo esta pieza? — Encantada.	❏ この曲を私と踊っていただけますか？ — ええ、喜んで。

●enhorabuena〈祝福〉「おめでとう（ございます）」「よかったですね」

❏ ¡Ah! ¿No lo sabías? Me casé hace dos semanas. — ¡Hombre! ¡Enhorabuena!	❏ あれ、知らなかった？ 僕は2週間前に結婚したんだ。— へえー、それはおめでとう！

＊達成されたこと、名誉なこと、突然の幸運を祝います。

●entendido《話》〈了解〉「わかった」「わかりました」

❏ Camarero, dos cafés con leche y un té. — Entendido.	❏ ボーイさん、カフェオレを2つと紅茶を1つお願いします。— かしこまりました。

●felicidades〈祝福〉「おめでとう」

❏ Hoy cumplo diecinueve años. — ¿Ah, sí? ¡Felicidades!	❏ 今日は私の19歳の誕生日です。 — あ、本当？ おめでとう！

●fuera「出て行け」

□ ¡Váyase usted! — ¿Cómo? ¿Me echa usted? — Sí. ¡Fuera!	□ 出て行ってくれ！ — 何ですって？ 私を追い出すのですか？ — そうだ、出て行くんだ！

●hecho〈同意〉「よろしい」「承知した」「わかった」

❏ ¿Me lo compras por veinte euros? — ¡Hecho!	❏ これ20ユーロで買わないかい？ — よし、決めた！

● gracias〈感謝〉「ありがとう」

❑ Gracias por el envío de tu libro recién publicado.	❑ 出版されたばかりの君の本を送ってくれてありがとう。

● hala《スペイン》

(1)《話》〈はげまし〉「さあ」

❑ ¡Hala! ¡A trabajar!	❑ さあ、仕事だ！

(2)《話》〔別れの挨拶の前で〕「それでは」

❑ ¡Hala, hasta luego! ¡Y a seguir bien!	❑ それではまたね！　元気でね！

(3)《話》〈驚き・怒り〉「おやまあ」「やれやれ」「ひどい」

❑ ¡Hala, qué bruto! ¡500 euros dice que cuesta esta silla!	❑ ええ？ ひどい！　この椅子が500ユーロもするだなんて！

● hale ☞ hala

● hola

(1)《話》〈挨拶〉「やあ」「こんにちは」「おはよう」「こんばんは」

❑ ¡Buenos días, Laura! — ¡Hola, Pepe! ¿Qué tal?	❑ ラウラ、おはよう！ — おはよう、ペペ、元気？

＊親しい人に用いるくだけた挨拶です。

(2)《話》〈驚き・喜び〉「おや」「まあ」

□ ¡Hola, pues si aquel que va por allí es Guillermo!	□ おや、あそこを行くのはギジェルモじゃないか！

● hombre《話》〈驚き〉「ええ」「まあ」「何だって」

□ Conseguí mi beca. La noticia acaba de llegar. — ¡Hombre! ¡Qué bien! Te felicito.	□ 僕は奨学金がとれた。今知らせを受け取ったところだ。 — まあ、それはよかった！ おめでとう。

＊ hombre は本来「男性」という意味の名詞ですが、感嘆詞として女性に話しているときでも使われます。

● Jesús《話》

(1)〈驚き・安堵・落胆〉「ああ」「おや」「まあ」「驚いた」

❑ ¡Jesús, qué miedo pasé!	❑ ああ、こわかった！

(2)《スペイン》〈くしゃみをした人に〉「お大事に」

❑ ¡Achís! — ¡Jesús! — ¡Gracias!	❑ ハクション！— お大事に！— どうも！

● largo《話》「出て行け」

□ ¡Largo! ¡He dicho que largo! ¡Fuera!	□ 出て行け！ 出て行けと言ったんだ！ 出て行け！

● ojalá〈願望〉「そうでありますように」

□ ¿Vendrá Lucía a la fiesta? — ¡Ojalá!	□ ルシーアはパーティーに来るだろうか？ — 来るといいんだけど！

● ojo《話》〈注意〉「気をつけて」

❑ ¡Ojo con los coches al cruzar la calle!	❑ 通りを横切るときは車に気をつけて！

＊このとき、話者はよく人差し指で自分の目を指します。

● paciencia「我慢して」

❑ El autobús todavía no ha llegado. — ¡Paciencia!	❑ バスがまだ来ない。 — 我慢して！

● palabra〈約束〉「約束します」「確かにそうです」「間違いなく」

□ Lo que te estoy diciendo es verdad. ¡Palabra!	□ 今君に話しているのは本当のことだ。 誓ってもいい！

● perdón〈謝罪・呼びかけ〉「すみません」

❑ Perdón. ¿Dónde está la caja?	❑ すみません。レジはどこですか？

● presente〈出席の返事〉「はい」

❑ ¡Señor Sergio Cobos! — ¡Presente!	❑ セルヒオ・コボスさん！— はい！

● pst《話》

(1)〈人を呼ぶとき〉「もしもし」「おーい」「すみません」

□ ¡Oiga, pst, pst, camarero! Un café negro, por favor.	□ すみません、おーい、ボーイさん！ ブラックコーヒーを1つお願いします。

(2)《話》〈無関心〉「さあ」

❑ ¿Te interesa la informática? — Pst, no sé.	❑ 情報科学に興味ある？ — さあ、わからないな。

● salud

(1)「乾杯」

❑ Vamos a brindar por nuestro equipo. ¡Salud!	❑ 私たちのチームのために乾杯しましょう。乾杯！

(2)《ラテンアメリカ》〈くしゃみをした人に〉「お大事に」☞《スペイン》¡Jesús!

❑ ¡Achís! — ¡Salud! — ¡Gracias!	❑ ハクション！— お大事に！— どうも！

● silencio「静かに」「静粛に」

❑ ¡Silencio! El profesor está hablando ...	❑ 静かに！ 先生がお話をしています…。

● socorro「助けて！」

□ ¡Socorro! ¡Me ahogo! ¡Ayúdenme!	□ 助けて！ おぼれる！ 助けて！

● suerte「幸運を祈る！」

❑ Mañana tengo examen de historia. — ¡Suerte!	❑ 明日歴史の試験があるんだ。 — うまくいくといいね！

● viva / vivan〈めでたいとき〉「万歳」

□ ¡Viva el rey!	□ 国王万歳！
□ ¡Vivan los novios! — ¡Vivan!	□ 新郎新婦万歳！— 万歳！

● ya《話》〈同意〉「はい」「そうです」「わかりました」

□ Estaré dos días en Bilbao... — Ya.	□ 私は2日間ビルバオにいるつもりです…。 — わかりました。

◇287 擬音語・擬態語

次は、人の声や動物の鳴き声、物音などを示す擬音語やものごとの様子を示す擬態語の主な例です。

❑ achís	❑ ハックション《くしゃみ》
❑ bla, bla, ...	❑ ペチャクチャ《おしゃべり》
❑ cataplum	❑ ドタン、バタン、ガタン《落下・衝突の音》
❑ clac	❑ ボキッ、バリッ、ガシャン《物が折れたり、割れたりする音》
❑ cloc	❑ ゴツン、ガツン《ぶつかったときの音》
❑ crac	❑ バリッ、パリッ、ポキン、メリメリ《物が割れる音、折れる音》
❑ ejem	❑ エヘン、オホン《注意を引くための咳ばらい》
❑ guau	❑ ウー、ワンワン《犬の鳴き声》
❑ ja, ja, ...	❑ ハ、ハッハ《笑い声》
❑ je, je, ...	❑ ヘッヘッ《笑い声》
❑ miau, ...	❑ ニャオ、ニャー《猫の鳴き声》
❑ mu, ...	❑ モー《牛の鳴き声》
❑ paf	❑ バン、ガン、ドカン、ドーン《人や物がぶつかる音》
❑ pío, pío, ...	❑ ピーピー、ピヨピヨ《鳥の鳴き声》
❑ plaf	❑ ポン、パン、バシッ《たたく音》
❑ plum	❑ ドスン、バタン《打撃・衝撃の音》
❑ pum	❑ バン、ガン《銃声・衝撃の音》
❑ quiquiriquí	❑ コケコッコー《ニワトリの鳴き声》
❑ tan, tan, ...	❑ ドンドン《太鼓などの音》
❑ tras, tras, ...	❑ トントン《ドアをノックする音》
❑ zas	❑ ズドン、バタン、バン、ピシャッ《落下・衝突の音》; プツン、フッ、パッ《突然の動作・様子》
❑ zis zas	❑ ガンガン、バンバン、サッサッ《物を連打したり、振り回したりするときの音》

補足 **擬音語・擬態語の使い方**

日本語にはとても多くの擬音語・擬態語がありますが、スペイン語では数が限られています。たとえば「どんどん仕事をする」「しとしと雨が降る」など対応する表現がないときは、次のような副詞や動詞などが近いニュアンスになります。

6
文

□ Ha trabajado con vigor. / 彼はどんどん仕事をしました。
□ Hoy está lloviznando. / 今日はしとしとと雨が降っています。

擬音語・擬態語は文中でほかの要素から独立しているため、コンマなどで区切ります。強調するときは感嘆符（¡…!）で囲みます。

□ Mi hermana no para de hablar: bla, bla, bla …
/ 姉さんはペチャクチャおしゃべりをやめません。
□ Intentó subir al árbol, pero, ¡cataplum!, se cayó.
/ 彼は木に登ろうとしたがドスンと落ちてしまいました！
□ Ignacio se le acercó por detrás, la empujó y ¡plaf! la pobre cayó a la piscina! / イグナシオが後ろから近づいて押すと、ドボン、かわいそうに彼女はプールに落ちてしまいました。
□ Estábamos viendo la televisión y, ¡zas!, se fue la luz.
/ 私たちがテレビを見ていたところ、プツンと停電になりました。

6.3 否定語と否定文

▶ no はいろいろな要素を否定しますが、no のほかにも否定の意味をもつ否定語があります。否定語に共通する文法的な特徴に注意しましょう。

◇288 no と否定文

(1)「いいえ」という意味で〈否定の返事〉を示します。 英 *no*

□ ¿Me oyes bien? — No.	□ 私の声がよく聞こえる？ — いいや。
□ ¿Nevará mañana? — Creo que no.	□ 明日雪が降るでしょうか？ — 降らないと思います。

(2) 否定文は動詞の前に no をつけます。 英 *not*

□ No comprendo. ¿Puede repetir?	□ わかりません。もう一度おっしゃっていただけますか？
□ Temía que no vinieras.	□ 君が来ないのではないかと心配していました。

動詞に弱勢人称代名詞がついているときは《no ＋弱勢人称代名詞＋動詞》の語順です。

□ Anoche el calor no me dejó dormir.	□ 昨夜は暑くて眠れませんでした。

□ No te vayas.	□ 行かないで。

英語では〈否定の返事〉*no* と動詞の〈否定〉*not* を使い分けますが、スペイン語では同じ no を使います。

❑ ¿Es usted chino? — No, señor, no soy chino.	❑ あなたは中国人ですか？ — いいえ、私は中国人ではありません。

(3)「～ではないですか」「～でしょう」の意味で付加疑問文を作ります。

❑ Mañana es jueves, ¿no?	❑ 明日は木曜日でしょう？

no をつけた疑問文の答えの No は日本語では「はい」「うん」にあたります。

❑ ¿No lo sabes? — No, no lo sé.	❑ それを知らないの？— うん、知らない。

6 文

(4) 否定する語の前において「～でない」「～しない」を意味します。

❑ Carmen puede no venir hoy.	❑ カルメンは今日来ないかもしれません。
❑ No siempre trabajo los sábados.	❑ 私は土曜日はいつも働くわけではありません。
❑ Paco es un chico no muy fuerte.	❑ パコはあまり丈夫な子ではありません。

名詞や形容詞を否定して「不～」「非～」を意味します。

❑ Juan ha recibido la nota de «no aprobado» en Matemáticas.	❑ フアンは数学で「不可」の成績をとりました。

(5)〔否定文や比較文で〕〈虚辞〉として使います。no がなくても同じ意味になります。〈虚辞〉については ☞◇293 nadie 補足

□ Prefiero salir a su encuentro que no quedarme esperándole.	□ 私は残って彼を待っているより迎えに行ったほうがいいです。

◇289 否定語

(1) 種類：次のように〈否定〉を示す代名詞、形容詞、副詞、接続詞があります。

(a) 代名詞

❑ nadie	❑ だれも～ない

❑ nada	❑ なにも〜ない
❑ ninguno, ninguna	❑ どれも〜ない

(b) 形容詞

❑ ninguno [ningún], ninguna	❑ どの〜も…ない

(c) 副詞

❑ apenas	❑ ほとんど〜ない
❑ nunca	❑ 決して〜ない
❑ ni	❑ 〜さえも…ない
❑ jamás	❑ 決して〜ない
❑ tampoco	❑ 〜も…ない

(d) 接続詞

❑ ni	❑ 〜もまた…ない

(2) 特徴：否定語が動詞の後にあれば動詞の前に no を置いて否定文を作りますが、動詞の前にあるときは no が現れません。否定語はすべて強勢語です。

❑ No vino nadie. ❑ Nadie vino.	❑ だれも来ませんでした。 ❑ **だれも**来ませんでした。
❑ No fumo nunca. ❑ Nunca fumo.	❑ 私は決してたばこを吸いません。 ❑ 私は**決して**たばこを吸いません。

＊一般に《no ＋動詞＋否定語》のほうがふつうよく使われます。《否定語＋動詞》は話し言葉より書き言葉に多く、否定の意味をさらに強調します。

参考 **《no ＋動詞＋否定語》と《否定語＋動詞》**

中世スペイン語では《nunca no ＋動詞》という連続も使われていました。その後しだいに no が使われなくなり《nunca ＋動詞》になったのには次のような理由が考えられます。

(1) 否定語は否定される語の直前に置くのが原則でした。
(2) nunca と no が同じ文法的な資格（「否定」の副詞）をもつので同一視されました。
(3) 本来否定語でなかった apenas, jamás, tampoco などは no をつけないで用いられていました。やがて、nunca, nada, nadie など本来の否定語も、それにならって同じように no をつけなくなりました。

◇290　apenas　英 *hardly, scarcely*

〔副詞〕〈否定〉:「ほとんど〜ない」という意味です。

❑ Desde hace un año apenas me escribe.	❑ 1年前から彼はほとんど私に手紙を書いてくれません。

〔副詞〕〈肯定〉: 数量的な表現の前で「やっと〜」「どうにかこうにか〜」という意味があります。

❑ Entonces todavía eras una criatura; tenías apenas cinco años.	❑ 当時君はまだ子供で、やっと5歳になったばかりでした。

◇291　jamás　英 *never*

(1)〔副詞〕「決して〜ない」「少しも〜ない」

❑ Jamás hago apuestas.	❑ 私は決して賭け事をしません。
□ No podré olvidar jamás todas sus atenciones.	□ 私はあなたの心づかいをすべて決して忘れません。

(2)〔副詞〕「今まで〜ない」「かつて〜ない」☞◇296 nunca

❑ Jamás he oído cosa semejante.	❑ 今までにそんなことは聞いたことがありません。

◇292　nada　英 *nothing*

(1)〔代名詞〕「何も(〜ない)」:〈もの〉を否定します。☞◇293 nadie

❑ No sé nada.	❑ 私は何も知りません。
□ No hay nada que me guste en esta carta.	□ このメニューには私の食べたいものが何もありません。

(2)〔代名詞〕「何でもないこと」

❑ No es nada.	❑ 何でもありません。
□ Espero que lo de su padre no sea nada. — Gracias.	□ あなたのお父様のことが何でもないことを祈っています。— ありがとう。

◇293 nadie 英 *nobody*

〔代名詞〕「だれも（〜ない）」:〈人〉を否定します。☞◇292 nada

❑ Nadie es perfecto.	❑ 完璧な人などだれもいません。
❑ ¿Hay alguien en la oficina? — No, no hay nadie.	❑ 事務所にだれかいますか？ — いいえ、だれもいません。
□ Es un secreto. No se lo digas a nadie.	□ これは秘密だ。だれにも言わないで。

補足 〈虚辞〉の否定語

よく考えるとなぜ否定語が使われているのかわからないケースがあります。

□ Temo que no vayas a suspender esta vez. / 君が今度は落第点を取らないか心配です。
□ A veces me es difícil escribirte nada.
/ ときどきあなたに何か手紙を書くことが難しいことがあります。

最初の文では「落第点をとること」を心配しているのですから no は不要のはずです。次の文も「何か手紙を書くこと」を言っているので escribirte algo のはずです。実際にこのような文脈で no を使わなかったり、algo にしたりする場合もありますが、ここでは〈否定〉の意味が心理的にはたらいて、意味のない〈虚辞〉の否定語が現れています。

◇294 ni 英 *nor*

(1)〔副詞〕「そして〜も…ない」: 否定された語や文を追加します。

❑ Yolanda no compró el periódico, ni tampoco la revista.	❑ ヨランダは新聞も、そして雑誌も買いませんでした。
□ ¡Qué raro que Manuel no escriba ni llame por teléfono!	□ 変だねえ！ マヌエルが手紙も、そして電話もよこさないなんて！

(2)〔副詞〕「〜さえも…ない」:〈強調〉を示します。

❑ No sé de él ni su nombre.	❑ 彼のことは名前さえ私は知りません。
❑ No tengo ni un euro.	❑ 私は1ユーロも持っていません。

(3)《ni... ni...》「〜も〜も…ない」；否定された2つの語や文を結びます。

❑ Este niño todavía no sabe ni leer ni escribir.	❑ この子はまだ読み書きができません。
❑ No le gusta el tenis, ni el fútbol, ni nada.	❑ 彼はテニスもサッカーも何も好きではありません。

(4)《ni siquiera...》「〜さえも…ない」

❑ No quedaba ni siquiera una gota.	❑ 1滴も残っていませんでした。
□ Se fue sin ni siquiera darnos las gracias.	□ 彼は私たちにお礼さえも言わずに行ってしまいました。

(5)《sin 〜 ni...》「〜も…もなく」

❑ El enfermo pasó todo el día sin beber ni comer.	❑ 病人は飲まず食わずで1日中過ごしました。

◇295 ninguno 英 *no one; no, not any*

(1)〔形容詞〕「何の〜も…ない」:〈人〉や〈もの〉を否定します。

❑ Ningún coche me gustó.	❑ 私はどの車も気に入りませんでした。
□ No he visto ninguna bahía tan hermosa como la de Acapulco.	□ アカプルコ湾ほど美しい入り江は見たことがありません。

＊男性単数名詞の前では ningún になり、女性名詞の前では ninguna になります。

(2)〔代名詞〕「だれも〜ない」「何も〜ない」

❑ No ha venido ninguna de mis amigas.	❑ 私の友人（女性）のだれも来ませんでした。
□ Ninguno de sus colegas trabaja tanto como él.	□ 彼の同僚のだれも彼ほど働きません。

＊全体を考えて、そのうちの「だれも〜ない」という意味になります。単に「だれも」というときは nadie を使います。☞◇293 nadie

◇296 nunca 英 *never*

(1)〔副詞〕「決して〜ない」

❑ Juan no fuma nunca.	❑ フアンは決してタバコを吸いません。
❑ No quiero verle nunca.	❑ もう二度と私は彼に会いたくありません。

(2)〔副詞〕「一度も〜ない」「かつて〜したことがない」

❑ Nunca he estado en Bolivia.	❑ 私はボリビアに行ったことが一度もありません。
□ No he conocido nunca a nadie tan inteligente como Luis.	□ ルイスほど頭のいい人に私は今まで一度も出会ったことがありません。

参考 nunca / jamás

どちらも「決して〜ない」という意味でほとんど同義ですが、jamás のほうが強い意味になります。また、jamás のほうがやや文語的で、頻度も少ないです。2つをつなげて nunca jamás と言うと否定の意味がさらに強くなります。

nunca はラテン語の NE（否定）+ UNQUAM「かつて一度」に由来して「一度も〜ない」という意味です。jamás はラテン語の《IAM「もう」+ MAGIS「さらに」》に由来します。ラテン語の IAM「もう」はスペイン語の ya に変化しました。それなのに jamás では ja... となっているのは、これが本来のスペイン語ではなく、中世にフランス語から借用された語だからです。現代フランス語では jamais [ジャメ] と言います。

◇297 tampoco 英 *neither*

(1)〔副詞〕「〜もまた…ない」

❑ Mamá, ¿has visto a Paco? — No. — ¿Y tú, Ana? — Yo, tampoco.	❑ お母さん、パコを見かけた？— いいえ。 — アナ、あなたは？— ううん、私も。

(2)〔副詞〕「そして〜ない」「また〜ということでもない」（= y, además, no...）

□ Rosa llegó tarde y tampoco se disculpó.	□ ロサは遅刻して謝りもしませんでした。

補足-1 《肯定文 + tampoco》

tampoco は否定文の後でさらに否定を付け加えますが、次の文のように必ずしも no を使った否定文でなくても使います。

☐ Si llueve mañana, tampoco pasa nada. / 明日雨になっても問題ありません。
☐ El Barcelona habrá jugado mal, pero el Real Madrid tampoco ha jugado bien.
/ バルセロナのプレーがまずかったかもしれないけれど、レアルマドリードだってプレーがよかったわけではありません。

どちらも前半部は否定文ではありませんが、内容は否定的です。さらに次のように前半部が肯定的な内容のときでも tampoco が使われることがあります。

☐ Si él quiere hacer las paces, tampoco yo le guardo rencor.
/ 彼が仲直りをしたいのなら、私だって彼を恨みません。

参考 **también と tampoco の由来**

「〜もまた…」という意味の también は《tan + bien》つまり「〜も同じほどよく…」というのがもとの意味です。これはラテン語にはなく、12 世紀の中世スペイン語文献に現れます。一方「〜もまた…ない」という意味の tampoco は《tan + poco》つまり「〜も同じほど少なく…」というのがもとの意味でした。こちらは 13 世紀のスペイン語文献に現れました。

補足-2 **不定語と否定語**

次の不定語と否定語は反対の意味をもちます。

❑ alguien ❑ nadie	❑ だれか ❑ だれも〜ない
❑ algo ❑ nada	❑ 何か ❑ 何も〜ない
❑ alguno ❑ ninguno	❑ あるもの、ある人、どれかの ❑ どれも〜ない、だれも〜ない、どの〜も…ない
❑ siempre ❑ nunca, jamás	❑ いつも ❑ 決して〜ない
❑ también ❑ tampoco	❑ 〜もまた…ある ❑ 〜もまた…ない
❑ casi ❑ apenas	❑ ほとんど〜だ ❑ ほとんど〜ない
❑ aun ❑ ni	❑ 〜さえ…だ ❑ 〜さえ…ない
❑ y ❑ ni	❑ そして〜だ ❑ 〜も…ない
❑ tanto... como... ❑ ni... ni...	❑ 〜も〜も…だ ❑ 〜も〜も…ない

❑ No conozco a nadie con ese nombre. / 私はその名前の人はだれも知りません。
❑ No ha dejado ningún recado. / 彼は何も伝言を残しませんでした。
❑ No hay nada nuevo. / 何も変わったことはありません。
❑ ¿A ti no te gusta la física? Pues, a mí tampoco. / 君は物理が嫌いなの？ 僕もだよ。

補足-3 否定語の数

(1) 否定語は単数で扱います。

❑ Nada de eso es cierto. / それについては何も確かではありません。

(2) ni ... ni ... という相関語句はふつう複数で扱います。

❑ Ni José ni Juan han venido. / ホセもフアンも来ませんでした。
❑ Ni él ni yo estamos de acuerdo. / 彼も私も同意していません。

補足-4 二重否定

「二重否定」とは2つの否定語が同一の語を否定することで、結果的に肯定になることです。たとえば *I can never do anything without making some mistakes.* は「私は何か間違いをしないでは何もできない」つまり「私は何をしても必ず間違いをする」という意味になります。スペイン語では次のようになります。

□ No puedo hacer nada sin cometer algunos errores.
/ 私は何か間違いをしないでは何もできません。

英語の *anything* はふつうスペイン語の algo に対応しますが、文が no で否定されると、動詞の後の algo は nada になります。

6.4 文型

▶文は動詞を中心にして主語、動詞、補語、目的語、そのほかの要素から作られ、その組み合わせによっていくつかの文型に分類できます。文型を知っていると文を作るときだけでなく、文を解釈するときにも役立ちます。

◇298 《主語＋つなぎ動詞＋補語》

英語の *be*(*am, is, are*)にあたるスペイン語の動詞には ser と estar があり、どちらも《主語＋つなぎ動詞＋補語》という構文をとります。補語が形容詞のときは主語と性・数が一致します。ser と estar の活用変化については ☞ ◇161 ser と estar の活用 など

[A] ser

(1) 主語の〈本質〉を示し、主語が「何であるか」「どのようなものか」を表します。

❏ Soy estudiante.	❏ 私は学生です。
❏ Mañana es domingo.	❏ 明日は日曜日だ。

(2) 主語の〈性質〉を示し、「どのような性質であるか」を表します。

❏ Juan es inteligente.	❏ フアンは頭がよい。
❏ Las casas de mi pueblo son de piedra.	❏ 私の村の家は石でできています。

(3) 単に主語と補語をつなぐはたらきがあります。

❏ Uno y uno son dos.	❏ 1たす1は2。
❏ Hoy es 15 (quince) de mayo.	❏ 今日は5月15日です。

無主語文では補語だけを示します。☞ ◇305 無主語文 (3)

❏ ¿Es la una? — No, son las dos.	❏ 1時？— いいえ、2時です。

(4)〈できごと〉を表す主語につけて、「～に行なわれる・起こる」という意味を示します。

❏ La boda es este sábado.	❏ 結婚式は今週の土曜日です。
❏ El partido será a las siete.	❏ 試合は7時からです。

(5)《ser de...》「～になる」

☐ ¿Qué será de mí si te vas?	☐ あなたが行ってしまったら私はどうなるの？

(6)《ser ＋過去分詞》で受動文を作ります。☞◇219 受動文

❏ La casa fue construida hace treinta años.	❏ この家は30年前に建てられました。

補足-1　主語と補語の数が違う場合

(1)《複数の主語＋ ser ＋単数の補語》：補語が形容詞の場合は形容詞の性・数を主語に合わせますが、補語が名詞のときは、補語の名詞をとくに複数にする必要はありません。ser は主語に合わせて複数形になります。

❑ Los jardines del pueblo son una maravilla. / 町の庭園はすばらしいものです。

(2)《単数の主語＋ ser ＋複数の補語》: ser は補語に合わせて複数形になるのがふつうです。単数になるときは、補語がまとまりのあるものを指しているときです。

❑ Mi recuerdo son [es] tus manos pequeñas. / 私が思い出すのは君の小さな手です。
❑ Mi ilusión son [es] los próximos Juegos Olímpicos. / 私の夢は次のオリンピックです。

(3)《単数の主語＋ ser ＋ 1 / 2 人称の補語》: このとき、ser はかならず補語に合わせて変化します。

❑ El culpable soy yo. / 悪いのは私です。
❑ El héroe eres tú. / ヒーローは君だ。
❑ Ahora internet somos nosotros, ya no son empresas.
/ 今インターネットは私たちのものであって、もう企業のものではありません。

このように ser の形が補語と一致するのは、主語と補語が倒置したためだとも考えられますが、つなぎ動詞が一般の自動詞や他動詞のように活用形によって主語を示すというより、むしろ、単に主語と補語をつなぐだけの役割を果たしているからと考えたほうがよいでしょう。

[B] estar

(1) 主語の〈状態〉: 主語が「どのような状態になっているか」を示します。

❑ Los niños están cansados.	❑ 子供たちは疲れています。
❑ Las ventanas están cerradas.	❑ 窓は閉まっています。

(2) 主語の〈所在〉: 主語が「どこにいる・あるか」を示します。

❑ ¿Dónde estás? — Estoy aquí.	❑ あなたどこにいるの？— ここにいるよ。

＊ estar は主語が示している〈人〉や〈もの〉の〈存在〉そのものについてすでに認めていて、それが「どこにいる・あるのか」という〈所在〉を問題にするときに使います。主語が示している〈人〉や〈もの〉の〈存在〉そのものについて言うときは haber を使います。☞◇305 無主語文 (1)

補足-2 〈存在〉を示す estar

基本的に estar は〈所在〉を示し〈存在〉そのものを示しませんが、あまりフォーマルでない文体で estar が〈存在〉を示すことがあります。たとえば相談しながらいろいろと問題点を出し合ったあとで、次のように言います。

❑ Luego, está el problema de tiempo. / それから時間の問題があります。

ここで el problema del tiempo というように定冠詞が使われていることからその存在が意

識されていることがわかります。

(3)《estar + de 名詞》「～しているところである」「～中である」「～の仕事をしている」

☐ estar de compras	☐ 買物をしている
☐ estar de vacaciones	☐ 休暇中である
☐ ¿Está el Señor García? — Esta semana está de viaje.	☐ ガルシアさんはいらっしゃいますか？ — 今週は出張中です。

補足-3 《estar de ＋無冠詞名詞》

《estar de ＋名詞》は「(今) ～をしている (ところです)」という意味です。

☐ Ana está de secretaria mía. / アナは私の秘書をしています。

「～は私の秘書です」ならば ser 動詞を使います。

☐ Ana es mi secretaria. / アナは私の秘書です。

(4)《estar + en 名詞》「～がわかっている」

☐ Perdona, no estaba en lo que decías. ¿Puedes repetir?	☐ ごめん、君の言っていることを聞きそびれちゃった。もう一度言ってくれる？

(5)《estar + para 不定詞・名詞》「まさに～しようとしている」「～の状態・気分である」

☐ El concierto está para empezar.	☐ コンサートはもう始まるところです。
☐ Hoy no estoy para bromas.	☐ 今日私は冗談を聞く気分でありません。

(6)《estar + por 不定詞》「まだ～していない」

☐ Las camas están por hacer.	☐ まだベッドの用意ができていません。

(7)「準備ができている」という意味で単独で用いられることもあります。

☐ ¿Está la comida? — ¡Ya está!	☐ 食事はできてる？— できていますよ。
☐ ¿Para cuándo estarán los zapatos?	☐ 靴はいつごろまでに仕上がりますか？

(8)《estar ＋過去分詞》で〈状態〉を示す受動文を作ります。過去分詞は主語の性・数に一致します。☞◇219 受動文

補足-4 〈変化しない性質〉と〈一時的な状態〉

ser は〈性質〉を表し、estar は〈状態〉を表すという違いから、ser は〈変化しない性質〉を示し、estar は〈一時的な状態〉を示すような対比が生まれます。

❑ Adriana está muy guapa. — No, es guapa. / アドリアナは（おめかしして）とてもきれいだ。—（おめかししたからじゃなくて）もともときれいなんだ。

しかし、ser が〈変化しない性質〉を示すといっても、まったく変化しないということではありません。たとえば、次を比べてみましょう。

❑ Pedro es casado. / ペドロは既婚者です。
❑ Pedro está casado. / ペドロは結婚しています。

最初の文は「ペドロが何であるか」（未婚者？ それとも既婚者？）を示し、後の文は「ペドロの未婚・既婚の状態」（未婚？ それとも既婚？）を示しています。この2つの文は類似したことを示しますが、そのとらえ方が違います。

参考 ser と estar の由来

ser の活用形の多くの語源であるラテン語の ESSE は、主語の「(基本的な) 性質」「本質」を示していました。ESSE は esencia「本質、エッセンス」(*essence*) という語の語源にあたります。一方 estar の語源のラテン語 STARE は、「立つ、立っている（存続している)」という意味でした。英語の *stand* も同語源です。

[C] その他のつなぎ動詞

(1) parecer「〜のように見える・思える」

❑ Ana está pálida y parece enferma.	❑ アナは顔色が悪く病気みたいです。
□ Cristóbal tiene un coche tan grande que parece un autobús.	□ クリストバルはバスみたいに大きな車を持っています。

(2) ser, estar, parecer は中性代名詞 lo を補語にすることができます。

❑ ¿Somos artistas? ¡Sí, lo somos todos!	❑ 私たちがアーティスト？ そう、私たちはみんなそうなのです！
❑ Ana estaba enferma pero no sabía que lo estaba.	❑ アナは病気だったのに私はそのことを知りませんでした。
❑ Paco es rico, pero no lo parece.	❑ パコは金持ちですがそうは見えません。

(3) resultar, salir もつなぎ動詞になりますが、中性代名詞 lo を補語にすることはできません。

☐ La razón de su enfado resulta clara por lo que ha dicho.	☐ 彼が怒っている理由が彼の話から明らかです。
☐ Las camas salen baratas en la fábrica.	☐ ベッドは工場に行けば安く買えます。

(4)《間接目的語＋つなぎ動詞》という構文が使われることもあります。

☐ Me es difícil estudiar dos horas seguidas.	☐ 私は2時間続けて勉強するのが困難です。
☐ Nos parece estupenda tu idea.	☐ 私たちは君の考えがすばらしいと思います。

◇299 《主語＋自動詞》

動詞には、直接目的語をとらない「自動詞」と、直接目的語をとる「他動詞」があります。自動詞は単独で使ったり、副詞（句）をつけて使ったりします。

☐ Cerca de mi casa corre un arroyo.	☐ 私の家のそばに小川が流れています。
☐ El atleta corre con el viento a favor.	☐ 走者は風を背に受けて走っています。

補足　2種類の《前置詞＋名詞》

(1)《主語＋自動詞》には副詞や副詞句がつくことが多いですが、副詞句には《前置詞＋名詞》の形になるものがあります。たとえば、次のケースでは de día, de noche などの《前置詞＋名詞》を副詞句として覚えておくべきです。

☐ Adrián duerme de día y trabaja de noche. / アドリアンは昼間寝て夜に働きます。

(2) 一方、次の《前置詞＋名詞》は副詞句ではありません。

☐ El profesor habló de la Revolución Mexicana. / 先生はメキシコ革命について話しました。
☐ Don Quijote luchó con los molinos de viento. / ドン・キホーテは風車と戦いました。

このようなケースでは《前置詞＋名詞》よりも hablar de ...「～について話す」, luchar con...「～と戦う」などの《動詞＋前置詞》のつながりを意識して覚えておくべきです。

(1) の《前置詞＋名詞》の副詞は cuándo, dónde, cómo といった疑問副詞を使って質問しますが、(2) の《動詞＋前置詞》の場合は《前置詞＋疑問詞》を使って目的語を質問します。

☐ ¿Cuándo trabaja Adrián? — Adrián trabaja de noche.
/ アドリアンはいつ働きますか？—アドリアンは夜働きます。
☐ ¿De qué habló el profesor? — El profesor habló de la Revolución Mexicana.
/ 先生は何について話しましたか？— 先生はメキシコ革命について話しました。

◇300 《間接目的語＋自動詞＋主語》

《間接目的語＋自動詞》の形で「〜には〜です」という意味になります。とくに重要なのは gustar, doler, faltar など、日常よく使う動詞です。これらは基本的に次のような構造になります。

Me gustan los toros.

間接目的語代名詞　自動詞　主語

私には　闘牛が　好きです。

私は　闘牛が　好きです。

このタイプの動詞は「〜が」(主語)、「〜に」(間接目的語)、「〜である」という構造をとりますが、日本語の「〜は〜が〜だ」に対応します。日本語の「〜は」にあたる部分がスペイン語の間接目的語に対応し、日本語の「〜が」はスペイン語の主語になります。

(1) gustar 英 *like*

❏ Me gusta viajar.	❏ 私は旅行が好きです。
❏ Me gusta que me visites.	❏ 君が訪ねてくれるのが私はうれしいです。
❏ ¿Te gusto? — Umm..., sí, me gustas como amigo.	❏ 君、僕が好き？ — そうねえ…、友だちとしてなら好き。

主語は動詞の後にくることが多いですが、とくに強調したいときや、話題に出したいときは名詞の前に置きます。

❏ Eso me gusta.	❏ 私はそれが好きです。

間接目的語が代名詞ではなく、名詞のときは《a ＋名詞》の形にして動詞の後に置き、さらに動詞の前に対応する代名詞を加えます。

❏ Le gusta a mi hermano tocar la guitarra.	❏ 私の兄はギターを弾くのが好きです。

《a ＋名詞》を強調して前に出すことがあります。

❏ A José le gustan los toros.	❏ ホセは闘牛が好きです。

《a ＋代名詞》を強調して前に出すこともあります。

❏ A mí me gustan los toros.	❏ 私は闘牛が好きです。

参考 gustar の由来

スペイン語の gustar は中世スペイン語では「～を味見する」という意味で他動詞として用いられていました。しだいにその目的語が主語のような役目を果たすようになり、従来の主語が間接目的語に変わりました。現代スペイン語で「味見する」は degustar を使います。

(2) doler 英 *ache, hurt* ＊活用では語根母音が変化します。

(a)「苦痛を与える」「痛い」

❏ Me duele la cabeza.	❏ 私は頭が痛い。
❏ Me duelen las piernas.	❏ 私は脚が痛い。

(b)「心が痛む」「つらい」

❏ Nos dolieron profundamente sus palabras.	❏ 私たちは彼の言葉に心が深く痛みました。
❏ Me duele tener que pedirle que se vaya.	❏ 残念ですがあなたに出て行ってもらうようお願いしなければなりません。

(3) faltar 英 *be missing*

(a)「足りない」「ない」「不足している」

❏ A esta máquina le falta un tornillo.	❏ この機械にはねじが1本足りません。

(b)「必要である」

❏ ¡Cuánta práctica nos falta todavía para hablar bien español!	❏ 私たちはスペイン語をうまく話すにはまだずいぶん練習をしないといけないなあ！

(4) そのほかにも多くの動詞が《間接目的語＋自動詞＋主語》の文型をとります。

❏ Esta vez me corresponde a mí pagar.	❏ 今度は私が払う番です。
❏ ¡Qué le pasa a Pepe?	❏ ペペはどうしたんでしょう？
❏ Estos libros no me pertenecen a mí, sino a la universidad.	❏ これらの本は私のではなくて大学のです。

＊これらは3人称代名詞（☞◇107 3人称の弱勢代名詞）が間接目的語の形になることや受動文（☞◇219 受動文）が作れないことなどで《主語＋他動詞＋直接目的語》の文型と区別されます。

6 文

atraer や encantar なども類似した構造になりますが、これらは他動詞で直接目的語をとります。☞◇301《主語＋他動詞＋直接目的語》

❑ La atraen las músicas con mucho ritmo.	❑ 彼女はとてもリズム感がある音楽に引きつけられます。
❑ Me encanta estar sin hacer nada.	❑ 私は何もしないでいるのが好きです。

◇301 《主語＋他動詞＋直接目的語》

(1) 他動詞の直接目的語の名詞はふつう動詞の後に置きます。

❑ De postre comimos fruta.	❑ 私たちはデザートに果物を食べました。
❑ ¿Puedes atar el perro al árbol?	❑ 犬を木につないでくれる？

(2) 直接目的語が〈人〉を示すときは a をつけます。

❑ El sol de España atrae a muchos turistas del norte de Europa.	❑ スペインの太陽は北欧から多くの観光客を引きつけます。

強勢人称代名詞のときも a をつけます。

❑ A mí no me llamaron.	❑ 私には電話はありませんでした。

次のようなケースではとくに「〈人〉を～する」という意味ではなく動作が及ばないので、a を使いません。

❑ Tengo tres hijos.	❑ 私には子供が3人います。
❑ Necesitamos un empleado con experiencia.	❑ 経験のある従業員を募集中です。

次のように〈人〉を直接目的語としている意識があるときは、a をつけます。

❑ Afortunadamente, yo tengo a mi madre como estilista.	❑ 幸い私は母にスタイリストになってもらっています。
❑ No necesitamos a nadie.	❑ 私たちはだれも必要としていません。

〈人〉を示す名詞に数詞がついたり、〈不定の人〉を指したりするときは a をとらないときがあります。

❑ Conozco tres personas con ese nombre.	❑ 私はその名前の人を3人知っています。
❑ Vimos mucha gente en el estadio.	❑ スタジアムで多くの人を見ました。

主語も直接目的語も〈無生物〉のとき、直接目的語であることを示すために a をつけることがあります。

❑ La crisis de EEUU afecta a la economía de los países de la UE.	❑ 合衆国の危機がEU諸国の経済に影響しています。

(3) 直接目的語が弱勢人称代名詞のときは動詞の前に置きます。☞◇2.7 弱勢人称代名詞

❑ Julio me invitó a dar una vuelta en su nuevo coche.	❑ フリオは彼の新車でドライブしようと私を誘ってくれました。
❑ Ahora termino esta carta y te ayudo.	❑ 今この手紙を書き終えて君を手伝うよ。

参考 **《a +〈人〉を示す直接目的語》の理由**

スペイン語では主語が動詞の前にあるとは限らないので、a をつけないと、それが主語なのか目的語なのかわかりません。たとえば José conoce a María. というとき a があるので María が目的語で、a がない José が主語であることがわかります。一方、それが〈もの〉ならば、たとえば José conoce Madrid. という文では、Madrid が意味的に主語にはなれないので a をつけません。

ラテン語から発達したスペイン語は、かなり早い時期から〈人〉の直接目的語に a をつけるようになりました。ラテン語では名詞の語尾が変化して主語であるか目的語であるかが明示されていました。スペイン語になってラテン語の語尾の変化が消失したので、その代わりに、この前置詞 a が目的語であることを示すために使われるようになったのです。

◇302 《主語＋他動詞＋直接目的語＋間接目的語》

「～を～に…する」という文型では直接目的語と間接目的語を使います。間接目的語には a をつけます。

❑ Juan da unas flores a su novia.	❑ フアンは恋人に花を贈ります。

直接目的語または間接目的語が弱勢人称代名詞のときは動詞の活用形の前に出します。
☞◇2.7 弱勢人称代名詞

☐ Os escribiré una carta cuando llegue.	☐ 私は着いたら君たちに手紙を書こう。

6 文

名詞を間接目的語にするときは、それに対応する代名詞を動詞の前につけるほうが、つけないよりも自然です。☞◇110 人称代名詞と名詞句の重複

❏ Le envío un libro a Juan.	❏ 私はフアンに本を送ります。
❏ Les preparo una merienda a los niños.	❏ 私は子供たちにおやつを用意します。

名詞の間接目的語が複数のとき、対応する代名詞が単数になることがあります。

❏ Le preparo una merienda a los niños.	❏ 私は子供たちにおやつを用意します。

◇303 《主語＋他動詞＋直接目的語＋目的補語》

「〜が〜であるように…する」という文型で直接目的語と目的補語は性・数が一致します。

(1)《他動詞＋直接目的語名詞＋目的補語名詞》

❏ Hemos elegido a Jorge capitán del equipo.	❏ 私たちはホルヘをチームのキャプテンに選びました。

(2)《他動詞＋目的補語形容詞＋直接目的語名詞》

❏ En verano tomamos frío el té.	❏ 夏私たちはお茶を冷たくして飲みます。

(3)《直接目的語代名詞＋他動詞＋目的補語形容詞》

❏ La vemos muy feliz.	❏ 彼女はとても幸せそうです。
□ ¿Qué me dice usted de los actores cómicos? — Los encuentro muy divertidos.	□ その喜劇俳優たちをどう思いますか？ — とてもおもしろいと思います。

◇304　再帰文

[A]〈再帰〉の意味

動詞の主語と同じ人称・数の目的語代名詞を「再帰代名詞」と呼びます。再帰代名詞と一緒に使う動詞が「再帰動詞」です。再帰動詞を使う文を「再帰文」と呼びます。まず他動詞を使う文を見ましょう。たとえば levantar「起こす」は次のように使われます。

❏ Te levanto.	❏ 私は君を起こします。
❏ Me levantas.	❏ 君は私を起こします。

❑ Las levanto.	❑ 私は彼女たちを起こします。

一方、次のような構文もあります。

□ Me levanto.	□（私は私を起こします→）私は起きます。
□ Te levantas.	□（君は君を起こします→）君は起きます。

このように動詞の主語と目的語の代名詞が人称・数において一致する構文が「再帰文」です。この場合、意味は「起こす」という他動詞ではなくて「起きる」という自動詞に変わります。再帰動詞にはこのような意味の変化だけでなくほかにもいくつかの用法があります。

再帰動詞 levantarse の直説法現在の活用形は次のようになります。再帰動詞は《再帰代名詞＋動詞》で作られます。

❑ **levantarse**	❑ 起きる
❑ me levanto	❑ nos levantamos
❑ te levantas	❑ os levantáis
❑ se levanta	❑ se levantan

YO / TÚ / NOSOTROS / VOSOTROS の活用形の再帰代名詞は弱勢代名詞（目的語の代名詞）と同じ形です。ÉL と ELLOS の再帰代名詞は単数でも複数でも se という形になります。辞書などでは再帰動詞の不定形は se の形で代表します。これは間接目的語の le / les が 3 人称の直接目的語と並んだときに変化してできた形の se とは区別しなければなりません。☞◇109 弱勢人称代名詞の連続

参考 **3 人称の再帰代名詞が se になる理由**

1 人称と 2 人称の再帰代名詞（me, te, nos, os）は一般の目的語と同じ形ですが（me levanto, te levantas, nos levantamos, os levantáis）、3 人称だけが特別です（× lo levanta でなく、○ se levanta）。

この理由は 1 人称（me）と 2 人称（te）が再帰動詞で使われたとき、動詞の主語と一致して「自分」の意味になるのに対して、3 人称（lo）だと「自分」という意味ではなく、ほかの 3 人称のだれかを指すことになるからです。たとえば、lo levanta「彼が彼を起こす」と言えば、A という「彼」が B という「彼」を起こす、という意味になります。これに対し、再帰代名詞の se を使えば、「彼は（自分で）起きる」という意味を示すことができます。

この便利な se という代名詞の歴史的な由来については、次の 2 つの説があります。第一の説によると、印欧祖語でもともとすべての人称で再帰を示すために *swe という形が使われていたからです。これは日本語の「自分」と同じです。その後、1 人称と 2 人称では、たとえば「私が起きる」ということを示すとき「自分」というよりも「私」という意味が意識されて me が使われるようになったということになります。第二の説によれば *swe は 3 人

称の他動詞の文と再帰動詞の文を区別するために後からできた形だと言われます。
いずれにしても、se は「再帰」を示すマークにすぎなかったので、とくに人称変化（me, te, lo ...）をする必要はありませんでした。このことから se に複数形がない理由もわかります。わざわざ複数形にしなくてもそれだけで〈再帰〉という意味が間違いなく伝わるからです。複数であることは主語の形で示されます。

補足-1 sí と consigo

再帰代名詞の se は前置詞の後では sí という形になります。《con + sí》は consigo という1語になります。

□ Mi padre se levanta muy temprano. / 私の父はとても早く起きます。
□ Adela siempre habla de sí misma. / アデーラはいつも自分自身のことを話します。
□ Ana está muy satisfecha consigo misma. / アナは自分自身にとても満足しています。

話し言葉では de sí や consigo の代わりに《de + 3人称強勢人称代名詞》（たとえば de él）や《con + 3人称強勢人称代名詞》（たとえば con ellos）が使われています。

[B] 再帰動詞の全人称用法

全人称（1人称・2人称・3人称）で変化し、行為者（主語）の主体性が保たれます。

(1) 直接再帰と間接再帰：再帰代名詞に「自分」という意味が強く残っています。次の文は「自分を見る」という意味で直接目的語の再帰用法です。

□ Mi hermana se miraba en el espejo.	□ 私の姉は鏡で自分の姿を見ていました。

次の文は「自分に（→自分の）顔を洗う」という意味で間接目的語の再帰用法です。

□ ¿Te has lavado la cara?	□ あなたは顔を洗ったの？

(2) 相互用法：複数形で用いられ「お互いに」という意味になります。

□ Últimamente nos comunicamos por correo electrónico.	□ 最近では私たちはEメールで連絡しあっています。

(3) 自動詞の意味に変化：他動詞が自動詞の意味に変わります。hacer は「～を…にする」という意味の他動詞ですが、再帰動詞 hacerse は「～になる」という自動詞の意味に変わります。

□ Yo no tengo la menor intención de hacerme político.	□ 私は政治家になるつもりはまったくありません。

poner は「～という状態にする」という意味ですが、ponerse は「～という状態になる」という意味になります。これは一種のつなぎ動詞です。☞◇298《主語＋つなぎ動詞＋補語》

□ Mi hermana se pone nerviosa fácilmente.	□ 私の姉はすぐにいらいらします。

(4) 意味の変化：再帰代名詞がつくと意味が変化する動詞があります。たとえば marchar は「行進する」という意味ですが、marcharse では「立ち去る」の意味です。

□ ¡Pues me marcharé yo solo!	□ それならば私ひとりで出ていきます！
□ Con este calor hay gente que se muere.	□ この暑さで亡くなる人がいます。
□ ¿Os comisteis toda la sandía?	□ あなたたちスイカをぜんぶ食べてしまったの？

(5) 再帰形専用の動詞：かならず再帰代名詞を伴う動詞があります。

□ abstenerse de...	□ ～を慎む
□ arrepentirse de...	□ ～を後悔する
□ atreverse a＋不定詞	□ あえて～する
□ dignarse de...	□ ～していただく・くださる
□ jactarse de...	□ ～を自慢する
□ quejarse de...	□ ～について不平を言う

□ Me arrepiento de haberlo dicho.	□ 私はそれを言ったことを後悔しています。
□ Mi hermana no se atreve a salir sola por la noche.	□ 私の妹は夜ひとりで出かけられません。
□ ¿De qué te quejas? — De nada.	□ あなたは何が不満なの？— 何にも。

補足-2 再帰代名詞と所有形容詞

たとえば「洗顔する」と言うとき、英語のように Lavo mi cara（= *I wash my face.*）のような言い方よりも、スペイン語では次のように言うのがふつうです。

□ Me lavo la cara. / 私は顔を洗います。

これは、「洗顔する」lavar la cara という行為が私に（me）及ぶ、という発想です。もし Lavo mi cara. と言うと、mi cara という〈もの〉に向かって直接 lavar という行為が及んでいる感じがします。たとえば、次の文を見るとその感じがわかります。

□ ¿Por qué si lavo mi cara varias veces al día, aún tengo acné?
/1日に何度も顔を洗っているのに、なぜニキビがまだあるんだろう？

ここでは単に「洗顔する」というよりも、具体的に mi cara をしっかりと意識してそれをゴシゴシ洗っている感じがします。このような言い方はあまりしません。

相手の体や持ち物に行為が及ぶときにも一般に所有形容詞よりも間接目的語を使います。

☞ ◇113 所有形容詞の短縮形 補足-2

□ ¿Te lavo la cara? / 顔を洗ってあげようか？

[C] 再帰動詞の 3 人称用法

次の用法は 3 人称に限られます。

(1) 自発用法：行為者が起こす動作ではなくて、自然に起きる現象を示します。

□ Esta amistad no se rompe fácilmente.	□ この友情は簡単には壊れません。
□ Las hojas de árboles se caen en otoño.	□ 木の葉は秋に落ちます。

だれに関係することかを示すために間接目的語がつくことがあります。そのとき《se ＋間接目的語＋ 3 人称の動詞》という語順になります。

□ El reloj se me rompió en el viaje.	□ 時計が旅行中に壊れてしまいました。
□ Se me ocurre una idea. ¿Qué te parece si vamos a un restaurante chino?	□ 思いついたんだけど、中華料理店に行くのはどう？

補足-3 《se ＋間接目的語＋ 3 人称の動詞》

□ (1) Creo que rompí mi reloj. / 私が時計を壊してしまったのだと思います。
□ (2) Creo que se me rompió el reloj. / 時計が壊れてしまったのだと思います。

(1) は自分が壊してしまった場合で、(2) は自分に責任がなくて時計が壊れてしまった場合の表現です。(1) では他動詞を使い、(2) では《間接目的語の代名詞＋再帰動詞》を使います。(2) の従属節の主語には定冠詞をつけます。

□ (3) El móvil se cayó de tu pantalón. / 携帯が君のズボンから落ちましたよ。
□ (4) El móvil se te cayó del pantalón. / 携帯がズボンから落ちましたよ。

(3) は、たとえば携帯がハンガーにつるしたズボンから落ちたときなどの様子を述べていて、(4) は、携帯が相手がはいているズボンから落ちたときに使います。このように間接目的語は〈動作の影響を受ける人〉を指します。このことは 3 人称の再帰動詞に限りません。次は 2 人称の再帰動詞の例です。

□ (5) Te me marchaste sin decirme adiós.
/ 君は「さよなら」も言わないで私のもとを去ってしまった。

(2) 受動態用法：他動詞の直接目的語にあたる語が主語に変わり、受動態の意味になります。その主語は〈もの〉に限られ、〈人〉が主語になることはありません。

□ Aquí no se respetan mucho las reglas de tráfico.	□ ここでは交通規則はあまり守られていません。

補足-4 《ser ＋過去分詞》の受動文と再帰受動文

《ser ＋過去分詞》の受動文は por によって〈行為者〉が示されているときもあれば、示されていないときもあります。

□ El restaurante fue diseñado por un arquitecto famoso.
/ レストランは有名な建築家によって設計されました。
□ La casa fue construida hace quince años. / 家は 15 年前に建てられました。

上の 2 番目の文では〈行為者〉が示されていませんが、家が自然に建つことはないので、「建設した」〈行為者〉がいることは確かです。

ser の受動文では《por ＋行為者》を示すことができますが、再帰受動文では《por ＋行為者》をほとんど使いません。再帰受動文はとくに〈行為者〉がいることを示さないときに使います。

□ Al entrar el presidente en la sala, se produjo un silencio absoluto.
/ 大統領が部屋に入るとあたりは静まりかえった。
□ Los detalles se explicarán más abajo. / 詳細は後で説明されます。

上の 2 つの文は、どちらも「だれが沈黙を生んだか」「だれが説明するのか」ということよりも、「沈黙が生まれたこと」「説明があること」だけを述べています。

(3) 不定主語：se が不定の主語の役割をします。「人は」と訳せる場合もありますが、ふつうは日本語の主語を出さないようにすればよいでしょう。この用法は 3 人称単数に限られます。

□ ¿Cuánto se tarda de aquí a la estación?	□ ここから駅までどのくらい時間がかかりますか？
□ En términos generales me gusta como se vive en España.	□ 一般的に言って私はスペインの暮らしが好きです。

補足-5 再帰受動文と不定主語

3人称の再帰用法で動詞が複数形のときは主語に一致していれば〈自発〉〈受動〉の意味になります。

□ Estas revistas se venden mucho.
/ これらの雑誌はよく売られています（＝売れています）。

動詞が単数形の場合は〈受動〉か〈不定主語〉か区別がつきにくいことがあります。次の文は「人はこのスープをガスパーチョと呼んでいる」のように〈不定主語〉で解釈することもできます。

□ Esta sopa se llama gazpacho.
/ このスープはガスパーチョと呼ばれています。〈受動〉

このように〈受動〉と〈不定主語〉の差があいまいになるのは他動詞の再帰形の場合です。自動詞の再帰形では〈受動〉の意味にならないので、かならず不定主語になります。

□ Se trabaja para vivir. / 人は生きるためには働くものです。

このように再帰動詞は〈不定主語〉によって一般化するので、「人は〜するものだ」というような義務的な意味になることがあります。

補足-6 《再帰代名詞 se ＋直接目的語 le / les》

再帰代名詞 se に3人称の直接目的語が続くと、直接目的語の代わりに le / les が使われることがあります。

□ (1) A él se le ve venir desde lejos. / 彼が遠くから来るのが見えます。
□ (2) Se les ayuda a las familias de escasos recursos.
/ 低所得の家族には援助があります。

(1) の se と (2) の Se は不定主語です。(1) の le は a él を指し、(2) の les は a las familias を指すのでどちらも直接目的語ですが、le / les が使われています。この《se ＋ le / les》は次の〈受動文〉の《se le》とよく似ているので、これと合流した可能性があります。

□ (3) El muchacho se achicó ante las primeras dificultades que se le presentaron.
/ 少年は最初に直面した困難でおじけづきました。

ここでは se... presentaron が que の先行詞 las primeras dificultades を主語とした〈受動〉の再帰動詞です。le は El muchacho を指す間接目的語です。

この現象は次のような《間接目的語 se ＋直接目的語 lo / los》と区別されます。次の (4) の se は再帰代名詞ではなく、直後の lo が le になることはありません。

□ (4) No se lo cuentes a Javier, que es un cotilla y se lo dirá a todo el mundo.
/ ハビエルに話してはだめ。彼はおしゃべりなのでみんなに言ってしまうから。

◇305 無主語文

スペイン語では主語を言わなくてもよいので無主語のように見える文がたくさんありますが、それらの主語は動詞の活用形でわかります。一方、〈存在〉〈自然現象〉〈時〉などの表現で主語がもともとない文「無主語文」もよく使われます。無主語文ではほとんどが ÉL の活用形を使いますが、時刻の表現では ELLOS の活用形も使われます。しかし、「彼(ら)は」「それ(ら)は」などの意味はありません。

(1)〈存在〉を示す無主語文

(a) haber の ÉL の活用形は「いる」「ある」という意味で、〈人〉や〈もの〉が存在することを示します。直説法現在形は hay という特別な形を使います。

❑ ¿Cuántas personas hay en este grupo? — Hay cuarenta.	❑ このグループには何人の人がいますか？ — 40人います。
❑ ¡Ya no hay tiempo! — Sí, todavía hay tiempo.	❑ もう時間がない！ — いいや、まだ時間はあるよ。

補足-1 haber の誤用

ときどき haber が単数形ではなく複数形で使われることがありますが、これは誤用法とされています。

□ En la discoteca {○ había / × habían} muchos chicos extranjeros.
/ ディスコには外国人の若者がたくさんいました。

参考 語尾の y

haber の現在形3人称単数は ha であるのに「存在」を示す非人称文では hay という特殊な形が使われます。この語尾の y は、中世スペイン語で「場所」を示していた y に由来し、ラテン語の IBI が語源です。

同じように、ser, estar, ir, dar の直説法現在形の YO の活用形 soy, estoy, voy, doy にも y があります。これらももとの形はそれぞれ so, esto, vo, do であって、イスタンブールに残るユダヤ・スペイン語では今でも使われています。この語尾の y も中世スペイン語の「場所」を示す y に由来するのでしょうか。これに疑義を呈する研究者もいますが、これらが共通して単音節であることは偶然の一致ではないでしょう。中世スペイン語で ser が〈所在〉の意味「〜にいる・ある」で使われていたのは、〈存在〉の hay とよく似ています。estoy, voy, doy に関しても〈場所〉の意識がはたらいたのだと思われます。

(b) ほかの法・時制では特別な形はなく、ÉL の活用形を使います。

□ ¿Había mucha gente en la plaza? — Sí, porque era domingo.	□ 広場にはたくさんの人がいましたか？ — はい、日曜日でしたから。
□ ¿Habrá asientos para todos? — No, creo que no.	□ みんなの分の席はあるかな？ — いいや、ないと思う。

(c) haber の後の名詞は主語ではなく目的語なので、代名詞にするときは lo, los, la, las という直接目的語の形を使います。

□ ¿Hay buenas playas en Santander? — Claro que las hay.	□ サンタンデルにいいビーチはありますか？ — もちろん、あります。

補足-2 haber / estar

haber は「〜がいる・ある」という意味の〈存在〉を示します。これに対し、estar は存在することはすでにわかっていて「それがどこにあるのか」という〈所在〉を示しますから、estar を使う文の主語または名詞は定冠詞をとることが多いです。

❑ (1) No hay cerveza en el frigorífico. / 冷蔵庫にビールがありません。
❑ (2) La cerveza está en la mesa. / ビールはテーブルの上にあります。

(2)〈自然現象〉を示す無主語文

(a) 日本語では「雨が降る」「雪が降る」などの文では「雨が」「雪が」の部分が主語を示しますが、スペイン語では llover「雨が降る」、nevar「雪が降る」という動詞の ÉL の活用形を使います。このような〈自然現象〉を示す動詞には主語がありません。

❑ Aquí llueve mucho. ¿Ahí, qué tal?	❑ こちらでは雨がよく降りますが、そちらではどうですか？
❑ Este año ha nevado poco.	❑ 今年は雪がほとんど降りませんでした。

(b) hacer の ÉL の活用形で〈天候〉を示す無主語文ができます。

❑ Hoy hace muy buen tiempo.	❑ 今日はとてもいい天気です。
❑ Hace calor, ¿no? — Sí, mucho.	❑ 暑いね？— うん、とっても。

(c) estar の ÉL の活用形で〈状況〉を示す無主語文ができます。

❑ A estas horas ya está oscuro en invierno.	❑ 冬ではこの時間でもう暗くなります。

(3)〈時・時刻〉を示す無主語文

(a) ser の ÉL の活用形で〈時〉を示す無主語文ができます。

❑ Nunca es tarde para aprender.	❑ 学ぶのに遅いということは決してない。
❑ Todavía es temprano para preparar la cena.	❑ 夕食を準備するにはまだ早いです。

(b)〈時刻〉を示すときは、補語が「1 時台」のときに ÉL の活用形を使い、補語が「2 時以降」になると ELLOS の活用形を使います。menos「～前」がついても同様です。

❑ Ya es la una y media.	❑ もう1時半です。
❑ ¿Qué hora es? — Son las dos menos diez.	❑ 何時ですか？ —2時10分前です。

＊地域によって ¿Qué horas son? のように複数形が使われることがあります。

(4)《haber que +不定詞》〈義務〉「～しなければならない」: ÉL の活用形が使われ、無主語文になります。現在形は hay que です。☞◇211《助動詞＋不定詞》補足-2

❑ Hay que darse prisa.	❑ 急がなければなりません。
❑ Había que esperar mucho tiempo.	❑ 長いこと待たなくてはなりませんでした。

(5)《hacer ～ que…》という構文で「…して～になる」という意味の無主語文ができます。

☐ Hace cinco años que estudio español.	☐ 私は5年間スペイン語を勉強しています。

この文は次のように言い換えることができます。

☐ Estudio español desde hace cinco años.	☐ 私は5年前からスペイン語を勉強しています。

補足-3 **Hace frío. / Tengo frío.**

次の hace … は無主語文で〈自然現象〉を示し、tener … は主語の〈様子〉を示します。

❑ Hoy hace calor. / 今日は暑い。

❑ Tengo calor y pongo el aire condicionado. / 私は暑いので、エアコンをつけます。

hace calor や tengo calor の calor は「暑さ」という意味の名詞です。また hace frío, tener frío の frío は形容詞のように見えますが、やはり「寒さ」という意味の名詞です。

◇306　不定人称文

〈特定〉の主語を示さず一般化する表現があります。これらを「不定人称文」と呼びます。

(1) 動詞の TÚ の活用形を使って、聞き手を話題に引き込みながら説明します。

□ Aprendes mucho mejor con la práctica que con los libros.	□ 本よりも実践したほうがずっとよく学べるよ。

(2) 動詞の ELLOS の活用形を使って、主語を特定せず一般化します。

□ Dicen que pasar debajo de una escalera trae mala suerte.	□ はしごの下を通ると悪運をもたらすと言われています。

(3) uno / una で〈自分〉のことを述べながら一般化します。自分が男性ならば uno を使い、女性ならば una を使います。

❑ A esta edad una no está para esos trotes.	❑ こんな歳ではそんなに忙しくすることは無理ですよ。
□ Hoy día no es tan fácil colocarse donde uno quiere.	□ このごろは本人が望むところに就職するのはそんなに簡単なことではありません。

(4)〈不定主語〉の se ☞◇304 再帰文 [C] (3)

□ ¿Qué pasó exactamente? — De momento, no se sabe.	□ 正確には何が起きたのですか？ — 今のところはわかっていません。

補足-1　〈謙遜〉〈連帯感〉を示す NOSOTROS の活用形

本や論文の著者が〈謙遜〉の気持ちをこめて NOSOTROS の活用形を使うことがあります。YO の活用形だと〈自分〉だけを強く示してしまうので、NOSOTROS の活用形を使うことによって読者も含めて論じることができます。

□ En este estudio trataremos de analizar el problema del medio ambiental de los últimos años. / この研究では近年の環境問題の分析を試みます。

一方、自分の意見に責任をもつ、という意識で YO の活用形が使われることもあります。

ほかに NOSOTROS の活用形は次のような日常会話でも使います。ここでは仲間としての〈連帯感〉が感じられます。

□ Hola, ¿cómo estamos? / やあ、元気？

補足-2 **名詞の主語＋ NOSOTROS / VOSOTROS の活用形**

名詞が主語のとき動詞の NOSOTROS / VOSOTROS の活用形と一致することがあります。

❑ Ahora los jugadores españoles sois campeones del mundo.
/ 今君たちスペインの選手たちは世界のチャンピオンです。

❑ Los japoneses comemos arroz como vosotros coméis pan.
/ 私たち日本人は、君たちがパンを食べるように、ご飯を食べます。

cada uno「一人一人」や nadie「だれも～ない」も NOSOTROS / VOSOTROS の活用形と一致することがあります。

❑ Nadie podemos predecir el futuro. / 私たちはだれも未来を予測できません。

❑ Cada uno sois de una manera diferente. / 君たちはそれぞれ違っている。

動詞が関係節の先行詞ではなく意味上の主語に一致することがありますが、避けるべきです。

❑ Yo soy la que { × he / ○ ha } dicho la verdad. / 本当のことを言ったのは私です。

6.5 語順

▶語順については、文の中の語順と、句の中の語順があります。文の中の語順は固定していませんが、基本的に「旧情報（話題・聞き手がわかっている内容）＋新情報」という順番の原則と、「強調・対比語」を先頭に置くという原則によって決まります。句の中の語順は多くの場合固定していて、日本語とスペイン語はちょうど正反対になります。

◇307 《旧情報（話題）＋新情報》

(1)《主語＋動詞》：一般に《主語＋動詞》の順になるのがふつうです。

❑ El banco está al final de esta calle.	❑ 銀行はこの通りの突き当たりにあります。
❑ Este libro abarca numerosos temas.	❑ この本は多くのテーマを扱っています。

(2)《動詞＋主語》：主語が聞き手にとって新しい情報のときは《動詞＋主語》の順になります。次のような場合があります。

(a) 主語の情報量が多いときは主語が後ろになります。

☐ Murió olvidado y pobre el que un tiempo fue famosísimo poeta.	☐ かつては非常に有名な詩人だった彼は忘れ去られ困窮の中で亡くなりました。

しかし、次のように長い主語であっても古い（既知の）情報であれば文頭になります。

□ La ceremonia de inauguración de los Juegos Olímpicos fue televisada.	□ オリンピック大会の開会式がテレビで放映されました。

(b) 次の動詞が使われるとき、ふつう主語が後ろになります。

(i) gustar などの動詞（☞◇300《間接目的語＋自動詞＋主語》）

□ Me gusta la comida casera.	□ 私は家庭料理が好きです。
□ Taro estudia español porque le encanta la música latina.	□ 太郎はラテン音楽が大好きなのでスペイン語を勉強しています。

(ii) faltar, quedar, sobrar などの〈存在・不在〉を示す動詞

□ Todavía le falta alguna experiencia para poder hacer ese trabajo.	□ 彼がその仕事をできるようになるにはまだ経験不足です。

(iii) suceder, surgir などの〈出現・できごと〉を示す動詞

□ Están sucediendo pequeños temblores estos días y toda la gente está intranquila.	□ 最近小さな地震が起きているので皆心配しています。

(iv) 再帰動詞の受動態用法（☞◇304 再帰文 [C] (2)）

□ Esta tarde se abre la primera sesión del Congreso.	□ 本日午後国会の第1回会議が開かれます。

(v) しかし、主語を〈話題〉にしたり、〈強調〉したりする場合は、主語を動詞の前に置きます。

□ La música latina me encanta, sobre todo la argentina.	□ 私はラテン音楽、とくにアルゼンチン音楽が大好きです。

(3)《副詞（句）＋動詞》：副詞（句）が旧情報であるときは前に置きます。

❑ En la fiesta de anoche lo pasamos muy bien.	❑ 昨晩のパーティーはとても楽しかったです。
❑ A los veinte años ya era una actriz de fama mundial.	❑ 彼女は20歳ですでに世界的に有名な女優でした。

副詞（句）が文から独立していると、主語の位置は影響されず前置されたままです。

❑ En España solo las mujeres usan abanico.	❑ スペインでは女性だけが扇を使います。

(4) 不定詞や que 節が主語のときはそこに新情報があることが多いので、動詞の後になります。

❑ Es difícil pensar en abstracto.	❑ 抽象的に考えるのはむずかしいです。
□ Parece que el jefe ha reconocido su error.	□ 上司があやまちを認めたらしいです。

(5) 全体疑問文（☞ 6.1 疑問詞と疑問文）ではふつう《動詞＋主語》の語順になります。

❑ ¿Va a salir usted a estas horas?	❑ あなたはこんな時間に出かけるのですか？
❑ ¿Continúa su hijo guardando cama?	❑ 息子さんはまだ病気で寝ているのですか？

ただし、主語が〈話題〉になっていたり、〈強調〉されたりしていれば《主語＋動詞》の語順になります。

❑ ¿Usted va a salir a estas horas?	❑ あなたはこんな時間に出かけるのですか？

◇308 文頭の強調

(1) 文の要素が〈強調〉されたり〈対比〉されたりすると文頭に置かれます。

□ En la adversidad se conoce a los amigos.	□ 逆境の中でこそ真の友人がわかるものです。
❑ Un coche de segunda mano compró Jorge, no uno nuevo.	❑ 中古の車をホルヘは買ったのであって、新車ではありません。

(2) 疑問詞は文頭に置きます。関係詞は関係節の最初に置きます。

(a) 疑問詞

❑ ¿Dónde está la estación de metro más cercana?	❑ 一番近い地下鉄の駅はどこにありますか？
❑ ¿Qué anchura tiene este río?	❑ この川の幅はどれくらいありますか？

(b) 感嘆詞

❑ ¡Qué bien ha interpretado el actor su papel!	❑ その俳優はずいぶん上手に役を演じました！

(c) 関係詞

□ ¿Qué opina usted de esto que dice hoy el periódico?	□ 今日の新聞で言われているこのことについてどのように考えますか？

(3)「〜と、〜は言う」、というときの主語は動詞「言う」の後になります。

❑ "No quiero ir a la reunión", dijo Jorge.	❑「僕は会議に行きたくない」とホルヘは言いました。

補足　文の中の語順と主語

なぜ、文の中で旧情報を前にして、新情報を後にするのでしょうか。なぜ、長い要素は文の後のほうに置くのでしょうか。そして、多くの場合、なぜ、主語が文頭にくるのでしょうか。

私たちは言葉を話すとき、基本的に「何かについて」(＝「話題」)「何かを」話す (＝「はなし」)、という2つの要素をつなげています。そして、ふつうは「話題」の部分が先で、それについての「はなし」を後につけます。「話題」は、一般に、聞き手に理解してもらえる内容 (＝「旧情報」) です。そして「話題」に比べて「はなし」のほうが情報量が多く、そのため、しばしば長くなります。主語は、話題 (＝「旧情報」) になることが多いので、そのときは文頭に来ますが、もし、主語が新情報になるときは、後に置かれます。

この原則に反するのが「文頭の強調」です。「何かについて」(＝「話題」)「何かを」話す (＝「はなし」) という構造はふつうの話し方ですが、言いたいことや聞きたいことがあったら、それを強調して先に出すのは、直感的で自然な話し方です。

このような文の中の語順の現象は、スペイン語に限らず多くの言語に共通して見られます。スペイン語ではとくに主語の位置が決まっていませんから、長い文章に出会ったとき、何が旧情報で何が新情報かを考えると、全体の意味がとりやすくなります。主語の位置が自由だ、と考えるよりも、主語の位置は「はなしの伝え方」によって変化する、と考えたほうがよいでしょう。

◇309　挿入・省略・言い換え

(1)《挿入》: 文の途中にほかの要素が挿入されることがあります。その中でとくに次のケースが重要です。

(a)〈意見〉を示す creer, parecer など

□ ¿Quién cree usted que es el jugador más valioso de la liga española?	□ スペインリーグでもっとも優秀な選手はだれだと思いますか？
□ Esto me parece que está buenísimo.	□ これ、すごくいいと思います。

(b) 副詞（句）

❑ A mí, francamente, no me pasa eso.	❑ 正直に言って、そんなことは私には起こりません。
☐ Es un nuevo material de gran dureza y que, sin embargo, pesa muy poco.	☐ それは非常に硬いですが、それにもかかわらずとても軽い新素材です。

(c) 関係節など

☐ En mi viaje, aparte de ver Tokio y los cerezos (lo que me hace mucha ilusión), podremos seguir estudiando juntos.	☐ 私の旅行では東京と桜を見物するほかに（これが楽しみなんだけれど）、私たちは一緒に勉強を続けることができるでしょう。

(2)《省略》：省略されるのは文脈や状況によって省略しても誤解がない場合です。むしろ、わざわざ繰り返すよりも省略するほうがよい場合もあります。

(a) 主語を明示しなくてもわかる場合は、わざわざ主語を繰り返したり、主語代名詞を使ったりせずに、動詞だけで表現します。

❑ Les faltó dinero y tuvieron que abreviar las vacaciones.	❑ 彼らは金が足りなくなって休暇を短縮しなければなりませんでした。

(b) 同じ動詞（句）が繰り返されるときは、それを省略します。

❑ ¿Cuántos kilos quiere? — Un kilo y medio, por favor.	❑ 何キロにいたしましょうか？ — 1キロ半お願いいたします。

(3)《言い換え》：とくに書き言葉では、文体的に同じ語句を繰り返すのを嫌い、同一指示語や類義語を使って言い換えるようにしています。

☐ El Real Madrid venció al equipo de Alemania. Los blancos fueron recibidos calurosamente en el aeropuerto.	☐ レアルマドリードはドイツのチームを破りました。チームは空港で熱烈な出迎えを受けました。（白はチームのユニフォームカラー）
☐ El autor habla de un problema de la sociedad moderna. Se refiere a la deshumanización de los trabajadores.	☐ 著者は現代社会の問題を話題にしています。労働者の非人間化について述べています。

6
文

補足 句の中の語順

日本語の動詞句のふつうの語順は《目的語＋動詞》ですが、スペイン語は《動詞＋目的語》となります。

□ 私はスペイン語を $_1$ 話します $_2$ / Hablo $_2$ español $_1$

日本語の「日本語を $_1$ 話します $_2$」とスペイン語の Hablo $_2$ español $_1$ は、ちょうど語順が逆転しています。ただし、スペイン語の目的語が代名詞になると、動詞の前に置きます（☞◇108 弱勢人称代名詞の位置）。また、主語の位置は句の中の語順の問題ではなく、文の中の語順の問題です（☞◇308 文頭の強調 補足）。

この逆転関係は次のようにさまざまな文法関係において見られます。

日本語	スペイン語
スペイン語を $_1$ 話します $_2$	Hablo $_2$ español $_1$
大阪 $_1$ で $_2$	en $_2$ Osaka $_1$
おもしろい $_1$ 本 $_2$	libro $_2$ interesante $_1$
（文脈）に $_1$ よる $_2$	depende $_2$ del $_1$ (contexto)
昨日より $_1$ 寒い $_2$	hace más frío $_2$ que ayer $_1$
～と $_1$ 言う $_2$	Dice $_2$ que $_1$ …
彼が来た $_1$ とき $_2$～	Cuando $_2$ vino $_1$ …
早く $_1$ 歩く $_2$	caminar $_2$ rápidamente $_1$
走って $_1$ いる $_2$	Estoy $_2$ corriendo $_1$
食べ $_1$ ない $_2$	No $_2$ come $_1$
私が読んでいる $_1$ 本 $_2$	el libro $_2$ que leo $_1$
読むのに $_1$ 難しい $_2$	difícil $_2$ de leer $_1$
田中 $_1$ 一郎 $_2$	Ichiro $_2$ Tanaka $_1$
田中 $_1$ さん $_2$	Señor $_2$ Tanaka $_1$
ピカソ $_1$ 美術館 $_2$	Museo $_2$ Picasso $_1$
12月 $_1$ 25日 $_2$	el día 25 $_2$ de diciembre $_1$
東京都 $_1$ 渋谷区 $_2$	Shibuyaku $_2$, Tokio $_1$

ほかにも、いろいろなケースで逆転が見られます。

□ 私はフアンに $_1$ 本を $_2$ 送ります。/ Le envío el libro $_2$ a Juan $_1$.
□ スペイン語の $_1$ 歴史的 $_2$ 研究 / Estudio histórico $_2$ de español $_1$.

これらはいろいろな条件で変化することがありますが（たとえば形容詞の前置（☞◇145《形容詞＋名詞》）や指示形容詞の位置（☞◇111 指示形容詞）、ごくふつうの語順です。

スペイン語を含むヨーロッパの多くの言語の祖先である「印欧祖語」では、ちょうど日本語と同じような語順を示していたと考えられます。それが、長い歴史の過程を経て、現在のスペイン語の語順に変化しました。一般的に、言語の構造は無原則にばらばらに変化するものではなく、一定の原則にしたがって全体的に変化します。ちょうど、スイッチが入って、全体の語順の回路が、(1-2) から (2-1) に変わったような感じです。

私たちのスペイン語の学習においても、この逆転現象の一貫性を理解してから練習するとよいでしょう。それぞれのケースでスペイン語と日本語の語順が同じだったり、逆だったりすると大変ですが、語順の変化にはこのように一貫性がありますから、心配はいりません。練習を続ければだんだんと慣れ、やがてそれを意識しなくても自然に使えるようになります。

Fin

規則動詞の活用

	規則動詞（AR 動詞）	hablar（話す）	
		不定詞	hablar
現在分詞		hablando	
過去分詞		hablado	
命令 (TÚ) [VOS]		habla [hablá]	
命令 (VOSOTROS)		hablad	
			不定詞完了形	haber hablado
			現在分詞完了形	habiendo hablado

直説法現在	(YO)	hablo	現在完了	(YO)	he hablado
	(TÚ) [VOS]	hablas [hablás]		(TÚ)	has hablado
	(ÉL)	habla		(ÉL)	ha hablado
	(NOSOTROS)	hablamos		(NOSOTROS)	hemos hablado
	(VOSOTROS)	habláis		(VOSOTROS)	habéis hablado
	(ELLOS)	hablan		(ELLOS)	han hablado
点過去	(YO)	hablé	点過去完了	(YO)	hube hablado
	(TÚ)	hablaste		(TÚ)	hubiste hablado
	(ÉL)	habló		(ÉL)	hubo hablado
	(NOSOTROS)	hablamos		(NOSOTROS)	hubimos hablado
	(VOSOTROS)	hablasteis		(VOSOTROS)	hubisteis hablado
	(ELLOS)	hablaron		(ELLOS)	hubieron hablado
線過去	(YO)	hablaba	線過去完了	(YO)	había hablado
	(TÚ)	hablabas		(TÚ)	habías hablado
	(ÉL)	hablaba		(ÉL)	había hablado
	(NOSOTROS)	hablábamos		(NOSOTROS)	habíamos hablado
	(VOSOTROS)	hablabais		(VOSOTROS)	habíais hablado
	(ELLOS)	hablaban		(ELLOS)	habían hablado
現在推量	(YO)	hablaré	現在完了推量	(YO)	habré hablado
	(TÚ)	hablarás		(TÚ)	habrás hablado
	(ÉL)	hablará		(ÉL)	habrá hablado
	(NOSOTROS)	hablaremos		(NOSOTROS)	habremos hablado
	(VOSOTROS)	hablaréis		(VOSOTROS)	habréis hablado
	(ELLOS)	hablarán		(ELLOS)	habrán hablado
過去推量	(YO)	hablaría	過去完了推量	(YO)	habría hablado
	(TÚ)	hablarías		(TÚ)	habrías hablado
	(ÉL)	hablaría		(ÉL)	habría hablado
	(NOSOTROS)	hablaríamos		(NOSOTROS)	habríamos hablado
	(VOSOTROS)	hablaríais		(VOSOTROS)	habríais hablado
	(ELLOS)	hablarían		(ELLOS)	habrían hablado
接続法現在	(YO)	hable	接続法現在完了	(YO)	haya hablado
	(TÚ)	hables		(TÚ)	hayas hablado
	(ÉL)	hable		(ÉL)	haya hablado
	(NOSOTROS)	hablemos		(NOSOTROS)	hayamos hablado
	(VOSOTROS)	habléis		(VOSOTROS)	hayáis hablado
	(ELLOS)	hablen		(ELLOS)	hayan hablado
接続法過去 ①	(YO)	hablara	接続法過去完了 ①	(YO)	hubiera hablado
	(TÚ)	hablaras		(TÚ)	hubieras hablado
	(ÉL)	hablara		(ÉL)	hubiera hablado
	(NOSOTROS)	habláramos		(NOSOTROS)	hubiéramos hablado
	(VOSOTROS)	hablarais		(VOSOTROS)	hubierais hablado
	(ELLOS)	hablaran		(ELLOS)	hubieran hablado
接続法過去 ②	(YO)	hablase	接続法過去完了 ②	(YO)	hubiese hablado
	(TÚ)	hablases		(TÚ)	hubieses hablado
	(ÉL)	hablase		(ÉL)	hubiese hablado
	(NOSOTROS)	hablásemos		(NOSOTROS)	hubiésemos hablado
	(VOSOTROS)	hablaseis		(VOSOTROS)	hubieseis hablado
	(ELLOS)	hablasen		(ELLOS)	hubiesen hablado

	規則動詞 (ER 動詞)		comer (食べる)
	不定詞		comer
現在分詞	comiendo	不定詞完了形	haber comido
過去分詞	comido	現在分詞完了形	habiendo comido
命令 (TÚ) [VOS]	come [comé]		
命令 (VOSOTROS)	comed		

直説法現在	(YO)	como	現在完了	(YO)	he comido
	(TÚ) [VOS]	comes [comés]		(TÚ)	has comido
	(ÉL)	come		(ÉL)	ha comido
	(NOSOTROS)	comemos		(NOSOTROS)	hemos comido
	(VOSOTROS)	coméis		(VOSOTROS)	habéis comido
	(ELLOS)	comen		(ELLOS)	han comido

点過去	(YO)	comí	点過去完了	(YO)	hube comido
	(TÚ)	comiste		(TÚ)	hubiste comido
	(ÉL)	comió		(ÉL)	hubo comido
	(NOSOTROS)	comimos		(NOSOTROS)	hubimos comido
	(VOSOTROS)	comisteis		(VOSOTROS)	hubisteis comido
	(ELLOS)	comieron		(ELLOS)	hubieron comido

線過去	(YO)	comía	線過去完了	(YO)	había comido
	(TÚ)	comías		(TÚ)	habías comido
	(ÉL)	comía		(ÉL)	había comido
	(NOSOTROS)	comíamos		(NOSOTROS)	habíamos comido
	(VOSOTROS)	comíais		(VOSOTROS)	habíais comido
	(ELLOS)	comían		(ELLOS)	habían comido

現在推量	(YO)	comeré	現在完了推量	(YO)	habré comido
	(TÚ)	comerás		(TÚ)	habrás comido
	(ÉL)	comerá		(ÉL)	habrá comido
	(NOSOTROS)	comeremos		(NOSOTROS)	habremos comido
	(VOSOTROS)	comeréis		(VOSOTROS)	habréis comido
	(ELLOS)	comerán		(ELLOS)	habrán comido

過去推量	(YO)	comería	過去完了推量	(YO)	habría comido
	(TÚ)	comerías		(TÚ)	habrías comido
	(ÉL)	comería		(ÉL)	habría comido
	(NOSOTROS)	comeríamos		(NOSOTROS)	habríamos comido
	(VOSOTROS)	comeríais		(VOSOTROS)	habríais comido
	(ELLOS)	comerían		(ELLOS)	habrían comido

接続法現在	(YO)	coma	接続法現在完了	(YO)	haya comido
	(TÚ)	comas		(TÚ)	hayas comido
	(ÉL)	coma		(ÉL)	haya comido
	(NOSOTROS)	comamos		(NOSOTROS)	hayamos comido
	(VOSOTROS)	comáis		(VOSOTROS)	hayáis comido
	(ELLOS)	coman		(ELLOS)	hayan comido

接続法過去①	(YO)	comiera	接続法過去完了①	(YO)	hubiera comido
	(TÚ)	comieras		(TÚ)	hubieras comido
	(ÉL)	comiera		(ÉL)	hubiera comido
	(NOSOTROS)	comiéramos		(NOSOTROS)	hubiéramos comido
	(VOSOTROS)	comierais		(VOSOTROS)	hubierais comido
	(ELLOS)	comieran		(ELLOS)	hubieran comido

接続法過去②	(YO)	comiese	接続法過去完了②	(YO)	hubiese comido
	(TÚ)	comieses		(TÚ)	hubieses comido
	(ÉL)	comiese		(ÉL)	hubiese comido
	(NOSOTROS)	comiésemos		(NOSOTROS)	hubiésemos comido
	(VOSOTROS)	comieseis		(VOSOTROS)	hubieseis comido
	(ELLOS)	comiesen		(ellos)	hubiesen comido

	規則動詞 (IR 動詞)		vivir (生きる)
	不定詞		vivir
現在分詞	viviendo	不定詞完了形	haber vivido
過去分詞	vivido	現在分詞完了形	habiendo vivido
命令 (TÚ) [VOS]	vive [viví]		
命令 (VOSOTROS)	vivid		

直説法現在	(YO)	vivo	現在完了	(YO)	he vivido
	(TÚ) [VOS]	vives [vivís]		(TÚ)	has vivido
	(ÉL)	vive		(ÉL)	ha vivido
	(NOSOTROS)	vivimos		(NOSOTROS)	hemos vivido
	(VOSOTROS)	vivís		(VOSOTROS)	habéis vivido
	(ELLOS)	viven		(ELLOS)	han vivido

点過去	(YO)	viví	点過去完了	(YO)	hube vivido
	(TÚ)	viviste		(TÚ)	hubiste vivido
	(ÉL)	vivió		(ÉL)	hubo vivido
	(NOSOTROS)	vivimos		(NOSOTROS)	hubimos vivido
	(VOSOTROS)	vivisteis		(VOSOTROS)	hubisteis vivido
	(ELLOS)	vivieron		(ELLOS)	hubieron vivido

線過去	(YO)	vivía	線過去完了	(YO)	había vivido
	(TÚ)	vivías		(TÚ)	habías vivido
	(ÉL)	vivía		(ÉL)	había vivido
	(NOSOTROS)	vivíamos		(NOSOTROS)	habíamos vivido
	(VOSOTROS)	vivíais		(VOSOTROS)	habíais vivido
	(ELLOS)	vivían		(ELLOS)	habían vivido

現在推量	(YO)	viviré	現在完了推量	(YO)	habré vivido
	(TÚ)	vivirás		(TÚ)	habrás vivido
	(ÉL)	vivirá		(ÉL)	habrá vivido
	(NOSOTROS)	viviremos		(NOSOTROS)	habremos vivido
	(VOSOTROS)	viviréis		(VOSOTROS)	habréis vivido
	(ELLOS)	vivirán		(ELLOS)	habrán vivido

過去推量	(YO)	viviría	過去完了推量	(YO)	habría vivido
	(TÚ)	vivirías		(TÚ)	habrías vivido
	(ÉL)	viviría		(ÉL)	habría vivido
	(NOSOTROS)	viviríamos		(NOSOTROS)	habríamos vivido
	(VOSOTROS)	viviríais		(VOSOTROS)	habríais vivido
	(ELLOS)	vivirían		(ELLOS)	habrían vivido

接続法現在	(YO)	viva	接続法現在完了	(YO)	haya vivido
	(TÚ)	vivas		(TÚ)	hayas vivido
	(ÉL)	viva		(ÉL)	haya vivido
	(NOSOTROS)	vivamos		(NOSOTROS)	hayamos vivido
	(VOSOTROS)	viváis		(VOSOTROS)	hayáis vivido
	(ELLOS)	vivan		(ELLOS)	hayan vivido

接続法過去①	(YO)	viviera	接続法過去完了①	(YO)	hubiera vivido
	(TÚ)	vivieras		(TÚ)	hubieras vivido
	(ÉL)	viviera		(ÉL)	hubiera vivido
	(NOSOTROS)	viviéramos		(NOSOTROS)	hubiéramos vivido
	(VOSOTROS)	vivierais		(VOSOTROS)	hubierais vivido
	(ELLOS)	vivieran		(ELLOS)	hubieran vivido

接続法過去②	(YO)	viviese	接続法過去完了②	(YO)	hubiese vivido
	(TÚ)	vivieses		(TÚ)	hubieses vivido
	(ÉL)	viviese		(ÉL)	hubiese vivido
	(NOSOTROS)	viviésemos		(NOSOTROS)	hubiésemos vivido
	(VOSOTROS)	vivieseis		(vosotros)	hubieseis vivido
	(ELLOS)	viviesen		(ellos)	hubiesen vivido

不規則動詞活用表

それぞれの動詞には、大きい太字 **abcd** で不定詞を載せ、その下に現在分詞、過去分詞、命令（TÚ）[VOS]、命令（VOSOTROS）の形を示しました。

次の列から横に各動詞の活用形が続きます。

直説法現在、直説法点過去、直説法線過去、直説法現在推量、直説法過去推量、接続法現在、接続法過去①（-ra形）、接続法過去②（-se形）

		直説法現在	直説法点過去	直説法線過去
adquirir（獲得する）		**adquier***o*	adquir*í*	adquir*ía*
		adquier*es* [adquir*ís*]	adquir*iste*	adquir*ías*
現在分詞	adquir*iendo*	**adquier***e*	adquir*ió*	adquir*ía*
過去分詞	adquir*ido*	adquir*imos*	adquir*imos*	adquir*íamos*
命令（TÚ）[VOS]	**adquier***e* [adquir*í*]	adquir*ís*	adquir*isteis*	adquir*íais*
命令（VOSOTROS）	adquir*id*	**adquier***en*	adquir*ieron*	adquir*ían*
andar（歩く）		and*o*	**anduve**	and*aba*
		and*as* [and*ás*]	**anduv***iste*	and*abas*
現在分詞	and*ando*	and*a*	**anduvo**	and*aba*
過去分詞	and*ado*	and*amos*	**anduv***imos*	and*ábamos*
命令（TÚ）[VOS]	and*a* [and*á*]	and*áis*	**anduv***isteis*	and*abais*
命令（VOSOTROS）	and*ad*	and*an*	**anduv***ieron*	and*aban*
averiguar（調べる）		averigu*o*	**averigü***é*	averigu*aba*
		averigu*as* [averigu*ás*]	averigu*aste*	averigu*abas*
現在分詞	averigu*ando*	averigu*a*	averigu*ó*	averigu*aba*
過去分詞	averigu*ado*	averigu*amos*	averigu*amos*	averigu*ábamos*
命令（TÚ）[VOS]	averigu*a* [averigu*á*]	averigu*áis*	averigu*asteis*	averigu*abais*
命令（VOSOTROS）	averigu*ad*	averigu*an*	averigu*aron*	averigu*aban*
caber（入る）		**quep***o*	**cupe**	cab*ía*
		cab*es* [cab*és*]	**cup***iste*	cab*ías*
現在分詞	cab*iendo*	cab*e*	**cupo**	cab*ía*
過去分詞	cab*ido*	cab*emos*	**cup***imos*	cab*íamos*
命令（TÚ）[VOS]	— —	cab*éis*	**cup***isteis*	cab*íais*
命令（VOSOTROS）	— —	cab*en*	**cup***ieron*	cab*ían*
caer（落ちる）		**caig***o*	ca*í*	ca*ía*
		ca*es* [ca*és*]	ca**íste**	ca*ías*
現在分詞	ca**yendo**	ca*e*	ca**yó**	ca*ía*
過去分詞	ca**ído**	ca*emos*	ca*ímos*	ca*íamos*
命令（TÚ）[VOS]	ca*e* [ca*é*]	ca*éis*	ca**ísteis**	ca*íais*
命令（VOSOTROS）	ca*ed*	ca*en*	ca**yeron**	ca*ían*
coger（つかまえる）		**coj***o*	cog*í*	cog*ía*
		cog*es* [cog*és*]	cog*iste*	cog*ías*
現在分詞	cog*iendo*	cog*e*	cog*ió*	cog*ía*
過去分詞	cog*ido*	cog*emos*	cog*imos*	cog*íamos*
命令（TÚ）[VOS]	cog*e* [cog*é*]	cog*éis*	cog*isteis*	cog*íais*
命令（VOSOTROS）	cog*ed*	cog*en*	cog*ieron*	cog*ían*

それぞれの列では上から次の6つの活用形を並べました。

1人称単数（YO）、2人称単数（TÚ）［VOS］、3人称単数（ÉL）、1人称複数（NOSOTROS）、2人称複数（VOSOTROS）、3人称複数（ELLOS）

命令（TÚ）、2人称単数（TÚ）と並べて、［VOS］を示しました。これらは主に中米、チリ、ラプラタ地方で使われる活用形です。

すべての活用形において、活用語尾を斜字（*abcd*）で示し、不規則な語根を太字（**abcd**）、不規則な語尾を斜体の太字（***abcd***）としました。

直説法現在推量	直説法過去推量	接続法現在	接続法過去①	接続法過去②
adquirir*é*	adquirir*ía*	**adquier***a*	adquir*iera*	adquir*iese*
adquirir*ás*	adquirir*ías*	**adquier***as*	adquir*ieras*	adquir*ieses*
adquirir*á*	adquirir*ía*	**adquier***a*	adquir*iera*	adquir*iese*
adquirir*emos*	adquirir*íamos*	adquir*amos*	adquir*iéramos*	adquir*iésemos*
adquirir*éis*	adquirir*íais*	adquir*áis*	adquir*ierais*	adquir*ieseis*
adquirir*án*	adquirir*ían*	**adquier***an*	adquir*ieran*	adquir*iesen*
andar*é*	andar*ía*	and*e*	**anduv***iera*	**anduv***iese*
andar*ás*	andar*ías*	and*es*	**anduv***ieras*	**anduv***ieses*
andar*á*	andar*ía*	and*e*	**anduv***iera*	**anduv***iese*
andar*emos*	andar*íamos*	and*emos*	**anduv***iéramos*	**anduv***iésemos*
andar*éis*	andar*íais*	and*éis*	**anduv***ierais*	**anduv***ieseis*
andar*án*	andar*ían*	and*en*	**anduv***ieran*	**anduv***iesen*
averiguar*é*	averiguar*ía*	**averigü***e*	averigu*ara*	averigu*ase*
averiguar*ás*	averiguar*ías*	**averigü***es*	averigu*aras*	averigu*ases*
averiguar*á*	averiguar*ía*	**averigü***e*	averigu*ara*	averigu*ase*
averiguar*emos*	averiguar*íamos*	**averigü***emos*	averigu*áramos*	averigu*ásemos*
averiguar*éis*	averiguar*íais*	**averigü***éis*	averigu*arais*	averigu*aseis*
averiguar*án*	averiguar*ían*	**averigü***en*	averigu*aran*	averigu*asen*
cabr*é*	**cabr***ía*	**quep***a*	**cup***iera*	**cup***iese*
cabr*ás*	**cabr***ías*	**quep***as*	**cup***ieras*	**cup***ieses*
cabr*á*	**cabr***ía*	**quep***a*	**cup***iera*	**cup***iese*
cabr*emos*	**cabr***íamos*	**quep***amos*	**cup***iéramos*	**cup***iésemos*
cabr*éis*	**cabr***íais*	**quep***áis*	**cup***ierais*	**cup***ieseis*
cabr*án*	**cabr***ían*	**quep***an*	**cup***ieran*	**cup***iesen*
caer*é*	caer*ía*	**caig***a*	ca***yera***	ca***yese***
caer*ás*	caer*ías*	**caig***as*	ca***yeras***	ca***yeses***
caer*á*	caer*ía*	**caig***a*	ca***yera***	ca***yese***
caer*emos*	caer*íamos*	**caig***amos*	ca***yéramos***	ca***yésemos***
caer*éis*	caer*íais*	**caig***áis*	ca***yerais***	ca***yeseis***
caer*án*	caer*ían*	**caig***an*	ca***yeran***	ca***yesen***
coger*é*	coger*ía*	**coj***a*	cog*iera*	cog*iese*
coger*ás*	coger*ías*	**coj***as*	cog*ieras*	cog*ieses*
coger*á*	coger*ía*	**coj***a*	cog*iera*	cog*iese*
coger*emos*	coger*íamos*	**coj***amos*	cog*iéramos*	cog*iésemos*
coger*éis*	coger*íais*	**coj***áis*	cog*ierais*	cog*ieseis*
coger*án*	coger*ían*	**coj***an*	cog*ieran*	cog*iesen*

		直説法現在	直説法点過去	直説法線過去
conducir（運転する）		**conduzc***o*	**conduje**	conduc*ía*
		conduc*es* [conduc*ís*]	**conduj***iste*	conduc*ías*
現在分詞	conduc*iendo*	conduc*e*	**condujo**	conduc*ía*
過去分詞	conduc*ido*	conduc*imos*	**conduj***imos*	conduc*íamos*
命令(TÚ) [VOS]	conduc*e* [conduc*í*]	conduc*ís*	**conduj***isteis*	conduc*íais*
命令(VOSOTROS)	conduc*id*	conduc*en*	**condujeron**	conduc*ían*
conocer（知っている）		**conozc***o*	conoc*í*	conoc*ía*
		conoc*es* [conoc*és*]	conoc*iste*	conoc*ías*
現在分詞	conoc*iendo*	conoc*e*	conoc*ió*	conoc*ía*
過去分詞	conoc*ido*	conoc*emos*	conoc*imos*	conoc*íamos*
命令(TÚ) [VOS]	conoc*e* [conoc*é*]	conoc*éis*	conoc*isteis*	conoc*íais*
命令(VOSOTROS)	conoc*ed*	conoc*en*	conoc*ieron*	conoc*ían*
contar（数える）		**cuent***o*	cont*é*	cont*aba*
		cuent*as* [cont*ás*]	cont*aste*	cont*abas*
現在分詞	cont*ando*	**cuent***a*	cont*ó*	cont*aba*
過去分詞	cont*ado*	cont*amos*	cont*amos*	cont*ábamos*
命令(TÚ) [VOS]	**cuent***a* [cont*á*]	cont*áis*	cont*asteis*	cont*abais*
命令(VOSOTROS)	cont*ad*	**cuent***an*	cont*aron*	cont*aban*
continuar（続ける）		**continú***o*	continu*é*	continu*aba*
		continú*as* [continu*ás*]	continu*aste*	continu*abas*
現在分詞	continu*ando*	**continú***a*	continu*ó*	continu*aba*
過去分詞	continu*ado*	continu*amos*	continu*amos*	continu*ábamos*
命令(TÚ) [VOS]	**continú***a* [continu*á*]	continu*áis*	continu*asteis*	continu*abais*
命令(VOSOTROS)	continu*ad*	**continú***an*	continu*aron*	continu*aban*
dar（与える）		d***oy***	d***i***	d*aba*
		d*as* [d*as*]	d***iste***	d*abas*
現在分詞	d*ando*	d*a*	d***io***	d*aba*
過去分詞	d*ado*	d*amos*	d***imos***	d*ábamos*
命令(TÚ) [VOS]	d*a* [d*a*]	d***ais***	d***isteis***	d*abais*
命令(VOSOTROS)	d*ad*	d*an*	d***ieron***	d*aban*
decir（言う）		**dig***o*	**dije**	dec*ía*
		dic*es* [dec*ís*]	**dij***iste*	dec*ías*
現在分詞	**dic***iendo*	**dic***e*	**dijo**	dec*ía*
過去分詞	**dicho**	dec*imos*	**dij***imos*	dec*íamos*
命令(TÚ) [VOS]	**di** [dec*í*]	dec*ís*	**dij***isteis*	dec*íais*
命令(VOSOTROS)	dec*id*	**dic***en*	**dijeron**	dec*ían*
delinquir（罪を犯す）		**delinc***o*	delinqu*í*	delinqu*ía*
		delinqu*es* [delinqu*ís*]	delinqu*iste*	delinqu*ías*
現在分詞	delinqu*iendo*	delinqu*e*	delinqu*ió*	delinqu*ía*
過去分詞	delinqu*ido*	delinqu*imos*	delinqu*imos*	delinqu*íamos*
命令(TÚ) [VOS]	delinqu*e* [delinqu*í*]	delinqu*ís*	delinqu*isteis*	delinqu*íais*
命令(VOSOTROS)	delinqu*id*	delinqu*en*	delinqu*ieron*	delinqu*ían*
distinguir（区別する）		**disting***o*	distingu*í*	distingu*ía*
		distingu*es* [distingu*ís*]	distingu*iste*	distingu*ías*
現在分詞	distingu*iendo*	distingu*e*	distingu*ió*	distingu*ía*
過去分詞	distingu*ido*	distingu*imos*	distingu*imos*	distingu*íamos*
命令(TÚ) [VOS]	distingu*e* [distingu*í*]	distingu*ís*	distingu*isteis*	distingu*íais*
命令(VOSOTROS)	distingu*id*	distingu*en*	distingu*ieron*	distingu*ían*
dormir（眠る）		**duerm***o*	dorm*í*	dorm*ía*
		duerm*es* [dorm*ís*]	dorm*iste*	dorm*ías*
現在分詞	**durm***iendo*	**duerm***e*	**durm***ió*	dorm*ía*
過去分詞	dorm*ido*	dorm*imos*	dorm*imos*	dorm*íamos*
命令(TÚ) [VOS]	**duerm***e* [dorm*í*]	dorm*ís*	dorm*isteis*	dorm*íais*
命令(VOSOTROS)	dorm*id*	**duerm***en*	**durm***ieron*	dorm*ían*

直説法現在推量	直説法過去推量	接続法現在	接続法過去①	接続法過去②
conduciré	conduciría	conduzca	condujera	condujese
conducirás	conducirías	conduzcas	condujeras	condujeses
conducirá	conduciría	conduzca	condujera	condujese
conduciremos	conduciríamos	conduzcamos	condujéramos	condujésemos
conduciréis	conduciríais	conduzcáis	condujerais	condujeseis
conducirán	conducirían	conduzcan	condujeran	condujesen
conoceré	conocería	conozca	conociera	conociese
conocerás	conocerías	conozcas	conocieras	conocieses
conocerá	conocería	conozca	conociera	conociese
conoceremos	conoceríamos	conozcamos	conociéramos	conociésemos
conoceréis	conoceríais	conozcáis	conocierais	conocieseis
conocerán	conocerían	conozcan	conocieran	conociesen
contaré	contaría	cuente	contara	contase
contarás	contarías	cuentes	contaras	contases
contará	contaría	cuente	contara	contase
contaremos	contaríamos	contemos	contáramos	contásemos
contaréis	contaríais	contéis	contarais	contaseis
contarán	contarían	cuenten	contaran	contasen
continuaré	continuaría	continúe	continuara	continuase
continuarás	continuarías	continúes	continuaras	continuases
continuará	continuaría	continúe	continuara	continuase
continuaremos	continuaríamos	continuemos	continuáramos	continuásemos
continuaréis	continuaríais	continuéis	continuarais	continuaseis
continuarán	continuarían	continúen	continuaran	continuasen
daré	daría	dé	diera	diese
darás	darías	des	dieras	dieses
dará	daría	dé	diera	diese
daremos	daríamos	demos	diéramos	diésemos
daréis	daríais	deis	dierais	dieseis
darán	darían	den	dieran	diesen
diré	diría	diga	dijera	dijese
dirás	dirías	digas	dijeras	dijeses
dirá	diría	diga	dijera	dijese
diremos	diríamos	digamos	dijéramos	dijésemos
diréis	diríais	digáis	dijerais	dijeseis
dirán	dirían	digan	dijeran	dijesen
delinquiré	delinquiría	delinca	delinquiera	delinquiese
delinquirás	delinquirías	delincas	delinquieras	delinquieses
delinquirá	delinquiría	delinca	delinquiera	delinquiese
delinquiremos	delinquiríamos	delincamos	delinquiéramos	delinquiésemos
delinquiréis	delinquiríais	delincáis	delinquierais	delinquieseis
delinquirán	delinquirían	delincan	delinquieran	delinquiesen
distinguiré	distinguiría	distinga	distinguiera	distinguiese
distinguirás	distinguirías	distingas	distinguieras	distinguieses
distinguirá	distinguiría	distinga	distinguiera	distinguiese
distinguiremos	distinguiríamos	distingamos	distinguiéramos	distinguiésemos
distinguiréis	distinguiríais	distingáis	distinguierais	distinguieseis
distinguirán	distinguirían	distingan	distinguieran	distinguiesen
dormiré	dormiría	duerma	durmiera	durmiese
dormirás	dormirías	duermas	durmieras	durmieses
dormirá	dormiría	duerma	durmiera	durmiese
dormiremos	dormiríamos	durmamos	durmiéramos	durmiésemos
dormiréis	dormiríais	durmáis	durmierais	durmieseis
dormirán	dormirían	duerman	durmieran	durmiesen

		直説法現在	直説法点過去	直説法線過去
enviar（送る）		**enví***o*	envi*é*	envi*aba*
		enví*as* [envi*ás*]	envi*aste*	envi*abas*
現在分詞	envi*ando*	**enví***a*	envi*ó*	envi*aba*
過去分詞	envi*ado*	envi*amos*	envi*amos*	envi*ábamos*
命令（TÚ）［VOS］	**enví***a* [envi*á*]	envi*áis*	envi*asteis*	envi*abais*
命令（VOSOTROS）	envi*ad*	**enví***an*	envi*aron*	envi*aban*
errar（間違える）		**yerr***o*	err*é*	err*aba*
		yerr*as* [err*ás*]	err*aste*	err*abas*
現在分詞	err*ando*	**yerr***a*	err*ó*	err*aba*
過去分詞	err*ado*	err*amos*	err*amos*	err*ábamos*
命令（TÚ）［VOS］	**yerr***a* [err*á*]	err*áis*	err*asteis*	err*abais*
命令（VOSOTROS）	err*ad*	**yerr***an*	err*aron*	err*aban*
estar（〜である）		est***oy***	**estuve**	est*aba*
		est***ás*** [est*ás*]	**estuv***iste*	est*abas*
現在分詞	est*ando*	est***á***	**estuvo**	est*aba*
過去分詞	est*ado*	est*amos*	**estuv***imos*	est*ábamos*
命令（TÚ）［VOS］	est*á* [est*á*]	est*áis*	**estuv***isteis*	est*abais*
命令（VOSOTROS）	est*ad*	est***án***	**estuv***ieron*	est*aban*
gozar（楽しむ）		goz*o*	**goc***é*	goz*aba*
		goz*as* [goz*ás*]	goz*aste*	goz*abas*
現在分詞	goz*ando*	goz*a*	goz*ó*	goz*aba*
過去分詞	goz*ado*	goz*amos*	goz*amos*	goz*ábamos*
命令（TÚ）［VOS］	goz*a* [goz*á*]	goz*áis*	goz*asteis*	goz*abais*
命令（VOSOTROS）	goz*ad*	goz*an*	goz*aron*	goz*aban*
haber（ある）		**he**	**hube**	hab*ía*
		has [**has**]	**hub***iste*	hab*ías*
現在分詞	hab*iendo*	**ha** (**hay**)	**hubo**	hab*ía*
過去分詞	hab*ido*	**hemos**	**hub***imos*	hab*íamos*
命令（TÚ）［VOS］	— —	hab*éis*	**hub***isteis*	hab*íais*
命令（VOSOTROS）	— —	**han**	**hub***ieron*	hab*ían*
hacer（する）		**hag***o*	**hice**	hac*ía*
		hac*es* [hac*és*]	**hic***iste*	hac*ías*
現在分詞	hac*iendo*	hac*e*	**hizo**	hac*ía*
過去分詞	**hecho**	hac*emos*	**hic***imos*	hac*íamos*
命令（TÚ）［VOS］	**haz** [hac*é*]	hac*éis*	**hic***isteis*	hac*íais*
命令（VOSOTROS）	hac*ed*	hac*en*	**hic***ieron*	hac*ían*
huir（逃げる）		**huy***o*	hu***i*** (hu*í*)	hu*ía*
		huy*es* [hu*is* (hu*ís*)]	hu*iste*	hu*ías*
現在分詞	hu***yendo***	**huy***e*	hu***yó***	hu*ía*
過去分詞	hu*ido*	hu*imos*	hu*imos*	hu*íamos*
命令（TÚ）［VOS］	**huy***e* [hu*i* (hu*í*)]	hu***is*** (hu*ís*)	hu*isteis*	hu*íais*
命令（VOSOTROS）	hu*id*	**huy***en*	hu***yeron***	hu*ían*
ir（行く）		**voy**	**fu*i***	**iba**
		vas [**vas**]	**fu***iste*	**ibas**
現在分詞	***yendo***	**va**	**fue**	**iba**
過去分詞	*ido*	**vamos**	**fu***imos*	**íbamos**
命令（TÚ）［VOS］	**ve** [and*á*]	**vais**	**fu***isteis*	**ibais**
命令（VOSOTROS）	*id*	**van**	**fueron**	**iban**
jugar（遊ぶ）		**jueg***o*	**jugu***é*	jug*aba*
		jueg*as* [jug*ás*]	jug*aste*	jug*abas*
現在分詞	jug*ando*	**jueg***a*	jug*ó*	jug*aba*
過去分詞	jug*ado*	jug*amos*	jug*amos*	jug*ábamos*
命令（TÚ）［VOS］	**jueg***a* [jug*á*]	jug*áis*	jug*asteis*	jug*abais*
命令（VOSOTROS）	jug*ad*	**jueg***an*	jug*aron*	jug*aban*

直説法現在推量	直説法過去推量	接続法現在	接続法過去①	接続法過去②
enviaré	enviaría	envíe	enviara	enviase
enviarás	enviarías	envíes	enviaras	enviases
enviará	enviaría	envíe	enviara	enviase
enviaremos	enviaríamos	enviemos	enviáramos	enviásemos
enviaréis	enviaríais	enviéis	enviarais	enviaseis
enviarán	enviarían	envíen	enviaran	enviasen
erraré	erraría	yerre	errara	errase
errarás	errarías	yerres	erraras	errases
errará	erraría	yerre	errara	errase
erraremos	erraríamos	erremos	erráramos	errásemos
erraréis	erraríais	erréis	errarais	erraseis
errarán	errarían	yerren	erraran	errasen
estaré	estaría	esté	estuviera	estuviese
estarás	estarías	estés	estuvieras	estuvieses
estará	estaría	esté	estuviera	estuviese
estaremos	estaríamos	estemos	estuviéramos	estuviésemos
estaréis	estaríais	estéis	estuvierais	estuvieseis
estarán	estarían	estén	estuvieran	estuviesen
gozaré	gozaría	goce	gozara	gozase
gozarás	gozarías	goces	gozaras	gozases
gozará	gozaría	goce	gozara	gozase
gozaremos	gozaríamos	gocemos	gozáramos	gozásemos
gozaréis	gozaríais	gocéis	gozarais	gozaseis
gozarán	gozarían	gocen	gozaran	gozasen
habré	habría	haya	hubiera	hubiese
habrás	habrías	hayas	hubieras	hubieses
habrá	habría	haya	hubiera	hubiese
habremos	habríamos	hayamos	hubiéramos	hubiésemos
habréis	habríais	hayáis	hubierais	hubieseis
habrán	habrían	hayan	hubieran	hubiesen
haré	haría	haga	hiciera	hiciese
harás	harías	hagas	hicieras	hicieses
hará	haría	haga	hiciera	hiciese
haremos	haríamos	hagamos	hiciéramos	hiciésemos
haréis	haríais	hagáis	hicierais	hicieseis
harán	harían	hagan	hicieran	hiciesen
huiré	huiría	huya	huyera	huyese
huirás	huirías	huyas	huyeras	huyeses
huirá	huiría	huya	huyera	huyese
huiremos	huiríamos	huyamos	huyéramos	huyésemos
huiréis	huiríais	huyáis	huyerais	huyeseis
huirán	huirían	huyan	huyeran	huyesen
iré	iría	vaya	fuera	fuese
irás	irías	vayas	fueras	fueses
irá	iría	vaya	fuera	fuese
iremos	iríamos	vayamos	fuéramos	fuésemos
iréis	iríais	vayáis	fuerais	fueseis
irán	irían	vayan	fueran	fuesen
jugaré	jugaría	juegue	jugara	jugase
jugarás	jugarías	juegues	jugaras	jugases
jugará	jugaría	juegue	jugara	jugase
jugaremos	jugaríamos	juguemos	jugáramos	jugásemos
jugaréis	jugaríais	juguéis	jugarais	jugaseis
jugarán	jugarían	jueguen	jugaran	jugasen

		直説法現在	直説法点過去	直説法線過去
llegar（到着する）		lleg*o*	**llegu***é*	lleg*aba*
		lleg*as* [lleg*ás*]	lleg*aste*	lleg*abas*
現在分詞	lleg*ando*	lleg*a*	lleg*ó*	lleg*aba*
過去分詞	lleg*ado*	lleg*amos*	lleg*amos*	lleg*ábamos*
命令（TÚ）［VOS］	lleg*a* [lleg*á*]	lleg*áis*	lleg*asteis*	lleg*abais*
命令（VOSOTROS）	lleg*ad*	lleg*an*	lleg*aron*	lleg*aban*
lucir（光る）		**luzc***o*	luc*í*	luc*ía*
		luc*es* [luc*ís*]	luc*iste*	luc*ías*
現在分詞	luc*iendo*	luc*e*	luc*ió*	luc*ía*
過去分詞	luc*ido*	luc*imos*	luc*imos*	luc*íamos*
命令（TÚ）［VOS］	luc*e* [luc*í*]	luc*ís*	luc*isteis*	luc*íais*
命令（VOSOTROS）	luc*id*	luc*en*	luc*ieron*	luc*ían*
morir（死ぬ）		**muer***o*	mor*í*	mor*ía*
		muer*es* [mor*ís*]	mor*iste*	mor*ías*
現在分詞	**mur***iendo*	**muer***e*	**mur***ió*	mor*ía*
過去分詞	**muerto**	mor*imos*	mor*imos*	mor*íamos*
命令（TÚ）［VOS］	**muer***e* [mor*í*]	mor*ís*	mor*isteis*	mor*íais*
命令（VOSOTROS）	mor*id*	**muer***en*	**mur***ieron*	mor*ían*
oír（聞く）		**oig***o*	o*í*	o*ía*
		oy*es* [o*ís*]	o**íste**	o*ías*
現在分詞	o**yendo**	**oy***e*	o**yó**	o*ía*
過去分詞	o**ído**	o**ímos**	o**ímos**	o*íamos*
命令（TÚ）［VOS］	**oy***e* [o*í*]	o*ís*	o**ísteis**	o*íais*
命令（VOSOTROS）	o**íd**	**oy***en*	o**yeron**	o*ían*
oler（におう）		**huel***o*	ol*í*	ol*ía*
		huel*es* [ol*és*]	ol*iste*	ol*ías*
現在分詞	ol*iendo*	**huel***e*	ol*ió*	ol*ía*
過去分詞	ol*ido*	ol*emos*	ol*imos*	ol*íamos*
命令（TÚ）［VOS］	**huel***e* [ol*é*]	ol*éis*	ol*isteis*	ol*íais*
命令（VOSOTROS）	ol*ed*	**huel***en*	ol*ieron*	ol*ían*
pedir（頼む）		**pid***o*	ped*í*	ped*ía*
		pid*es* [ped*ís*]	ped*iste*	ped*ías*
現在分詞	**pid***iendo*	**pid***e*	**pid***ió*	ped*ía*
過去分詞	ped*ido*	ped*imos*	ped*imos*	ped*íamos*
命令（TÚ）［VOS］	**pid***e* [ped*í*]	ped*ís*	ped*isteis*	ped*íais*
命令（VOSOTROS）	ped*id*	**pid***en*	**pid***ieron*	ped*ían*
pensar（考える）		**piens***o*	pens*é*	pens*aba*
		piens*as* [pens*ás*]	pens*aste*	pens*abas*
現在分詞	pens*ando*	**piens***a*	pens*ó*	pens*aba*
過去分詞	pens*ado*	pens*amos*	pens*amos*	pens*ábamos*
命令（TÚ）［VOS］	**piens***a* [pens*á*]	pens*áis*	pens*asteis*	pens*abais*
命令（VOSOTROS）	pens*ad*	**piens***an*	pens*aron*	pens*aban*
poder（〜できる）		**pued***o*	**pude**	pod*ía*
		pued*es* [pod*és*]	**pud***iste*	pod*ías*
現在分詞	**pud***iendo*	**pued***e*	**pudo**	pod*ía*
過去分詞	pod*ido*	pod*emos*	**pud***imos*	pod*íamos*
命令（TÚ）［VOS］	——	pod*éis*	**pud***isteis*	pod*íais*
命令（VOSOTROS）	—	**pued***en*	**pud***ieron*	pod*ían*
poner（置く）		**pong***o*	**puse**	pon*ía*
		pon*es* [pon*és*]	**pus***iste*	pon*ías*
現在分詞	pon*iendo*	pon*e*	**puso**	pon*ía*
過去分詞	**puesto**	pon*emos*	**pus***imos*	pon*íamos*
命令（TÚ）［VOS］	**pon** [pon*é*]	pon*éis*	**pus***isteis*	pon*íais*
命令（VOSOTROS）	pon*ed*	pon*en*	**pus***ieron*	pon*ían*

直説法現在推量	直説法過去推量	接続法現在	接続法過去①	接続法過去②
llegaré	llegaría	llegue	llegara	llegase
llegarás	llegarías	llegues	llegaras	llegases
llegará	llegaría	llegue	llegara	llegase
llegaremos	llegaríamos	lleguemos	llegáramos	llegásemos
llegaréis	llegaríais	lleguéis	llegarais	llegaseis
llegarán	llegarían	lleguen	llegaran	llegasen
luciré	luciría	luzca	luciera	luciese
lucirás	lucirías	luzcas	lucieras	lucieses
lucirá	luciría	luzca	luciera	luciese
luciremos	luciríamos	luzcamos	luciéramos	luciésemos
luciréis	luciríais	luzcáis	lucierais	lucieseis
lucirán	lucirían	luzcan	lucieran	luciesen
moriré	moriría	muera	muriera	muriese
morirás	morirías	mueras	murieras	murieses
morirá	moriría	muera	muriera	muriese
moriremos	moriríamos	muramos	muriéramos	muriésemos
moriréis	moriríais	muráis	murierais	murieseis
morirán	morirían	mueran	murieran	muriesen
oiré	oiría	oiga	oyera	oyese
oirás	oirías	oigas	oyeras	oyeses
oirá	oiría	oiga	oyera	oyese
oiremos	oiríamos	oigamos	oyéramos	oyésemos
oiréis	oiríais	oigáis	oyerais	oyeseis
oirán	oirían	oigan	oyeran	oyesen
oleré	olería	huela	oliera	oliese
olerás	olerías	huelas	olieras	olieses
olerá	olería	huela	oliera	oliese
oleremos	oleríamos	olamos	oliéramos	oliésemos
oleréis	oleríais	oláis	olierais	olieseis
olerán	olerían	huelan	olieran	oliesen
pediré	pediría	pida	pidiera	pidiese
pedirás	pedirías	pidas	pidieras	pidieses
pedirá	pediría	pida	pidiera	pidiese
pediremos	pediríamos	pidamos	pidiéramos	pidiésemos
pediréis	pediríais	pidáis	pidierais	pidieseis
pedirán	pedirían	pidan	pidieran	pidiesen
pensaré	pensaría	piense	pensara	pensase
pensarás	pensarías	pienses	pensaras	pensases
pensará	pensaría	piense	pensara	pensase
pensaremos	pensaríamos	pensemos	pensáramos	pensásemos
pensaréis	pensaríais	penséis	pensarais	pensaseis
pensarán	pensarían	piensen	pensaran	pensasen
podré	podría	pueda	pudiera	pudiese
podrás	podrías	puedas	pudieras	pudieses
podrá	podría	pueda	pudiera	pudiese
podremos	podríamos	podamos	pudiéramos	pudiésemos
podréis	podríais	podáis	pudierais	pudieseis
podrán	podrían	puedan	pudieran	pudiesen
pondré	pondría	ponga	pusiera	pusiese
pondrás	pondrías	pongas	pusieras	pusieses
pondrá	pondría	ponga	pusiera	pusiese
pondremos	pondríamos	pongamos	pusiéramos	pusiésemos
pondréis	pondríais	pongáis	pusierais	pusieseis
pondrán	pondrían	pongan	pusieran	pusiesen

		直説法現在	直説法点過去	直説法線過去
prohibir（禁止する）		**prohíb**_o_	prohib_í_	prohib_ía_
		prohíb_es_ [prohib_ís_]	prohib_iste_	prohib_ías_
現在分詞	prohib_iendo_	**prohíb**_e_	prohib_ió_	prohib_ía_
過去分詞	prohib_ido_	prohib_imos_	prohib_imos_	prohib_íamos_
命令（TÚ）［VOS］	**prohíb**_e_ [prohib_í_]	prohib_ís_	prohib_isteis_	prohib_íais_
命令（VOSOTROS）	prohib_id_	**prohíb**_en_	prohib_ieron_	prohib_ían_
querer（望む）		**quier**_o_	**quise**	quer_ía_
		quier_es_ [quer_és_]	**quis**_iste_	quer_ías_
現在分詞	quer_iendo_	**quier**_e_	**quiso**	quer_ía_
過去分詞	quer_ido_	quer_emos_	**quis**_imos_	quer_íamos_
命令（TÚ）［VOS］	**quier**_e_ [quer_é_]	quer_éis_	**quis**_isteis_	quer_íais_
命令（VOSOTROS）	quer_ed_	**quier**_en_	**quis**_ieron_	quer_ían_
reír（笑う）		**rí**_o_	re_í_	re_ía_
		rí_es_ [re_ís_]	re_íste_	re_ías_
現在分詞	**riendo**	**rí**_e_	**rio** (ri_ó_)	re_ía_
過去分詞	re**_ído_**	re_ímos_	re_ímos_	re_íamos_
命令（TÚ）［VOS］	**rí**_e_ [re_í_]	re_ís_	re_ísteis_	re_íais_
命令（VOSOTROS）	re**_íd_**	**rí**_en_	**rieron**	re_ían_
reñir（叱る）		**riñ**_o_	reñ_í_	reñ_ía_
		riñ_es_ [reñ_ís_]	reñ_iste_	reñ_ías_
現在分詞	**riñ**_endo_	**riñ**_e_	**riñó**	reñ_ía_
過去分詞	reñ_ido_	reñ_imos_	reñ_imos_	reñ_íamos_
命令（TÚ）［VOS］	**riñ**_e_ [reñ_í_]	reñ_ís_	reñ_isteis_	reñ_íais_
命令（VOSOTROS）	reñ_id_	**riñ**_en_	**riñeron**	reñ_ían_
reunir（集める）		**reún**_o_	reun_í_	reun_ía_
		reún_es_ [reun_ís_]	reun_iste_	reun_ías_
現在分詞	reun_iendo_	**reún**_e_	reun_ió_	reun_ía_
過去分詞	reun_ido_	reun_imos_	reun_imos_	reun_íamos_
命令（TÚ）［VOS］	**reún**_e_ [reun_í_]	reun_ís_	reun_isteis_	reun_íais_
命令（VOSOTROS）	reun_id_	**reún**_en_	reun_ieron_	reun_ían_
saber（知る）		**sé**	**supe**	sab_ía_
		sab_es_ [sab_és_]	**sup**_iste_	sab_ías_
現在分詞	sab_iendo_	sab_e_	**supo**	sab_ía_
過去分詞	sab_ido_	sab_emos_	**sup**_imos_	sab_íamos_
命令（TÚ）［VOS］	sab_e_ [sab_é_]	sab_éis_	**sup**_isteis_	sab_íais_
命令（VOSOTROS）	sab_ed_	sab_en_	**sup**_ieron_	sab_ían_
salir（出る）		**salg**_o_	sal_í_	sal_ía_
		sal_es_ [sal_ís_]	sal_iste_	sal_ías_
現在分詞	sal_iendo_	sal_e_	sal_ió_	sal_ía_
過去分詞	sal_ido_	sal_imos_	sal_imos_	sal_íamos_
命令（TÚ）［VOS］	**sal** [sal_í_]	sal_ís_	sal_isteis_	sal_íais_
命令（VOSOTROS）	sal_id_	sal_en_	sal_ieron_	sal_ían_
seguir（続く）		**sig**_o_	segu_í_	segu_ía_
		sigu_es_ [segu_ís_]	segu_iste_	segu_ías_
現在分詞	**sigu**_iendo_	**sigu**_e_	**sigu**_ió_	segu_ía_
過去分詞	segu_ido_	segu_imos_	segu_imos_	segu_íamos_
命令（TÚ）［VOS］	**sigu**_e_ [segu_í_]	segu_ís_	segu_isteis_	segu_íais_
命令（VOSOTROS）	segu_id_	**sigu**_en_	**sigu**_ieron_	segu_ían_
sentir（感じる）		**sient**_o_	sent_í_	sent_ía_
		sient_es_ [sent_ís_]	sent_iste_	sent_ías_
現在分詞	**sint**_iendo_	**sient**_e_	**sint**_ió_	sent_ía_
過去分詞	sent_ido_	sent_imos_	sent_imos_	sent_íamos_
命令（TÚ）［VOS］	**sient**_e_ [sent_í_]	sent_ís_	sent_isteis_	sent_íais_
命令（VOSOTROS）	sent_id_	**sient**_en_	**sint**_ieron_	sent_ían_

直説法現在推量	直説法過去推量	接続法現在	接続法過去①	接続法過去②
prohibiré	prohibiría	prohíba	prohibiera	prohibiese
prohibirás	prohibirías	prohíbas	prohibieras	prohibieses
prohibirá	prohibiría	prohíba	prohibiera	prohibiese
prohibiremos	prohibiríamos	prohibamos	prohibiéramos	prohibiésemos
prohibiréis	prohibiríais	prohibáis	prohibierais	prohibieseis
prohibirán	prohibirían	prohíban	prohibieran	prohibiesen
querré	querría	quiera	quisiera	quisiese
querrás	querrías	quieras	quisieras	quisieses
querrá	querría	quiera	quisiera	quisiese
querremos	querríamos	queramos	quisiéramos	quisiésemos
querréis	querríais	queráis	quisierais	quisieseis
querrán	querrían	quieran	quisieran	quisiesen
reiré	reiría	ría	riera	riese
reirás	reirías	rías	rieras	rieses
reirá	reiría	ría	riera	riese
reiremos	reiríamos	riamos	riéramos	riésemos
reiréis	reiríais	riais (riáis)	rierais	rieseis
reirán	reirían	rían	rieran	riesen
reñiré	reñiría	riña	riñera	riñese
reñirás	reñirías	riñas	riñeras	riñeses
reñirá	reñiría	riña	riñera	riñese
reñiremos	reñiríamos	riñamos	riñéramos	riñésemos
reñiréis	reñiríais	riñáis	riñerais	riñeseis
reñirán	reñirían	riñan	riñeran	riñesen
reuniré	reuniría	reúna	reuniera	reuniese
reunirás	reunirías	reúnas	reunieras	reunieses
reunirá	reuniría	reúna	reuniera	reuniese
reuniremos	reuniríamos	reunamos	reuniéramos	reuniésemos
reuniréis	reuniríais	reunáis	reunierais	reunieseis
reunirán	reunirían	reúnan	reunieran	reuniesen
sabré	sabría	sepa	supiera	supiese
sabrás	sabrías	sepas	supieras	supieses
sabrá	sabría	sepa	supiera	supiese
sabremos	sabríamos	sepamos	supiéramos	supiésemos
sabréis	sabríais	sepáis	supierais	supieseis
sabrán	sabrían	sepan	supieran	supiesen
saldré	saldría	salga	saliera	saliese
saldrás	saldrías	salgas	salieras	salieses
saldrá	saldría	salga	saliera	saliese
saldremos	saldríamos	salgamos	saliéramos	saliésemos
saldréis	saldríais	salgáis	salierais	salieseis
saldrán	saldrían	salgan	salieran	saliesen
seguiré	seguiría	siga	siguiera	siguiese
seguirás	seguirías	sigas	siguieras	siguieses
seguirá	seguiría	siga	siguiera	siguiese
seguiremos	seguiríamos	sigamos	siguiéramos	siguiésemos
seguiréis	seguiríais	sigáis	siguierais	siguieseis
seguirán	seguirían	sigan	siguieran	siguiesen
sentiré	sentiría	sienta	sintiera	sintiese
sentirás	sentirías	sientas	sintieras	sintieses
sentirá	sentiría	sienta	sintiera	sintiese
sentiremos	sentiríamos	sintamos	sintiéramos	sintiésemos
sentiréis	sentiríais	sintáis	sintierais	sintieseis
sentirán	sentirían	sientan	sintieran	sintiesen

		直説法現在	直説法点過去	直説法線過去
ser（～である）		soy	fui	era
		eres [sos]	fuiste	eras
現在分詞	siendo	es	fue	era
過去分詞	sido	somos	fuimos	éramos
命令（TÚ）［VOS］	sé [sé]	sois	fuisteis	erais
命令（VOSOTROS）	sed	son	fueron	eran
tener（持つ）		tengo	tuve	tenía
		tienes [tenés]	tuviste	tenías
現在分詞	teniendo	tiene	tuvo	tenía
過去分詞	tenido	tenemos	tuvimos	teníamos
命令（TÚ）［VOS］	ten [tené]	tenéis	tuvisteis	teníais
命令（VOSOTROS）	tened	tienen	tuvieron	tenían
tocar（さわる）		toco	toqué	tocaba
		tocas [tocás]	tocaste	tocabas
現在分詞	tocando	toca	tocó	tocaba
過去分詞	tocado	tocamos	tocamos	tocábamos
命令（TÚ）［VOS］	toca [tocá]	tocáis	tocasteis	tocabais
命令（VOSOTROS）	tocad	tocan	tocaron	tocaban
traer（持ってくる）		traigo	traje	traía
		traes [traés]	trajiste	traías
現在分詞	trayendo	trae	trajo	traía
過去分詞	traído	traemos	trajimos	traíamos
命令（TÚ）［VOS］	trae [traé]	traéis	trajisteis	traíais
命令（VOSOTROS）	traed	traen	trajeron	traían
valer（値する）		valgo	valí	valía
		vales [valés]	valiste	valías
現在分詞	valiendo	vale	valió	valía
過去分詞	valido	valemos	valimos	valíamos
命令（TÚ）［VOS］	vale [valé]	valéis	valisteis	valíais
命令（VOSOTROS）	valed	valen	valieron	valían
vencer（負かす）		venzo	vencí	vencía
		vences [vencés]	venciste	vencías
現在分詞	venciendo	vence	venció	vencía
過去分詞	vencido	vencemos	vencimos	vencíamos
命令（TÚ）［VOS］	vence [vencé]	vencéis	vencisteis	vencíais
命令（VOSOTROS）	venced	vencen	vencieron	vencían
venir（来る）		vengo	vine	venía
		vienes [venís]	viniste	venías
現在分詞	viniendo	viene	vino	venía
過去分詞	venido	venimos	vinimos	veníamos
命令（TÚ）［VOS］	ven [vení]	venís	vinisteis	veníais
命令（VOSOTROS）	venid	vienen	vinieron	venían
ver（見る）		veo	vi	veía
		ves [ves]	viste	veías
現在分詞	viendo	ve	vio	veía
過去分詞	visto	vemos	vimos	veíamos
命令（TÚ）［VOS］	ve [ve]	veis	visteis	veíais
命令（VOSOTROS）	ved	ven	vieron	veían
volver（戻る）		vuelvo	volví	volvía
		vuelves [volvés]	volviste	volvías
現在分詞	volviendo	vuelve	volvió	volvía
過去分詞	vuelto	volvemos	volvimos	volvíamos
命令（TÚ）［VOS］	vuelve [volvé]	volvéis	volvisteis	volvíais
命令（VOSOTROS）	volved	vuelven	volvieron	volvían

直説法現在推量	直説法過去推量	接続法現在	接続法過去①	接続法過去②
seré	sería	sea	fuera	fuese
serás	serías	seas	fueras	fueses
será	sería	sea	fuera	fuese
seremos	seríamos	seamos	fuéramos	fuésemos
seréis	seríais	seáis	fuerais	fueseis
serán	serían	sean	fueran	fuesen
tendré	tendría	tenga	tuviera	tuviese
tendrás	tendrías	tengas	tuvieras	tuvieses
tendrá	tendría	tenga	tuviera	tuviese
tendremos	tendríamos	tengamos	tuviéramos	tuviésemos
tendréis	tendríais	tengáis	tuvierais	tuvieseis
tendrán	tendrían	tengan	tuvieran	tuviesen
tocaré	tocaría	toque	tocara	tocase
tocarás	tocarías	toques	tocaras	tocases
tocará	tocaría	toque	tocara	tocase
tocaremos	tocaríamos	toquemos	tocáramos	tocásemos
tocaréis	tocaríais	toquéis	tocarais	tocaseis
tocarán	tocarían	toquen	tocaran	tocasen
traeré	traería	traiga	trajera	trajese
traerás	traerías	traigas	trajeras	trajeses
traerá	traería	traiga	trajera	trajese
traeremos	traeríamos	traigamos	trajéramos	trajésemos
traeréis	traeríais	traigáis	trajerais	trajeseis
traerán	traerían	traigan	trajeran	trajesen
valdré	valdría	valga	valiera	valiese
valdrás	valdrías	valgas	valieras	valieses
valdrá	valdría	valga	valiera	valiese
valdremos	valdríamos	valgamos	valiéramos	valiésemos
valdréis	valdríais	valgáis	valierais	valieseis
valdrán	valdrían	valgan	valieran	valiesen
venceré	vencería	venza	venciera	venciese
vencerás	vencerías	venzas	vencieras	vencieses
vencerá	vencería	venza	venciera	venciese
venceremos	venceríamos	venzamos	venciéramos	venciésemos
venceréis	venceríais	venzáis	vencierais	vencieseis
vencerán	vencerían	venzan	vencieran	venciesen
vendré	vendría	venga	viniera	viniese
vendrás	vendrías	vengas	vinieras	vinieses
vendrá	vendría	venga	viniera	viniese
vendremos	vendríamos	vengamos	viniéramos	viniésemos
vendréis	vendríais	vengáis	vinierais	vinieseis
vendrán	vendrían	vengan	vinieran	viniesen
veré	vería	vea	viera	viese
verás	verías	veas	vieras	vieses
verá	vería	vea	viera	viese
veremos	veríamos	veamos	viéramos	viésemos
veréis	veríais	veáis	vierais	vieseis
verán	verían	vean	vieran	viesen
volveré	volvería	vuelva	volviera	volviese
volverás	volverías	vuelvas	volvieras	volvieses
volverá	volvería	vuelva	volviera	volviese
volveremos	volveríamos	volvamos	volviéramos	volviésemos
volveréis	volveríais	volváis	volvierais	volvieseis
volverán	volverían	vuelvan	volvieran	volviesen

索引

A

B

C

D

E

F

G

H

I

J

K

L

M

N

Ñ

O

P

Q

R

S

T

U

V

〈著者紹介〉

上田博人（うえだ　ひろと）

東京外国語大学スペイン語学科卒業、同大学院修士課程修了。スペイン・アルカラ大学スペイン語文献学博士。
現在、東京大学大学院総合文化研究科言語情報科学専攻・スペイン語部会教授。

主な著書に、『プエルタ新スペイン語辞典』（共編、研究社）、『マドリードのスペイン語入門』（共著、三省堂）、『クラウン和西辞典』（共編、三省堂）などがある。

ホームページ：http://lecture.ecc.u-tokyo.ac.jp/~cueda/

スペイン語文法（ごぶんぽう）ハンドブック

2011年 3 月31日　初版発行
2022年 9 月22日　7刷発行

著者
上田博人

KENKYUSHA
＜検印省略＞

発行者
吉田尚志

発行所
株式会社　研究社
〒 102-8152　東京都千代田区富士見 2-11-3
電話　営業 (03) 3288-7777㈹　編集 (03) 3288-7711㈹
振替　00150-9-26710
https://www.kenkyusha.co.jp

印刷所
図書印刷株式会社

編集協力・組版
株式会社シー・レップス

装丁
Malpu Design（星野槙子）

ISBN978-4-327-39420-2　C0087　Printed in Japan